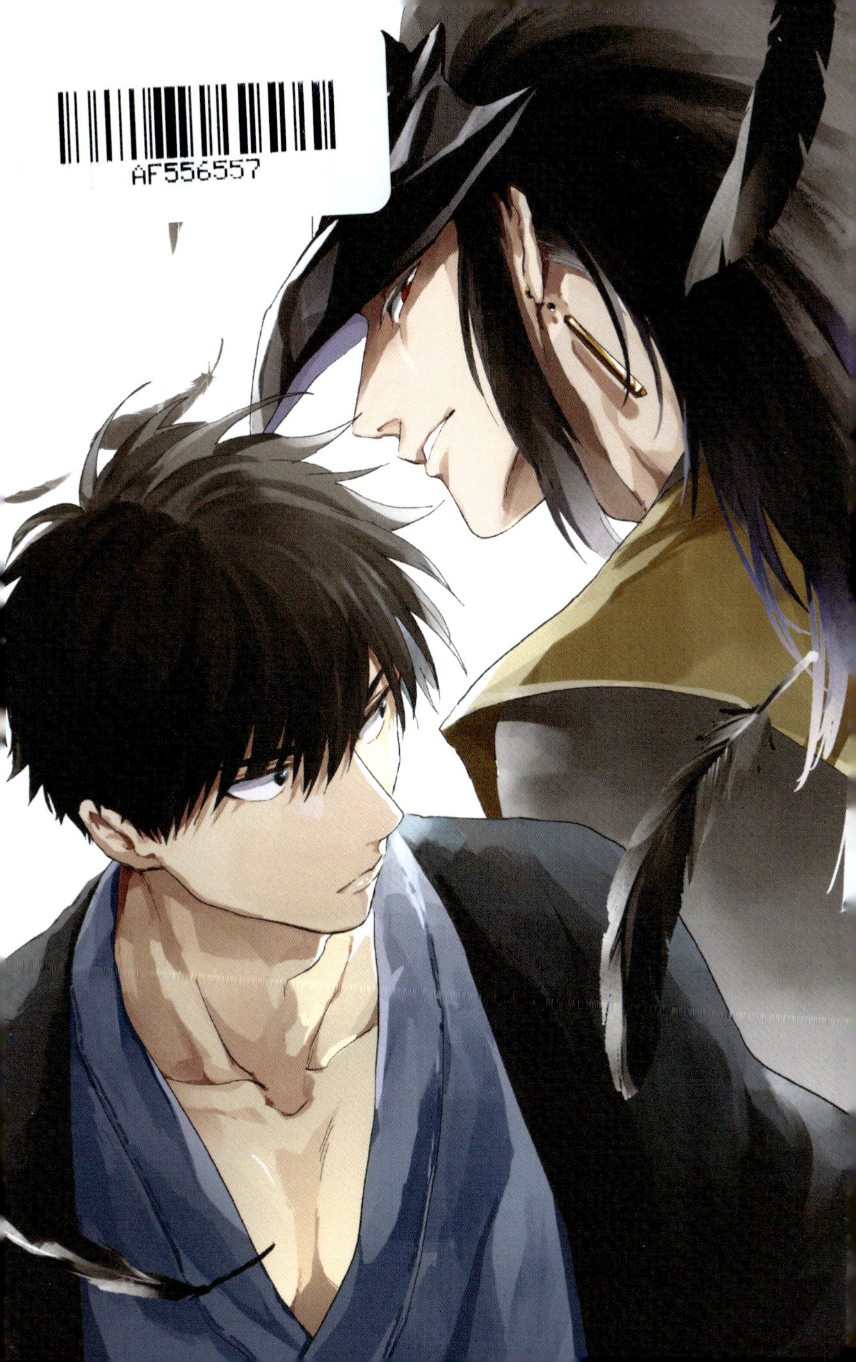

TENGU AND EXORCIST

TOBIWASHIO

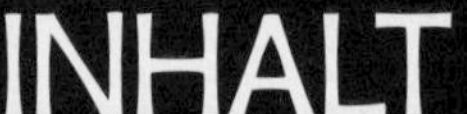

INHALT

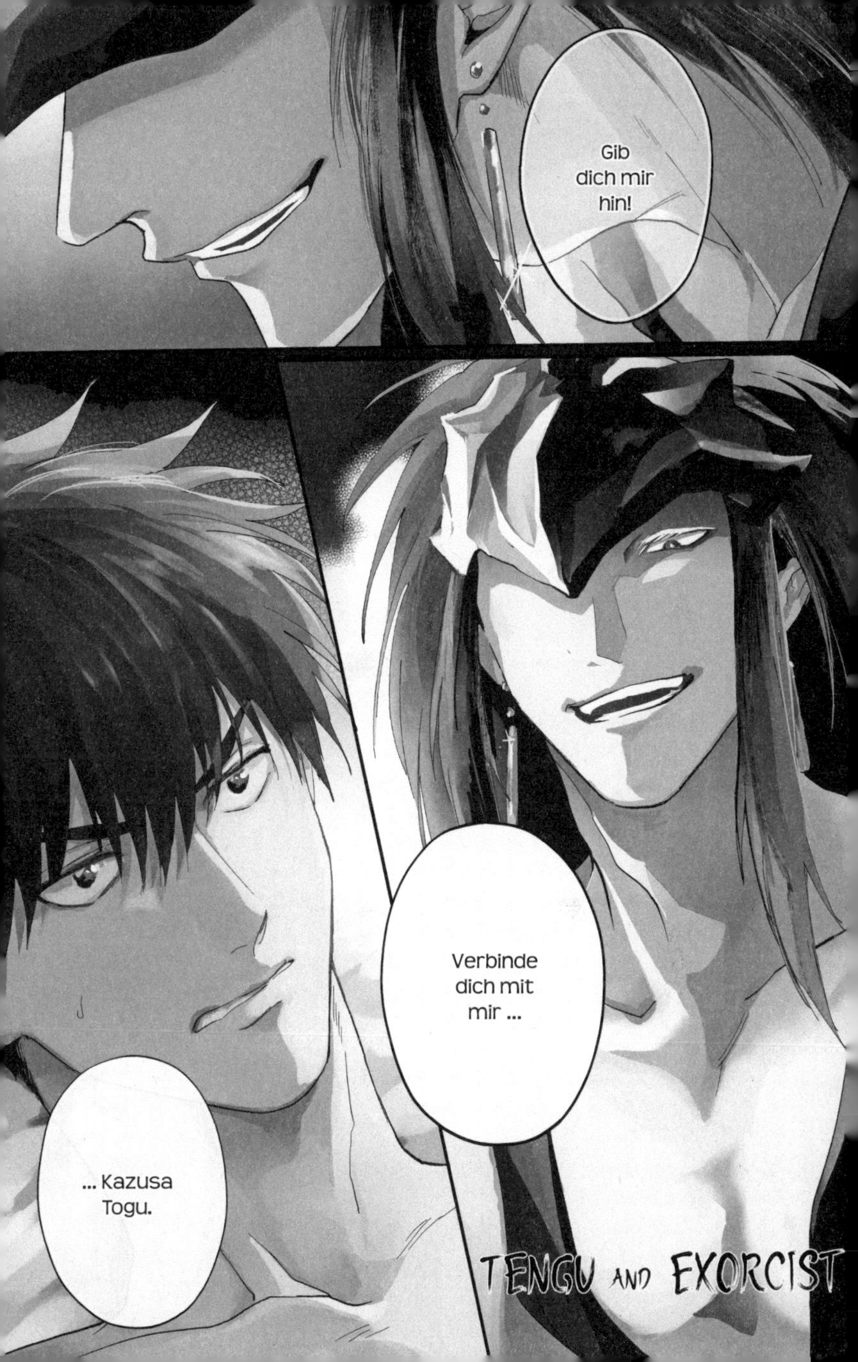
Gib dich mir hin!
Verbinde dich mit mir ...
... Kazusa Togu.
TENGU AND EXORCIST

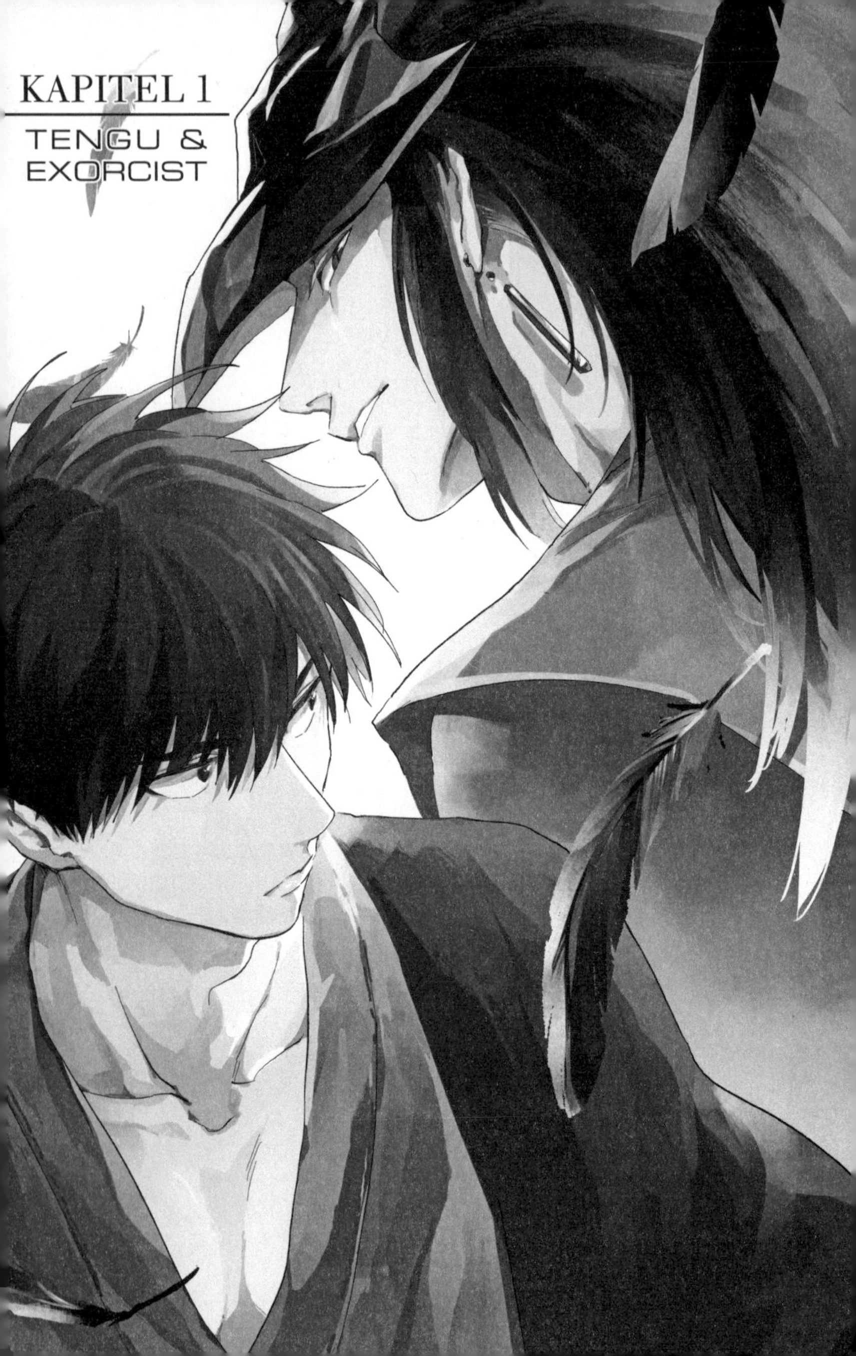
KAPITEL 1
TENGU & EXORCIST

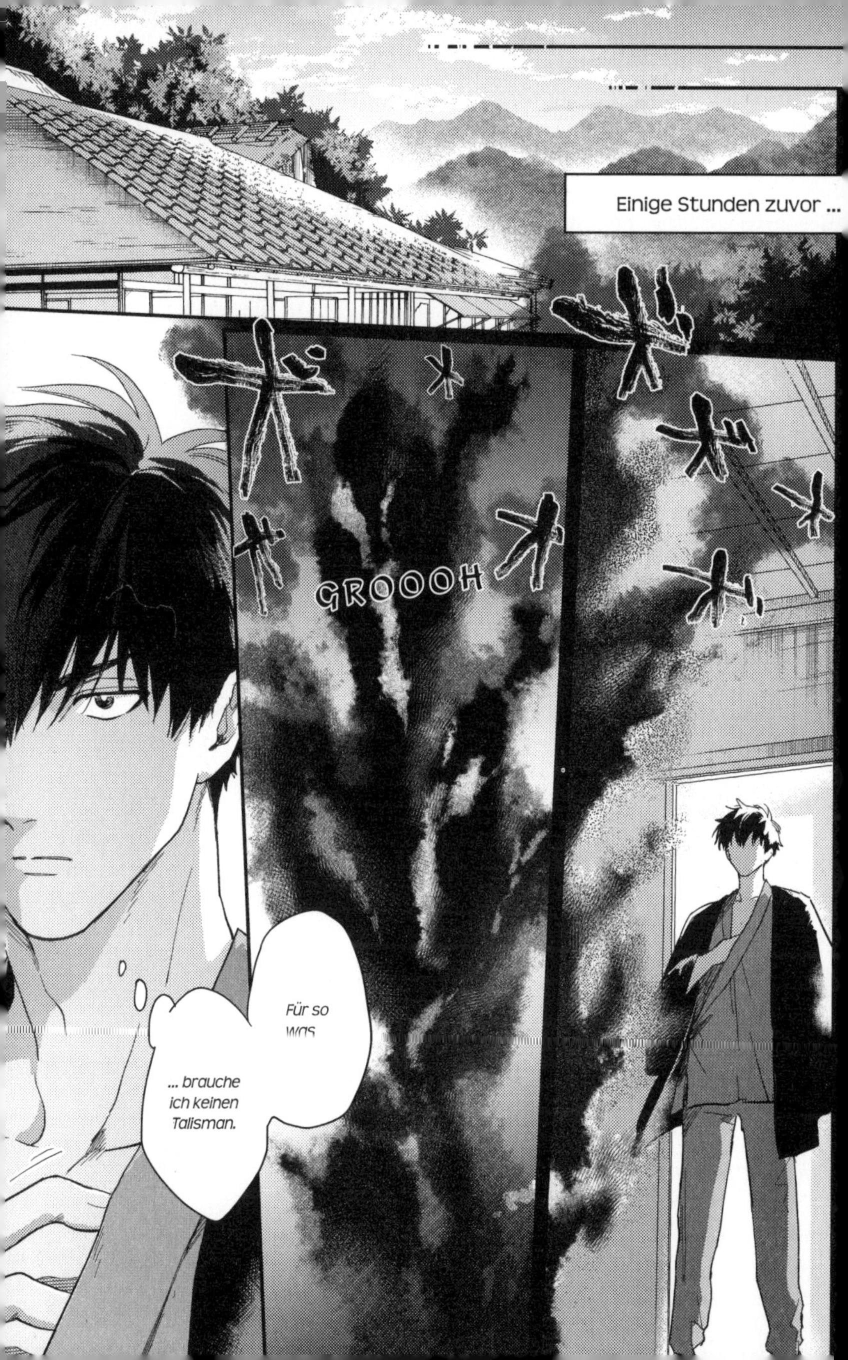
Einige Stunden zuvor ...
GROOOH
Für so was
... brauche ich keinen Talisman.

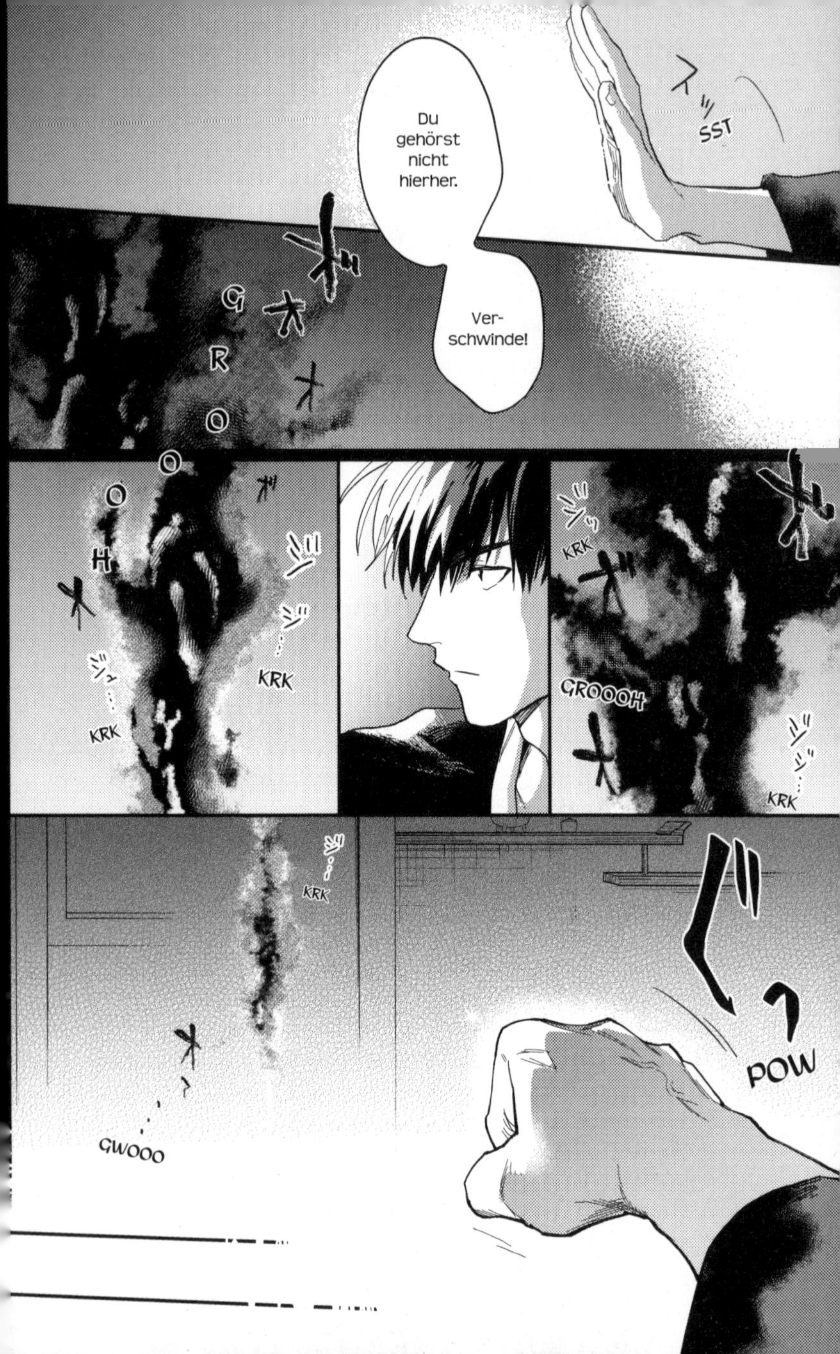

SST
Du gehörst nicht hierher.
Ver-schwinde!
GROOOH
KRK
GROOOH
KRK
KRK
KRK
POW
KRK
GWOOO

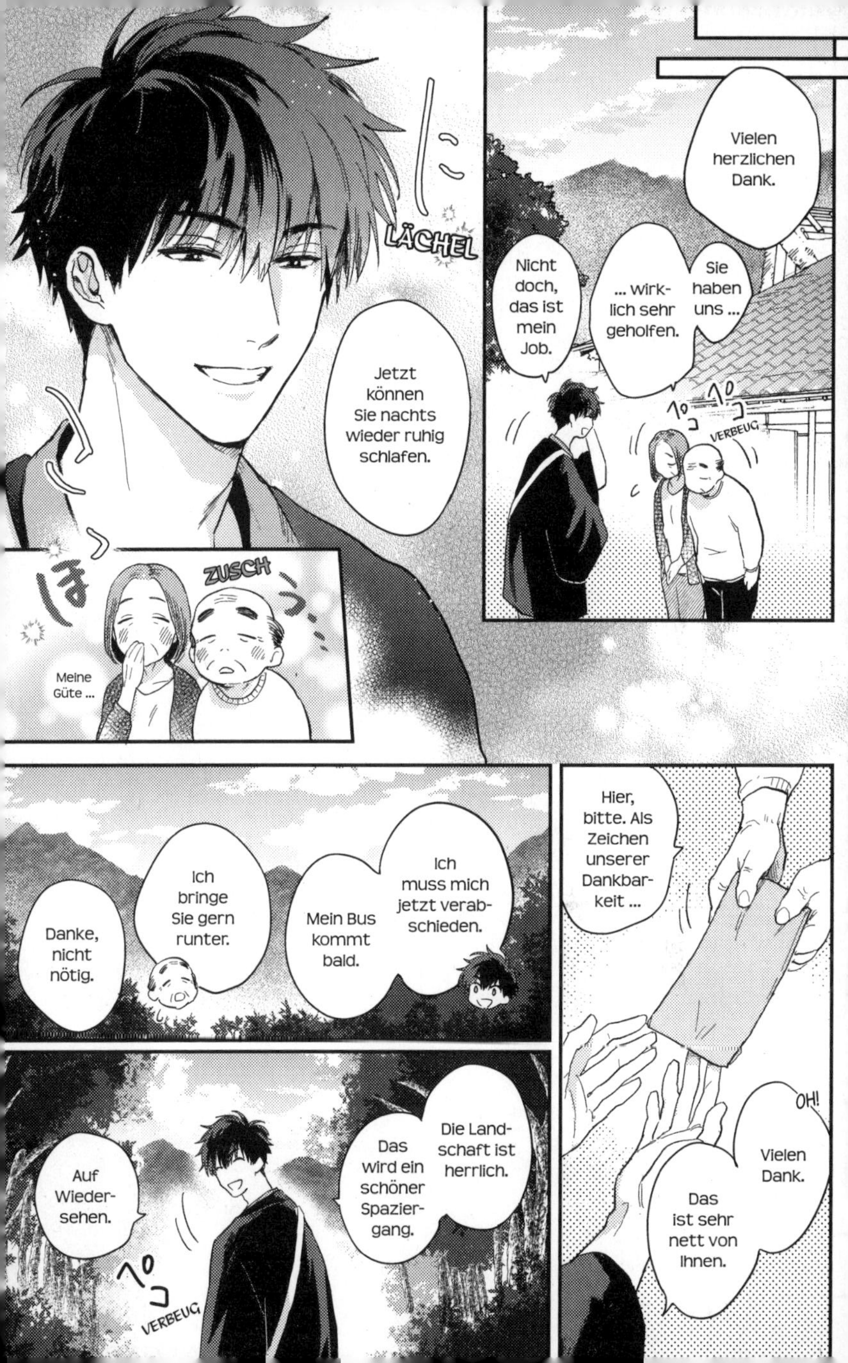
Vielen herzlichen Dank.
Sie haben uns ...
... wirklich sehr geholfen.
Nicht doch, das ist mein Job.
VERBEUG
LÄCHEL
Jetzt können Sie nachts wieder ruhig schlafen.
ZUSCH
Meine Güte ...
Hier, bitte. Als Zeichen unserer Dankbarkeit ...
OH!
Vielen Dank.
Das ist sehr nett von Ihnen.
Ich muss mich jetzt verabschieden.
Mein Bus kommt bald.
Ich bringe Sie gern runter.
Danke, nicht nötig.
Die Landschaft ist herrlich.
Das wird ein schöner Spaziergang.
Auf Wiedersehen.
VERBEUG

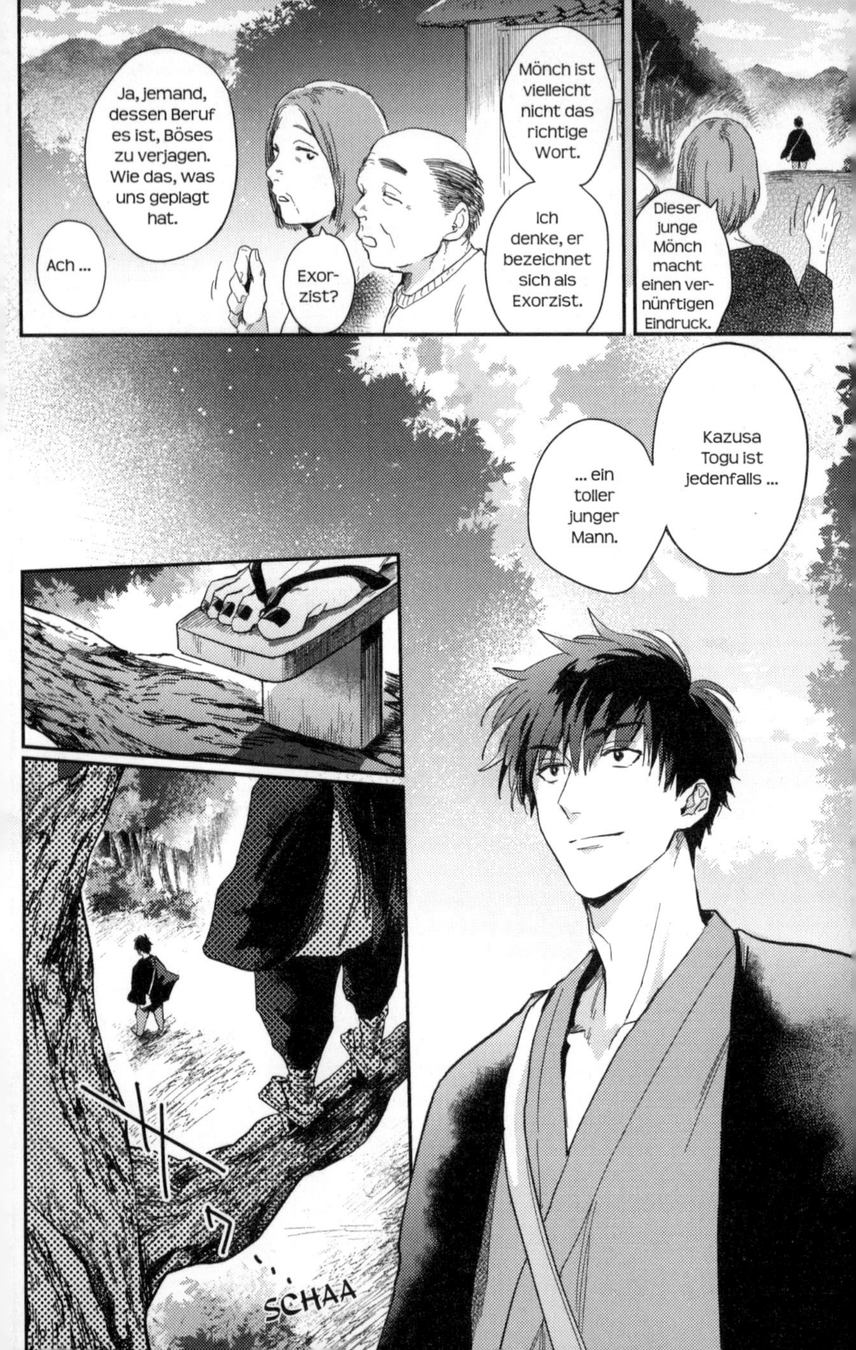
Dieser junge Mönch macht einen vernünftigen Eindruck.
Mönch ist vielleicht nicht das richtige Wort.
Ich denke, er bezeichnet sich als Exorzist.
Exorzist?
Ja, jemand, dessen Beruf es ist, Böses zu verjagen. Wie das, was uns geplagt hat.
Ach ...
Kazusa Togu ist jedenfalls ...
... ein toller junger Mann.
SCHAA

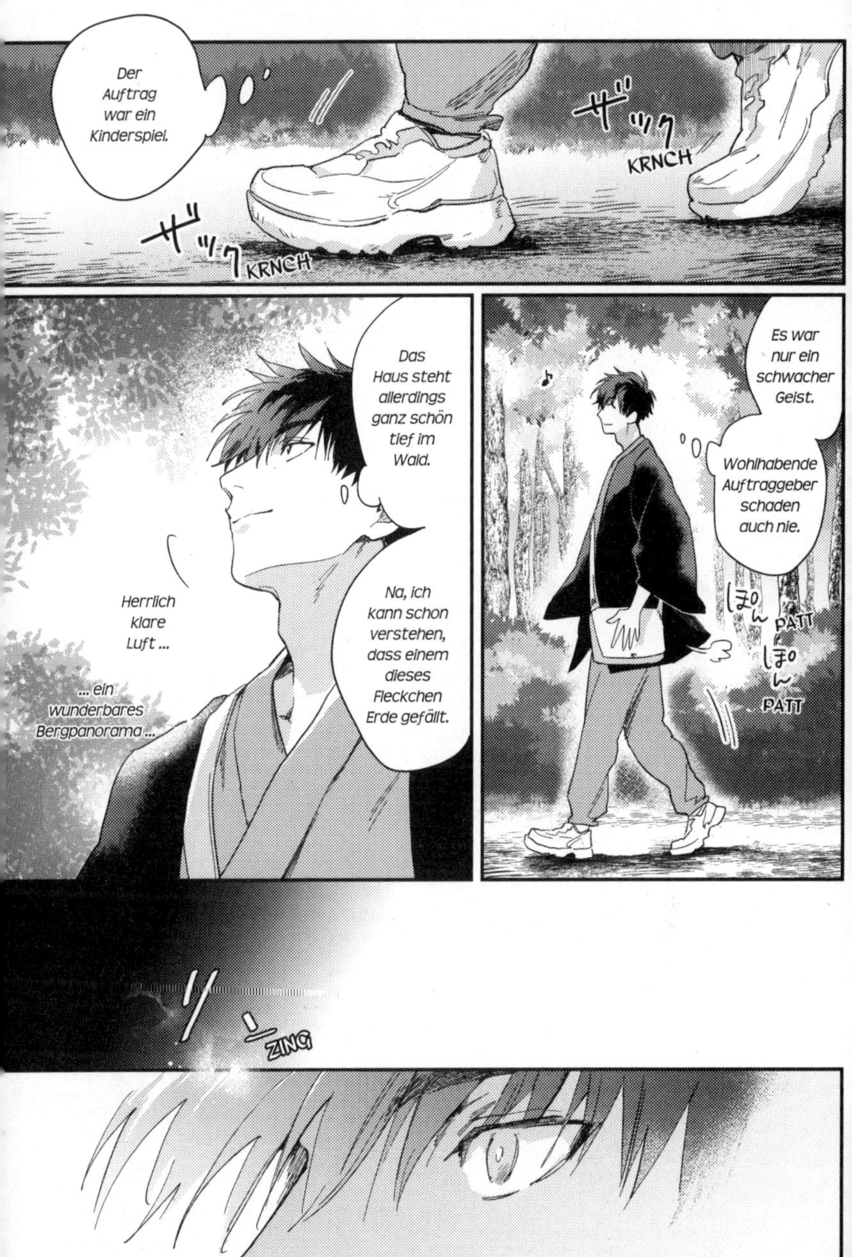
Der Auftrag war ein Kinderspiel.
ザッ ク KRNCH
ザッ ク KRNCH
Das Haus steht allerdings ganz schön tief im Wald.
Na, ich kann schon verstehen, dass einem dieses Fleckchen Erde gefällt.
Herrlich klare Luft ...
... ein wunderbares Bergpanorama ...
Es war nur ein schwacher Geist.
Wohlhabende Auftraggeber schaden auch nie.
ぽん PATT
ぽん PATT
ZING

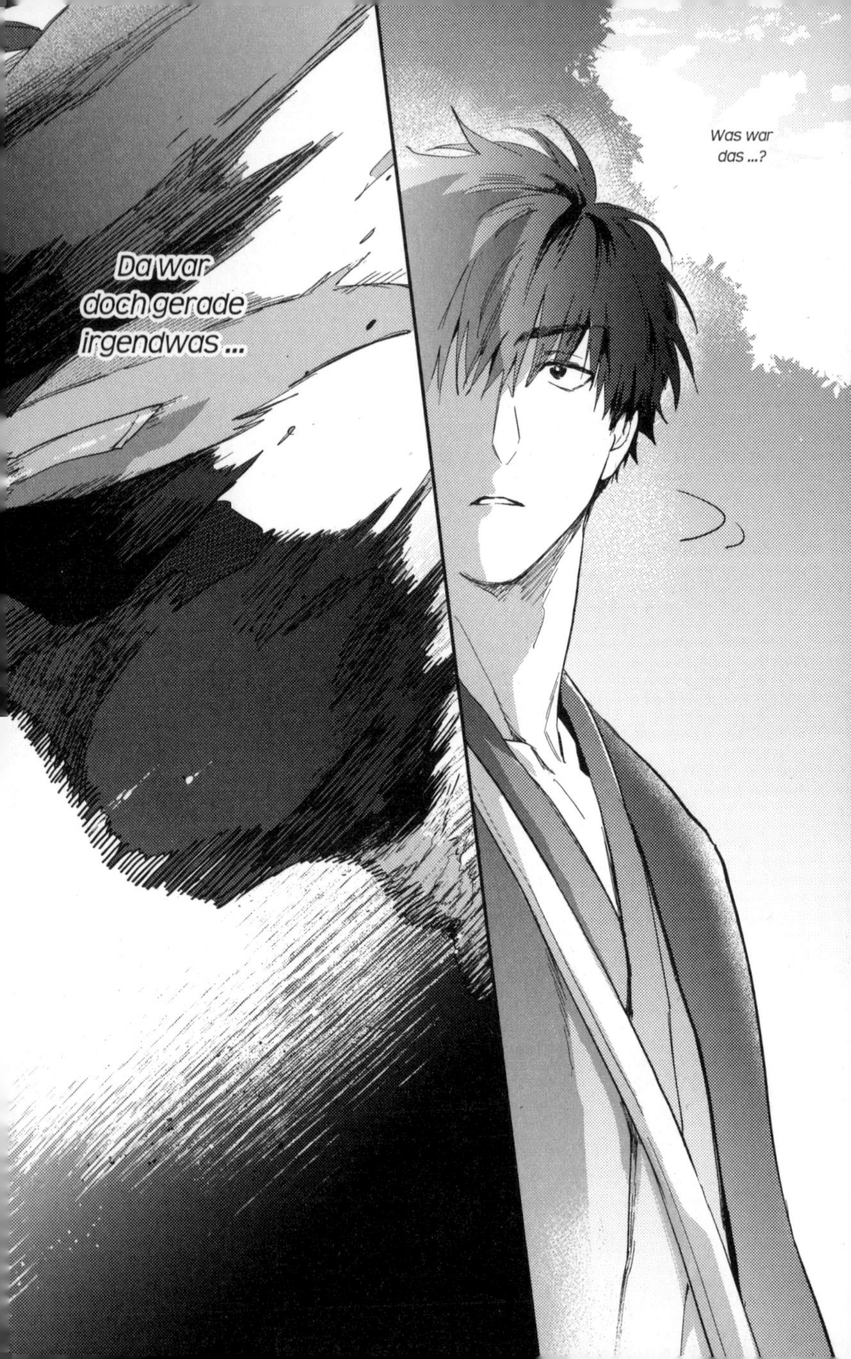
Was war das ...?
Da war doch gerade irgendwas ...

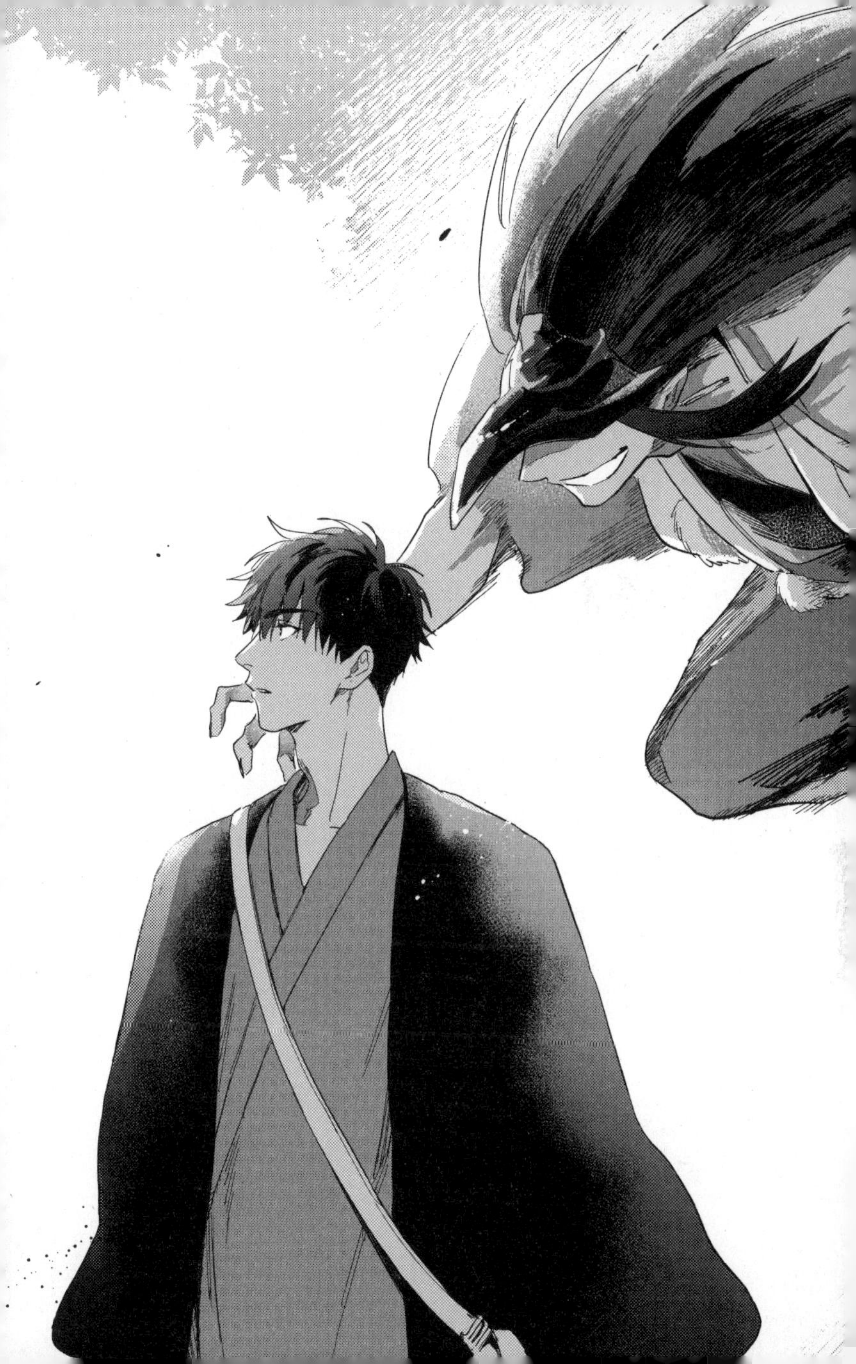

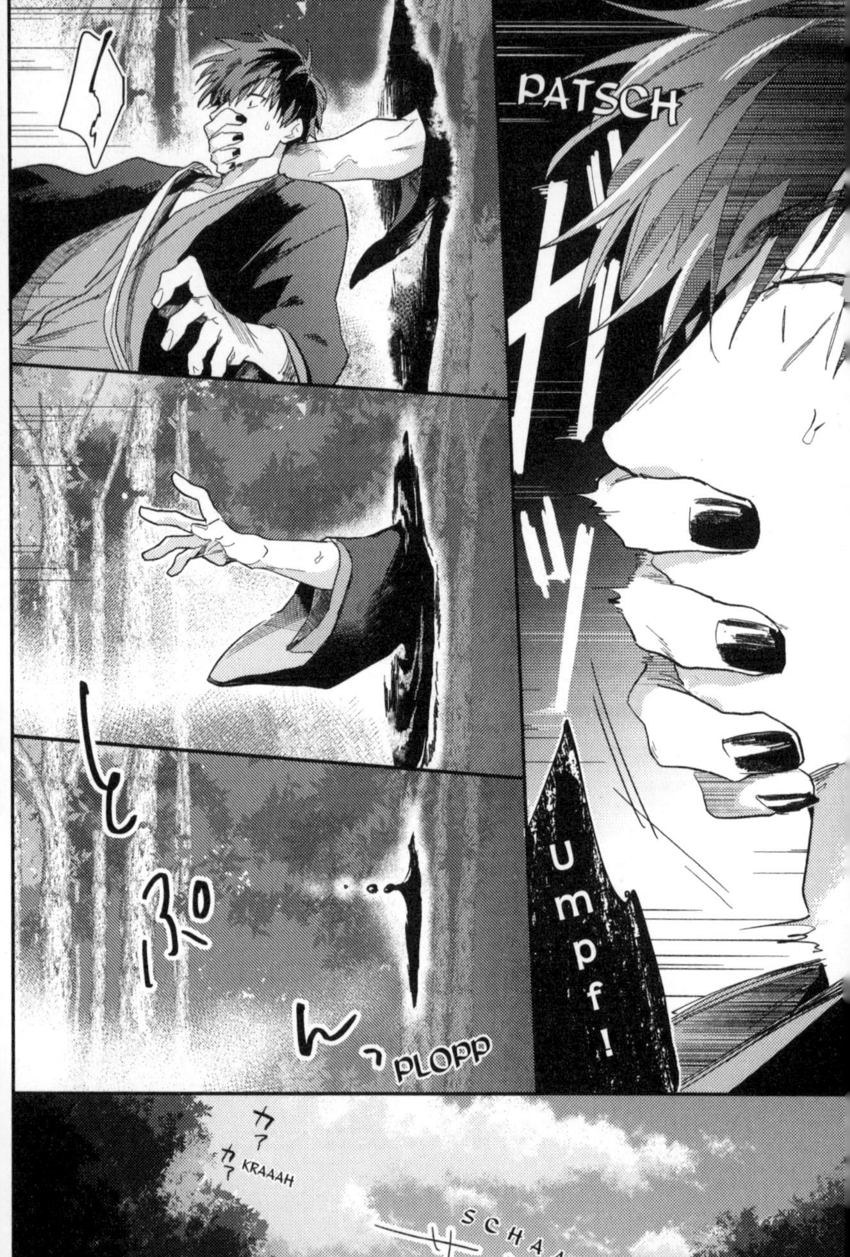
PATSCH
Umpf!
PLOPP
KRAAAH
SCHAA

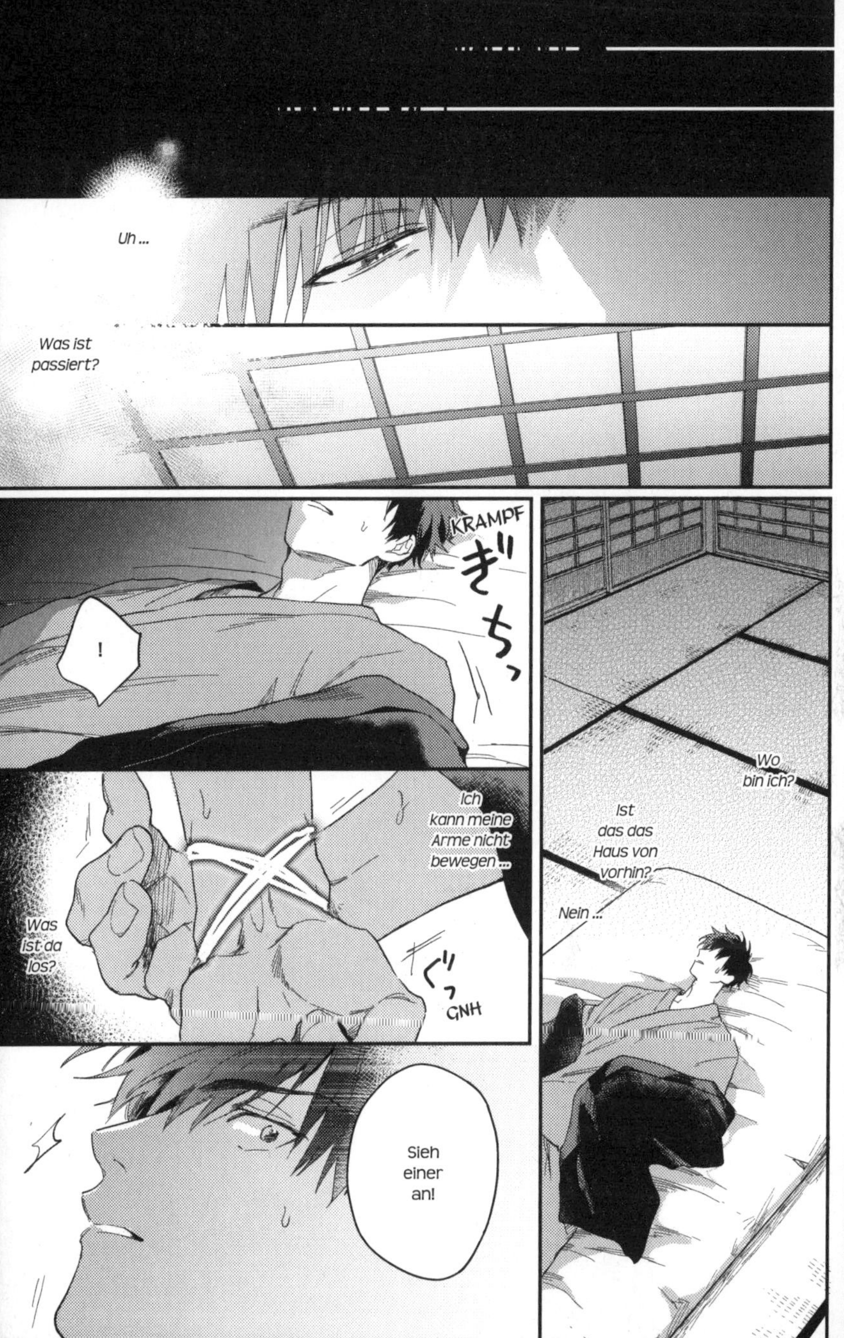
Uh ...
Was ist passiert?
KRAMPF
ぎちっ
!
Wo bin ich?
Ist das das Haus von vorhin?
Nein ...
Ich kann meine Arme nicht bewegen ...
Was ist da los?
ぐっ
GNH
Sieh einer an!

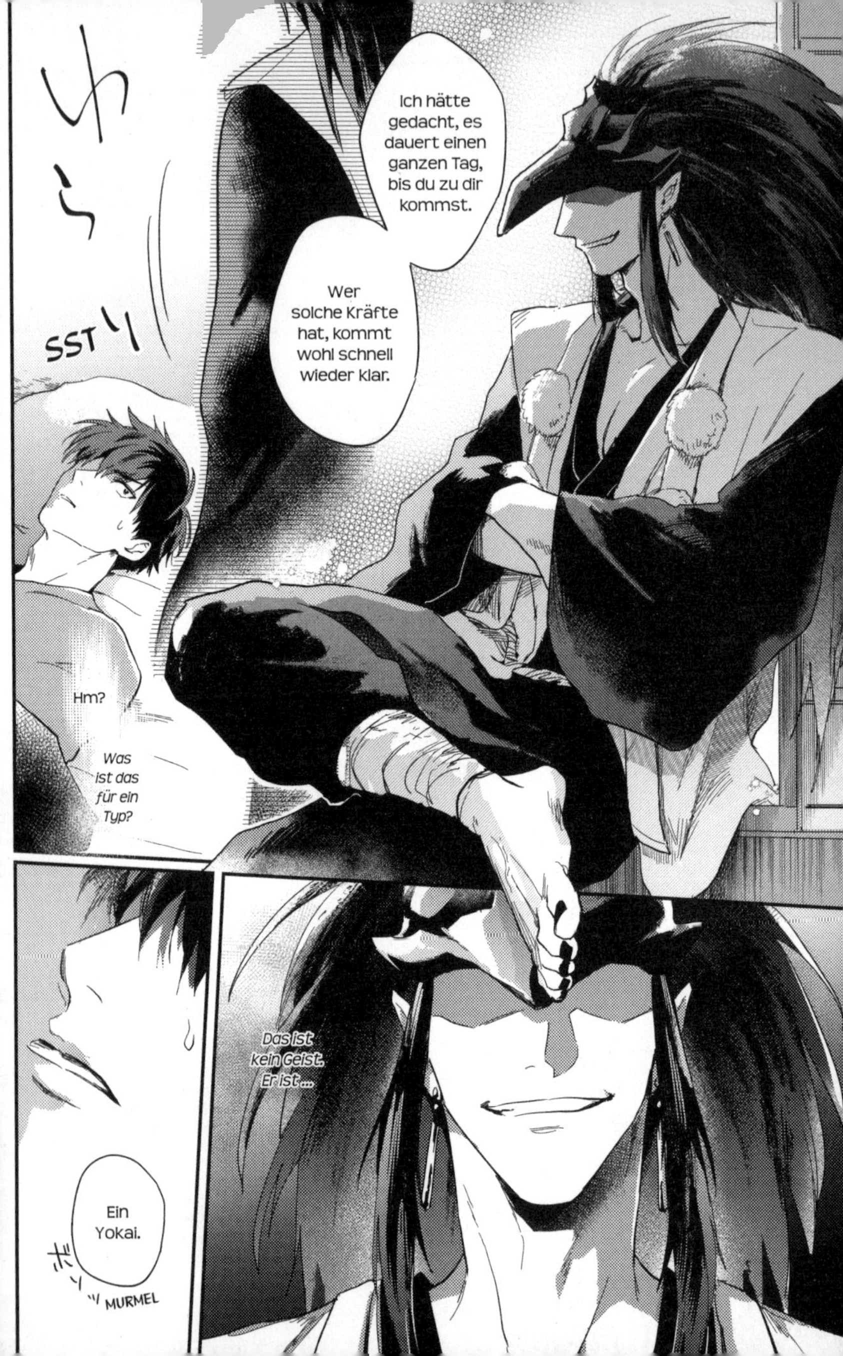

ゆらり
SST
Ich hätte gedacht, es dauert einen ganzen Tag, bis du zu dir kommst.
Wer solche Kräfte hat, kommt wohl schnell wieder klar.
Hm?
Was ist das für ein Typ?
Das ist kein Geist. Er ist ...
Ein Yokai.
MURMEL

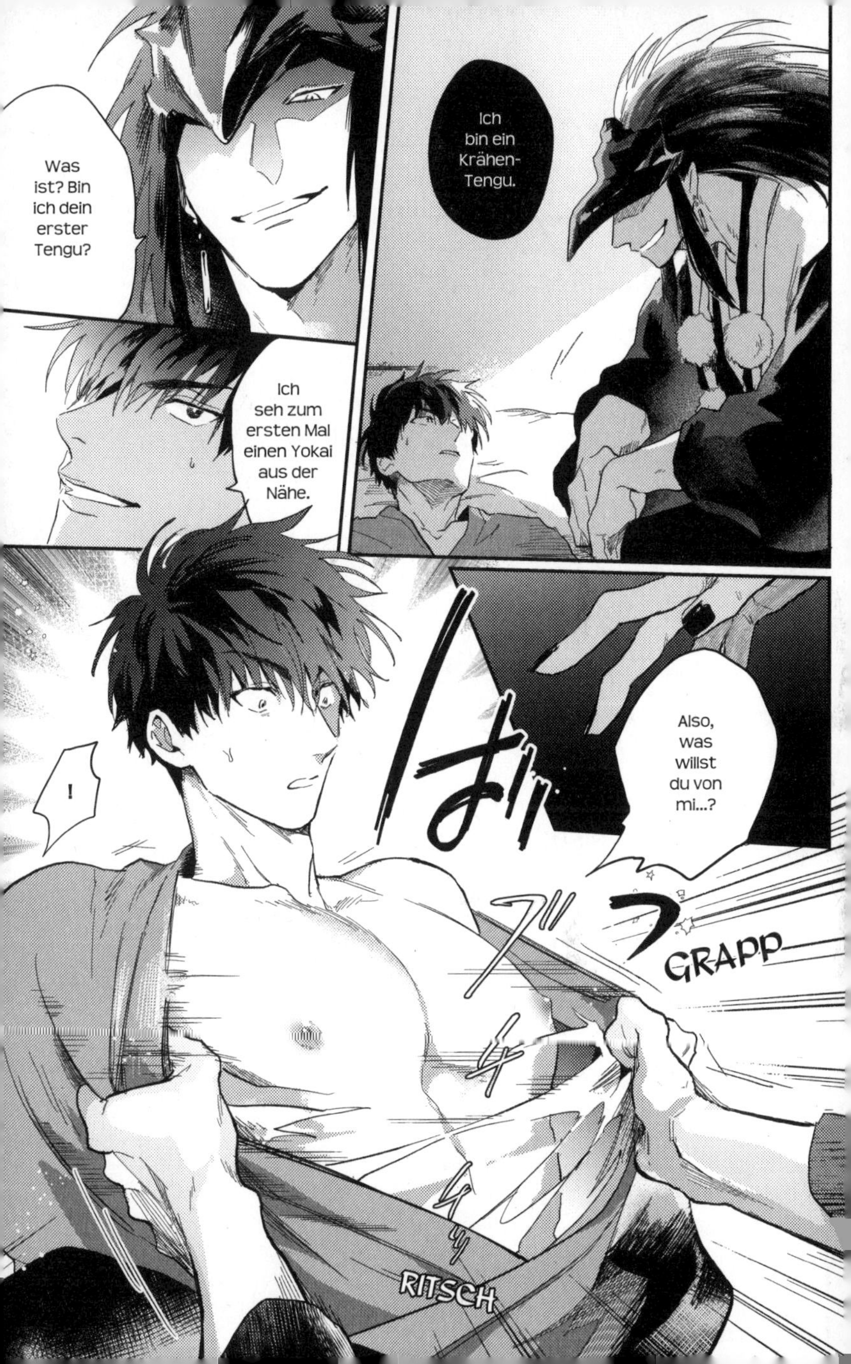
Ich bin ein Krähen-Tengu.
Was ist? Bin ich dein erster Tengu?
Ich seh zum ersten Mal einen Yokai aus der Nähe.
Also, was willst du von mi...?
GRAPP
!
RITSCH

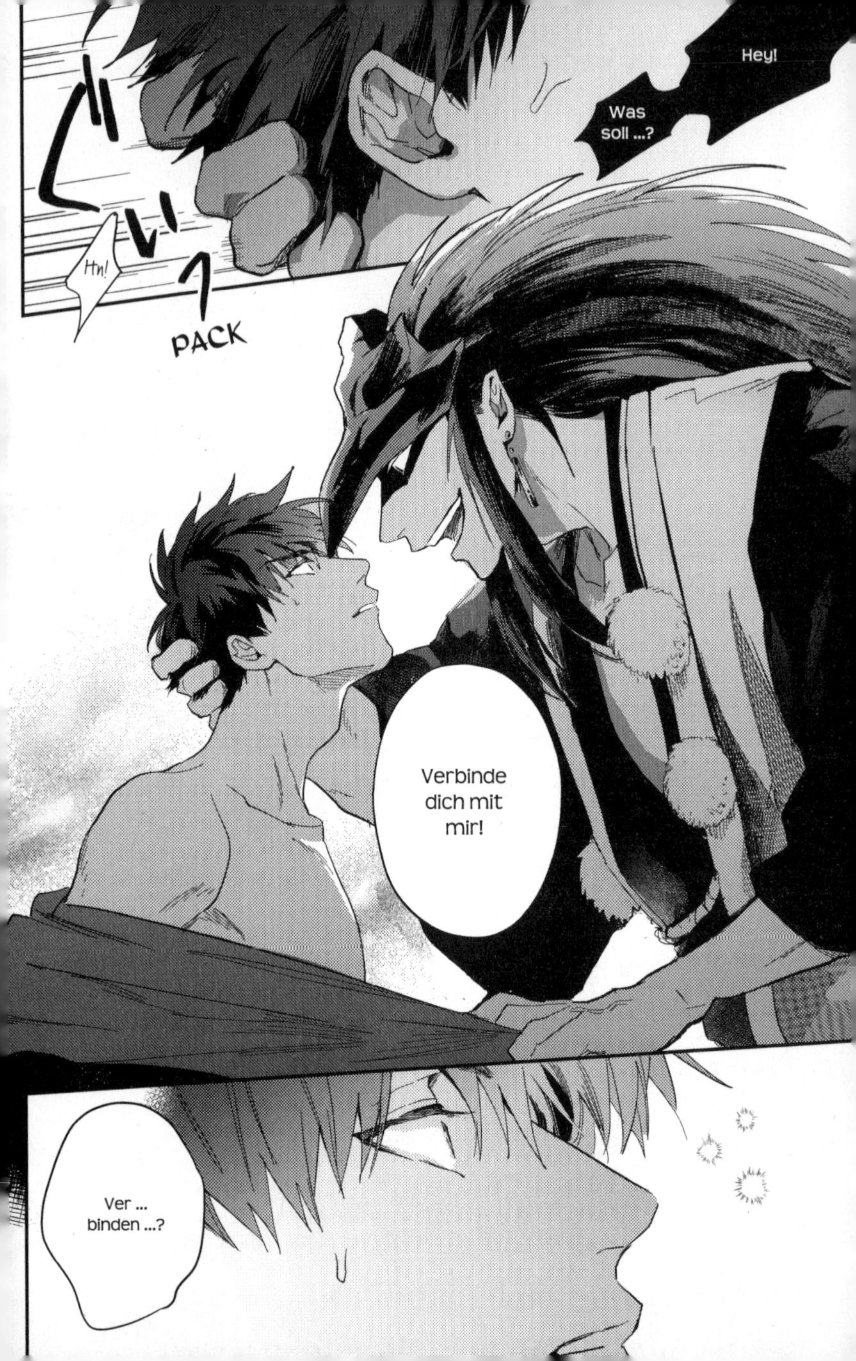
Hey!
Was soll ...?
Hn!
ぐいっ
PACK
Verbinde dich mit mir!
Ver ... binden ...?

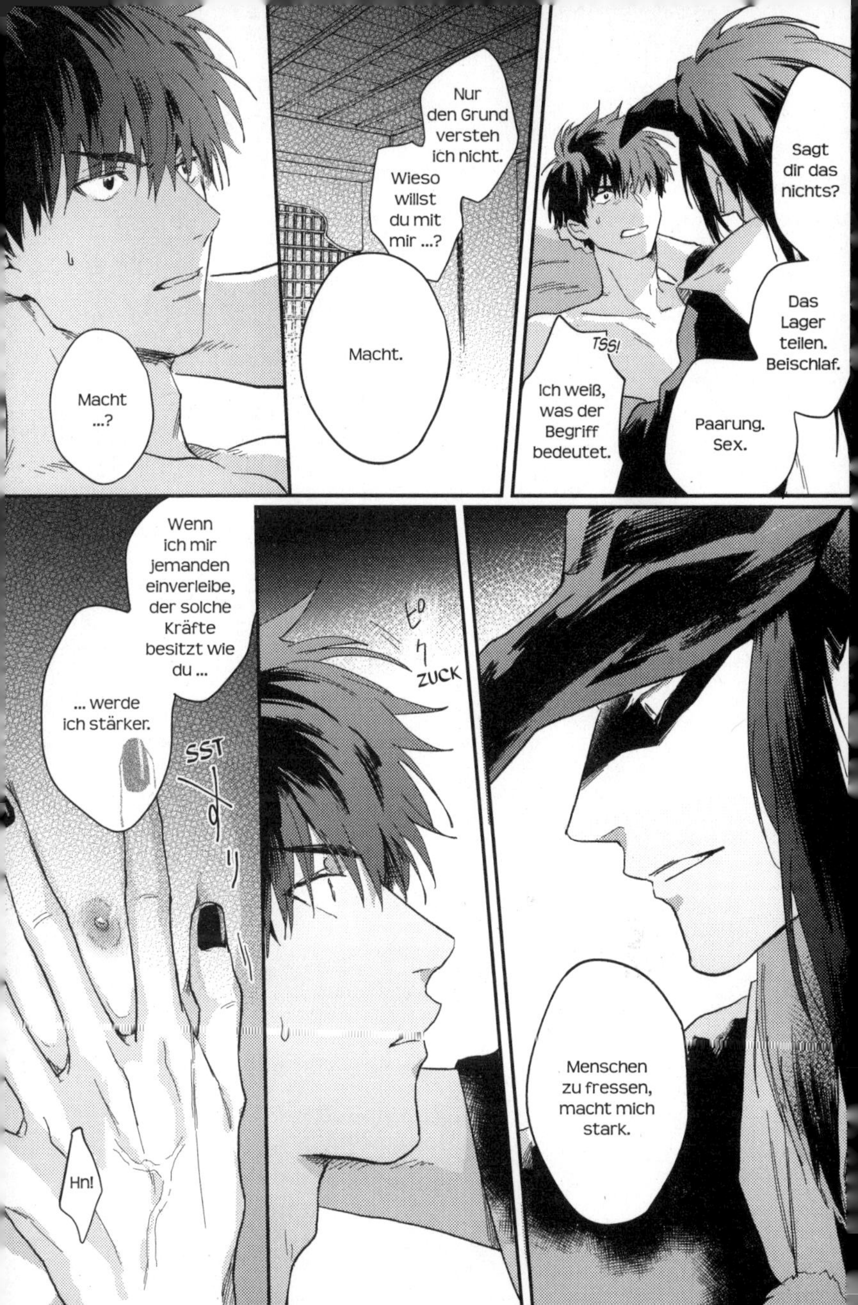
Sagt dir das nichts?
Das Lager teilen. Beischlaf.
Paarung. Sex.
TSS!
Ich weiß, was der Begriff bedeutet.
Nur den Grund versteh ich nicht.
Wieso willst du mit mir ...?
Macht.
Macht ...?
Menschen zu fressen, macht mich stark.
ZUCK
Wenn ich mir jemanden einverleibe, der solche Kräfte besitzt wie du ...
... werde ich stärker.
SST
Hn!

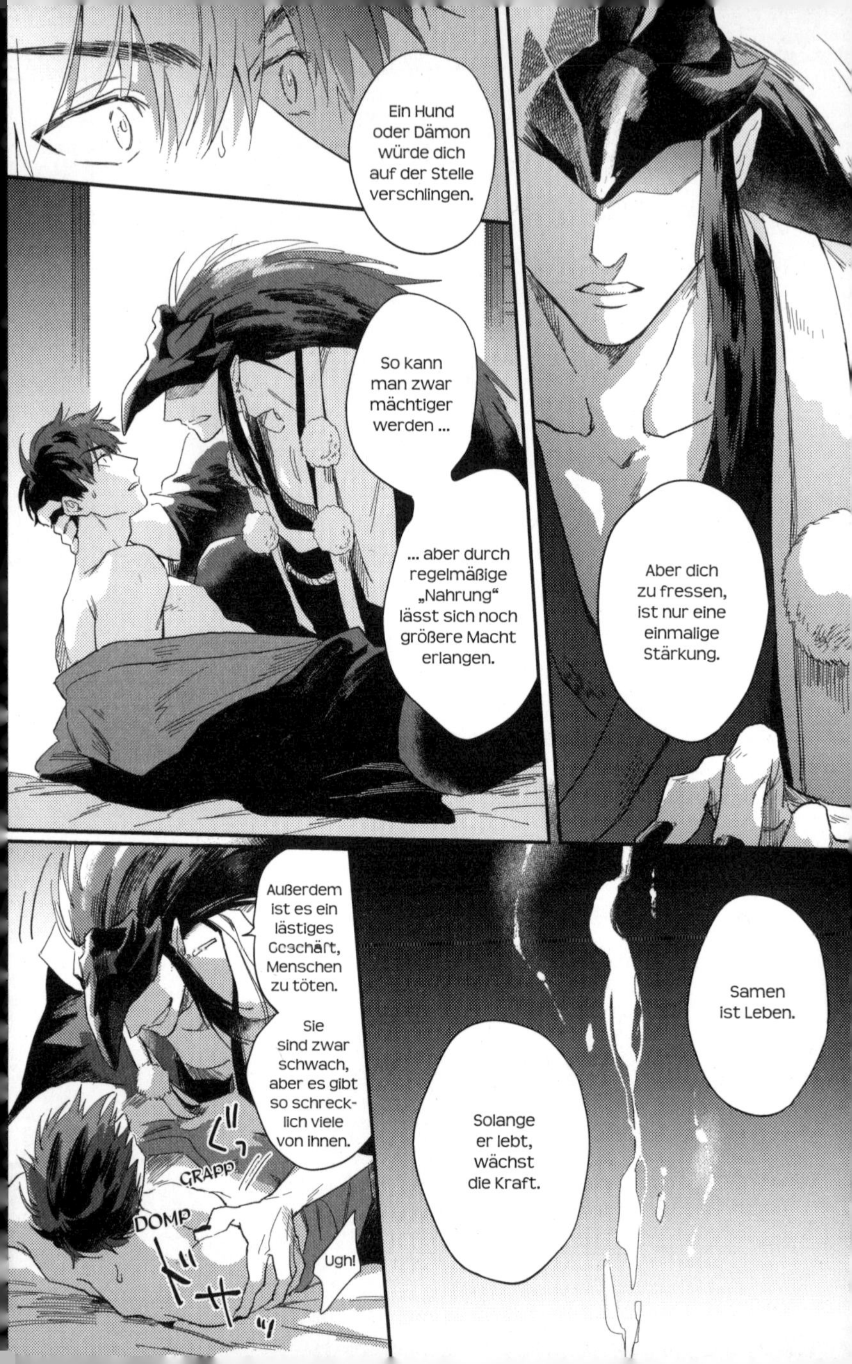
Ein Hund oder Dämon würde dich auf der Stelle verschlingen.
Aber dich zu fressen, ist nur eine einmalige Stärkung.
So kann man zwar mächtiger werden ...
... aber durch regelmäßige „Nahrung“ lässt sich noch größere Macht erlangen.
Außerdem ist es ein lästiges Geschäft, Menschen zu töten.
Sie sind zwar schwach, aber es gibt so schreck-lich viele von ihnen.
GRAPP
DOMP
Ugh!
Samen ist Leben.
Solange er lebt, wächst die Kraft.

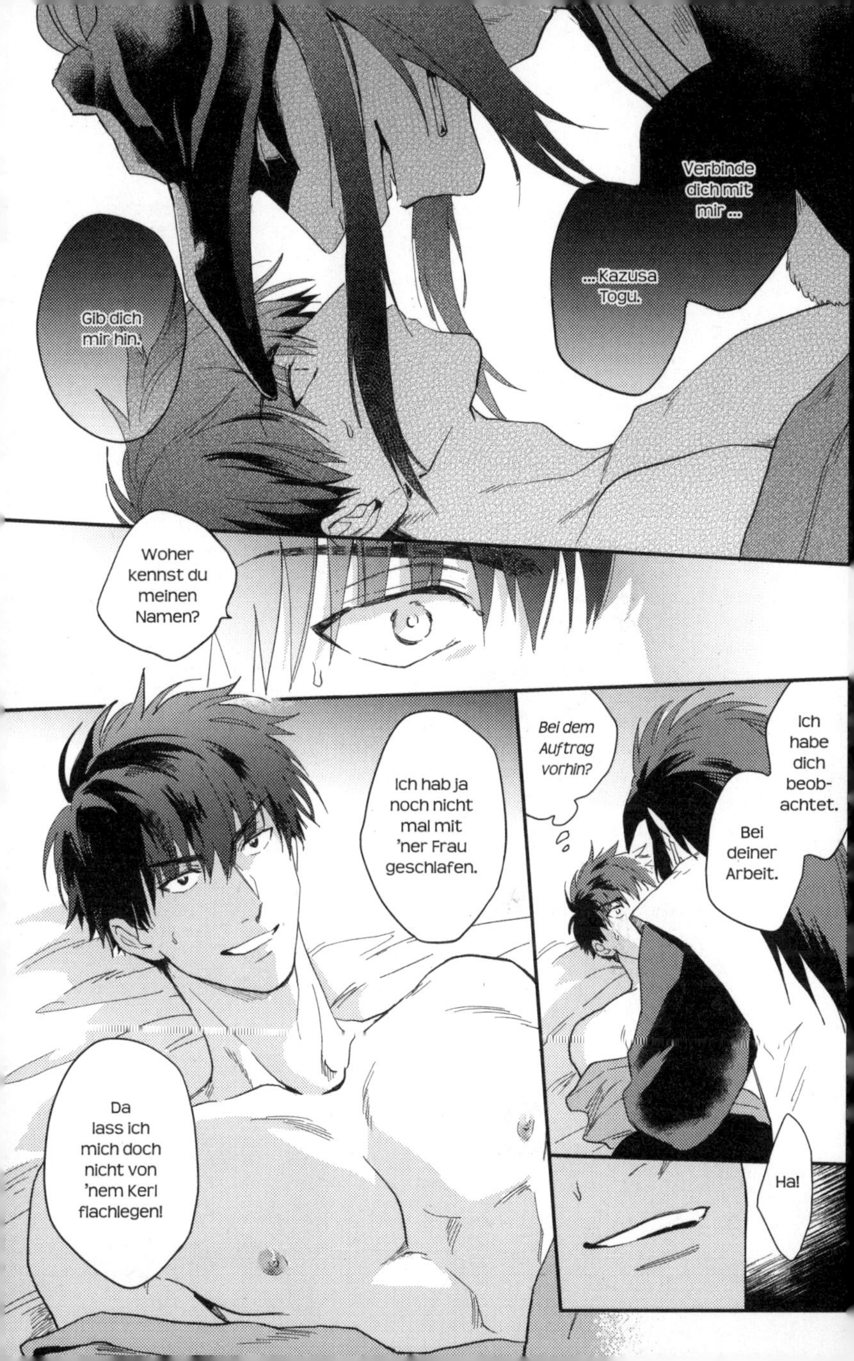
Verbinde dich mit mir ...
... Kazusa Togu.
Gib dich mir hin.
Woher kennst du meinen Namen?
Ich habe dich beobachtet.
Bei deiner Arbeit.
Bei dem Auftrag vorhin?
Ich hab ja noch nicht mal mit 'ner Frau geschlafen.
Ha!
Da lass ich mich doch nicht von 'nem Kerl flachlegen!

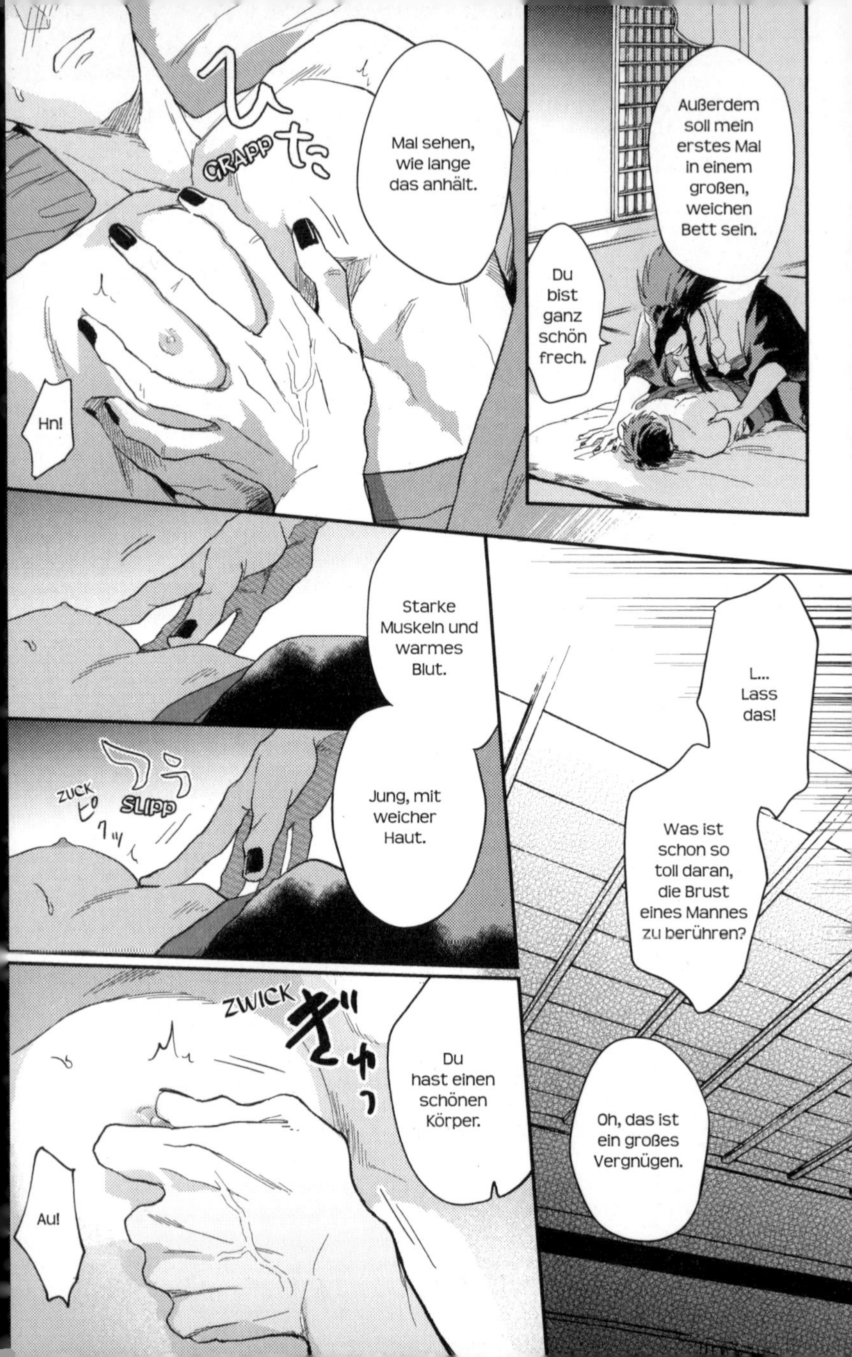
Außerdem soll mein erstes Mal in einem großen, weichen Bett sein.
Du bist ganz schön frech.
Mal sehen, wie lange das anhält.
GRAPP
Hn!
L... Lass das!
Starke Muskeln und warmes Blut.
Jung, mit weicher Haut.
SLIPP
ZUCK
Was ist schon so toll daran, die Brust eines Mannes zu berühren?
ZWICK
Du hast einen schönen Körper.
Au!
Oh, das ist ein großes Vergnügen.

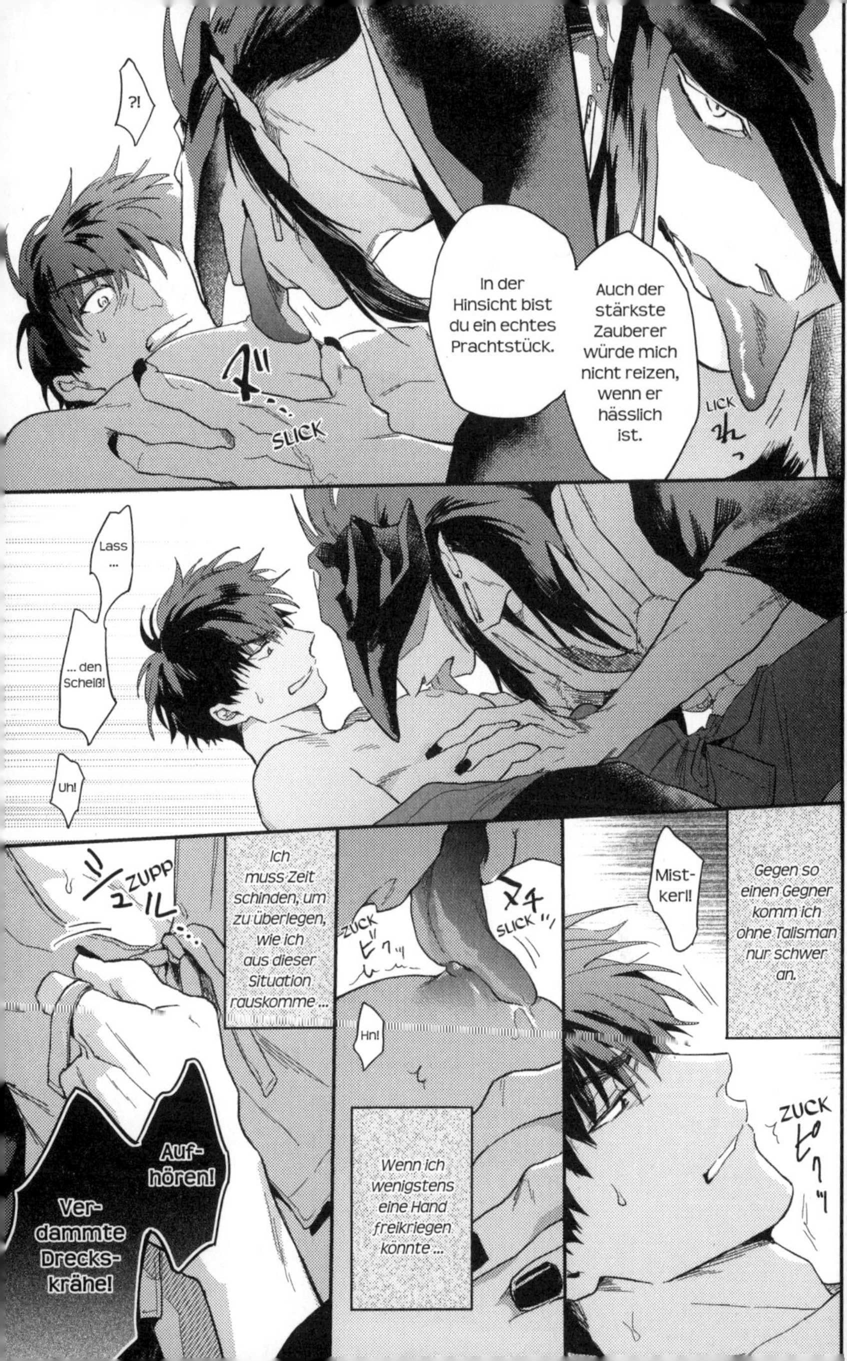

LICK
Auch der stärkste Zauberer würde mich nicht reizen, wenn er hässlich ist.
In der Hinsicht bist du ein echtes Prachtstück.
SLICK
?!
Lass ...
... den Scheiß!
Uh!
Gegen so einen Gegner komm ich ohne Talisman nur schwer an.
Mist-kerl!
ZUCK
SLICK
ZUCK
Hn!
Wenn ich wenigstens eine Hand freikriegen könnte ...
Ich muss Zeit schinden, um zu überlegen, wie ich aus dieser Situation rauskomme ...
ZUPP
Auf-hören!
Ver-dammte Drecks-krähe!

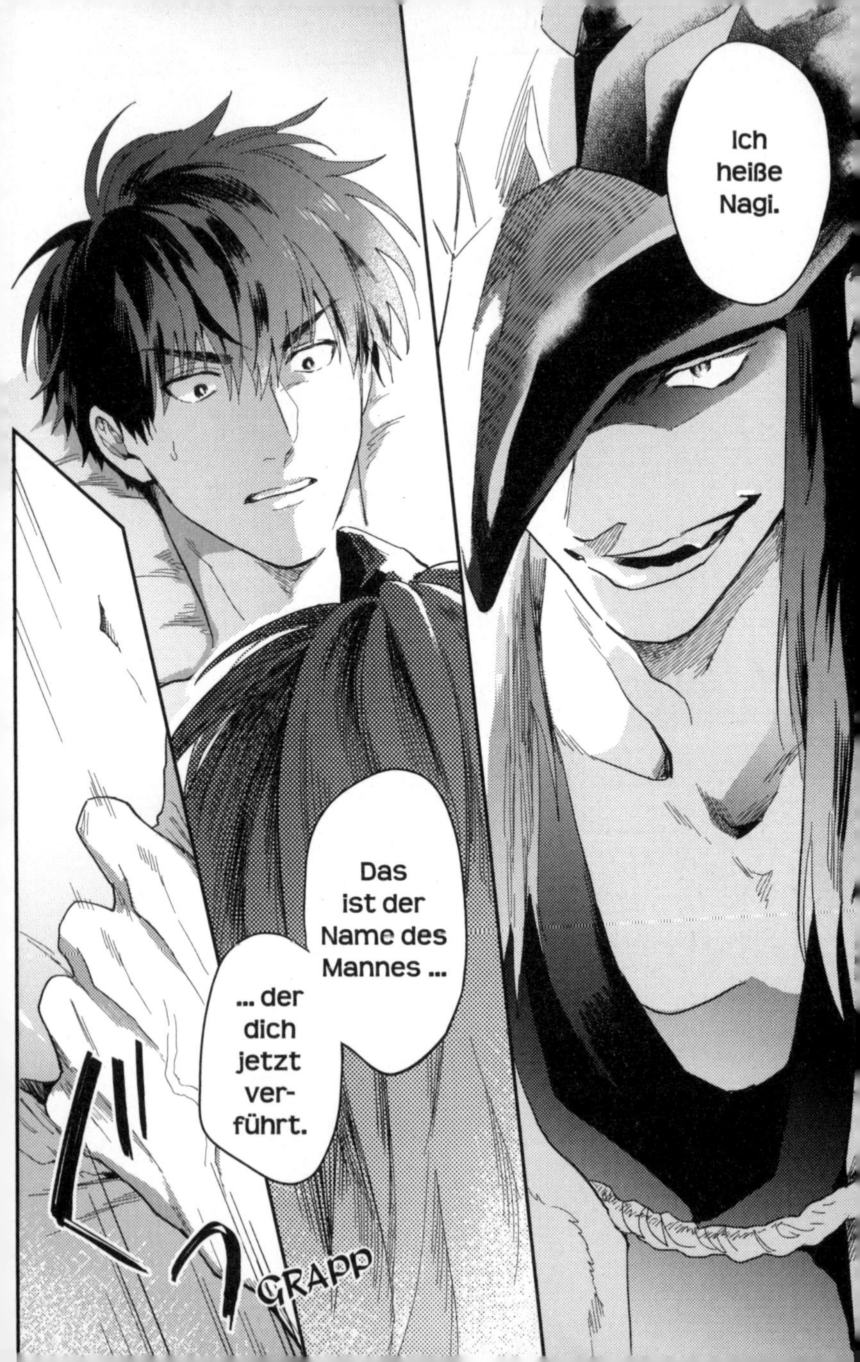
Ich heiße Nagi.
Das ist der Name des Mannes ...
... der dich jetzt ver-führt.
GRAPP

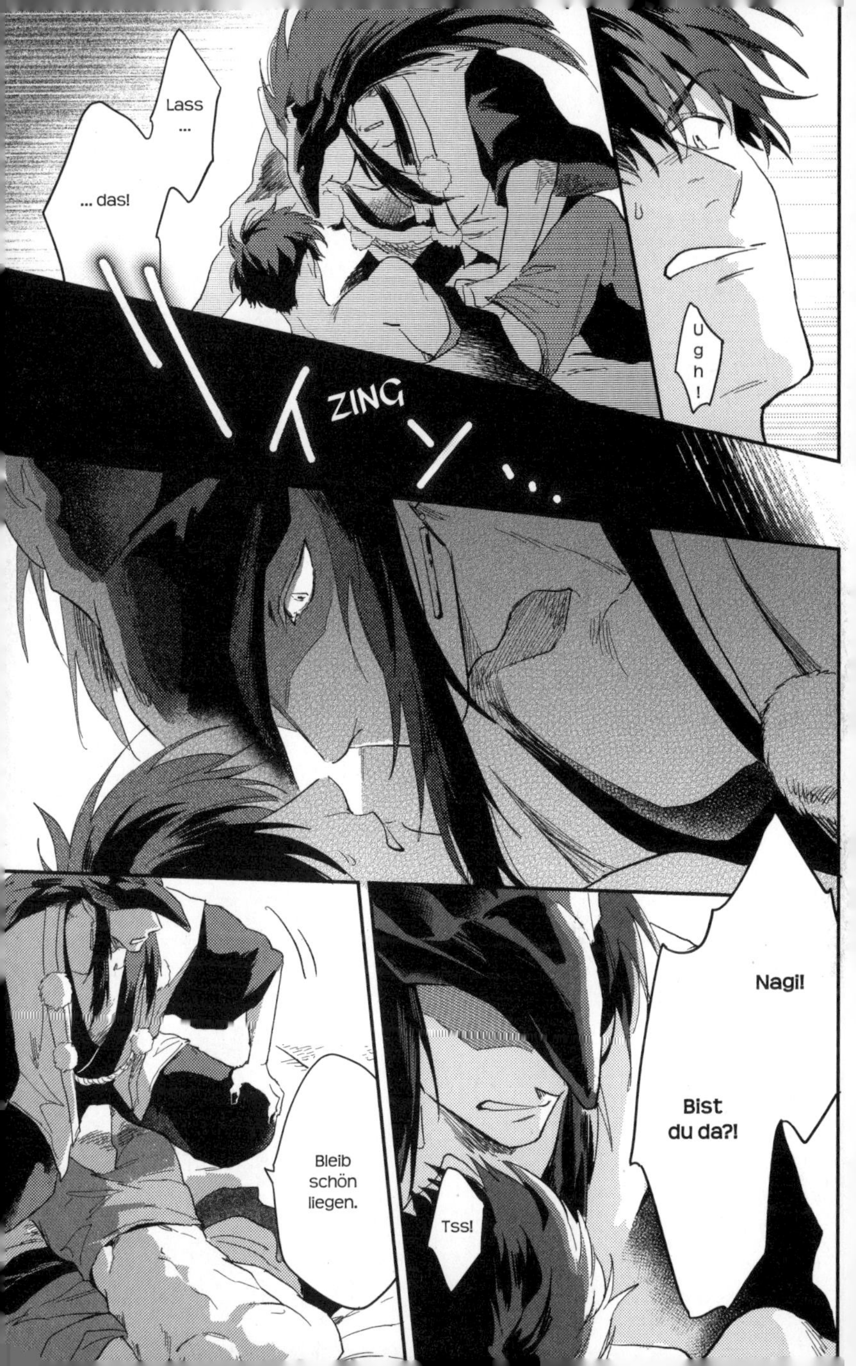
Lass ...
... das!
Ugh!
ZING
Nagi!
Bist du da?!
Tss!
Bleib schön liegen.

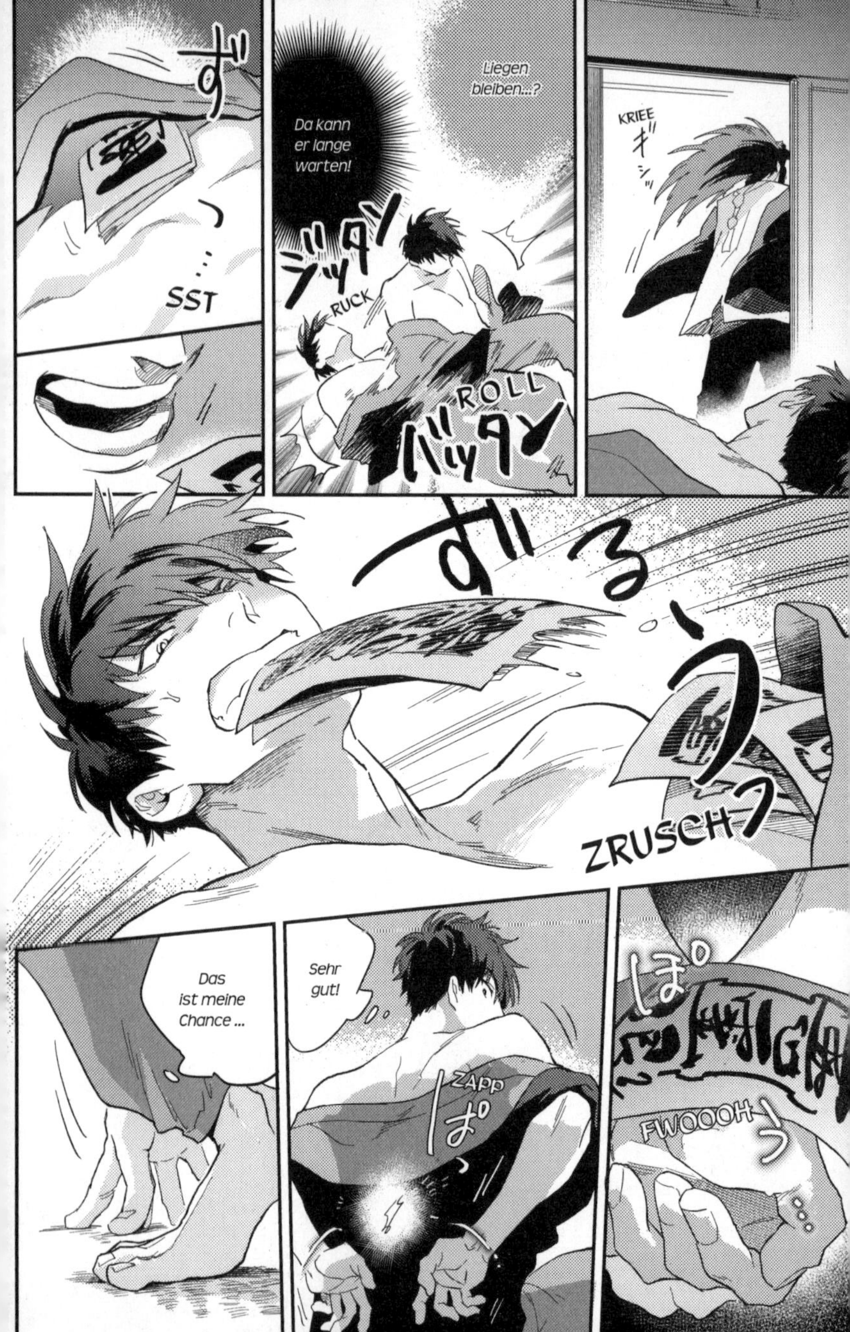

SST
Liegen bleiben...?
Da kann er lange warten!
RUCK
ROLL
KRIEE
ZRUSCH
Sehr gut!
Das ist meine Chance ...
ZAPP
FWOOOH

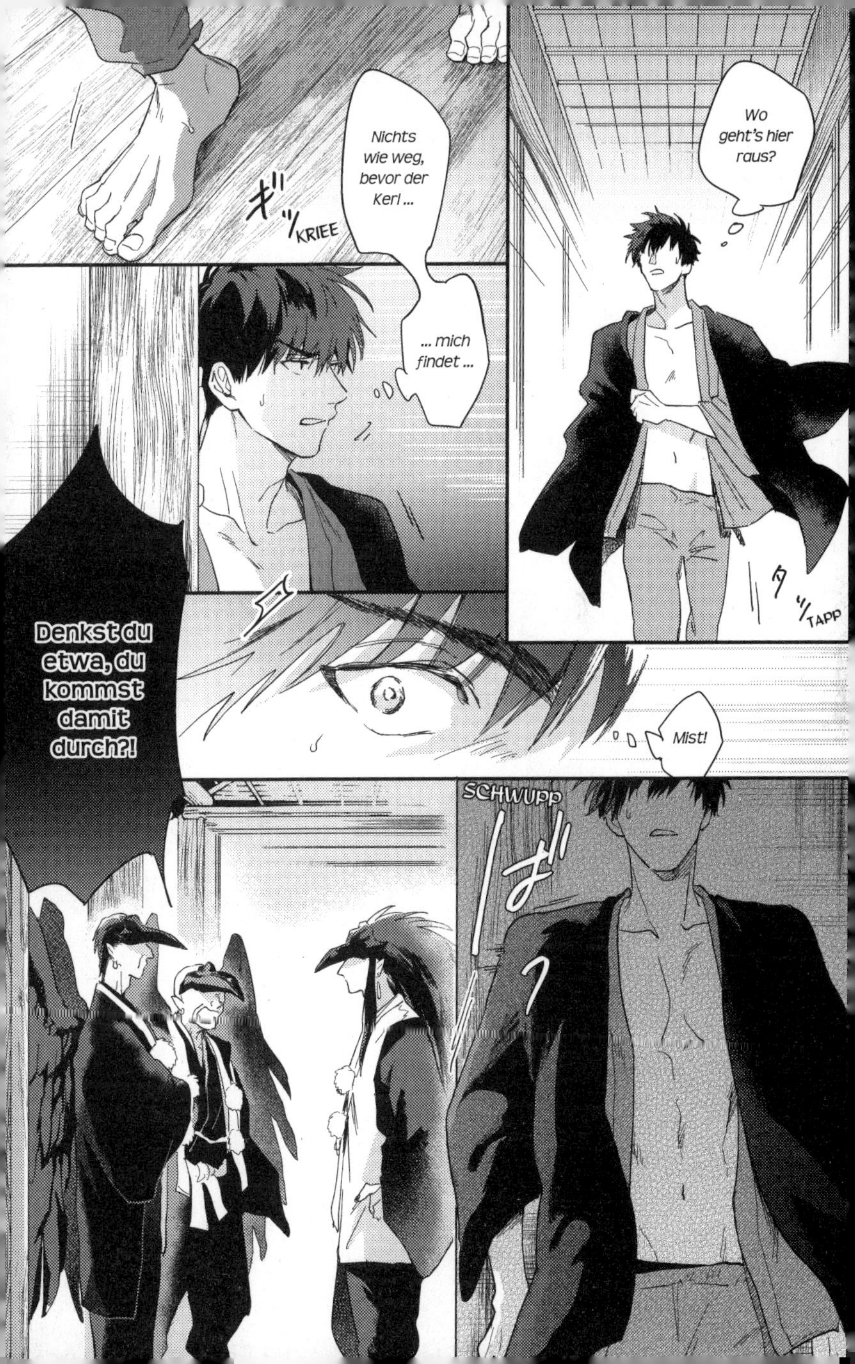
Wo geht's hier raus?
TAPP
KRIEE
Nichts wie weg, bevor der Kerl ...
... mich findet ...
Mist!
Denkst du etwa, du kommst damit durch?!
SCHWUPP

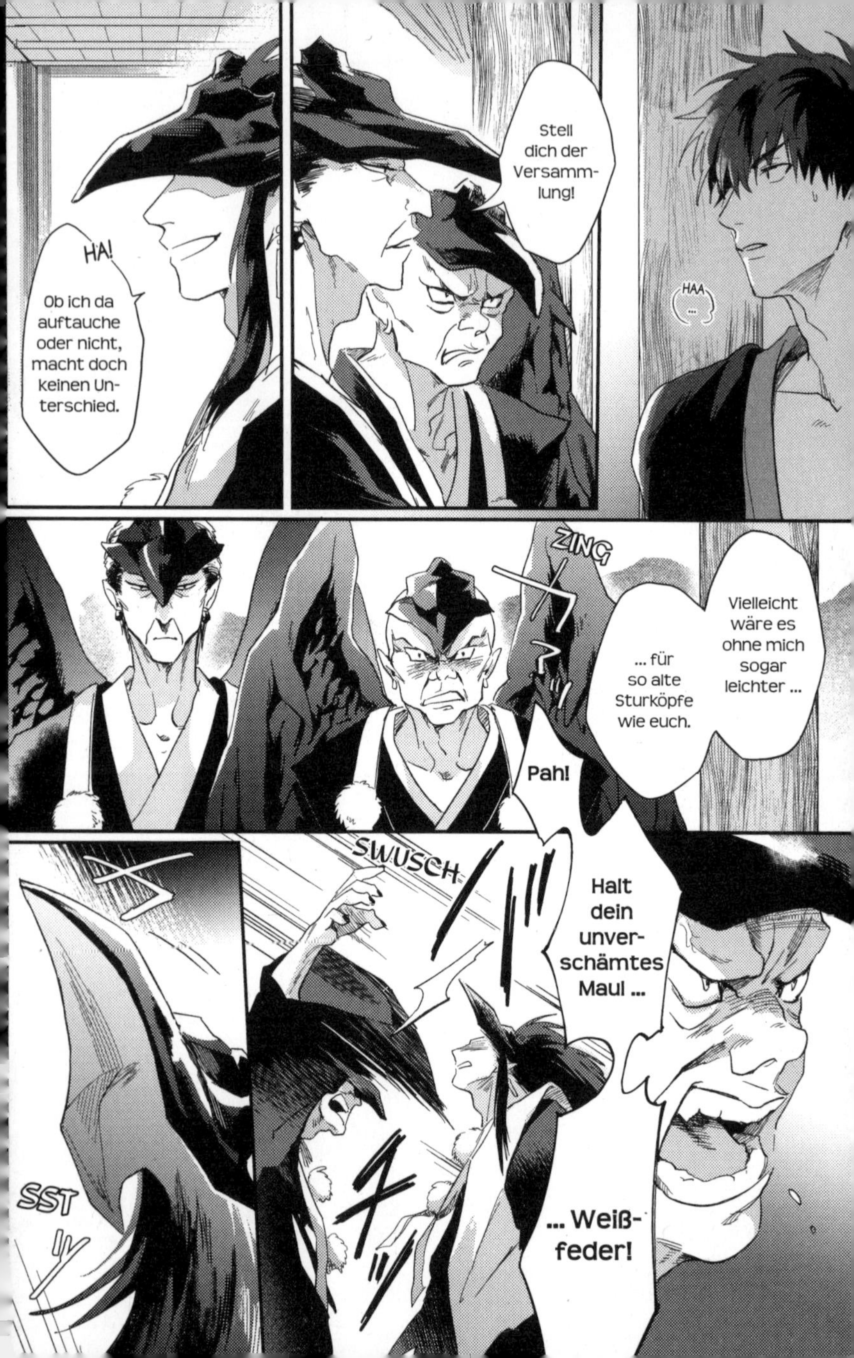
HAA ...
Stell dich der Versammlung!
HA!
Ob ich da auftauche oder nicht, macht doch keinen Unterschied.
Vielleicht wäre es ohne mich sogar leichter ...
... für so alte Sturköpfe wie euch.
ZING
Pah!
SWUSCH
Halt dein unverschämtes Maul ...
... Weißfeder!
SST

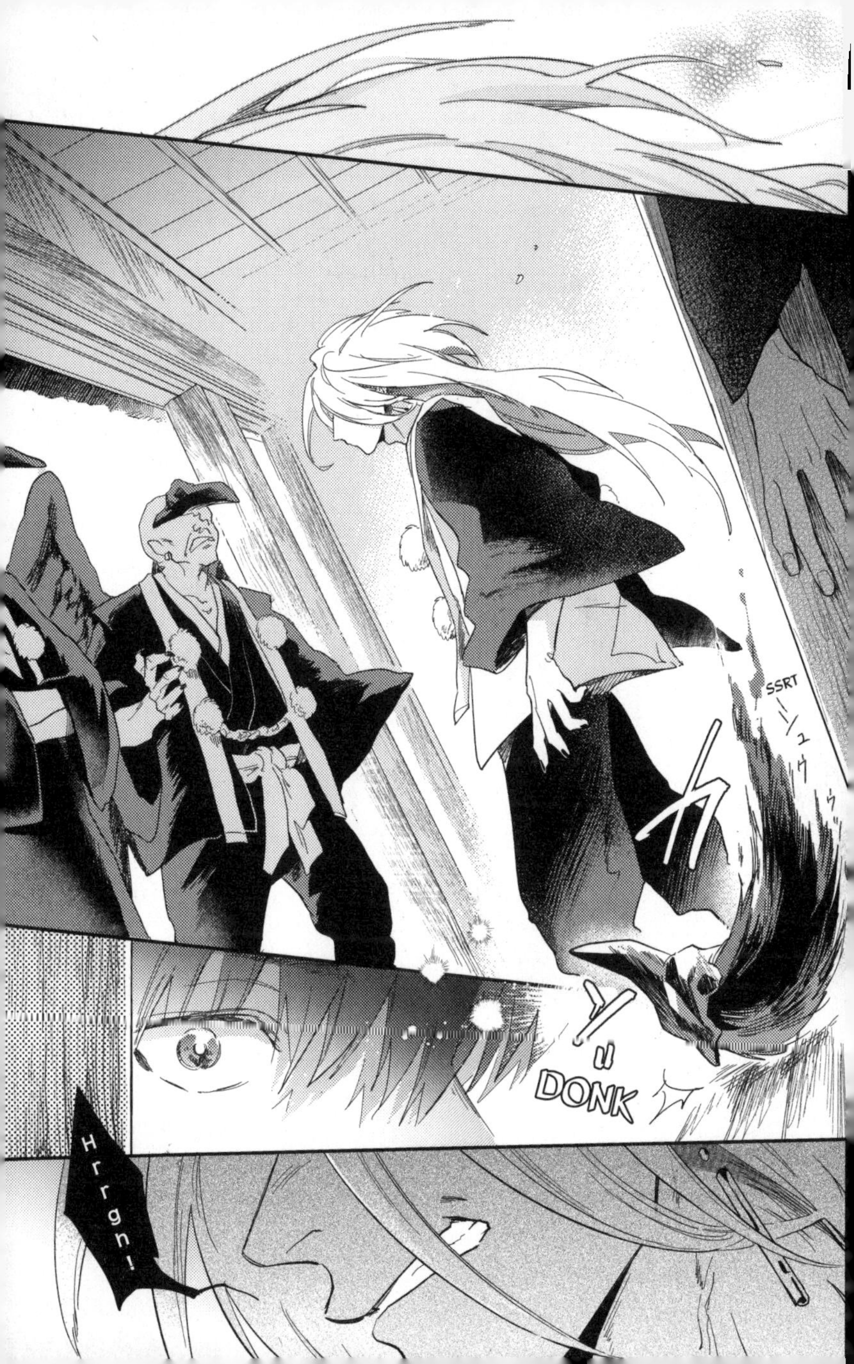
SSRT
DONK
Hrrgh!

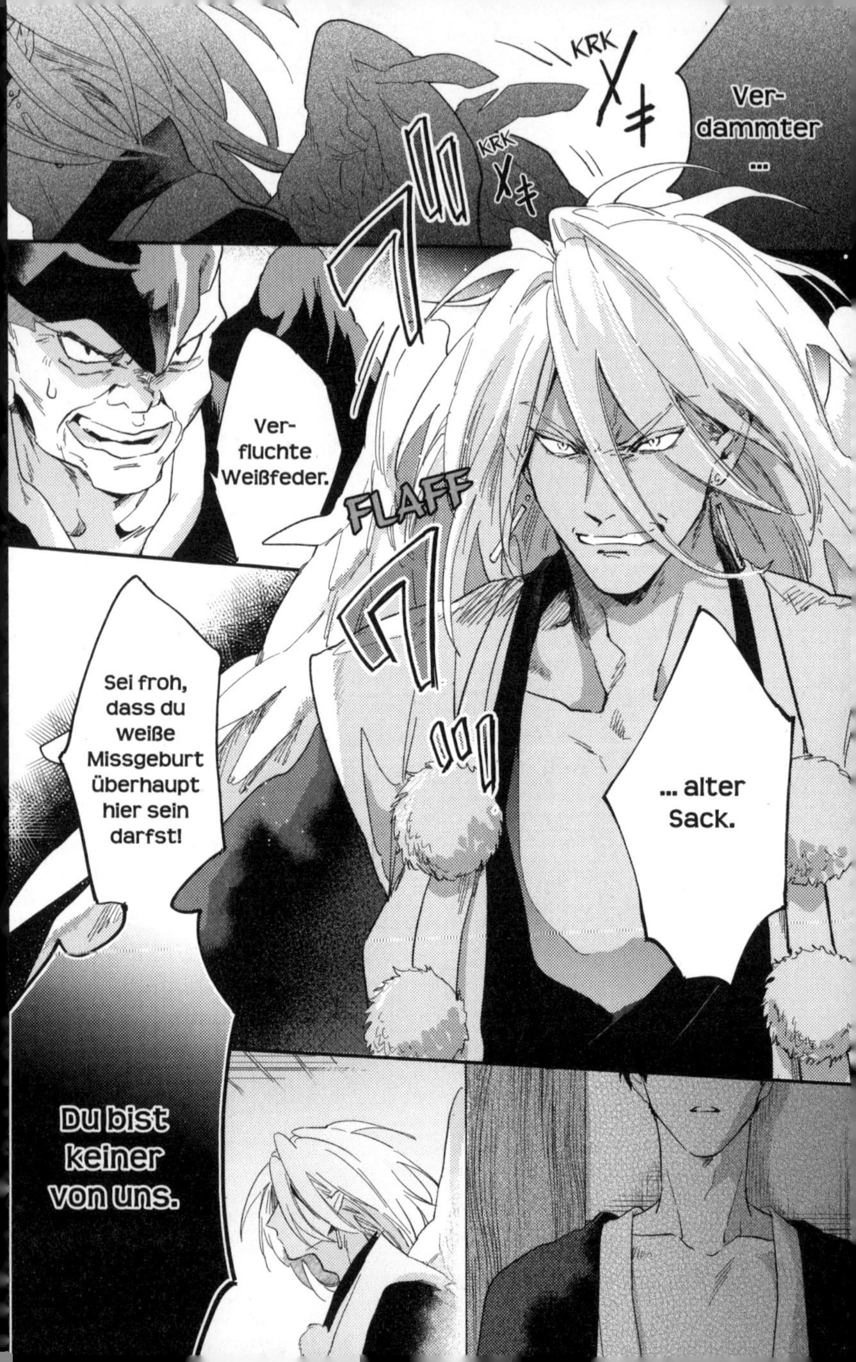

KRK
KRK
Ver-
dammter
...
Ver-
fluchte
Weißfeder.
FLAFF
... alter
Sack.
Sei froh,
dass du
weiße
Missgeburt
überhaupt
hier sein
darfst!
Du bist
keiner
von uns.

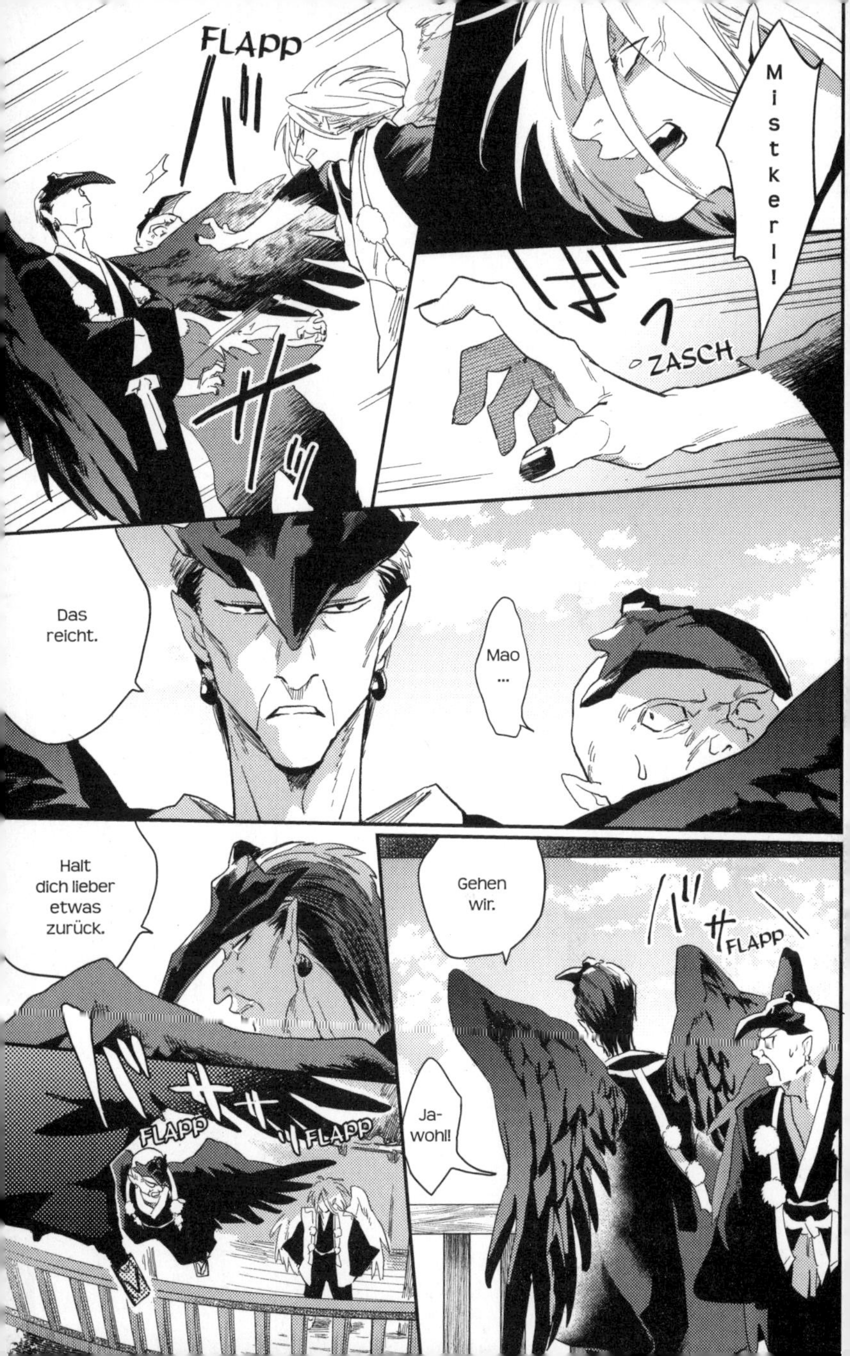
Mistkerl!
ZASCH
FLAPP
Mao ...
Das reicht.
Gehen wir.
FLAPP
Ja-wohl!
Halt dich lieber etwas zurück.
FLAPP
FLAPP

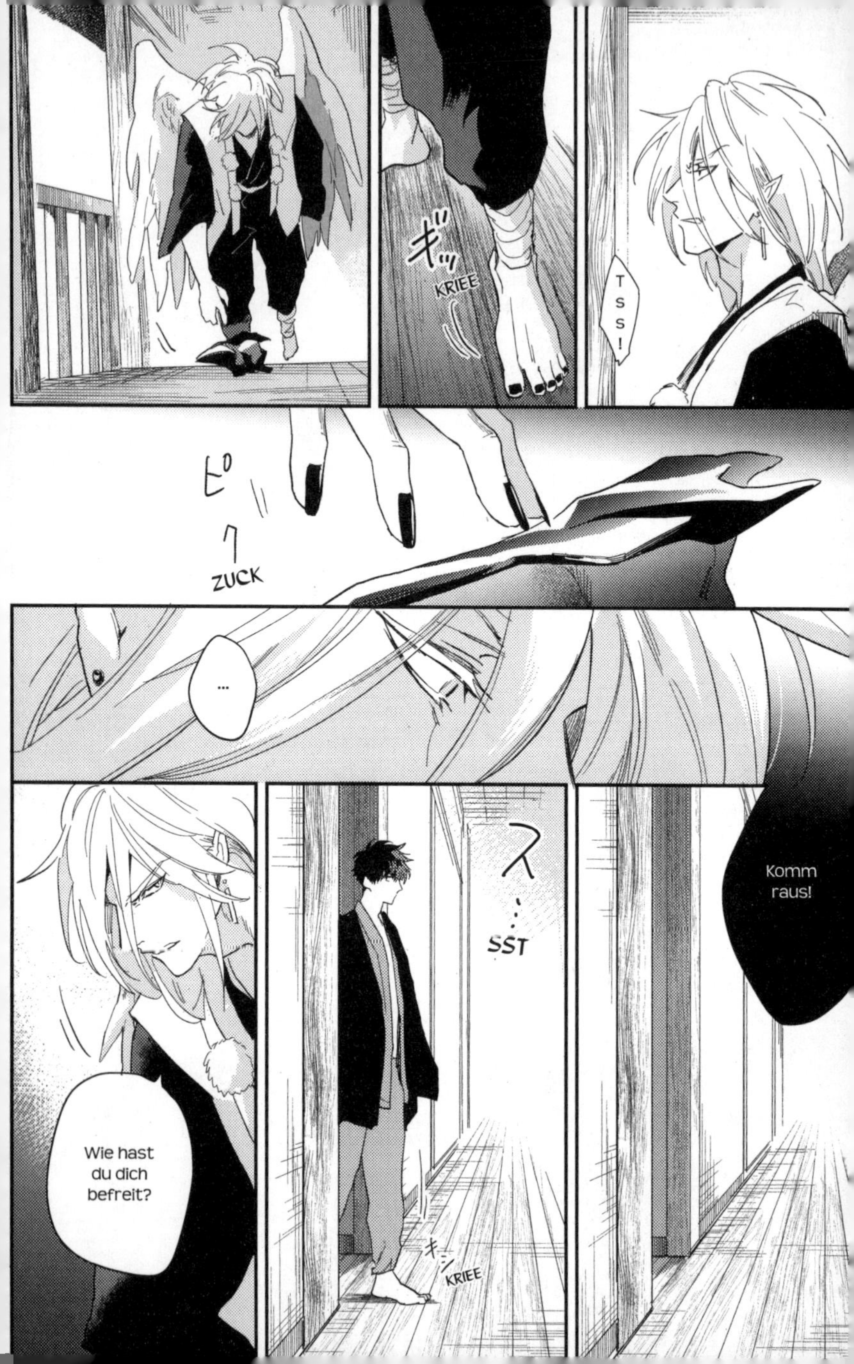

ギッ
KRIEE
Tss!
ピク
ZUCK
...
Komm raus!
ス
SST
Wie hast du dich befreit?
キシ
KRIEE

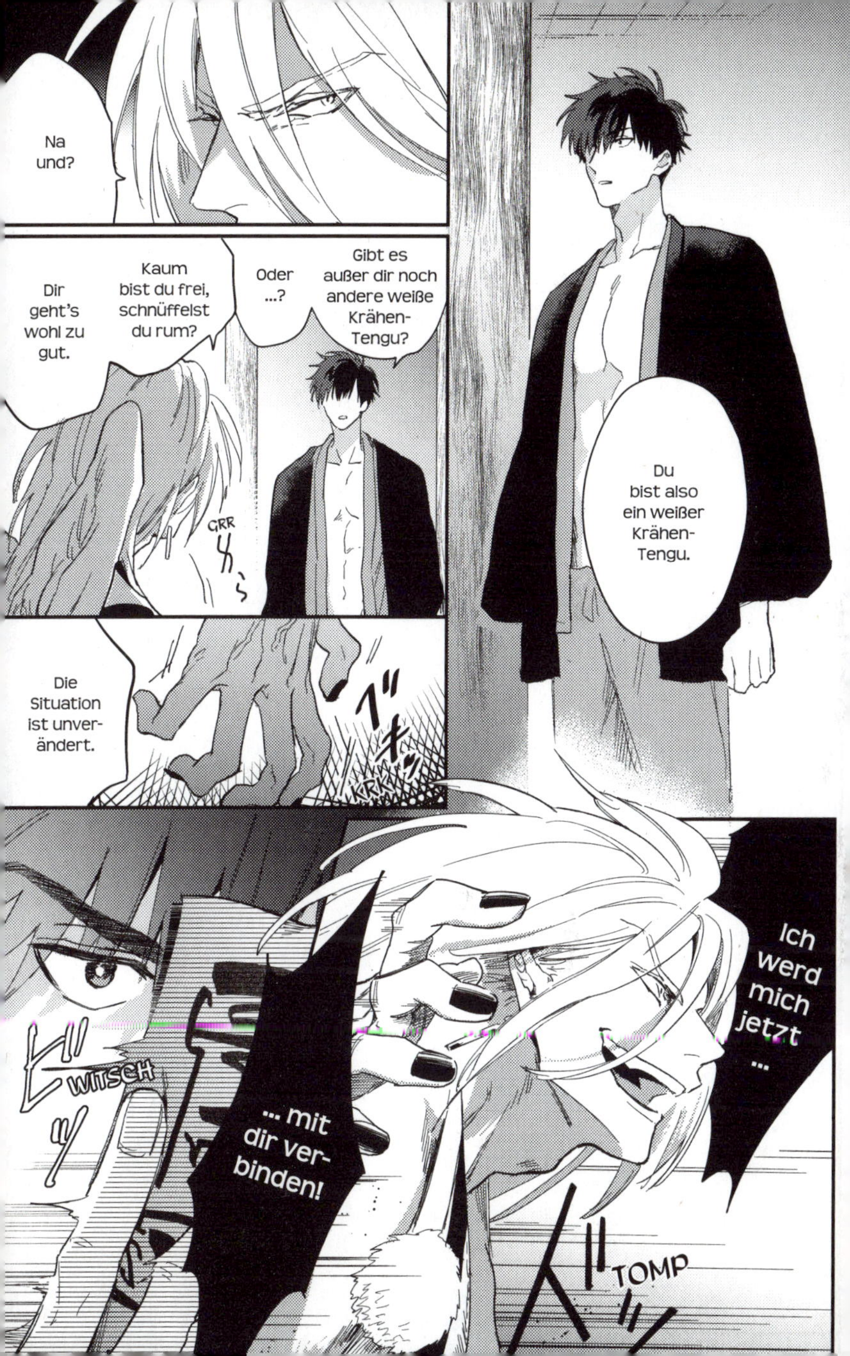

Du bist also ein weißer Krähen-Tengu.
Na und?
Gibt es außer dir noch andere weiße Krähen-Tengu?
Oder ...?
Kaum bist du frei, schnüffelst du rum?
Dir geht's wohl zu gut.
GRR
Die Situation ist unverändert.
KRK
Ich werd mich jetzt ...
... mit dir verbinden!
TOMP
WITSCH

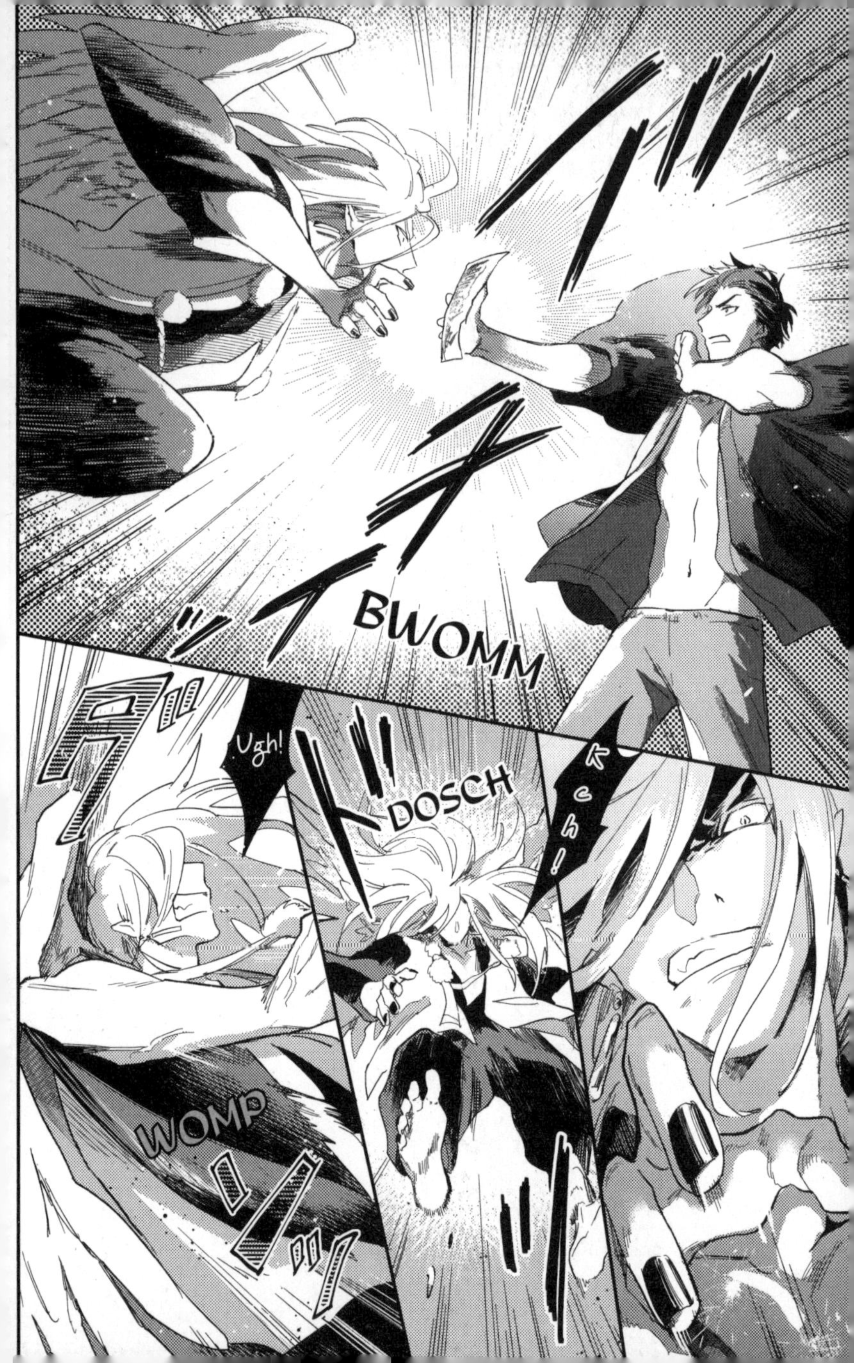
BWOMM
Ugh!
DOSCH
Keh!
WOMP

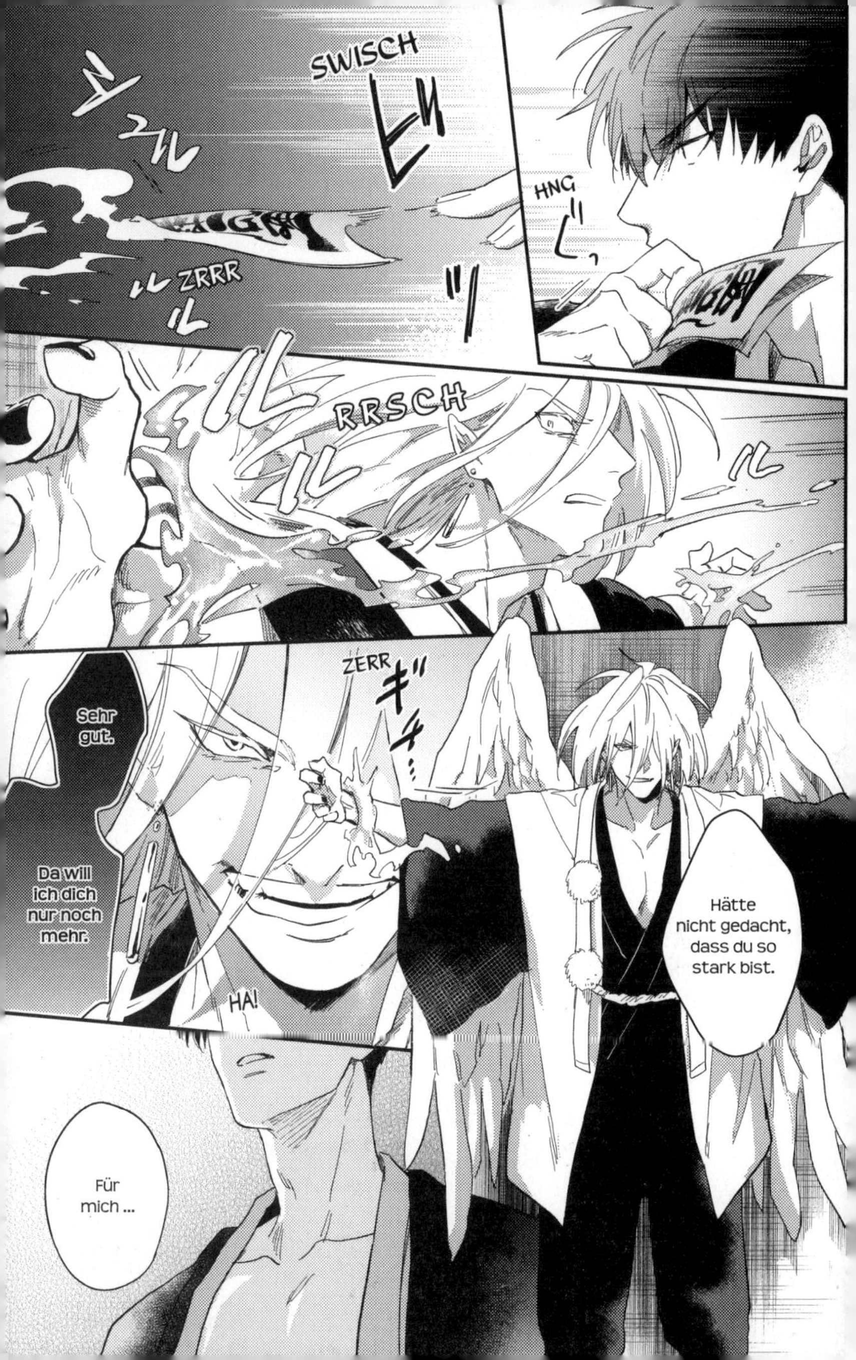

HNG
SWISCH
ZRRR
RRSCH
ZERR
Sehr gut.
Da will ich dich nur noch mehr.
HA!
Hätte nicht gedacht, dass du so stark bist.
Für mich ...

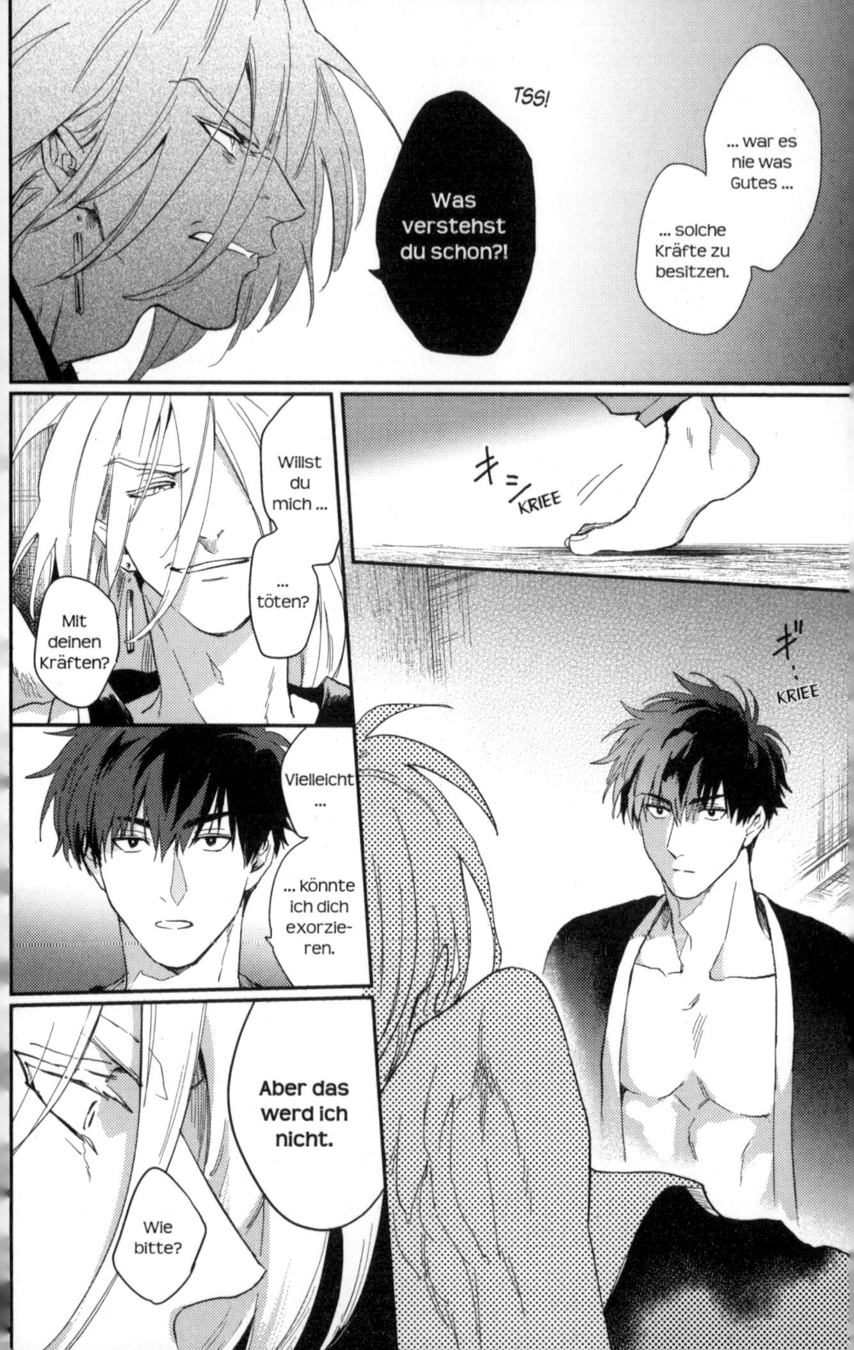
... solche Kräfte zu besitzen.
... war es nie was Gutes ...
TSS!
Was verstehst du schon?!
Willst du mich ...
... töten?
Mit deinen Kräften?
KRIEE
KRIEE
Vielleicht ...
... könnte ich dich exorzieren.
Aber das werd ich nicht.
Wie bitte?

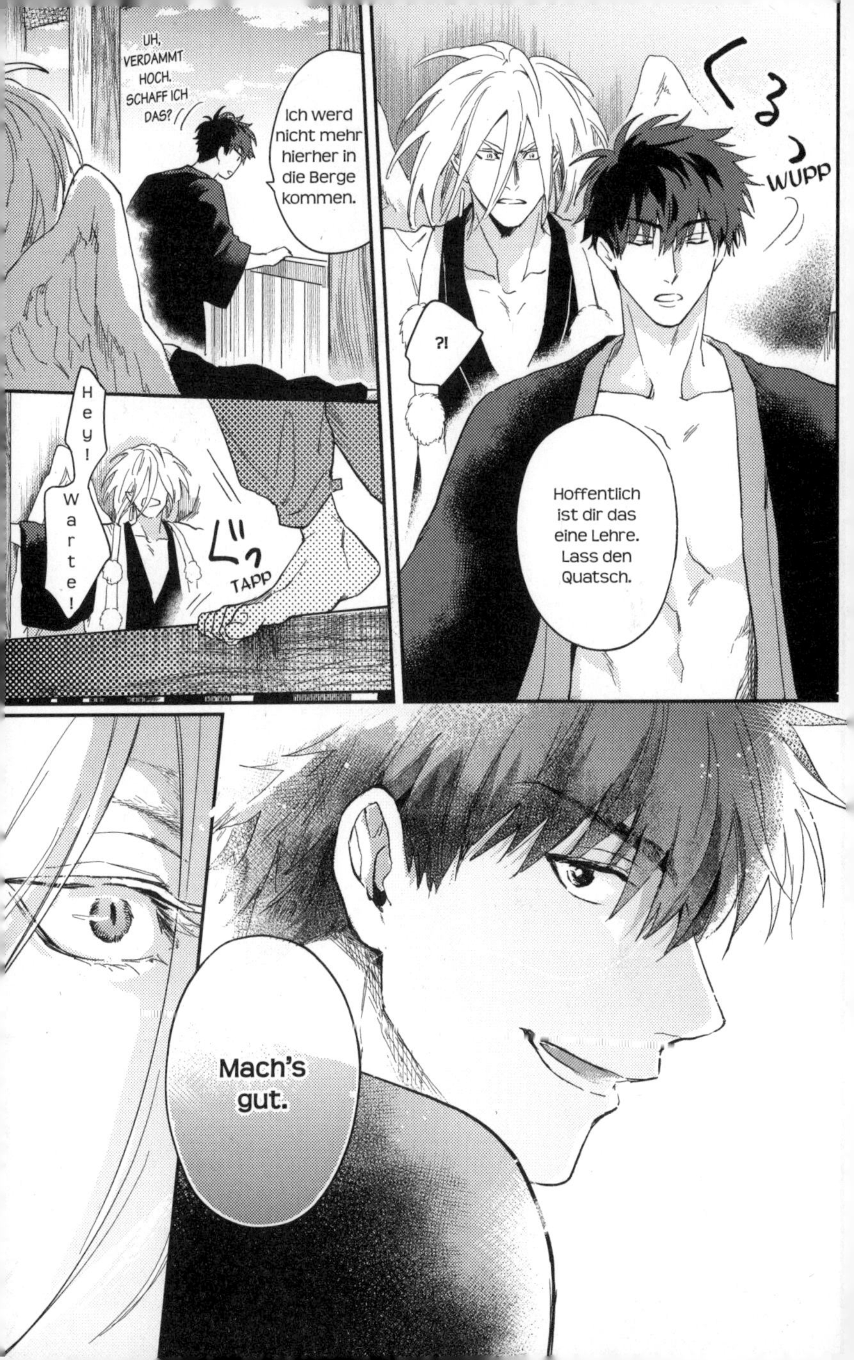
WUPP
Hoffentlich ist dir das eine Lehre. Lass den Quatsch.
?!
Ich werd nicht mehr hierher in die Berge kommen.
UH, VERDAMMT HOCH. SCHAFF ICH DAS?
TAPP
Hey! Warte!
Mach's gut.

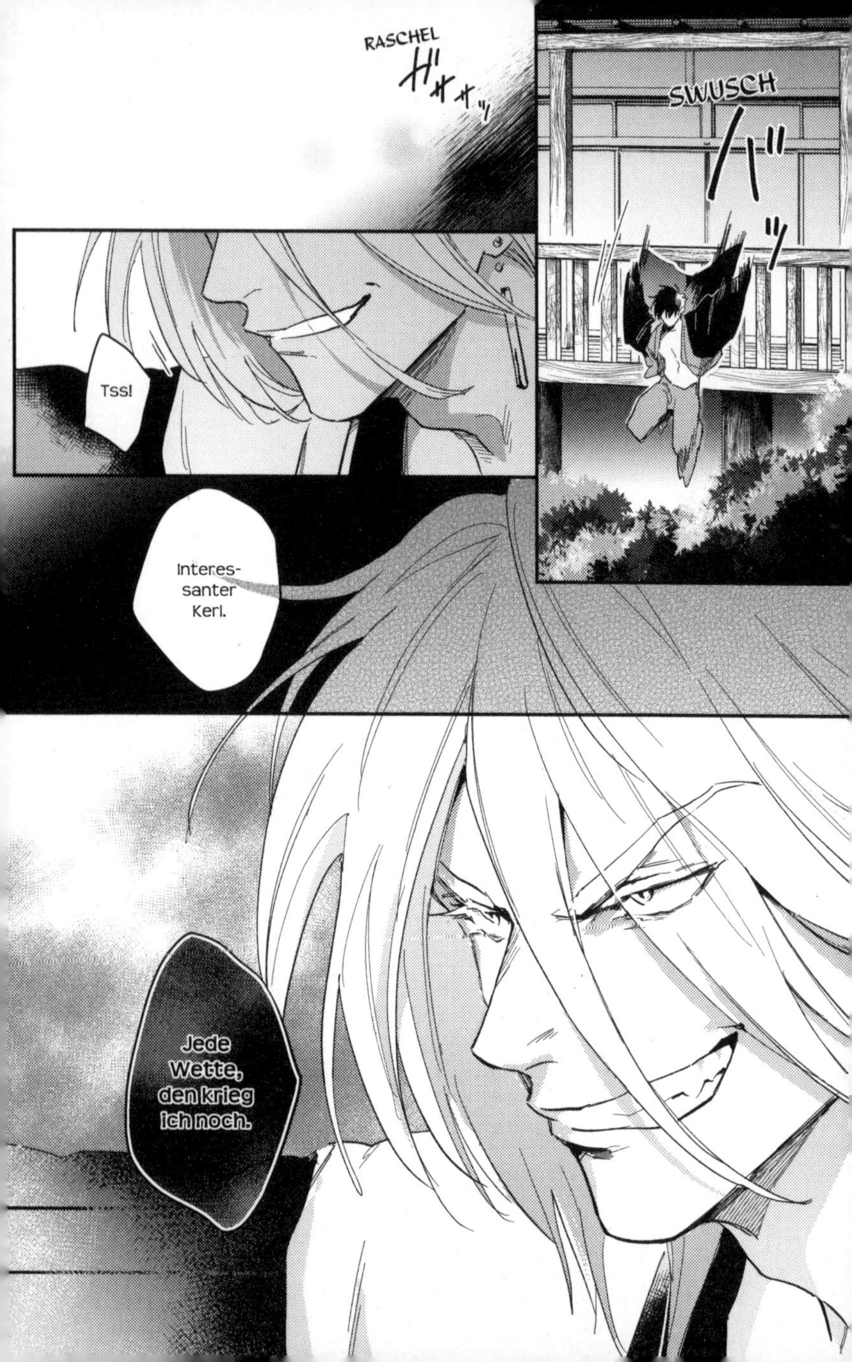
SWUSCH
RASCHEL
Tss!
Interes-
santer
Kerl.
Jede
Wette,
den krieg
ich noch.

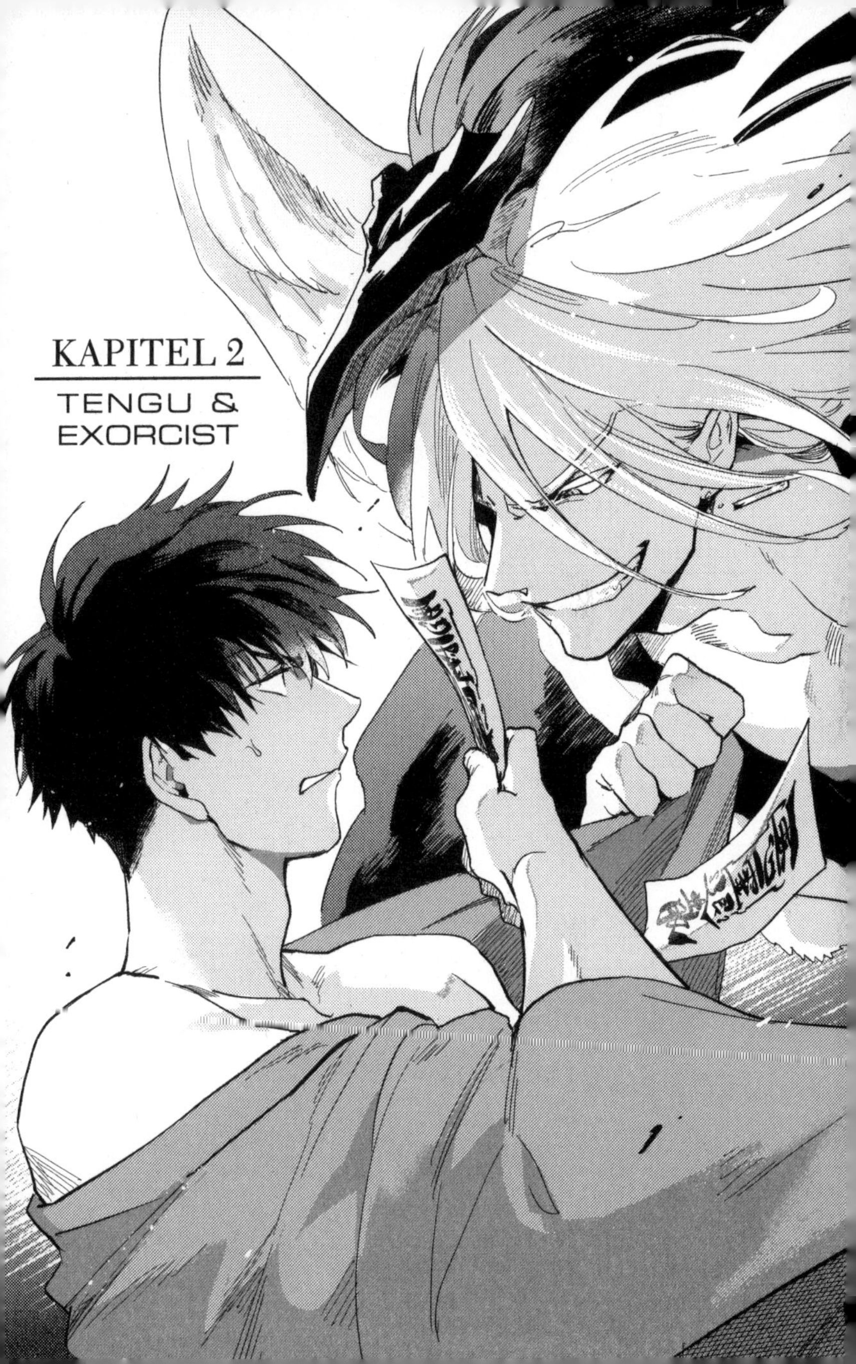
KAPITEL 2
TENGU & EXORCIST

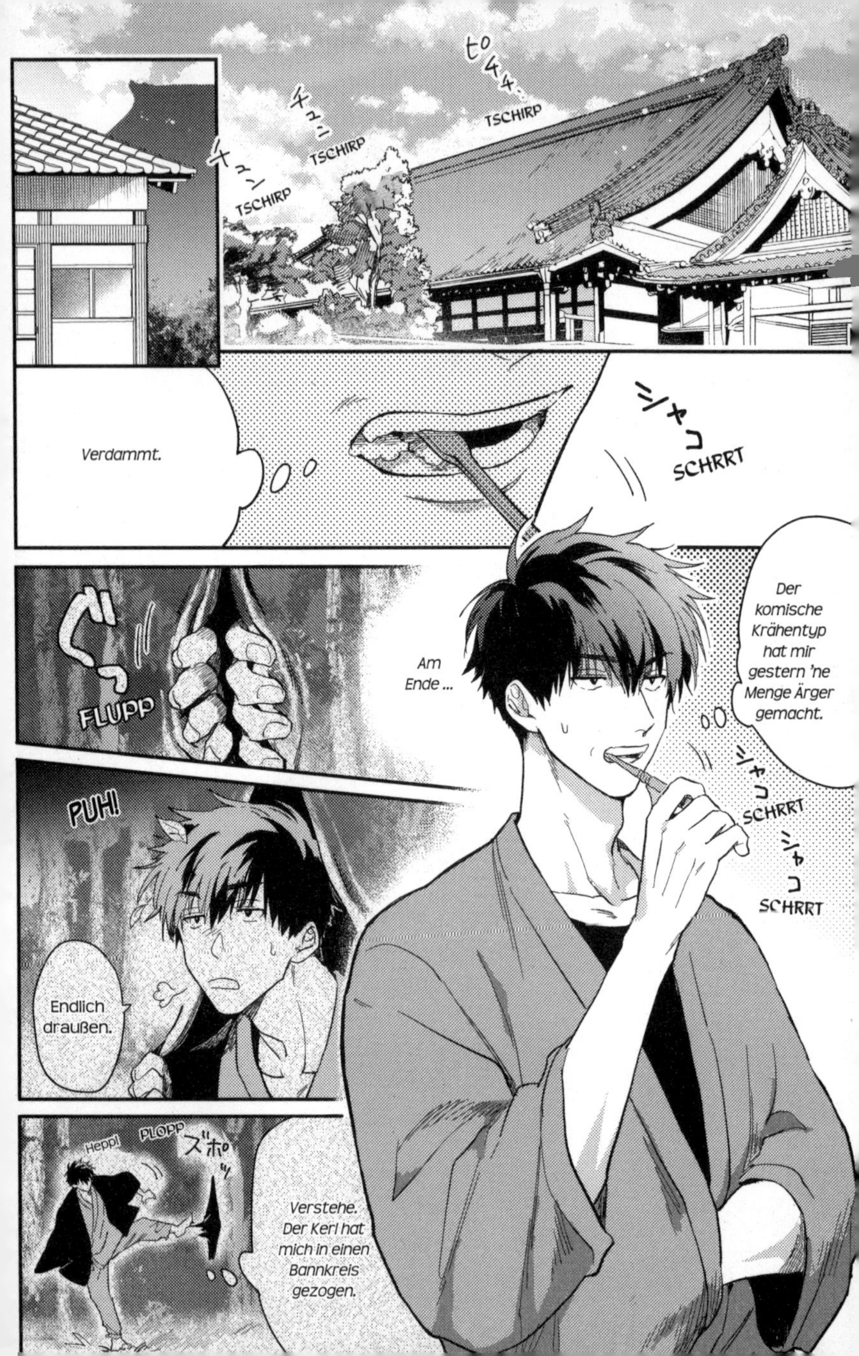

チュン
TSCHIRP
チュン
TSCHIRP
ピィチチ…
TSCHIRP
Verdammt.
シャコ
SCHRRT
Der komische Krähentyp hat mir gestern 'ne Menge Ärger gemacht.
Am Ende ...
シャコ
SCHRRT
シャコ
SCHRRT
ぐっ
FLUPP
PUH!
Endlich draußen.
Hepp!
PLOPP
ズポッ
Verstehe. Der Kerl hat mich in einen Bannkreis gezogen.

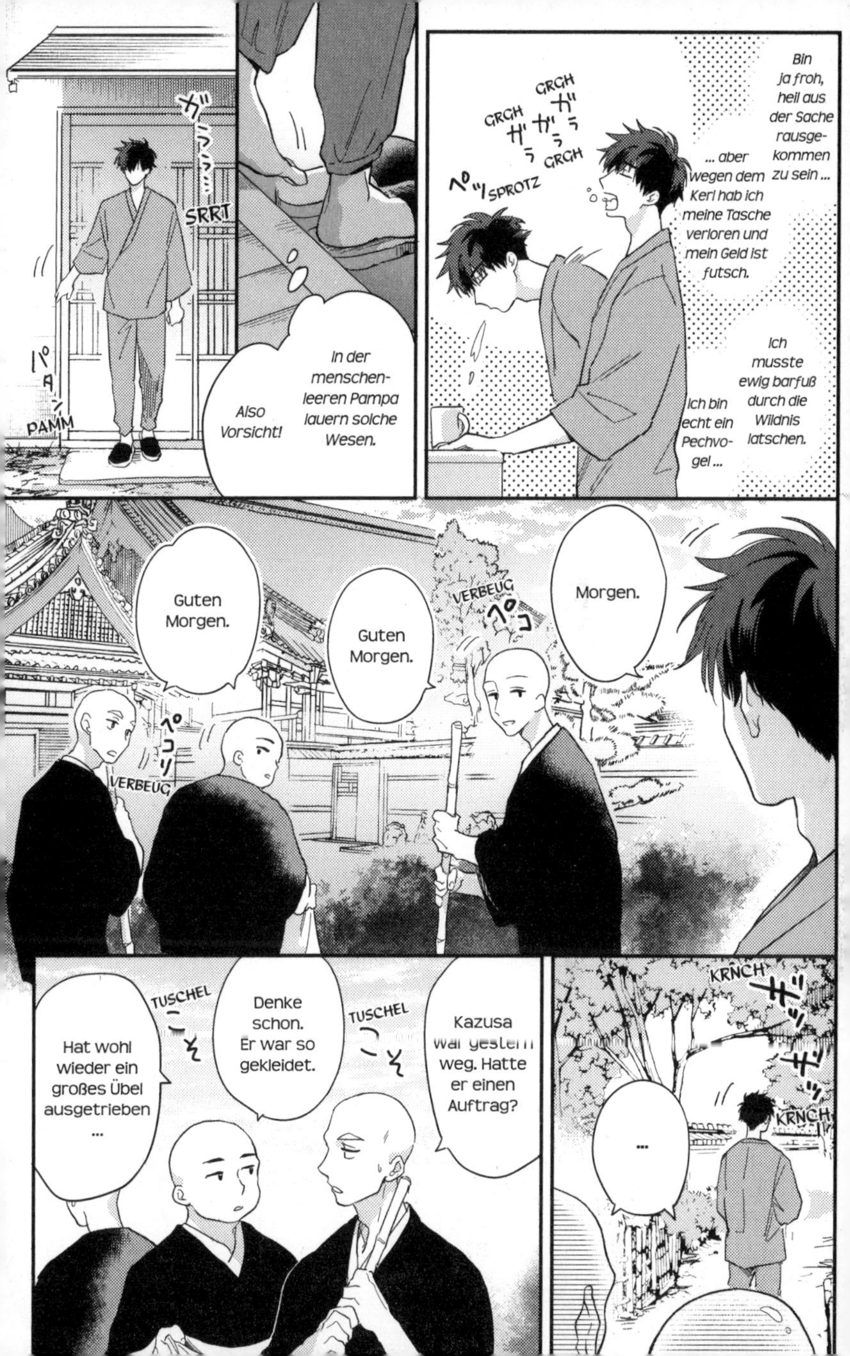

Bin ja froh, heil aus der Sache rausgekommen zu sein ...
... aber wegen dem Kerl hab ich meine Tasche verloren und mein Geld ist futsch.
GRGH
GRGH
GRGH
SPROTZ
Ich musste ewig barfuß durch die Wildnis latschen.
Ich bin echt ein Pechvogel ...
In der menschenleeren Pampa lauern solche Wesen.
Also Vorsicht!
SRRT
PAMM
Morgen.
VERBEUG
Guten Morgen.
Guten Morgen.
VERBEUG
KRNCH
KRNCH
...
Kazusa war gestern weg. Hatte er einen Auftrag?
TUSCHEL
Denke schon. Er war so gekleidet.
TUSCHEL
Hat wohl wieder ein großes Übel ausgetrieben ...

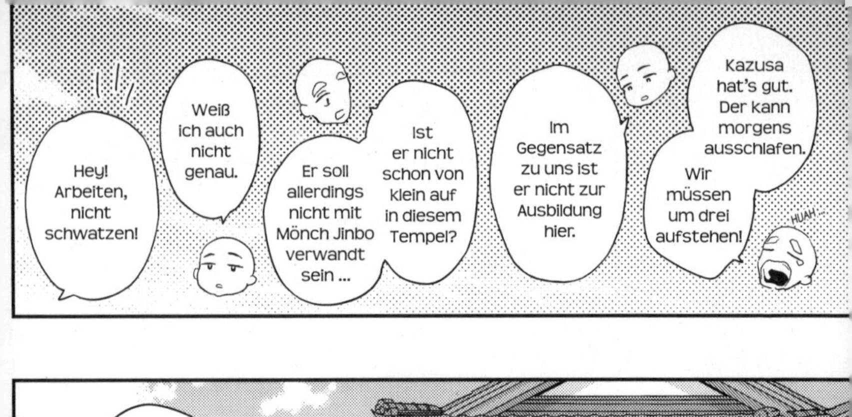

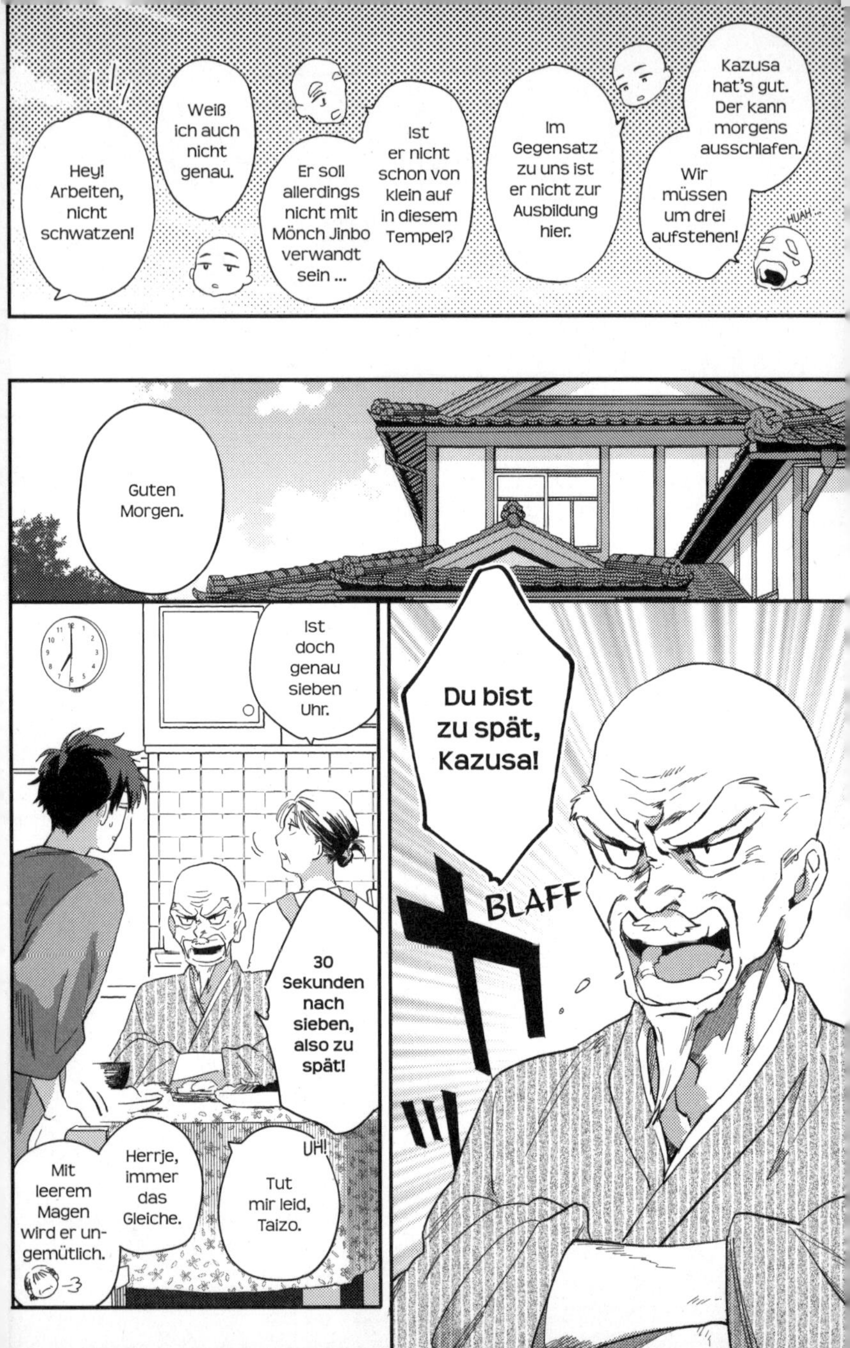

Guten Morgen.

Du bist zu spät, Kazusa!

BLAFF

Ist doch genau sieben Uhr.

30 Sekunden nach sieben, also zu spät!

UH!

Tut mir leid, Taizo.

Herrje, immer das Gleiche.

Mit leerem Magen wird er ungemütlich.

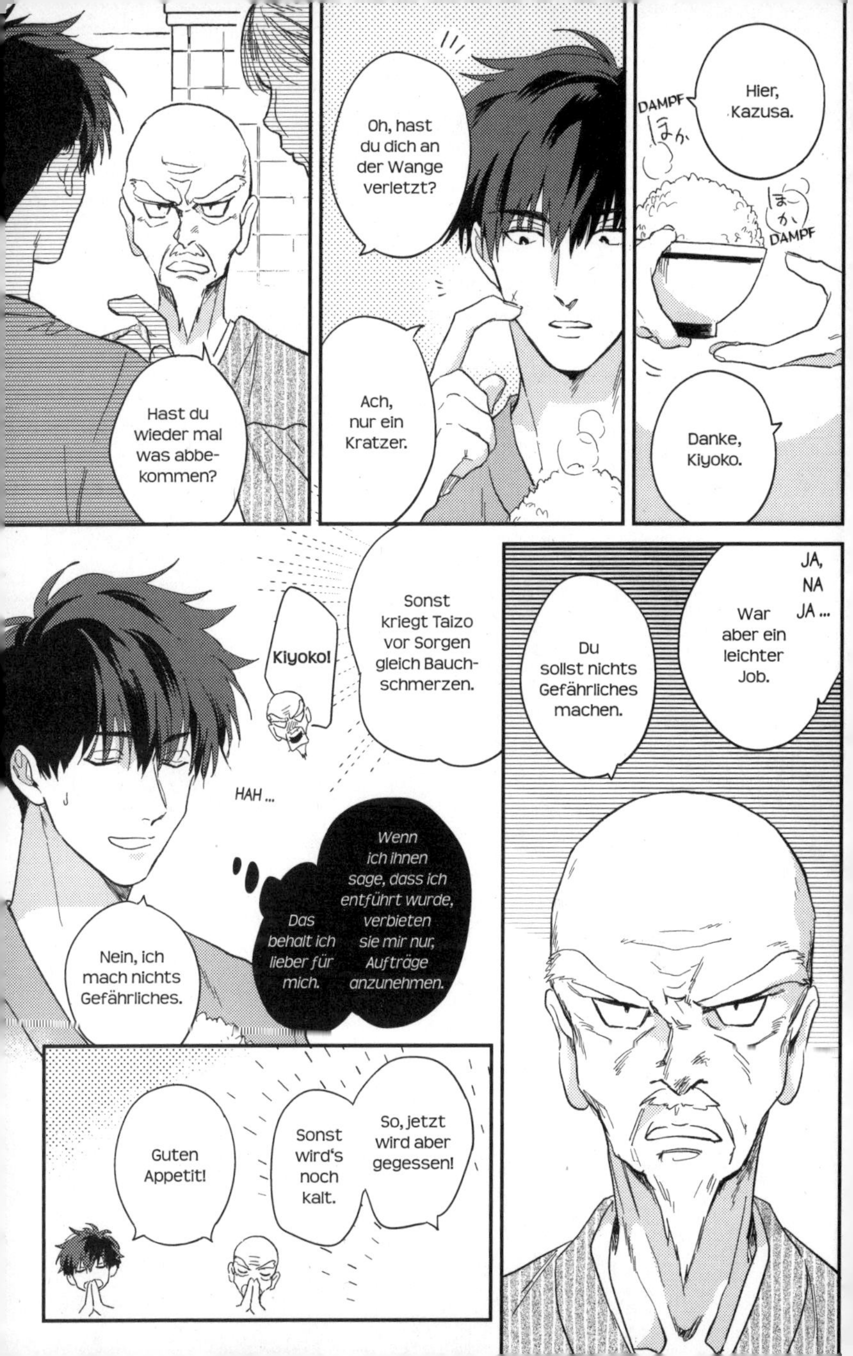
Hier, Kazusa.
DAMPF
DAMPF
Danke, Kiyoko.
Oh, hast du dich an der Wange verletzt?
Ach, nur ein Kratzer.
Hast du wieder mal was abbekommen?
JA, NA JA ...
War aber ein leichter Job.
Du sollst nichts Gefährliches machen.
Sonst kriegt Taizo vor Sorgen gleich Bauchschmerzen.
Kiyoko!
HAH ...
Nein, ich mach nichts Gefährliches.
Wenn ich ihnen sage, dass ich entführt wurde, verbieten sie mir nur, Aufträge anzunehmen.
Das behalt ich lieber für mich.
So, jetzt wird aber gegessen!
Sonst wird's noch kalt.
Guten Appetit!

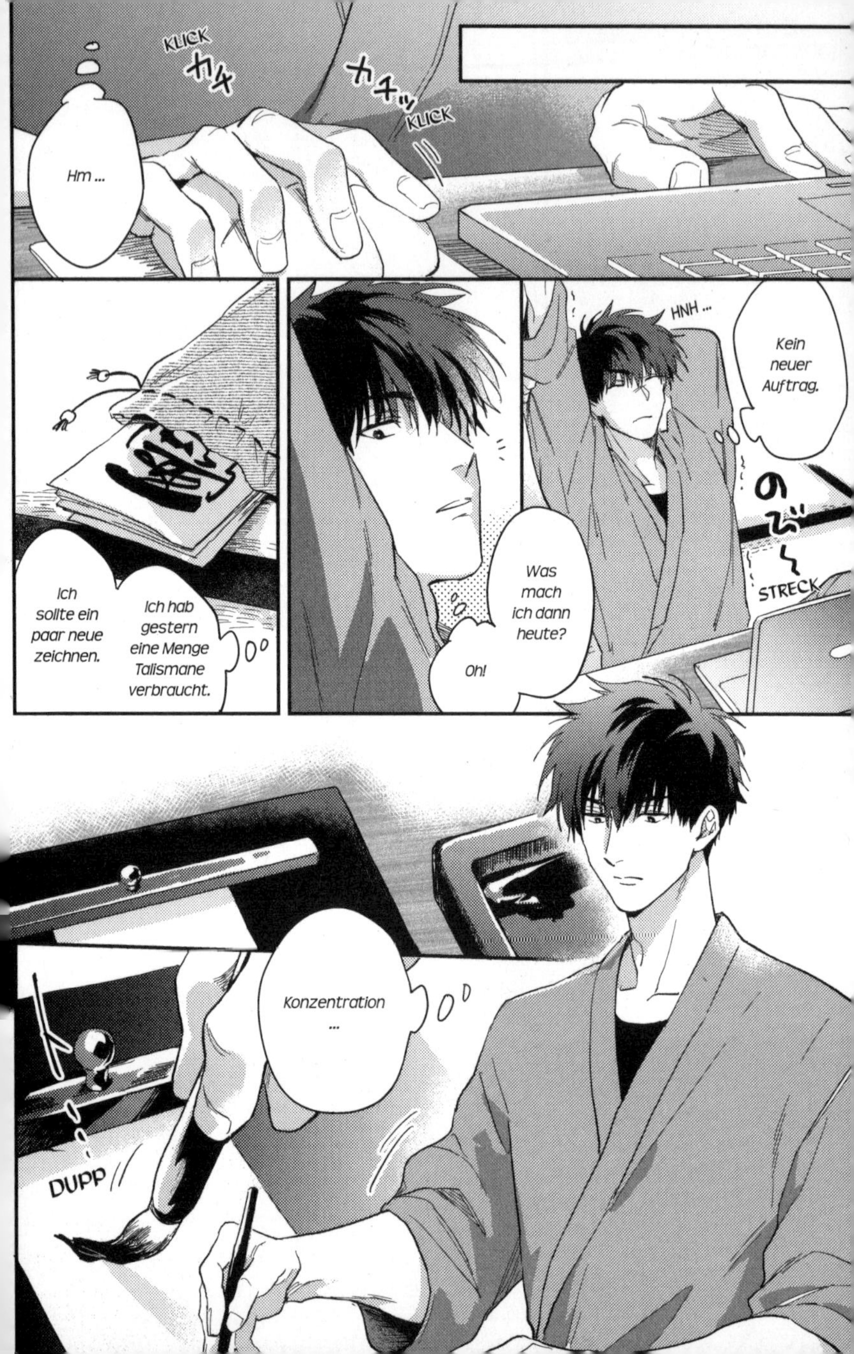

カチッ
KLICK
カチ
KLICK
Hm ...
HNH ...
Kein neuer Auftrag.
のび~
STRECK
Was mach ich dann heute?
Oh!
Ich hab gestern eine Menge Talismane verbraucht.
Ich sollte ein paar neue zeichnen.
Konzentration ...
DUPP

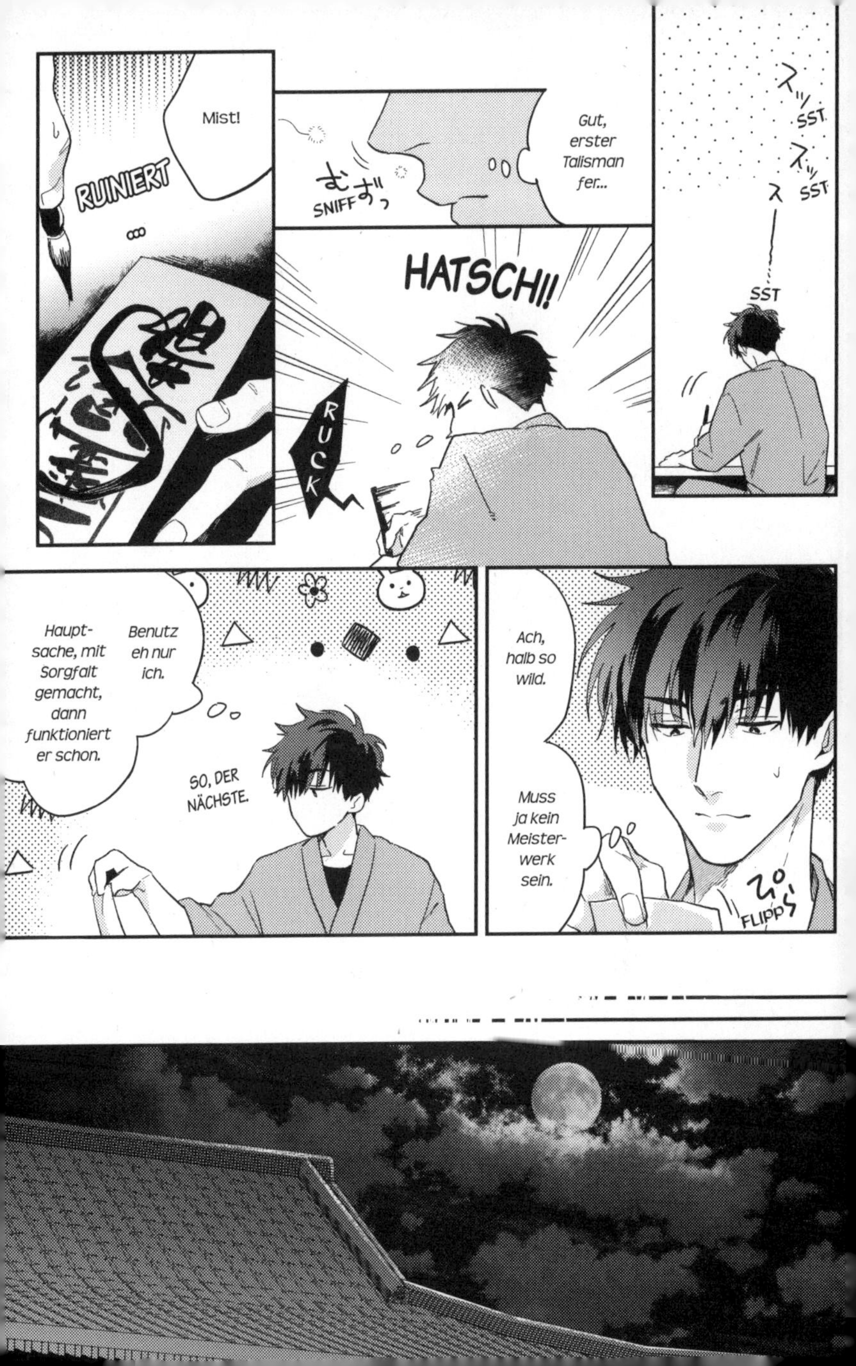

SST
SST
SST

Gut, erster Talisman fer...

SNIFF

HATSCHI!

RUCK

Mist!

RUINIERT

Ach, halb so wild.

Muss ja kein Meisterwerk sein.

FLIPP

So, der nächste.

Benutz eh nur ich.

Hauptsache, mit Sorgfalt gemacht, dann funktioniert er schon.

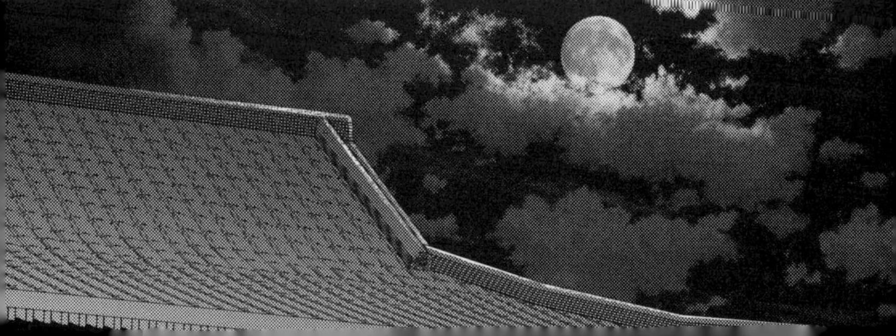

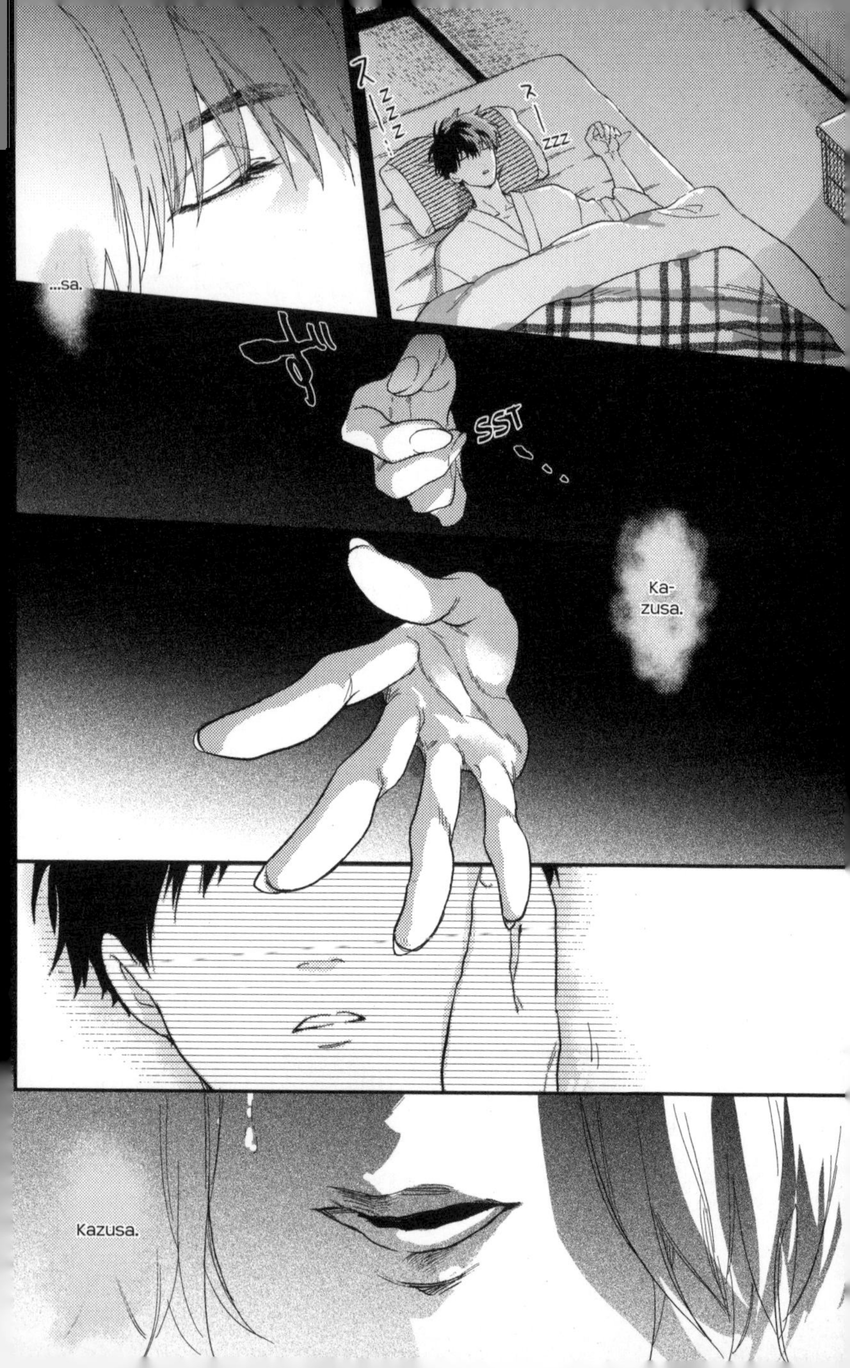

スー
zzz
スー…
zzz
...sa.
すっ
SST
Ka-
zusa.
Kazusa.

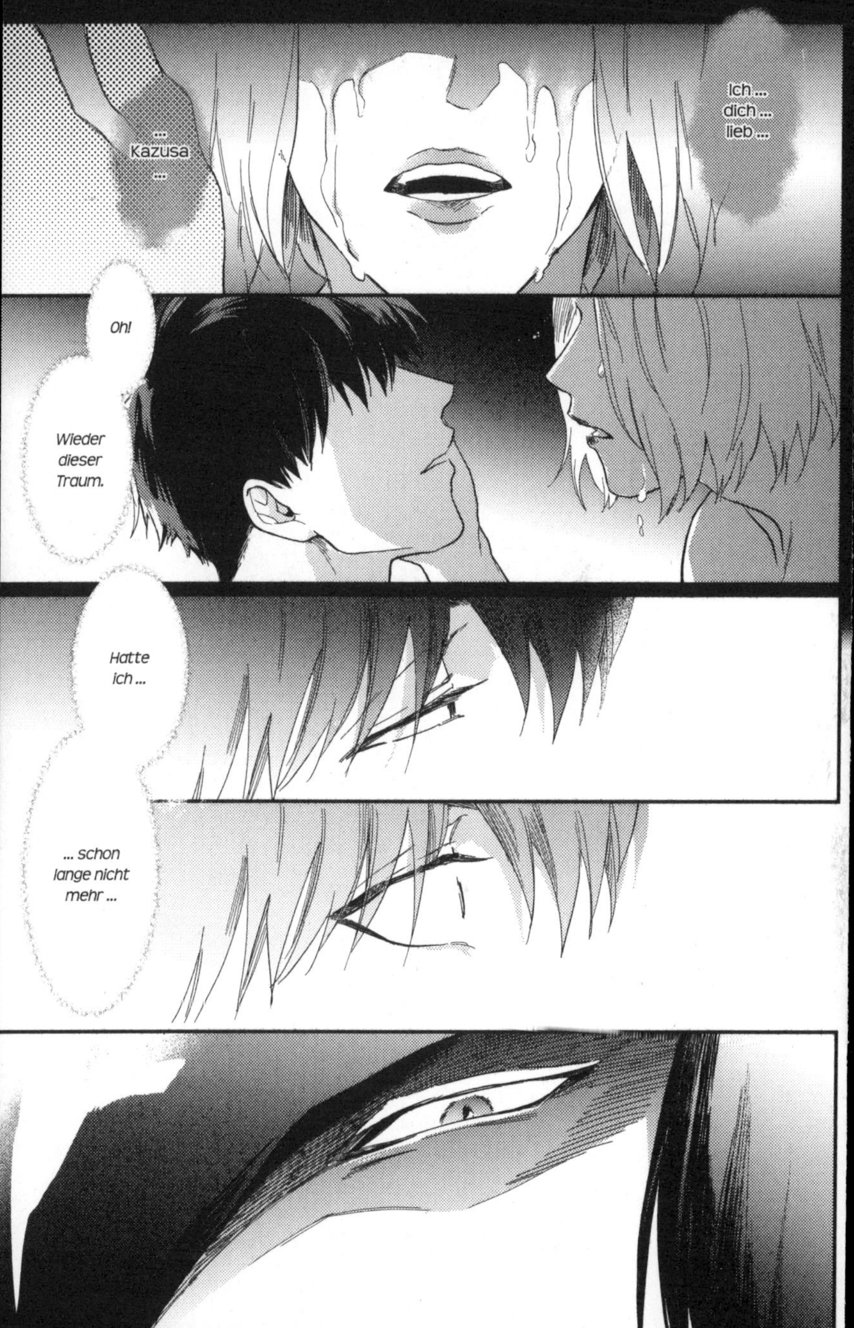
Ich ... dich ... lieb ...
... Kazusa ...
Oh!
Wieder dieser Traum.
Hatte ich ...
... schon lange nicht mehr ...

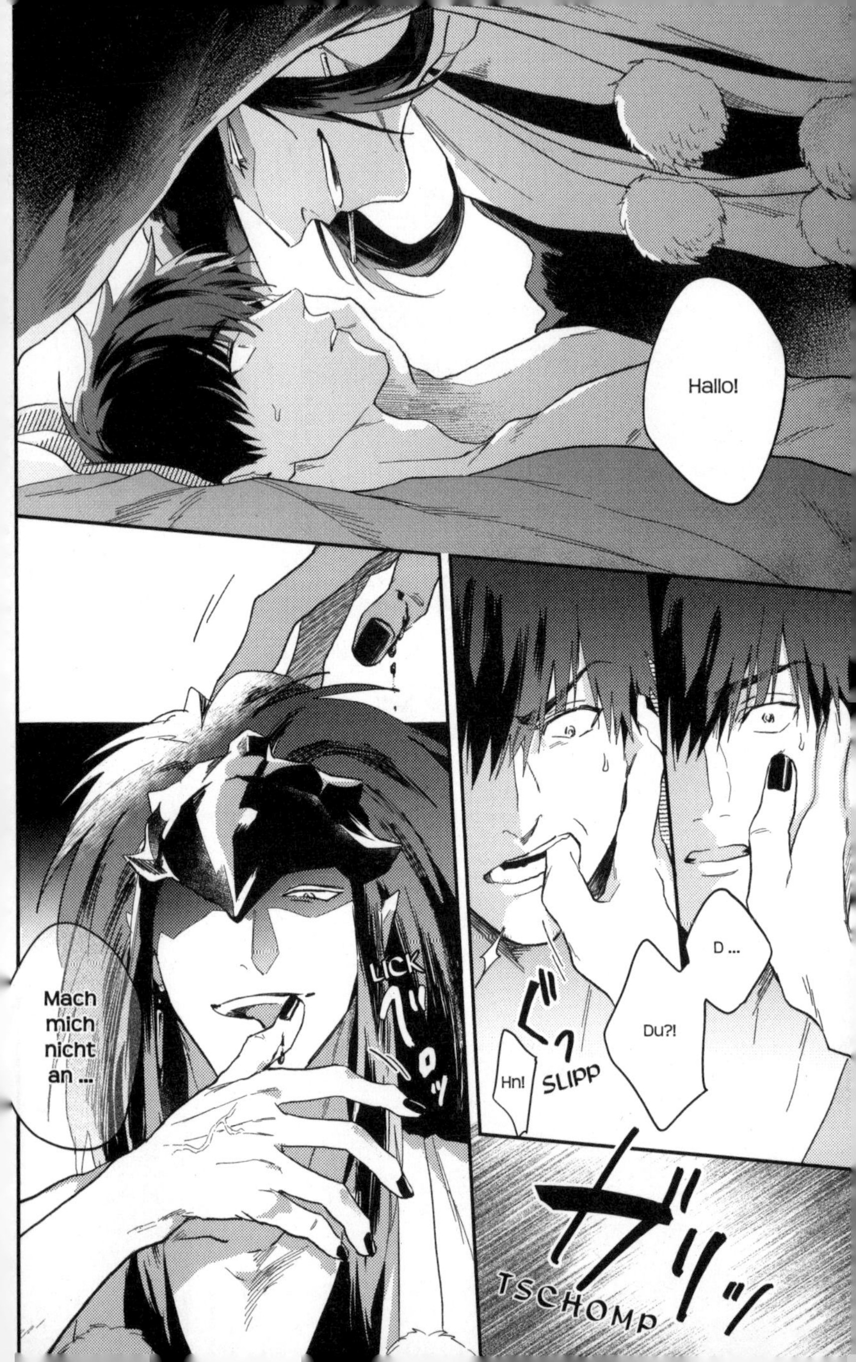

Hallo!
D ...
Du?!
Hn!
SLIPP
LICK
Mach mich nicht an ...
TSCHOMP

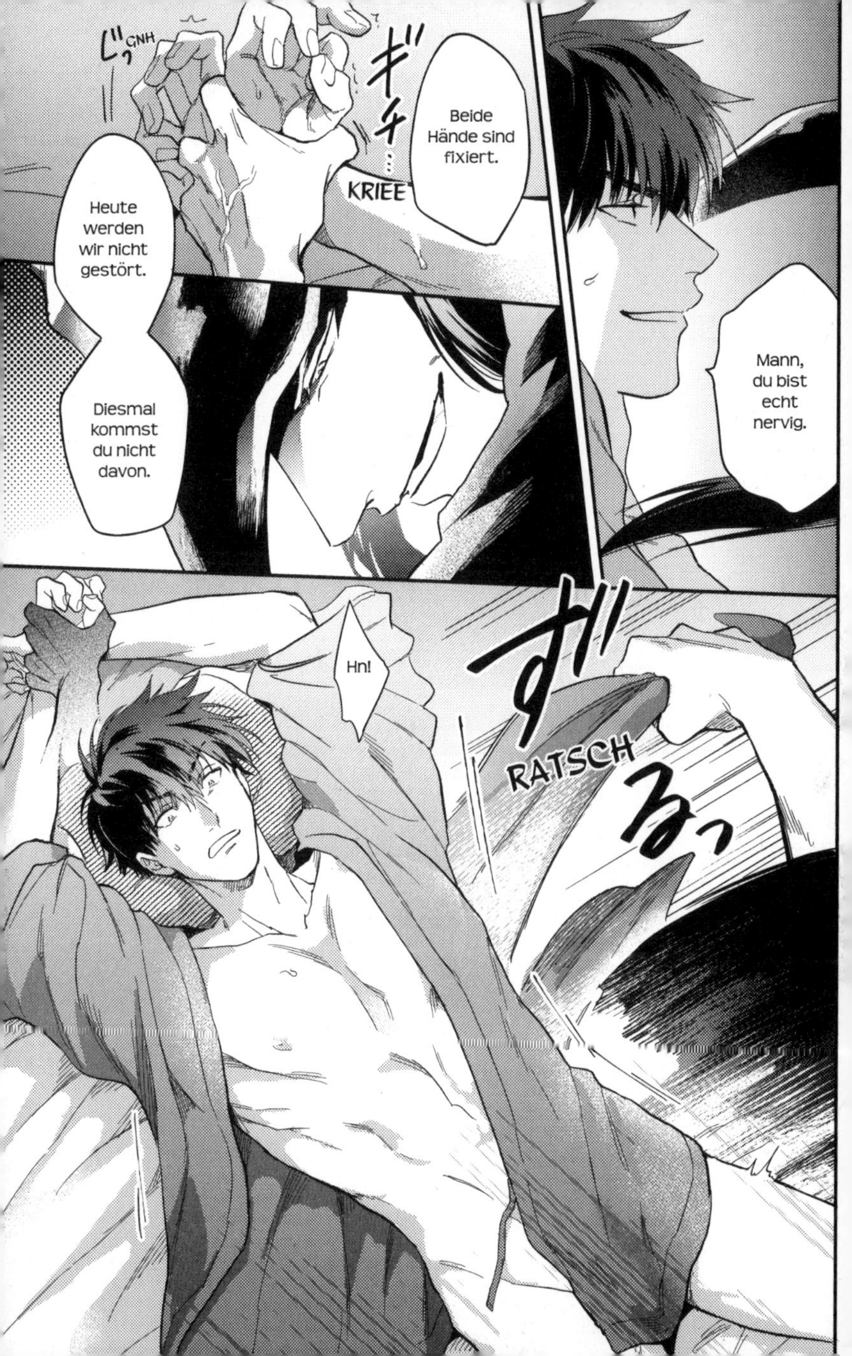

Mann, du bist echt nervig.
GNH
KRIEE
Beide Hände sind fixiert.
Heute werden wir nicht gestört.
Diesmal kommst du nicht davon.
RATSCH
Hn!

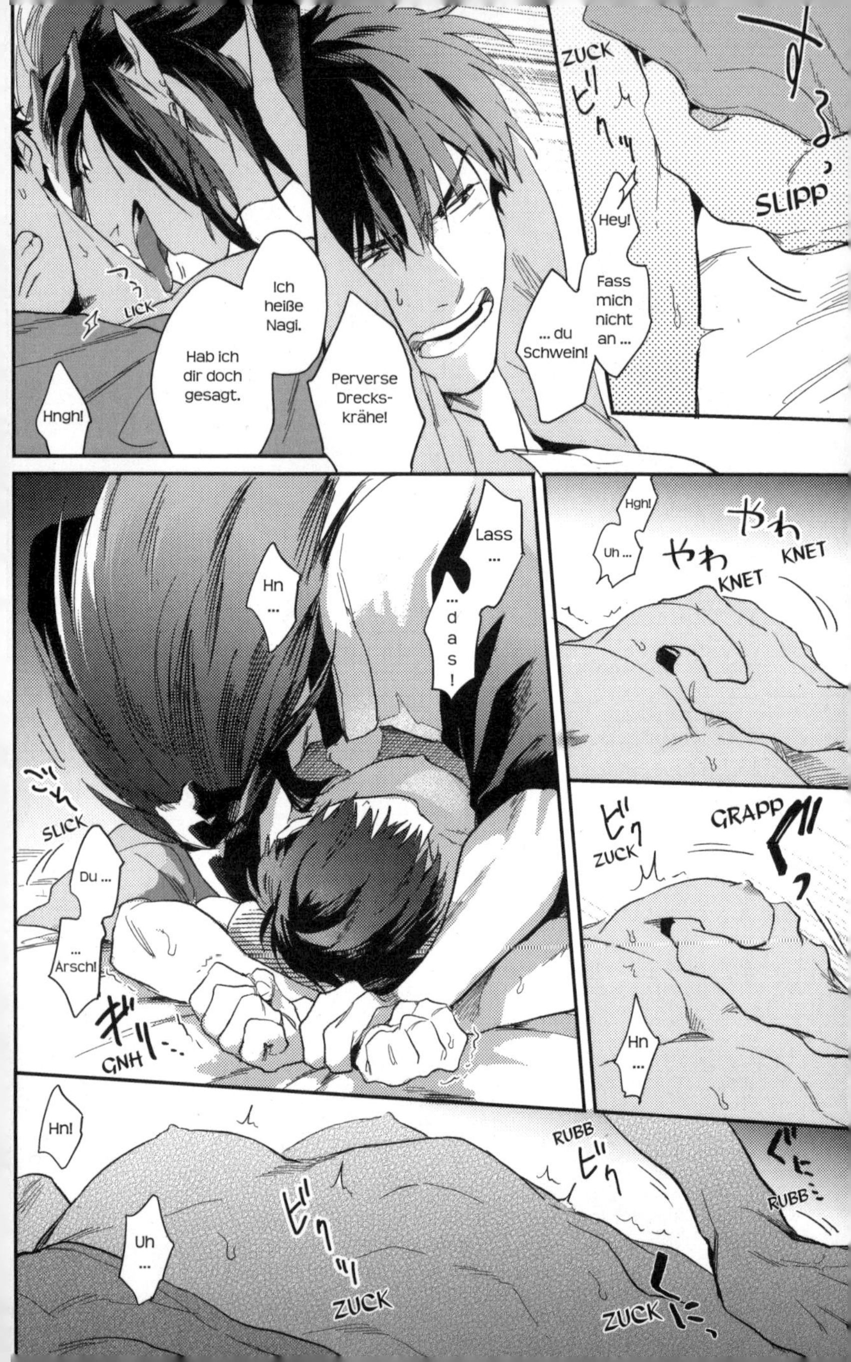

SLIPP
ZUCK
Hey!
Fass mich nicht an ...
... du Schwein!
Perverse Drecks-krähe!
Ich heiße Nagi.
Hab ich dir doch gesagt.
LICK
Hngh!
Hgh!
Uh ...
KNET
KNET
Lass ...
... das!
Hn ...
GRAPP
ZUCK
Hn ...
SLICK
Du ...
... Arsch!
GNH
RUBB
RUBB
ZUCK
ZUCK
Uh ...
Hn!

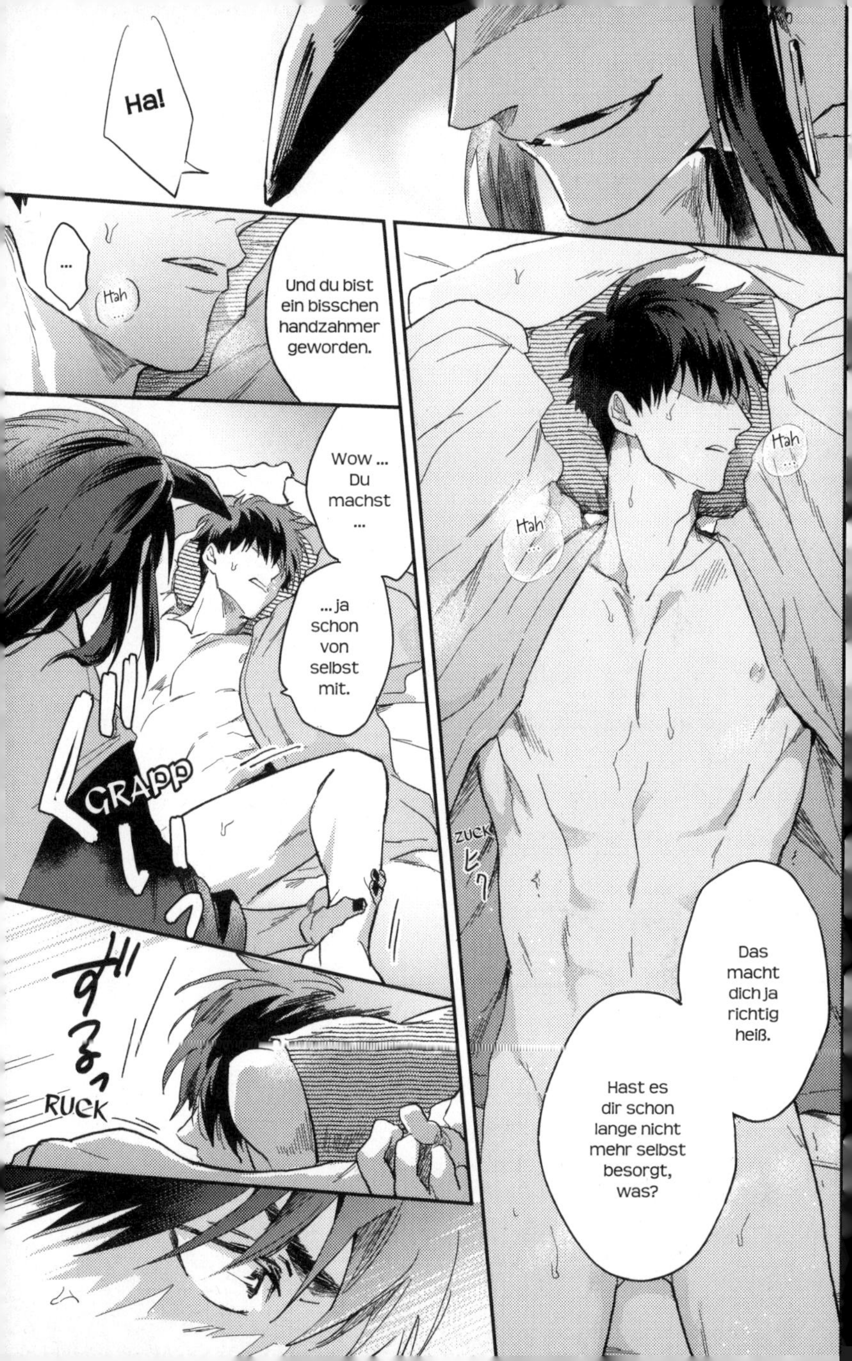
Ha!
Und du bist ein bisschen handzahmer geworden.
...
Hah ...
Hah ...
Hah ...
Wow ... Du machst ...
... ja schon von selbst mit.
GRAPP
RUCK
ZUCK
Das macht dich ja richtig heiß.
Hast es dir schon lange nicht mehr selbst besorgt, was?

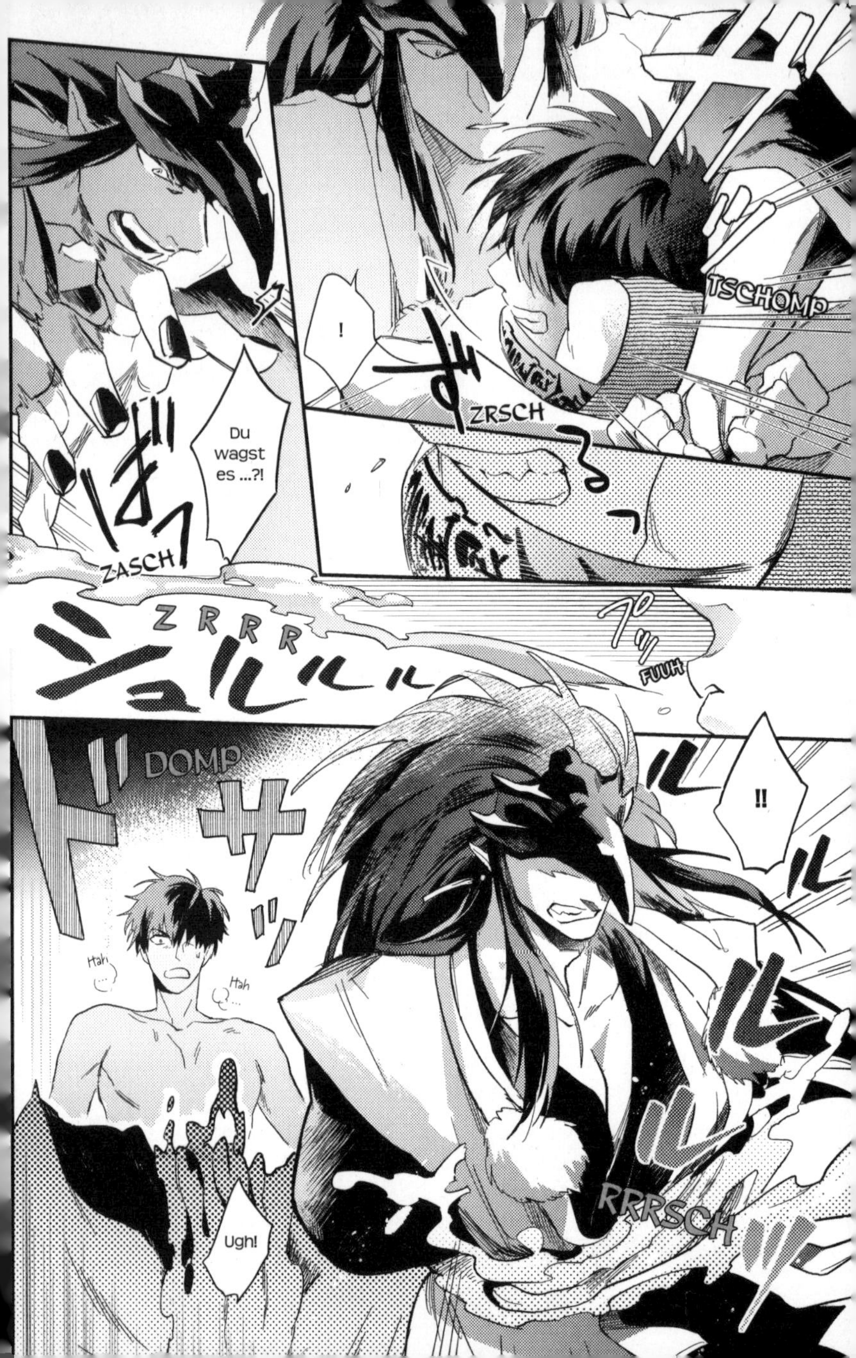

TSCHOMP
!
ZRSCH
Du wagst es ...?!
ZASCH
FUUH
ZRRRR
!!
DOMP
Hah ...
Hah ...
Ugh!
RRRSCH

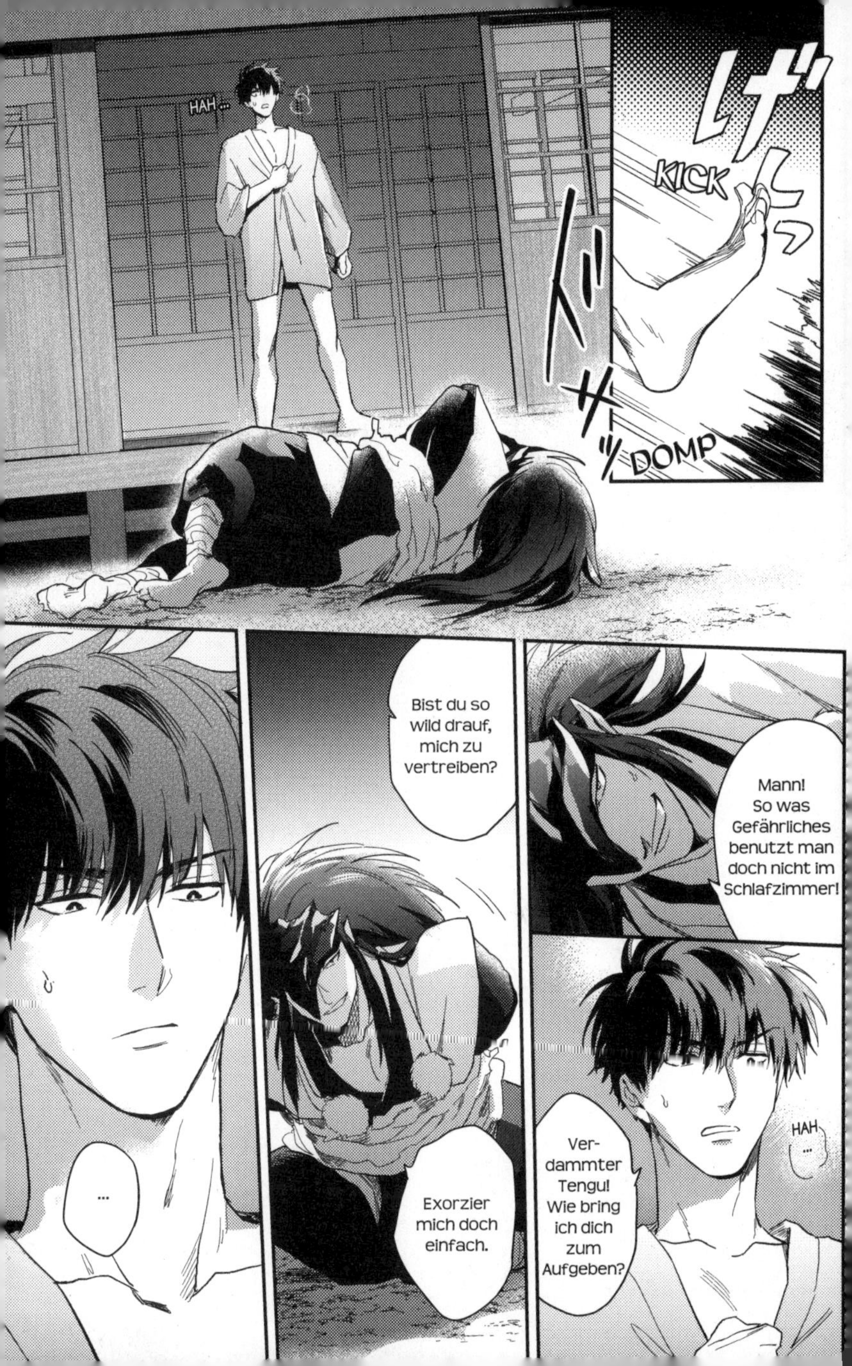

KICK
DOMP
HAH ...
Mann! So was Gefährliches benutzt man doch nicht im Schlafzimmer!
Bist du so wild drauf, mich zu vertreiben?
HAH ...
Ver-dammter Tengu! Wie bring ich dich zum Aufgeben?
Exorzier mich doch einfach.
...

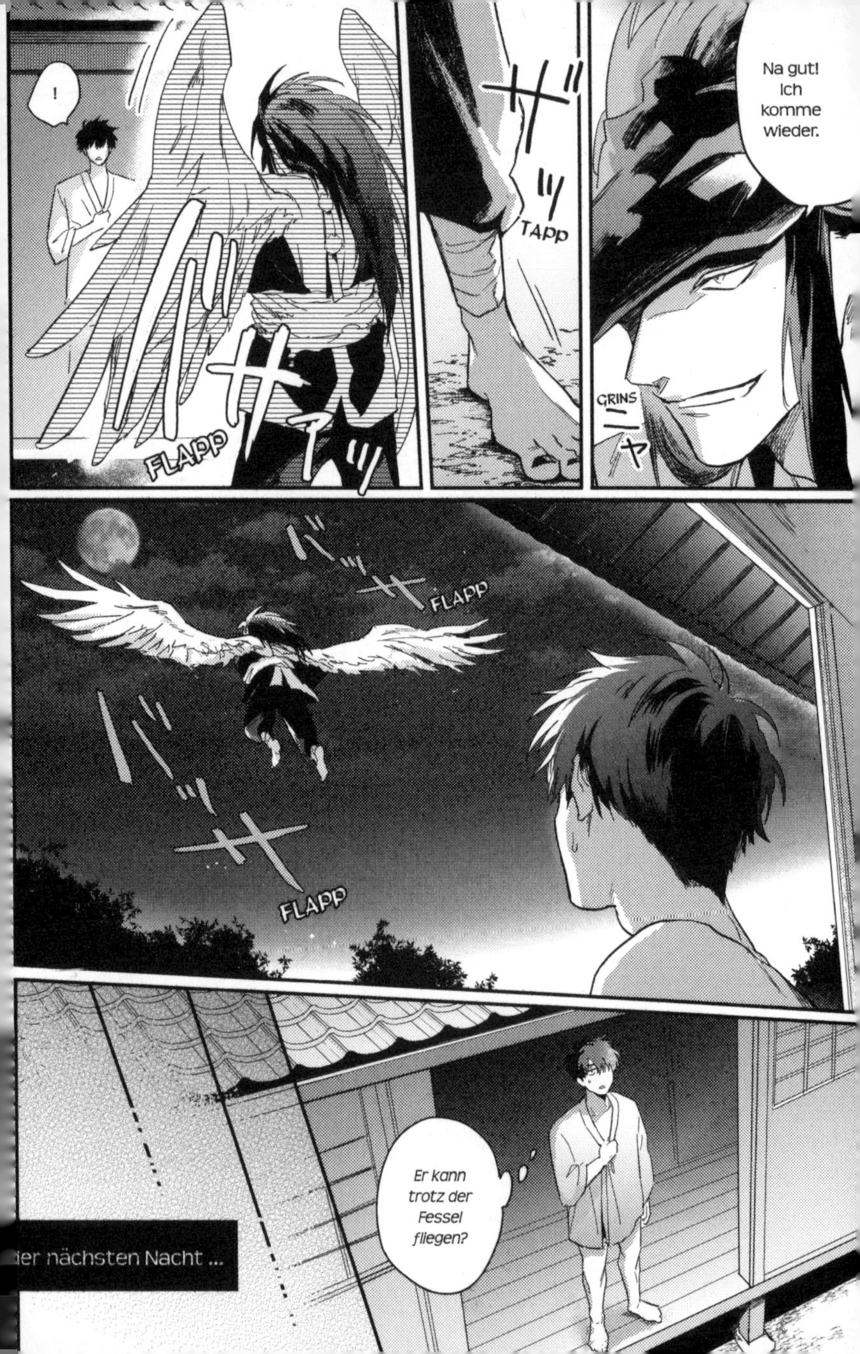

Na gut! Ich komme wieder.
GRINS
TAPP
!
FLAPP
FLAPP
FLAPP
Er kann trotz der Fessel fliegen?
der nächsten Nacht ...

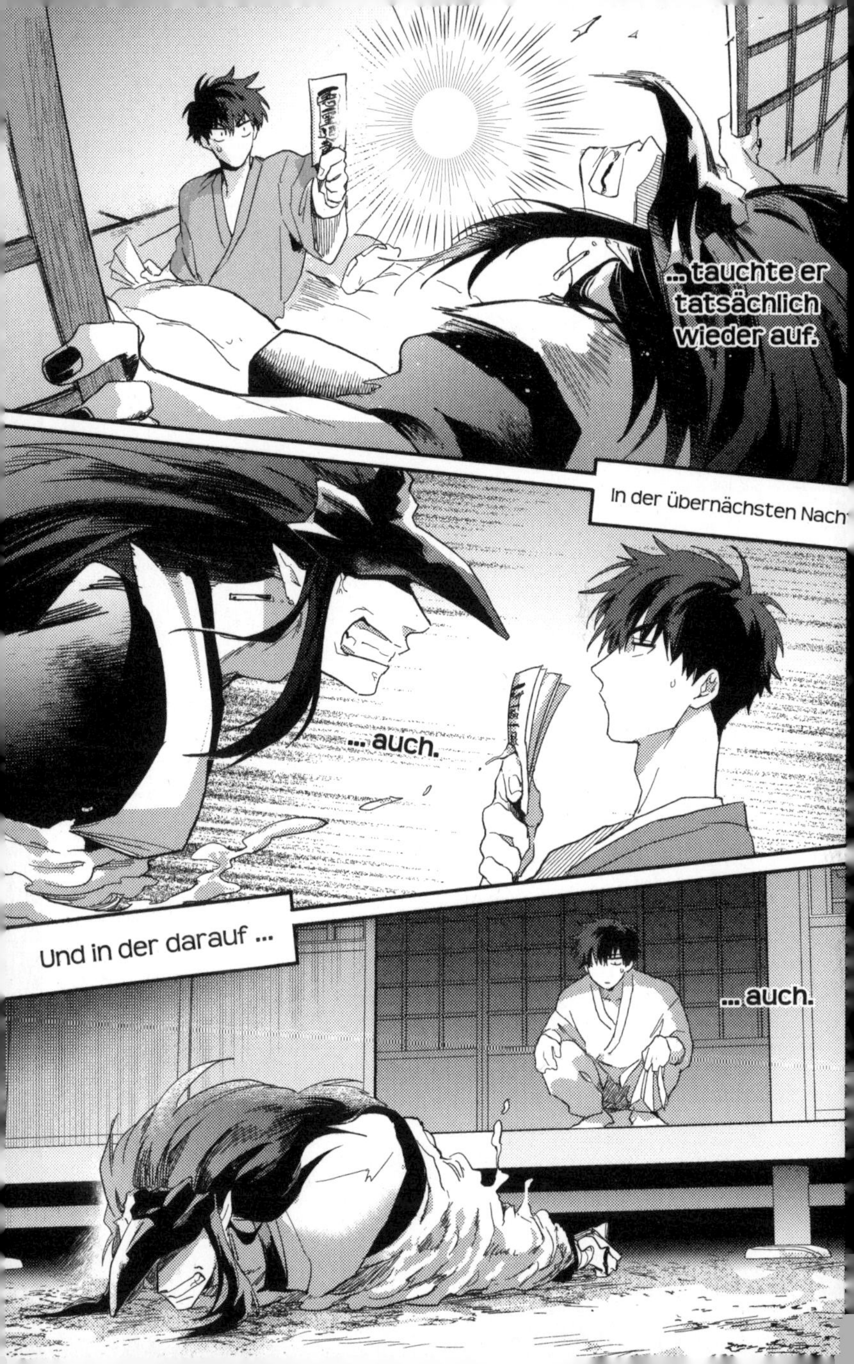
... tauchte er tatsächlich wieder auf.
In der übernächsten Nacht
... auch.
Und in der darauf ...
... auch.

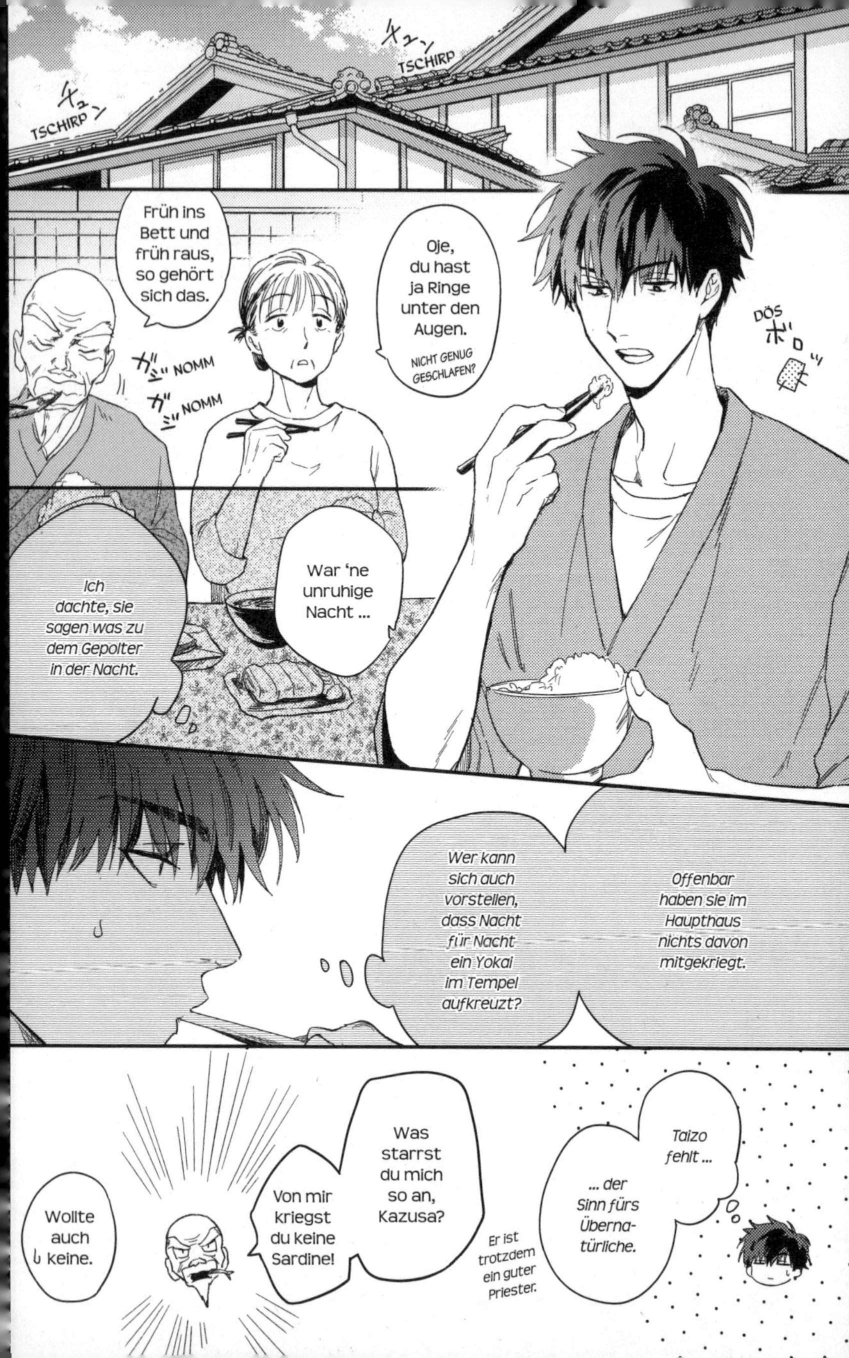
TSCHIRP
TSCHIRP
Früh ins Bett und früh raus, so gehört sich das.
Oje, du hast ja Ringe unter den Augen.
NICHT GENUG GESCHLAFEN?
NOMM
NOMM
DÖS
War 'ne unruhige Nacht ...
Ich dachte, sie sagen was zu dem Gepolter in der Nacht.
Offenbar haben sie im Haupthaus nichts davon mitgekriegt.
Wer kann sich auch vorstellen, dass Nacht für Nacht ein Yokai im Tempel aufkreuzt?
Taizo fehlt ...
... der Sinn fürs Überna-türliche.
Er ist trotzdem ein guter Priester.
Was starrst du mich so an, Kazusa?
Von mir kriegst du keine Sardine!
Wollte auch keine.

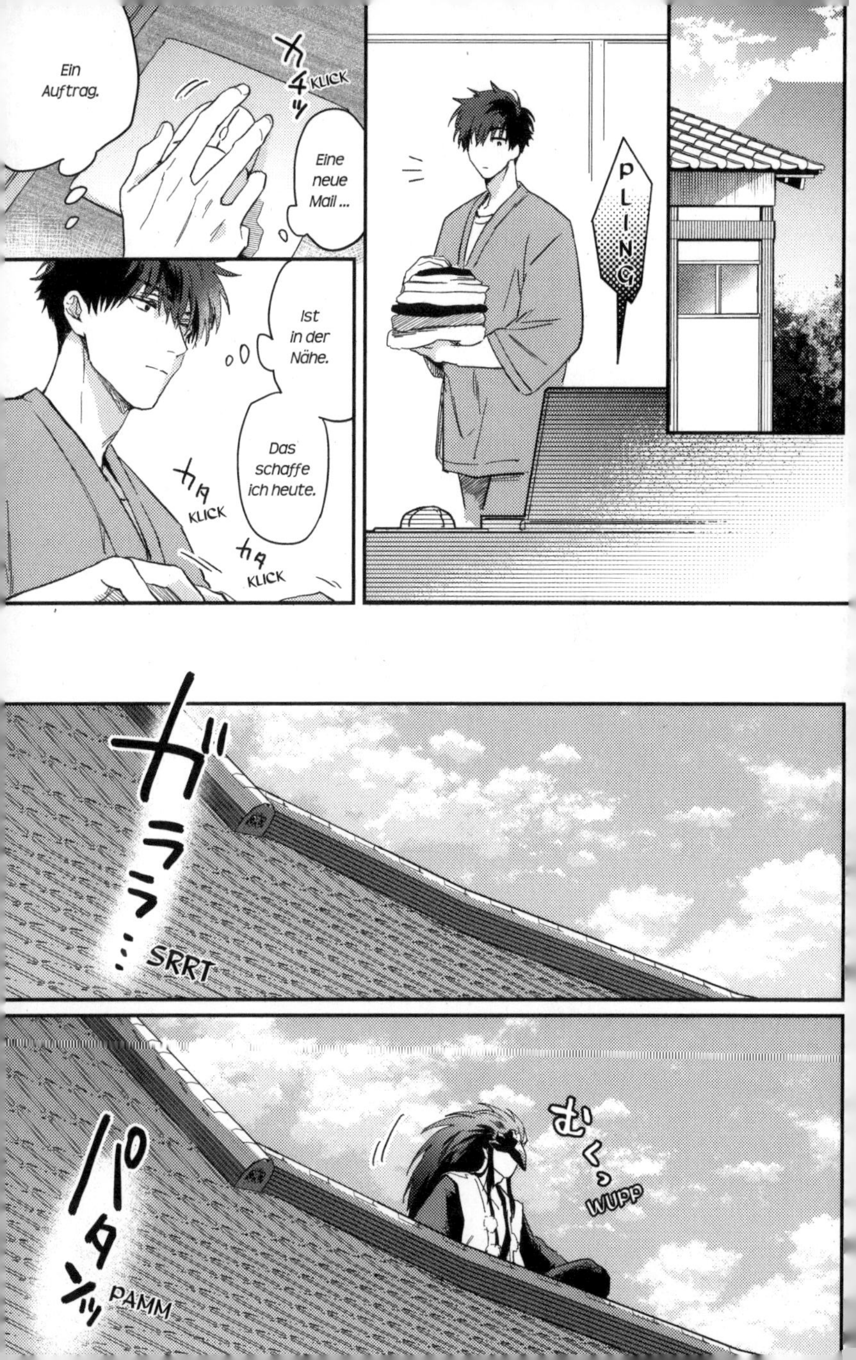

PLING

Eine neue Mail ...

KLICK

Ein Auftrag.

Ist in der Nähe.

Das schaffe ich heute.

KLICK

KLICK

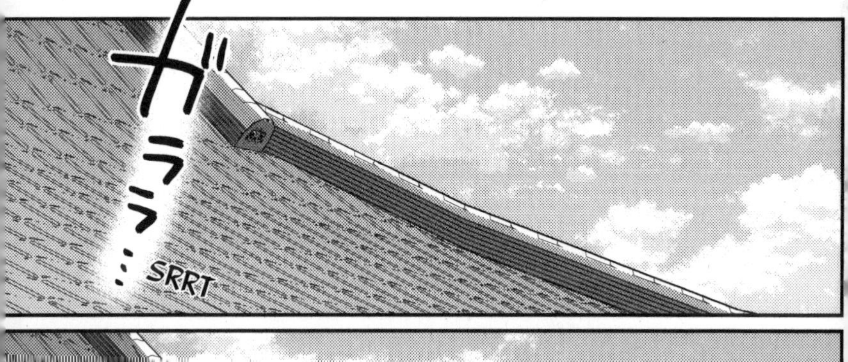

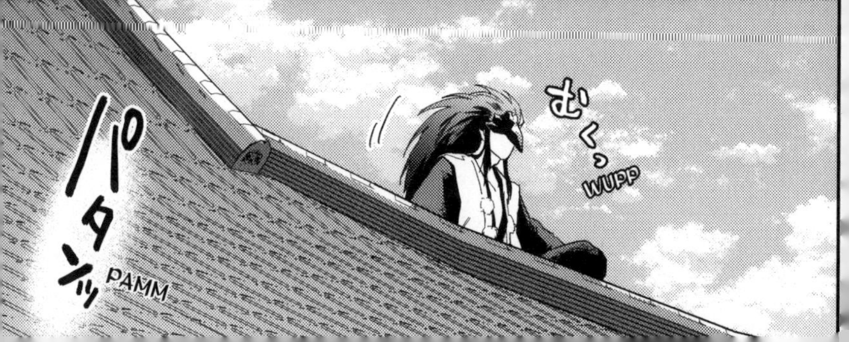

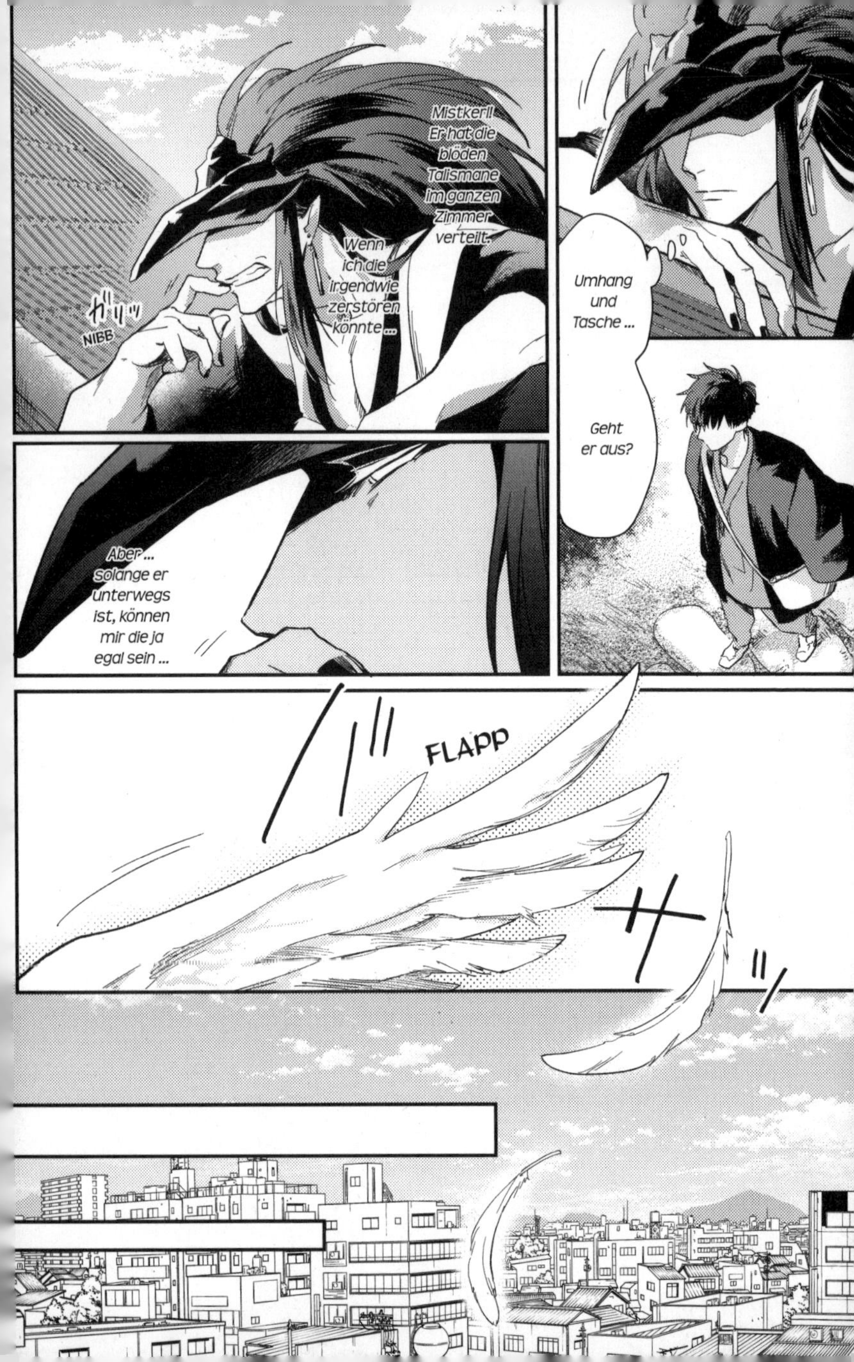
Mistkerl! Er hat die blöden Talismane im ganzen Zimmer verteilt.
Wenn ich die irgendwie zerstören könnte ...
ガリッ
NIBB
Umhang und Tasche ...
Geht er aus?
Aber ... solange er unterwegs ist, können mir die ja egal sein ...
FLAPP

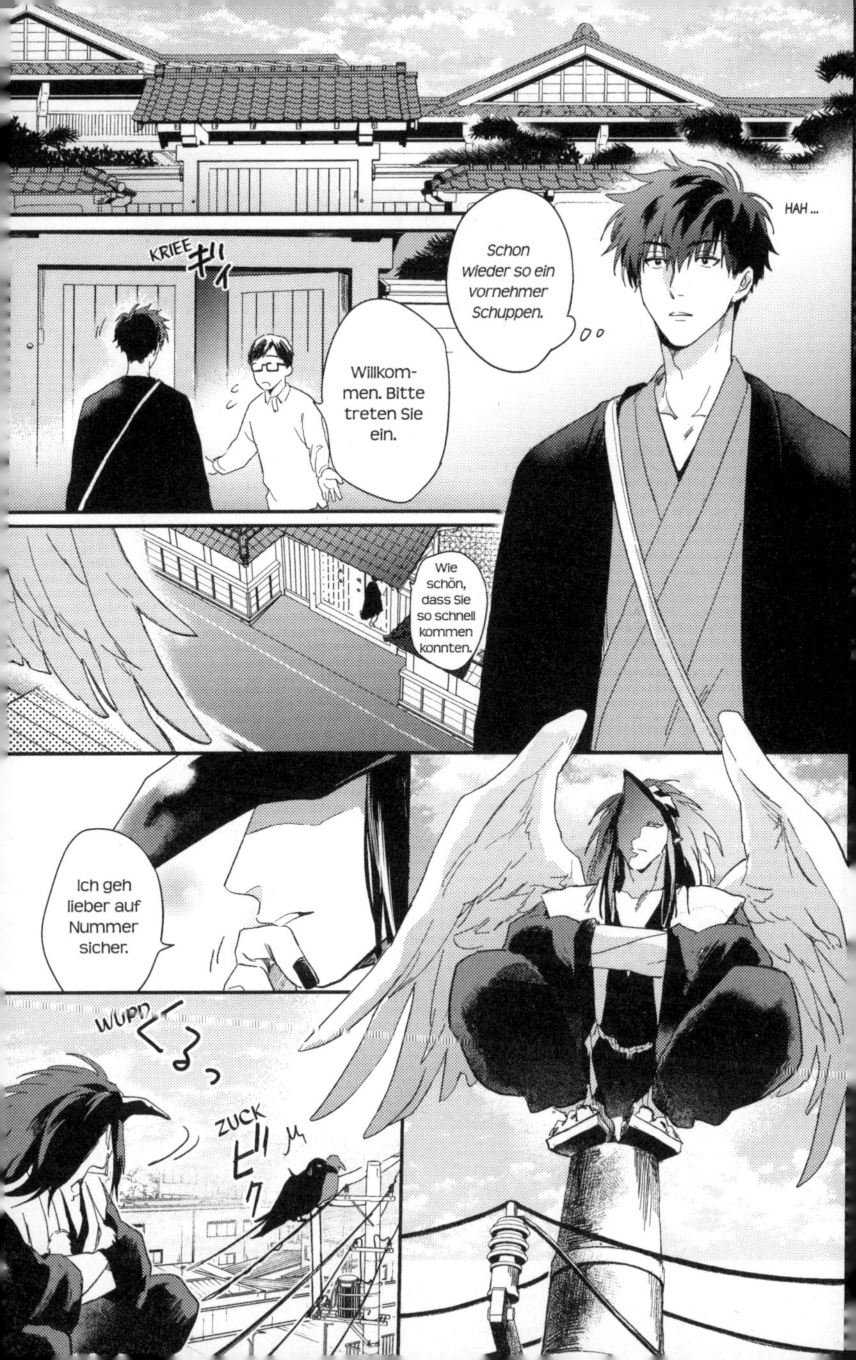
HAH ...
Schon wieder so ein vornehmer Schuppen.
KRIEE
Willkommen. Bitte treten Sie ein.
Wie schön, dass Sie so schnell kommen konnten.
Ich geh lieber auf Nummer sicher.
WUPP
ZUCK

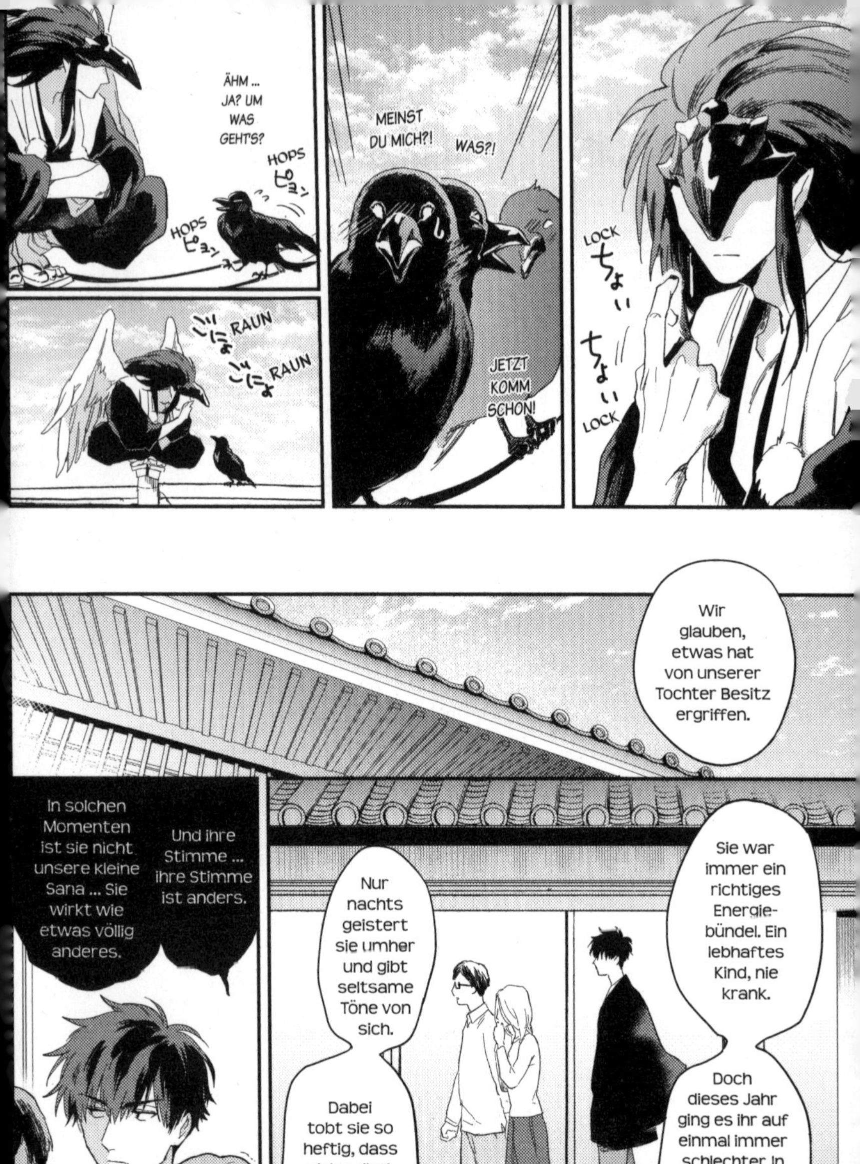
LOCK
ちょい
ちょい
LOCK
MEINST DU MICH?!
WAS?!
JETZT KOMM SCHON!
ÄHM ... JA? UM WAS GEHT'S?
HOPS
ピョン
HOPS
ピョン
ごにょ RAUN
ごにょ RAUN
Wir glauben, etwas hat von unserer Tochter Besitz ergriffen.
Sie war immer ein richtiges Energiebündel. Ein lebhaftes Kind, nie krank.
Doch dieses Jahr ging es ihr auf einmal immer schlechter. In letzter Zeit liegt sie praktisch nur noch im Bett.
Nur nachts geistert sie umher und gibt seltsame Töne von sich.
Dabei tobt sie so heftig, dass sich selbst Erwachsene vor ihr in Acht nehmen müssen.
Und ihre Stimme ... ihre Stimme ist anders.
In solchen Momenten ist sie nicht unsere kleine Sana ... Sie wirkt wie etwas völlig anderes.

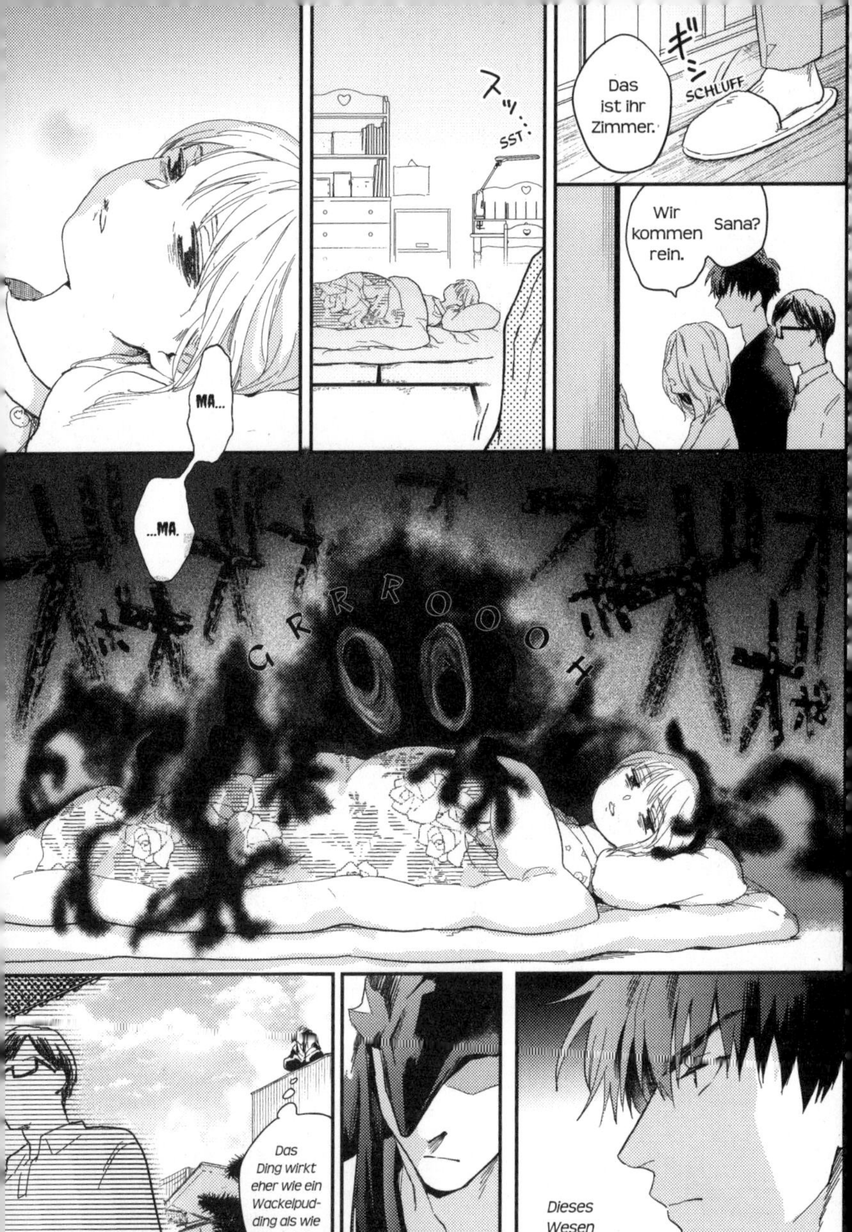
ギシ
SCHLUFF
Das ist ihr Zimmer.
スッ…
SST
Sana?
Wir kommen rein.
MA…
…MA.
GRRROOOH
Dieses Wesen hat Besitz von ihr ergriffen.
Das Ding wirkt eher wie ein Wackelpudding als wie ein Geist.

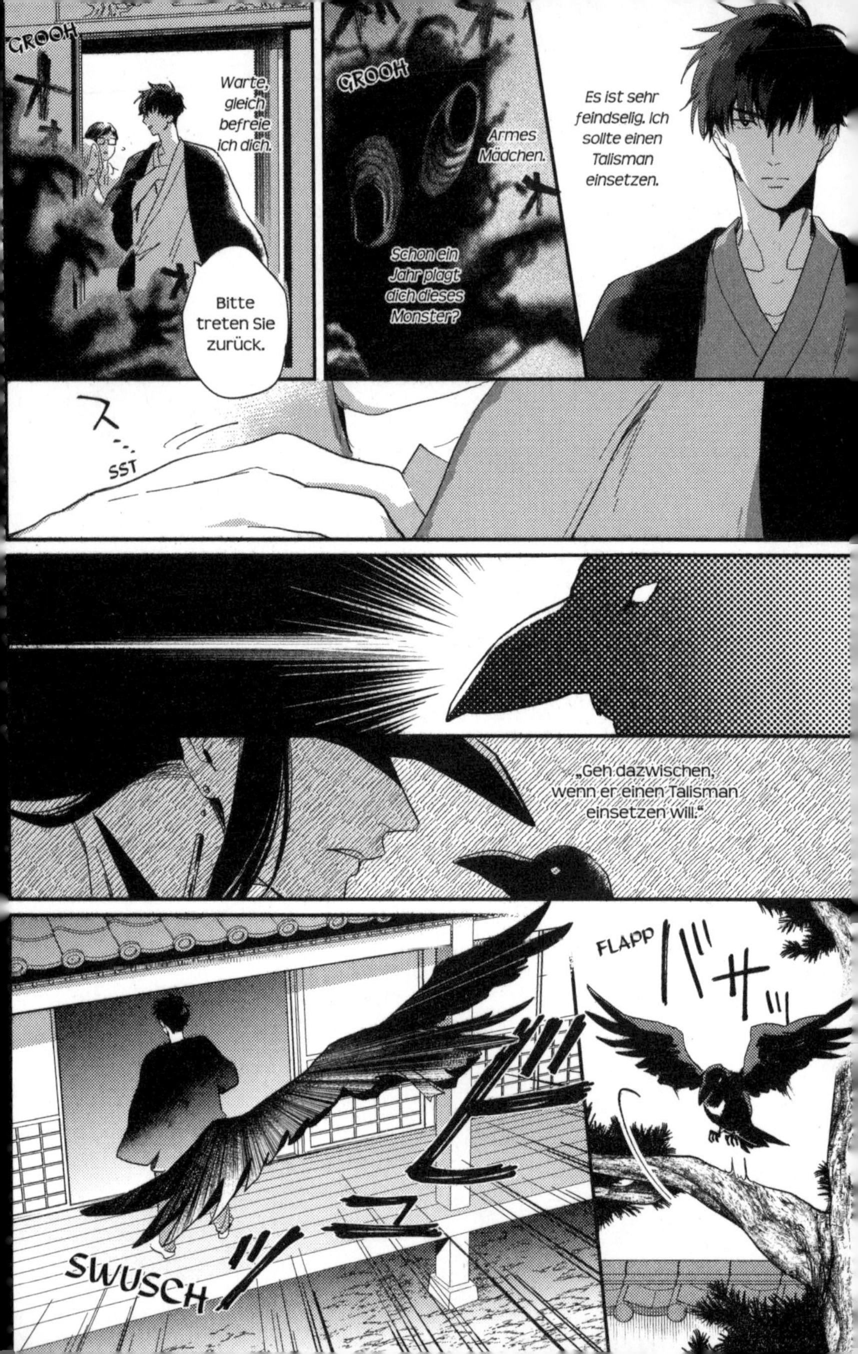
Es ist sehr feindselig. Ich sollte einen Talisman einsetzen.
GROOH
Armes Mädchen.
Schon ein Jahr plagt dich dieses Monster?
GROOH
Warte, gleich befreie ich dich.
Bitte treten Sie zurück.
SST
„Geh dazwischen, wenn er einen Talisman einsetzen will."
FLAPP
SWUSCH

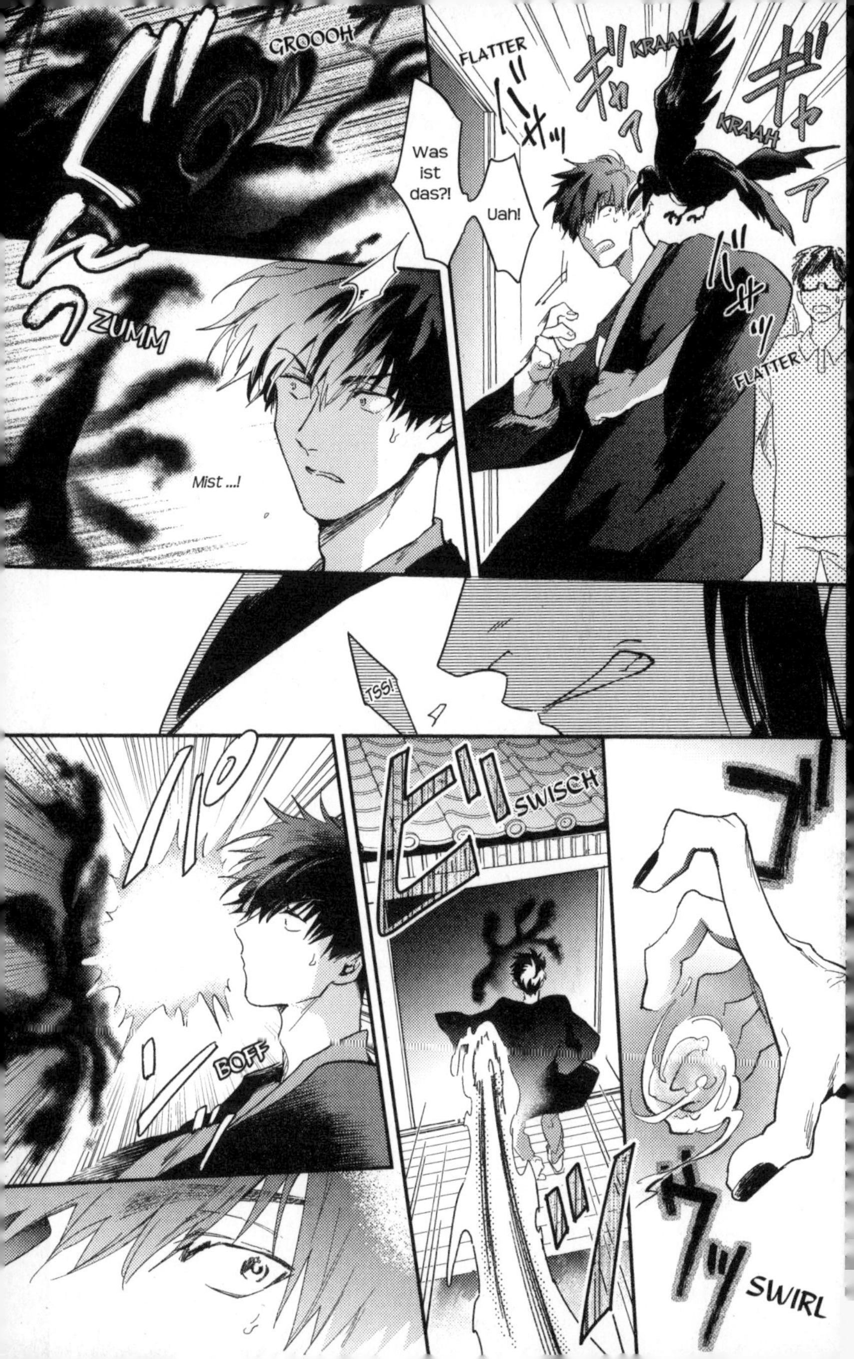
FLATTER
KRAAH
KRAAH
Was ist das?!
Uah!
FLATTER
GROOOH
ZUMM
Mist ...!
TSS!
SWISCH
SWIRL
BOFF

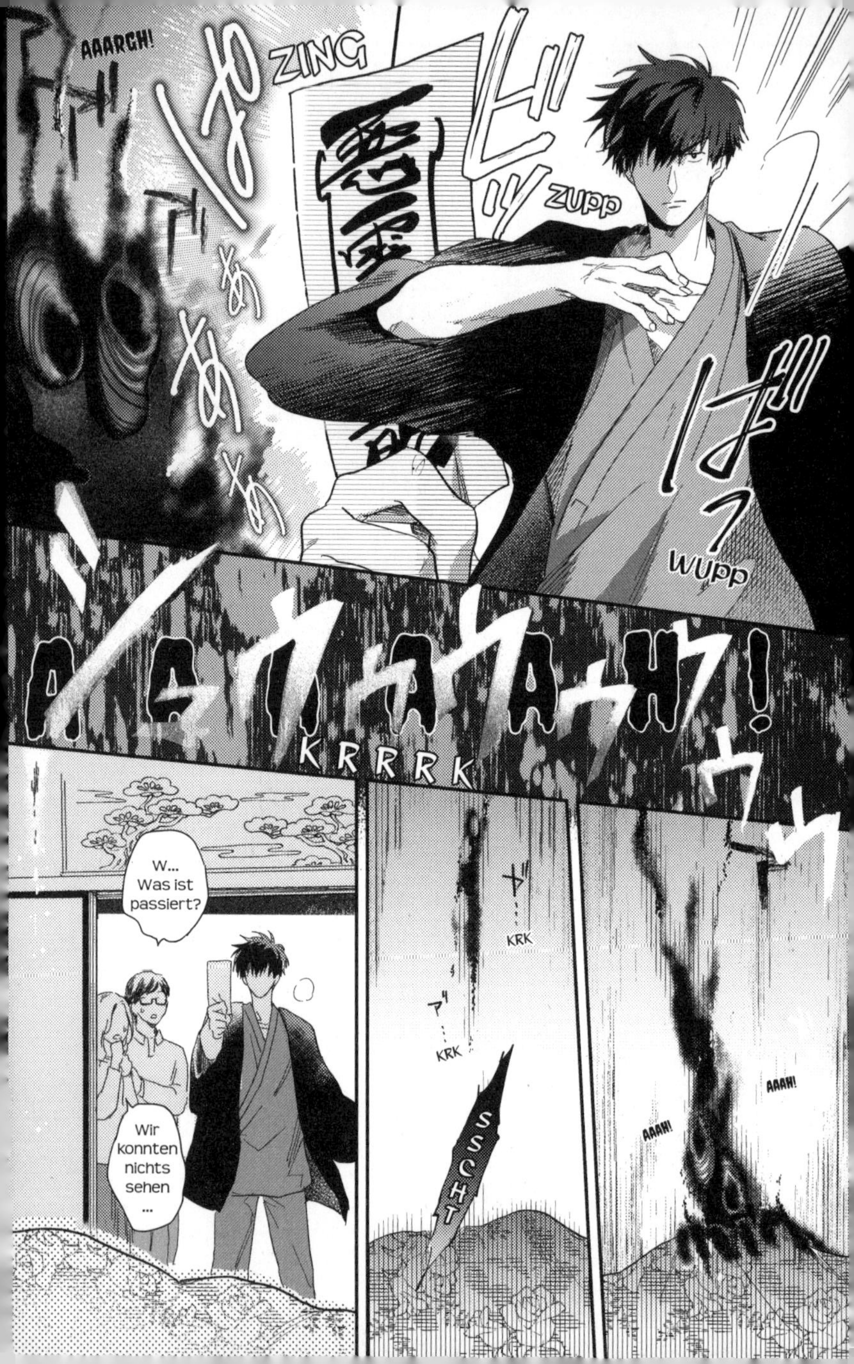

ZING
ZUPP
AAARGH!
WUPP
KRRRRK
W... Was ist passiert?
Wir konnten nichts sehen ...
KRK
KRK
SSCHT
AAAH!
AAAH!

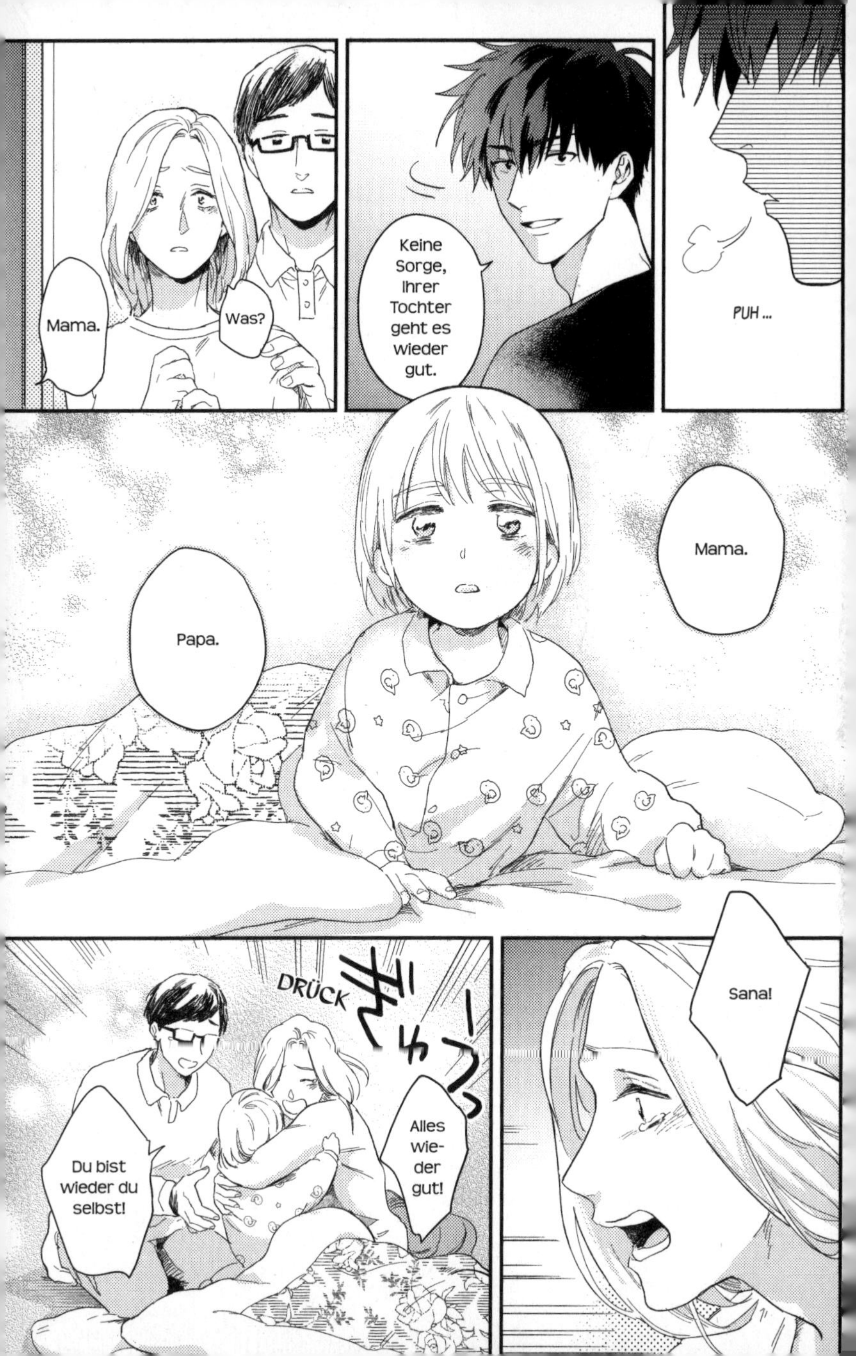
PUH ...
Keine Sorge, Ihrer Tochter geht es wieder gut.
Was?
Mama.
Mama.
Papa.
Sana!
DRÜCK
Alles wie-der gut!
Du bist wieder du selbst!

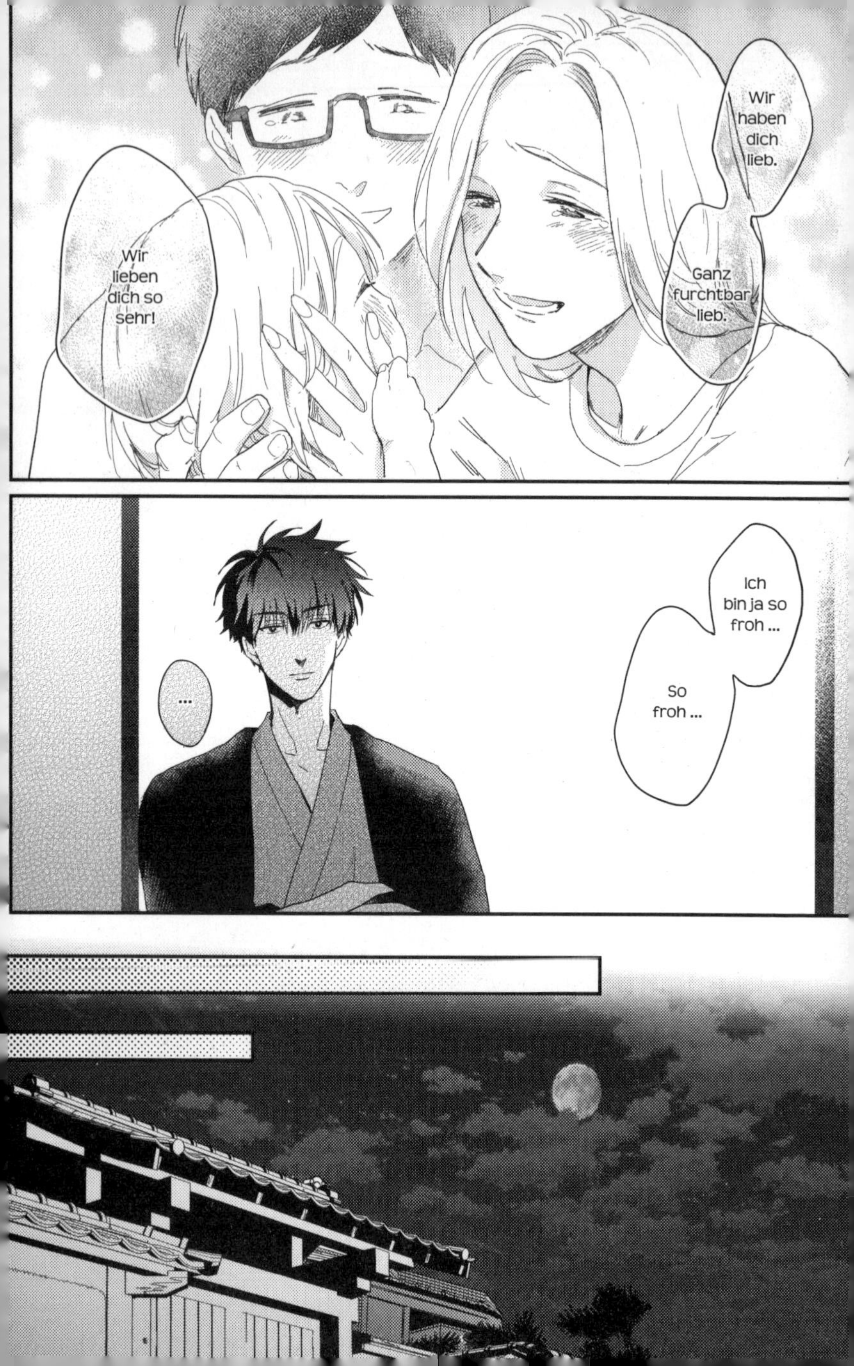

Wir haben dich lieb.

Ganz furchtbar lieb.

Wir lieben dich so sehr!

Ich bin ja so froh ...

So froh ...

...

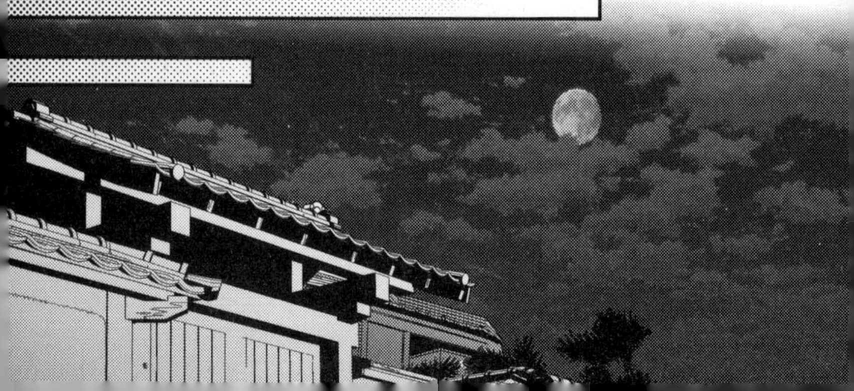

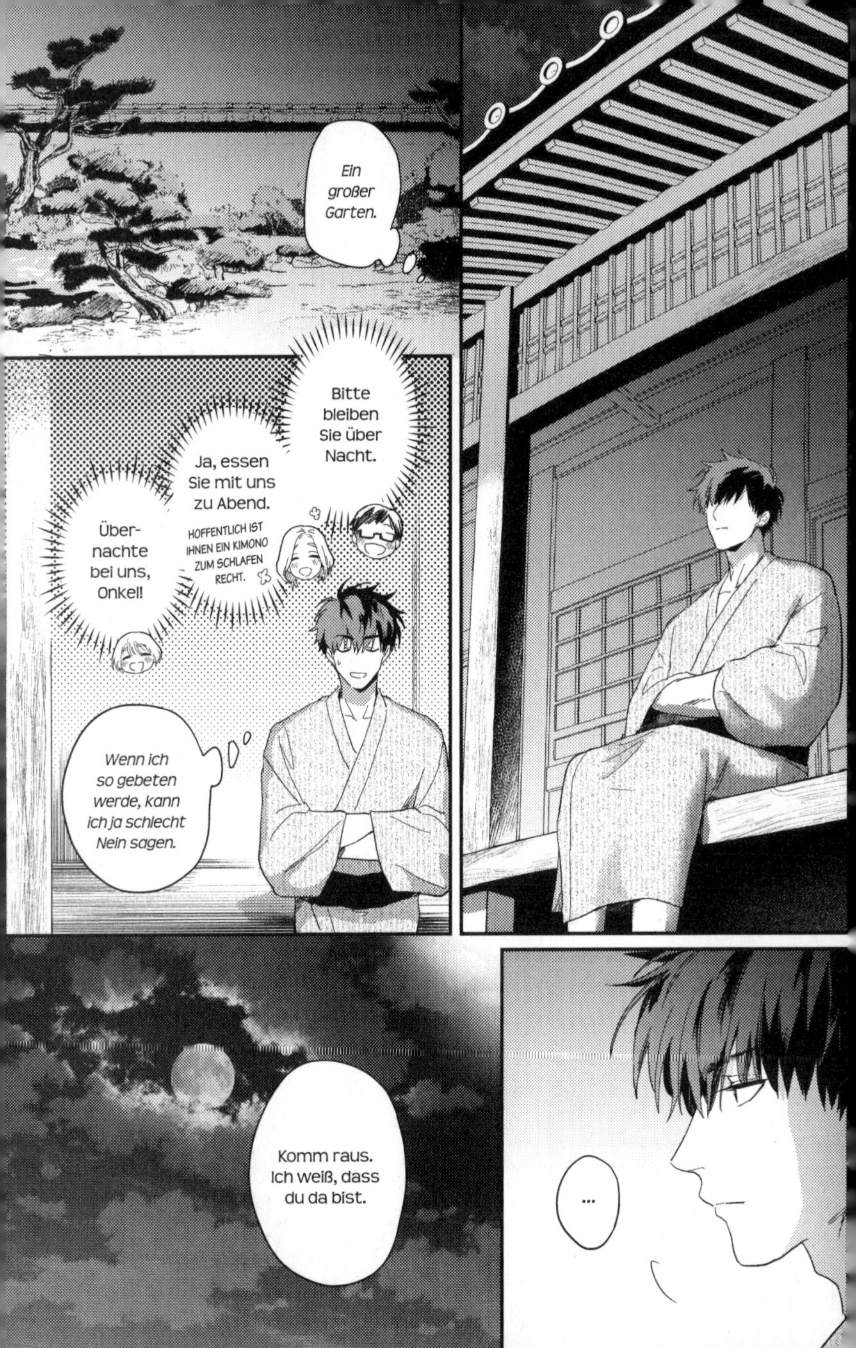
Ein großer Garten.
Bitte bleiben Sie über Nacht.
Ja, essen Sie mit uns zu Abend.
HOFFENTLICH IST IHNEN EIN KIMONO ZUM SCHLAFEN RECHT.
Über-nachte bei uns, Onkel!
Wenn ich so gebeten werde, kann ich ja schlecht Nein sagen.
...
Komm raus. Ich weiß, dass du da bist.

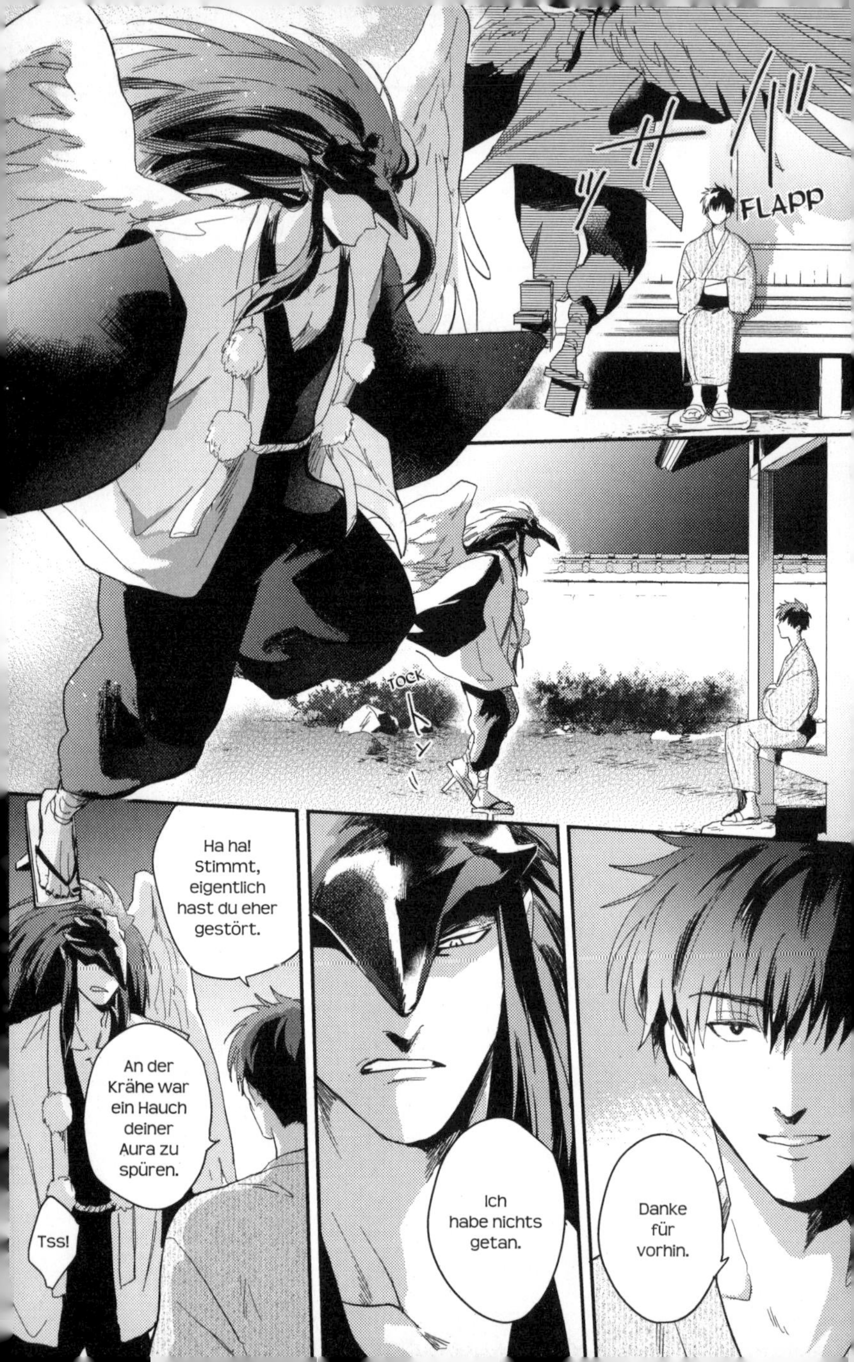
FLAPP
TOCK
Danke für vorhin.
Ich habe nichts getan.
Ha ha! Stimmt, eigentlich hast du eher gestört.
An der Krähe war ein Hauch deiner Aura zu spüren.
Tss!

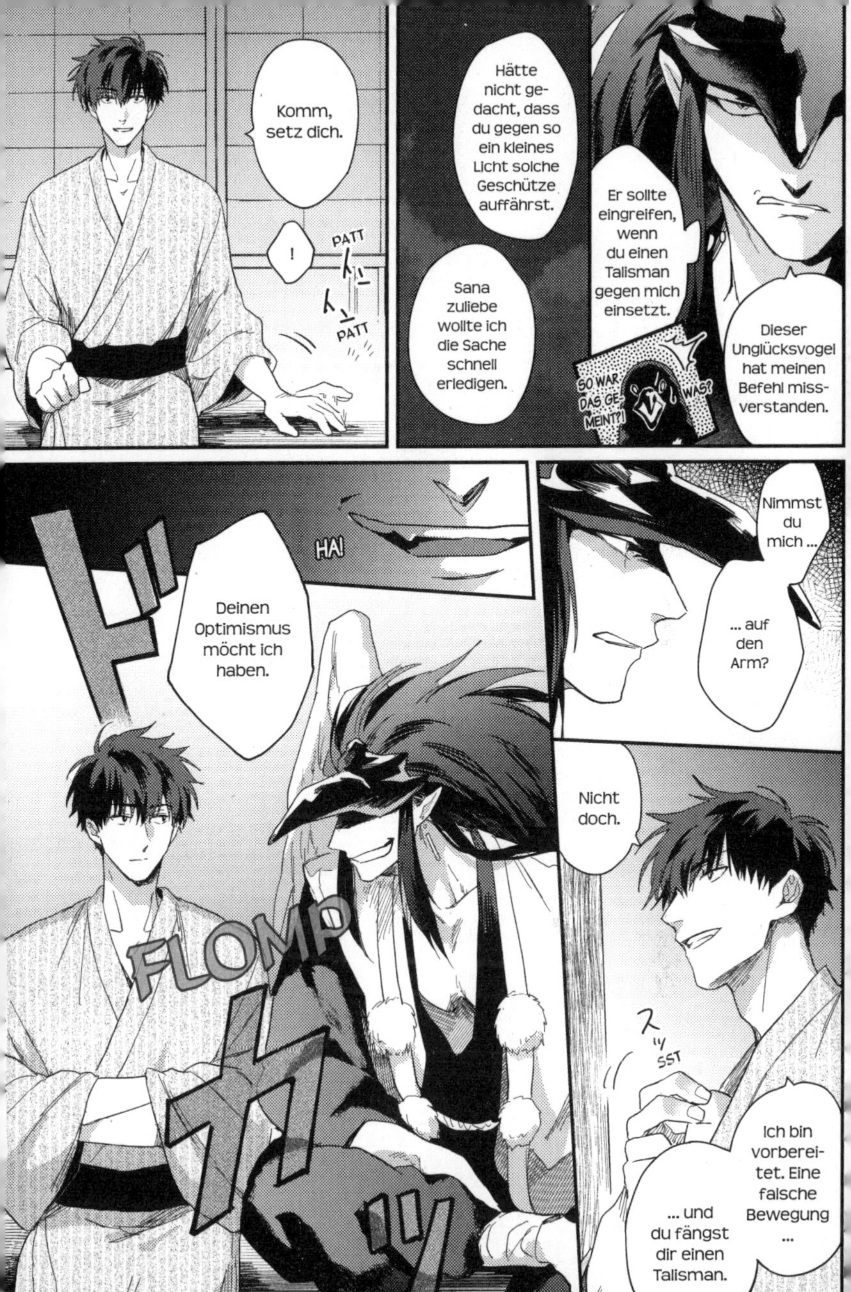

Er sollte eingreifen, wenn du einen Talisman gegen mich einsetzt.
Dieser Unglücksvogel hat meinen Befehl missverstanden.
SO WAR DAS GEMEINT?!
WAS?
Hätte nicht gedacht, dass du gegen so ein kleines Licht solche Geschütze auffährst.
Sana zuliebe wollte ich die Sache schnell erledigen.
Komm, setz dich.
!
PATT
PATT
Nimmst du mich ...
... auf den Arm?
Nicht doch.
SST
Ich bin vorbereitet. Eine falsche Bewegung ...
... und du fängst dir einen Talisman.
HA!
Deinen Optimismus möcht ich haben.
FLOMP

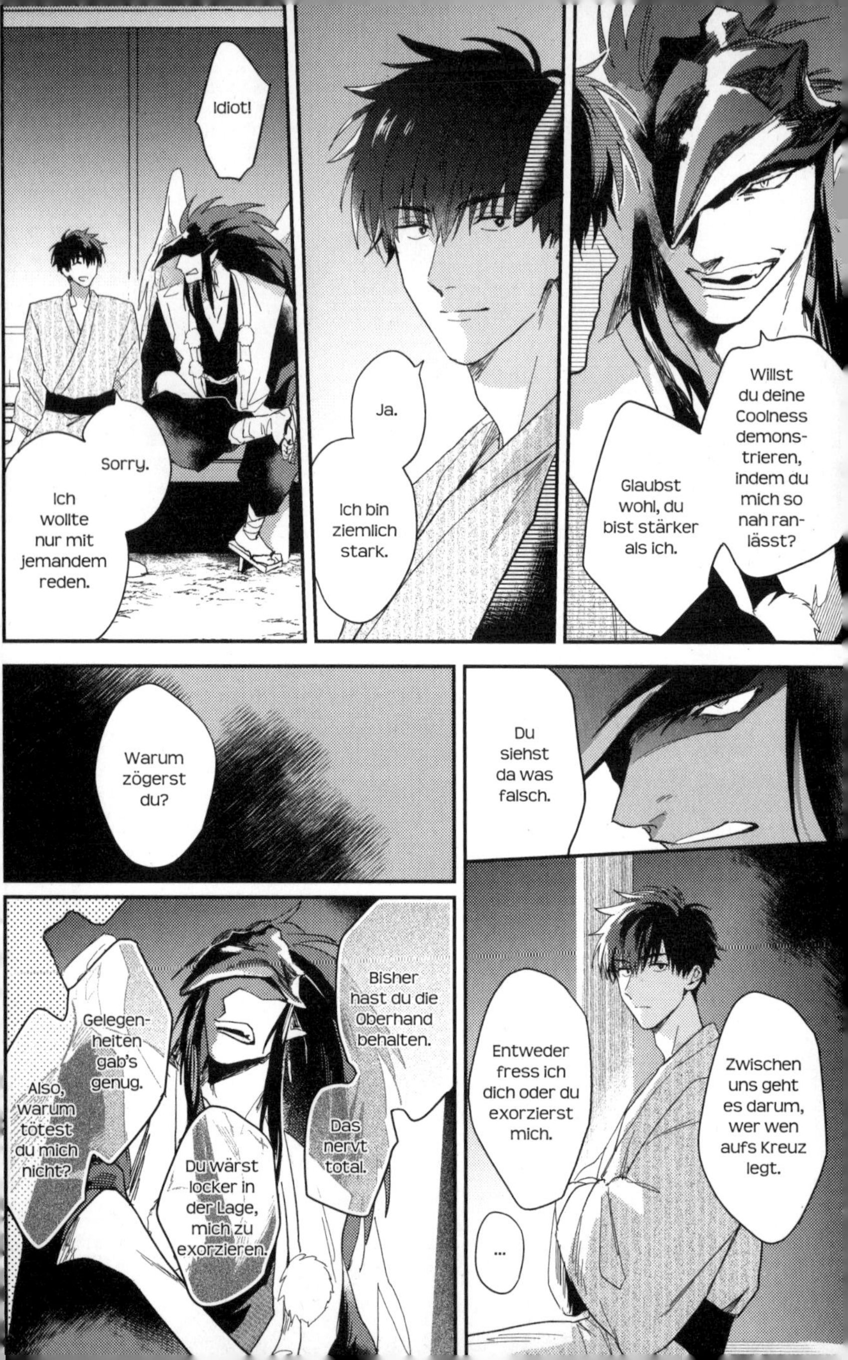

Willst du deine Coolness demonstrieren, indem du mich so nah ranlässt?

Glaubst wohl, du bist stärker als ich.

Ja.

Ich bin ziemlich stark.

Idiot!

Sorry.

Ich wollte nur mit jemandem reden.

Du siehst da was falsch.

Warum zögerst du?

Zwischen uns geht es darum, wer wen aufs Kreuz legt.

Entweder fress ich dich oder du exorzierst mich.

...

Bisher hast du die Oberhand behalten.

Gelegenheiten gab's genug.

Das nervt total.

Du wärst locker in der Lage, mich zu exorzieren.

Also, warum tötest du mich nicht?

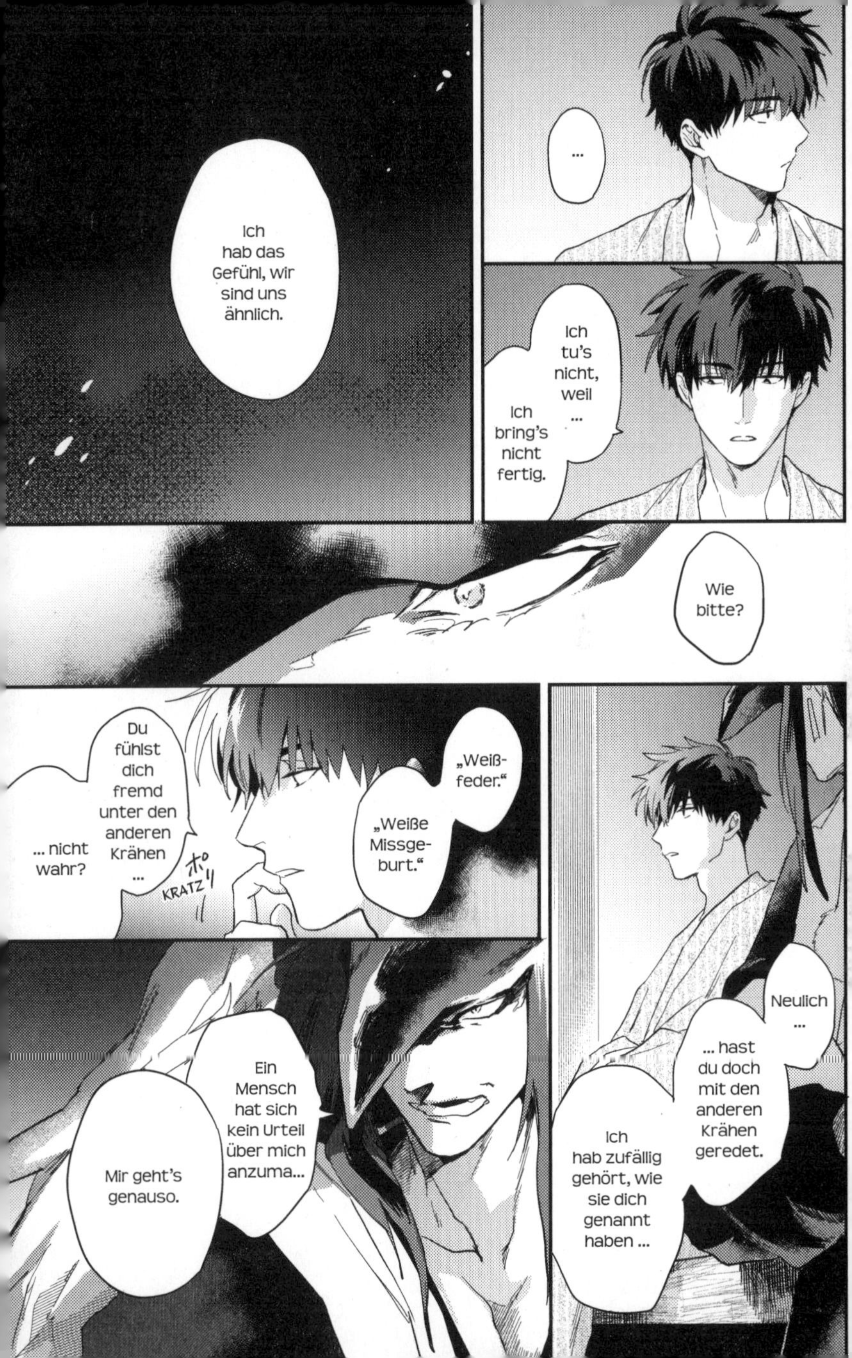
...
Ich tu's nicht, weil ...
Ich bring's nicht fertig.
Ich hab das Gefühl, wir sind uns ähnlich.
Wie bitte?
Neulich ...
... hast du doch mit den anderen Krähen geredet.
Ich hab zufällig gehört, wie sie dich genannt haben ...
„Weiß-feder.“
„Weiße Missge-burt.“
Du fühlst dich fremd unter den anderen Krähen ...
... nicht wahr?
KRATZ
Ein Mensch hat sich kein Urteil über mich anzuma...
Mir geht's genauso.

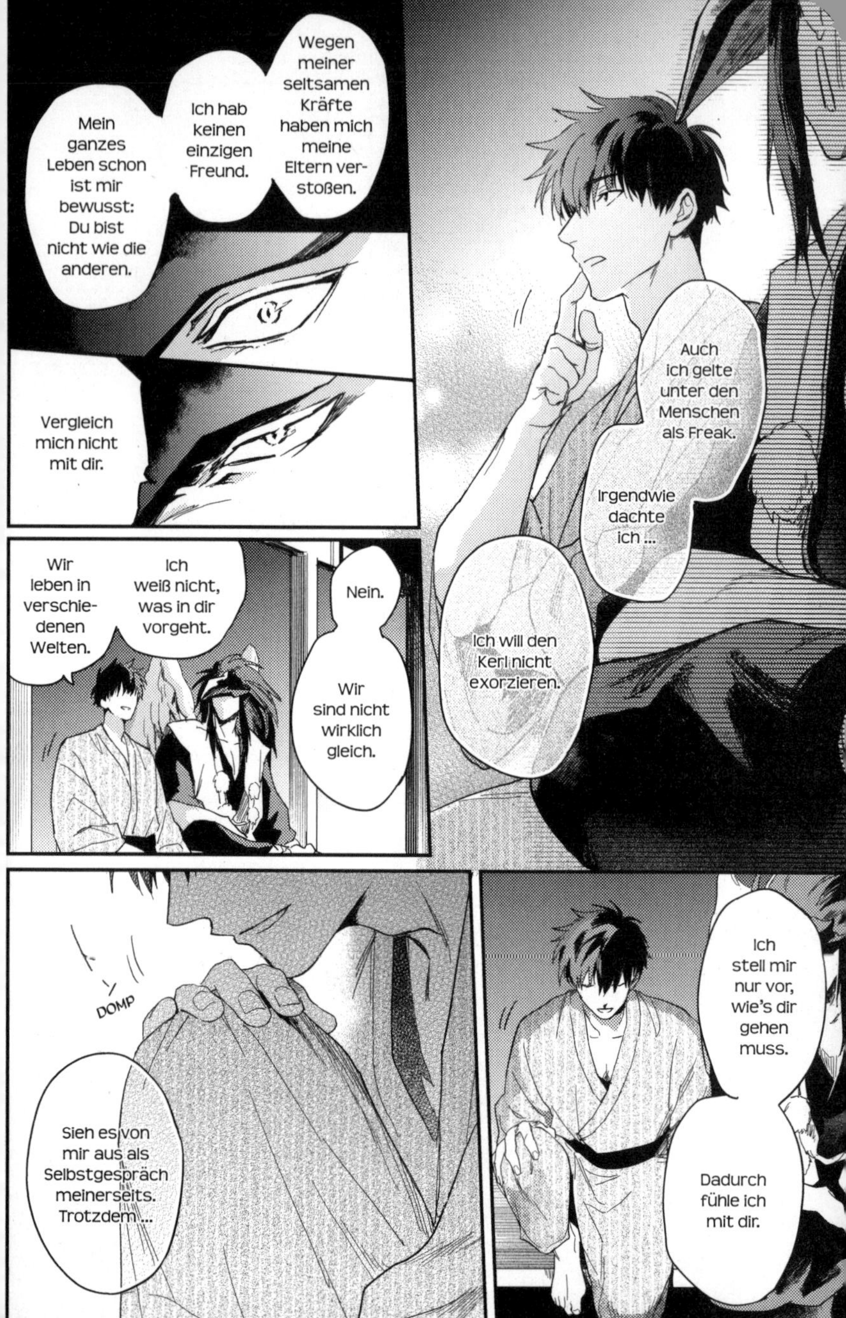
Auch ich gelte unter den Menschen als Freak.
Irgendwie dachte ich ...
Ich will den Kerl nicht exorzieren.
Wegen meiner seltsamen Kräfte haben mich meine Eltern verstoßen.
Ich hab keinen einzigen Freund.
Mein ganzes Leben schon ist mir bewusst: Du bist nicht wie die anderen.
Vergleich mich nicht mit dir.
Nein.
Wir sind nicht wirklich gleich.
Ich weiß nicht, was in dir vorgeht.
Wir leben in verschiedenen Welten.
Ich stell mir nur vor, wie's dir gehen muss.
Dadurch fühle ich mit dir.
DOMP
Sieh es von mir aus als Selbstgespräch meinerseits. Trotzdem ...

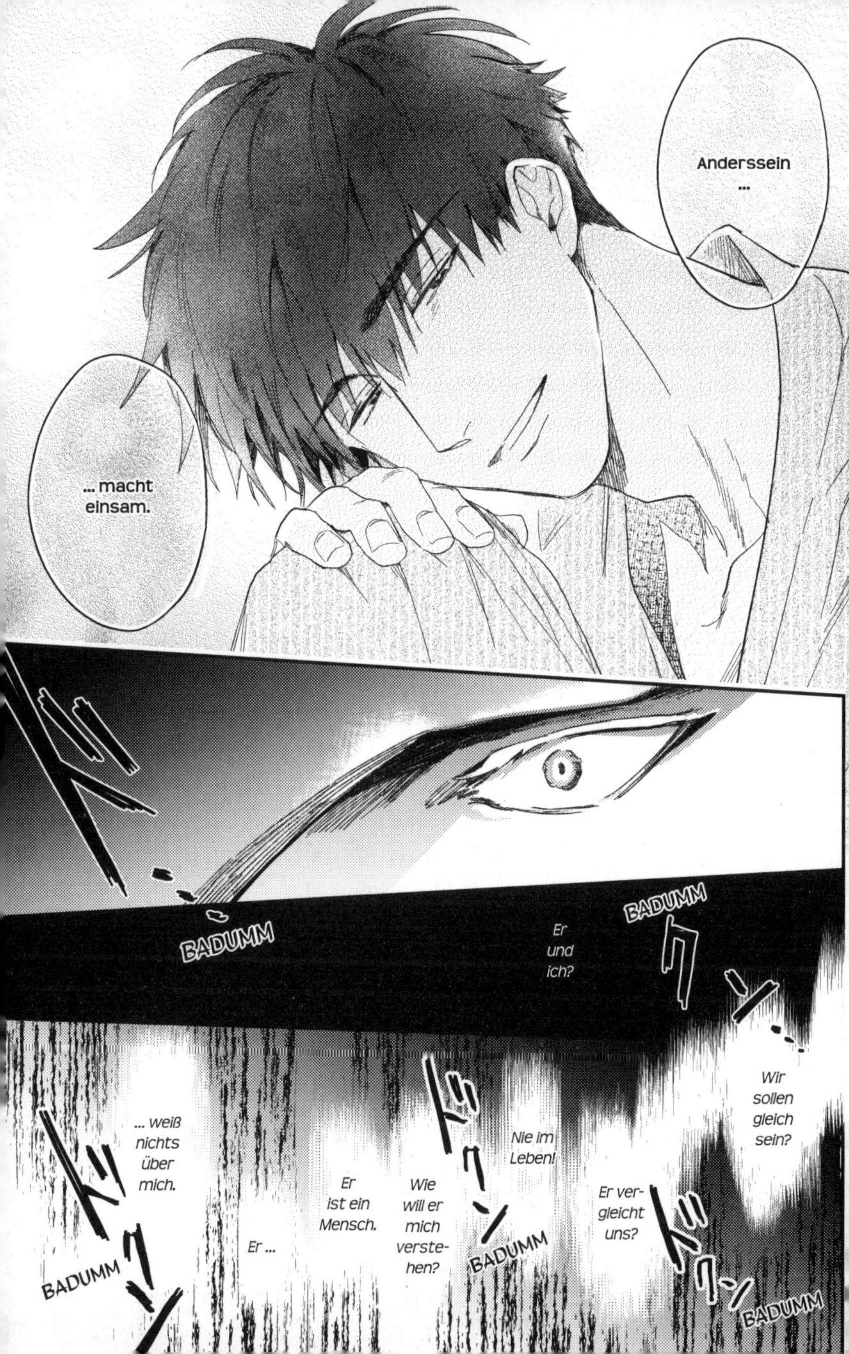
Anderssein …
… macht einsam.
BADUMM
Er und ich?
BADUMM
Wir sollen gleich sein?
Er vergleicht uns?
BADUMM
Nie im Leben!
Wie will er mich verstehen?
BADUMM
Er ist ein Mensch.
Er …
… weiß nichts über mich.
BADUMM

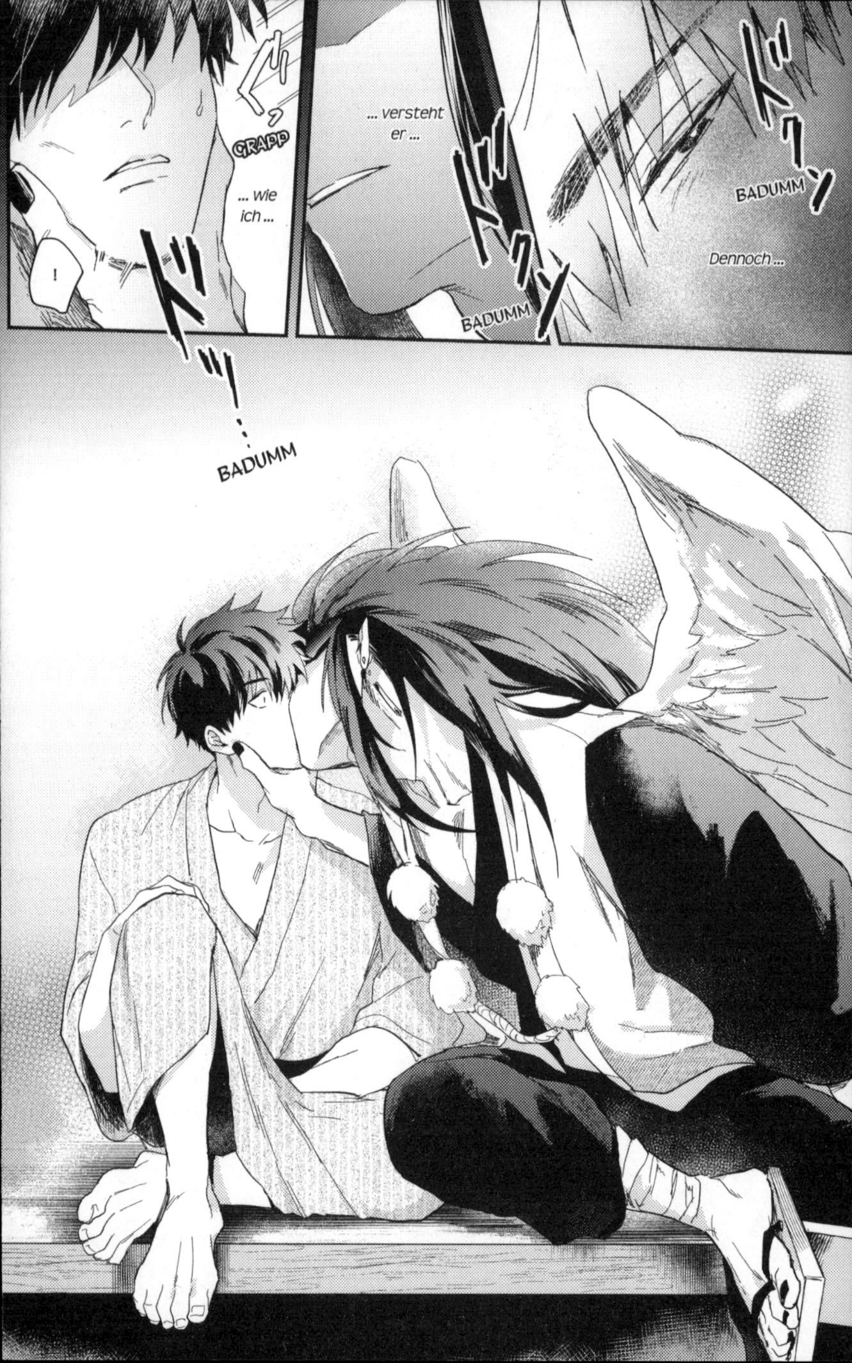

BADUMM
Dennoch ...
... versteht er ...
BADUMM
GRAPP
... wie ich ...
!
BADUMM

KAPITEL 3

TENGU & EXORCIST

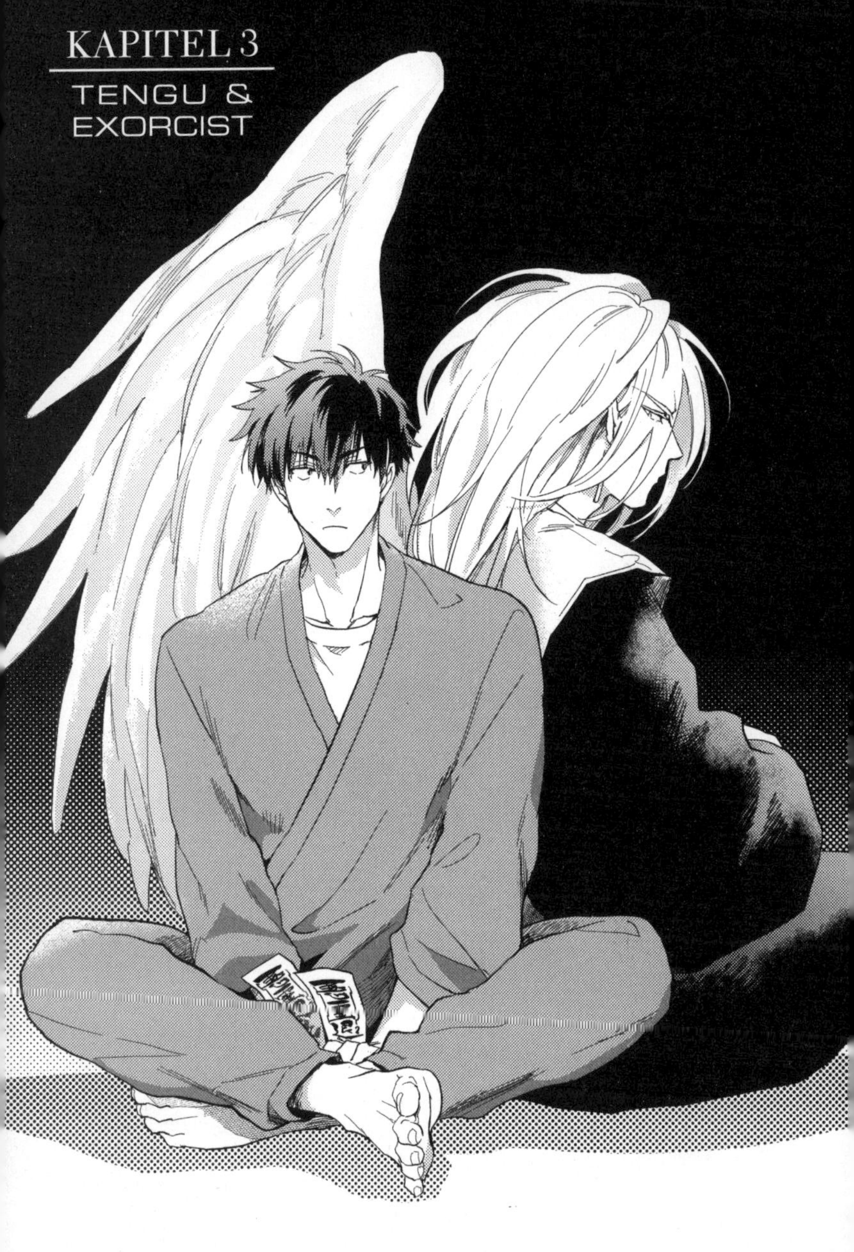

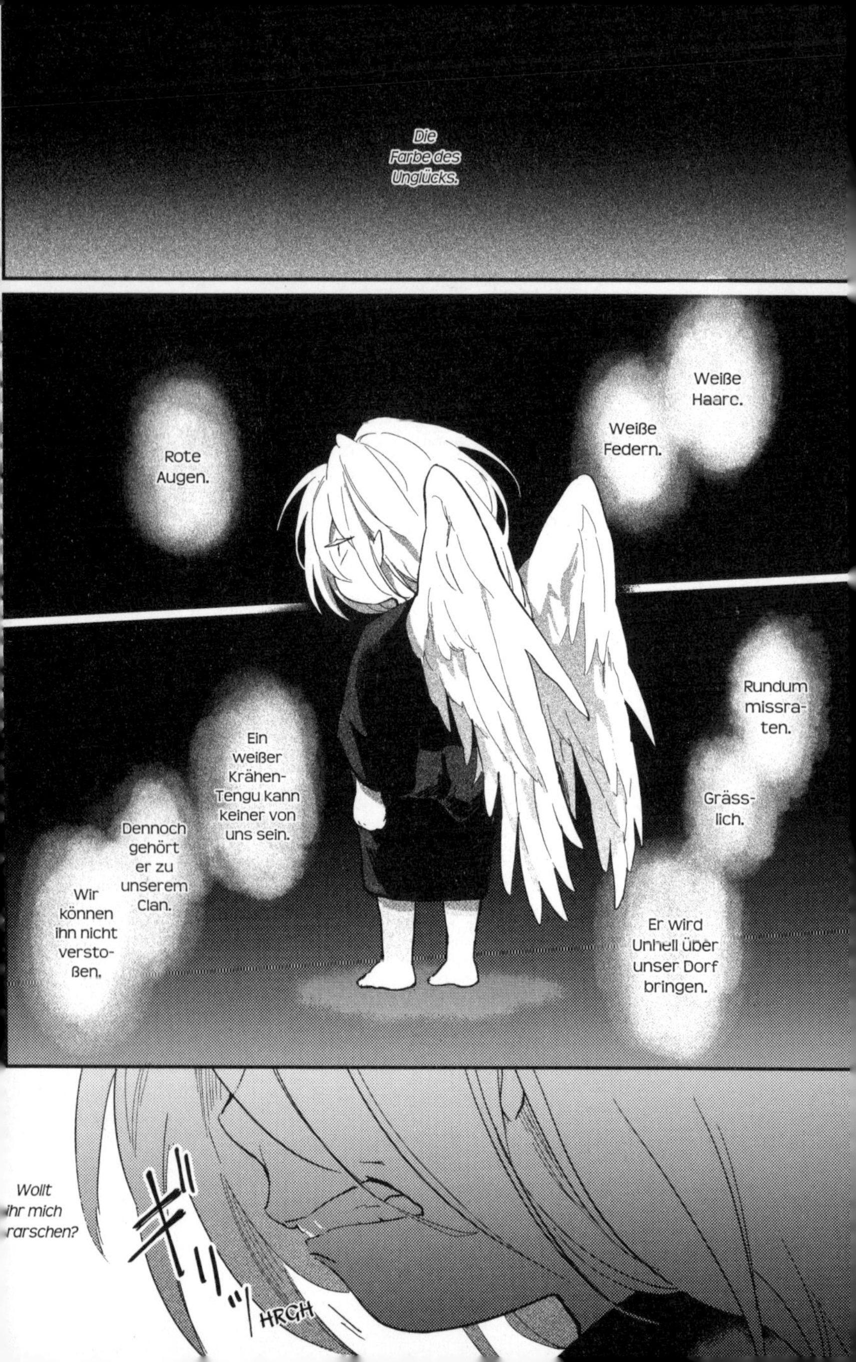

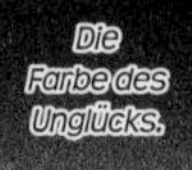
Die Farbe des Unglücks.

Weiße Haarc.
Weiße Federn.
Rote Augen.
Rundum missraten.
Grässlich.
Er wird Unhell über unser Dorf bringen.
Ein weißer Krähen-Tengu kann keiner von uns sein.
Dennoch gehört er zu unserem Clan.
Wir können ihn nicht verstoßen.
HRGH
Wollt ihr mich rarschen?

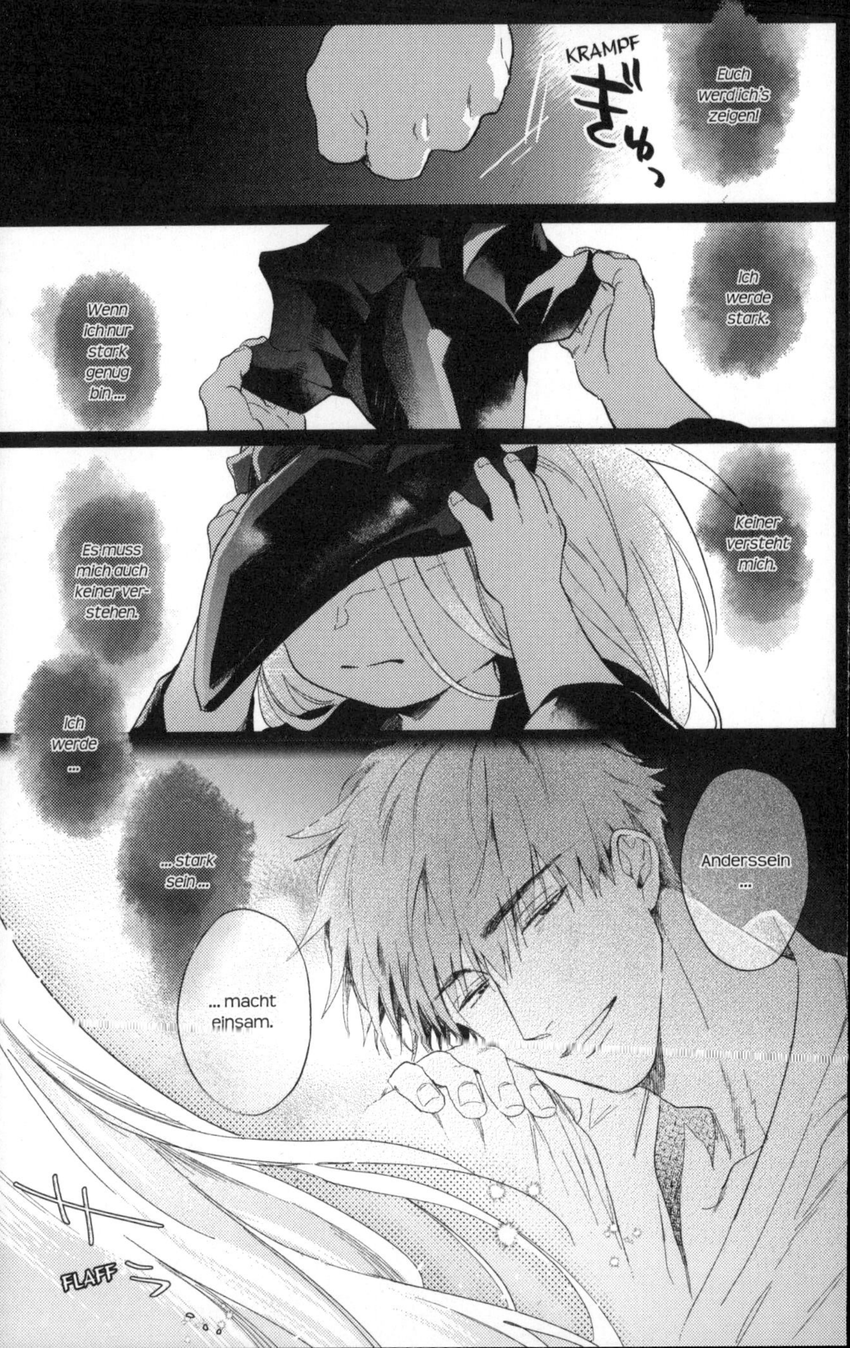

Euch werd ich's zeigen!
KRAMPF
ぎゅっ
Ich werde stark.
Wenn ich nur stark genug bin ...
Keiner versteht mich.
Es muss mich auch keiner verstehen.
Ich werde ...
Anderssein ...
... stark sein ...
... macht einsam.
FLAFF

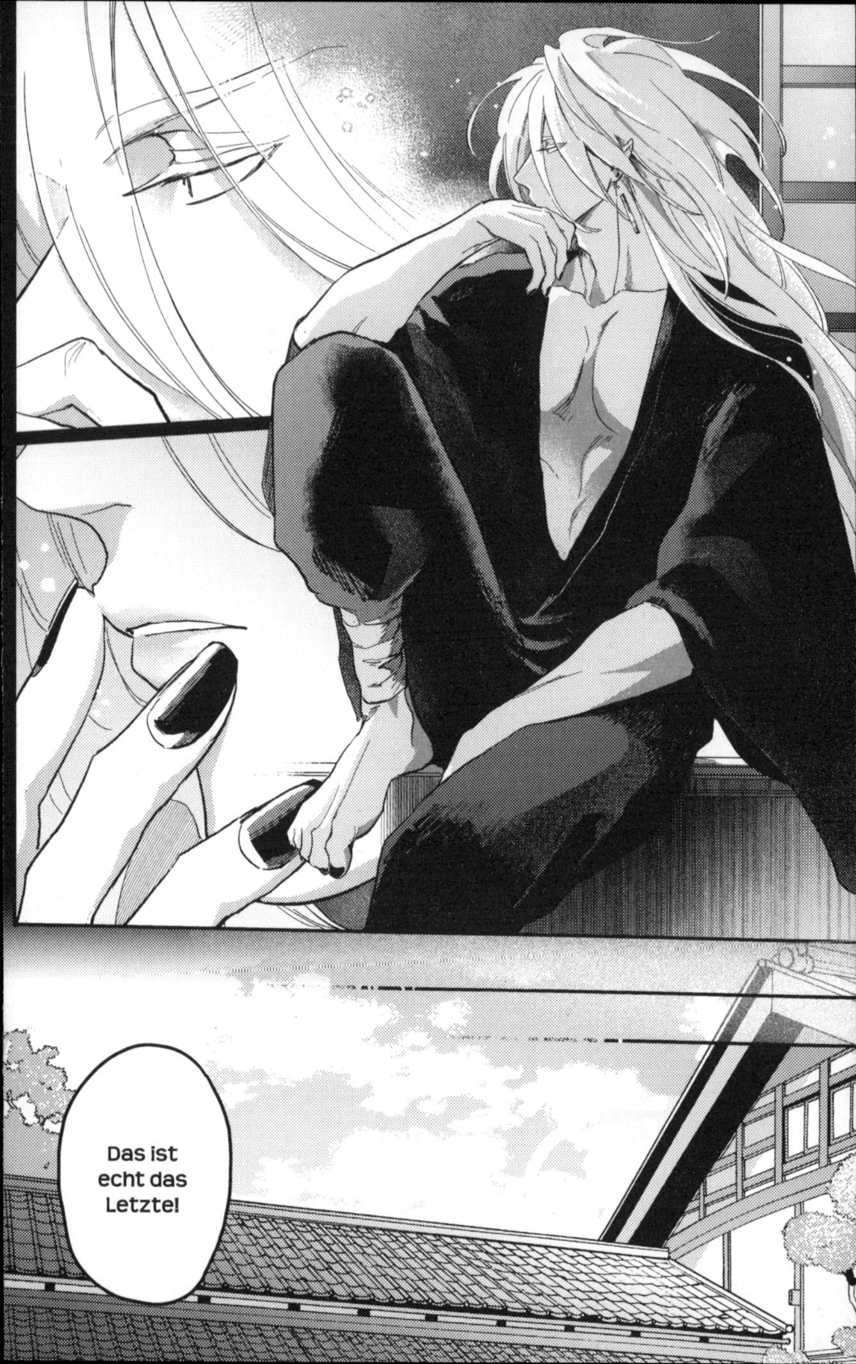
Das ist echt das Letzte!

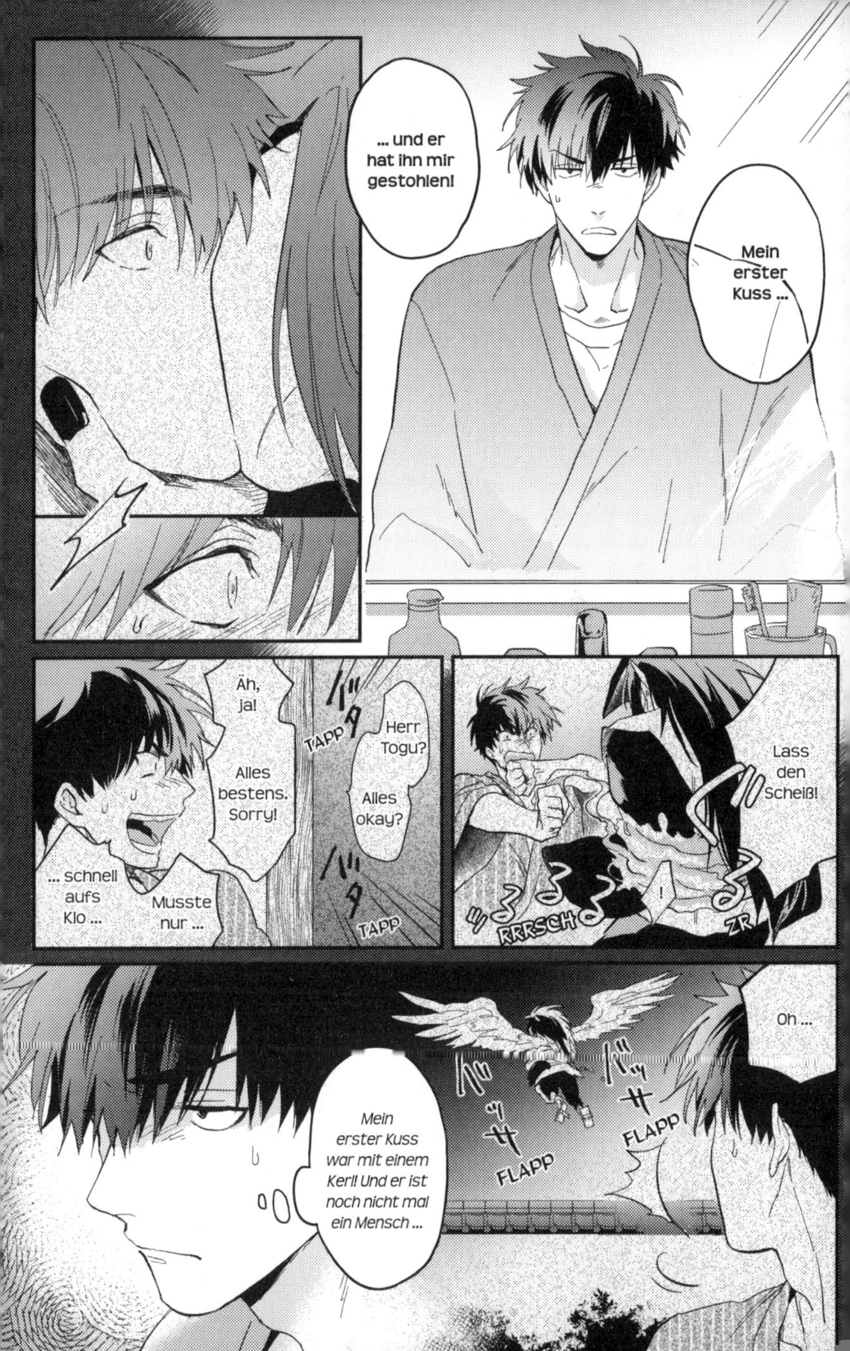
Mein erster Kuss ...
... und er hat ihn mir gestohlen!
Lass den Scheiß!
!
RRRSCH
ZR
TAPP
Herr Togu?
Alles okay?
TAPP
Äh, ja!
Alles bestens. Sorry!
Musste nur ...
... schnell aufs Klo ...
Oh ...
FLAPP
FLAPP
Mein erster Kuss war mit einem Kerl! Und er ist noch nicht mal ein Mensch ...

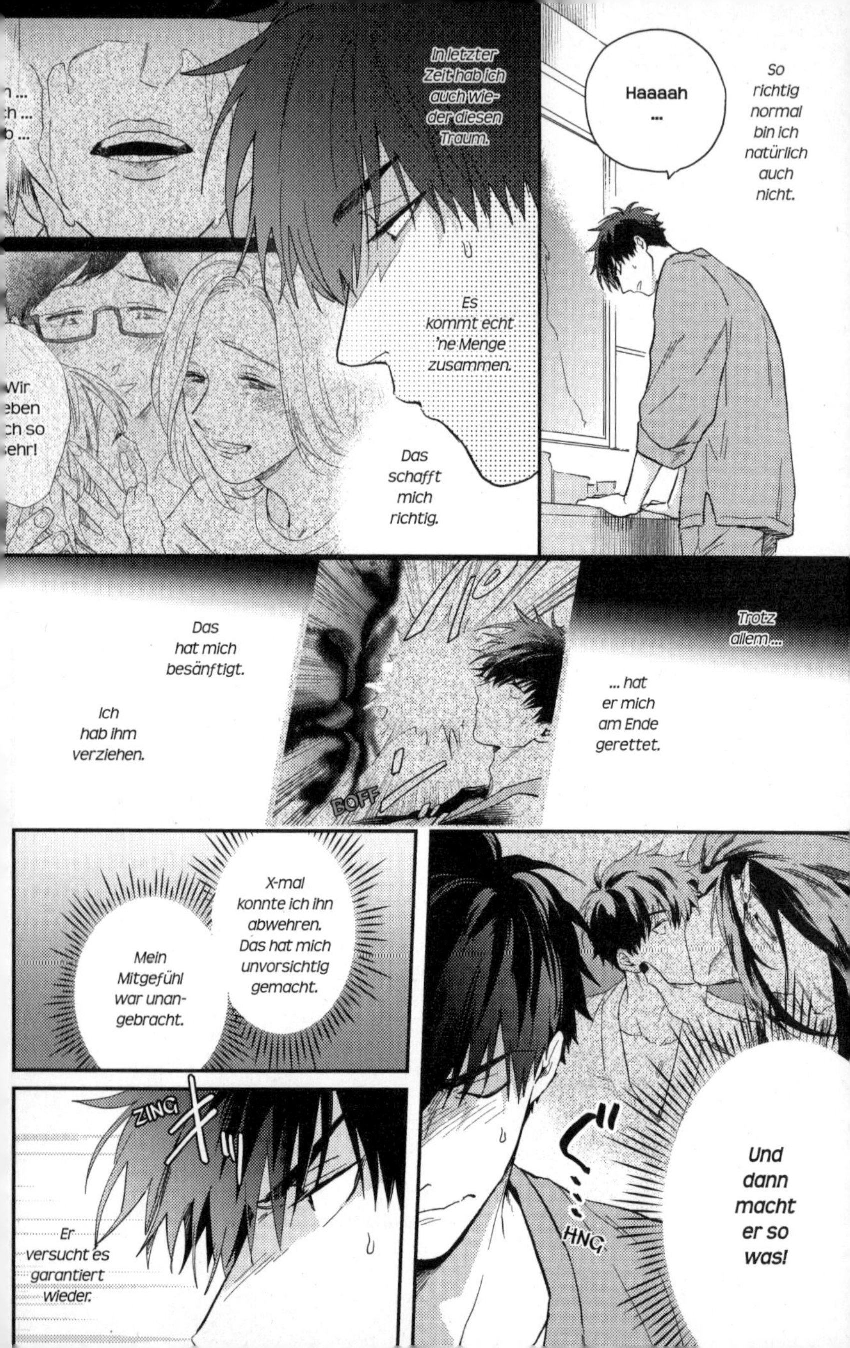
Haaaah ...
So richtig normal bin ich natürlich auch nicht.
In letzter Zeit hab ich auch wieder diesen Traum.
Es kommt echt 'ne Menge zusammen.
Das schafft mich richtig.
Trotz allem ...
... hat er mich am Ende gerettet.
BOFF
Das hat mich besänftigt.
Ich hab ihm verziehen.
Und dann macht er so was!
HNG
X-mal konnte ich ihn abwehren. Das hat mich unvorsichtig gemacht.
Mein Mitgefühl war unangebracht.
ZING
Er versucht es garantiert wieder.

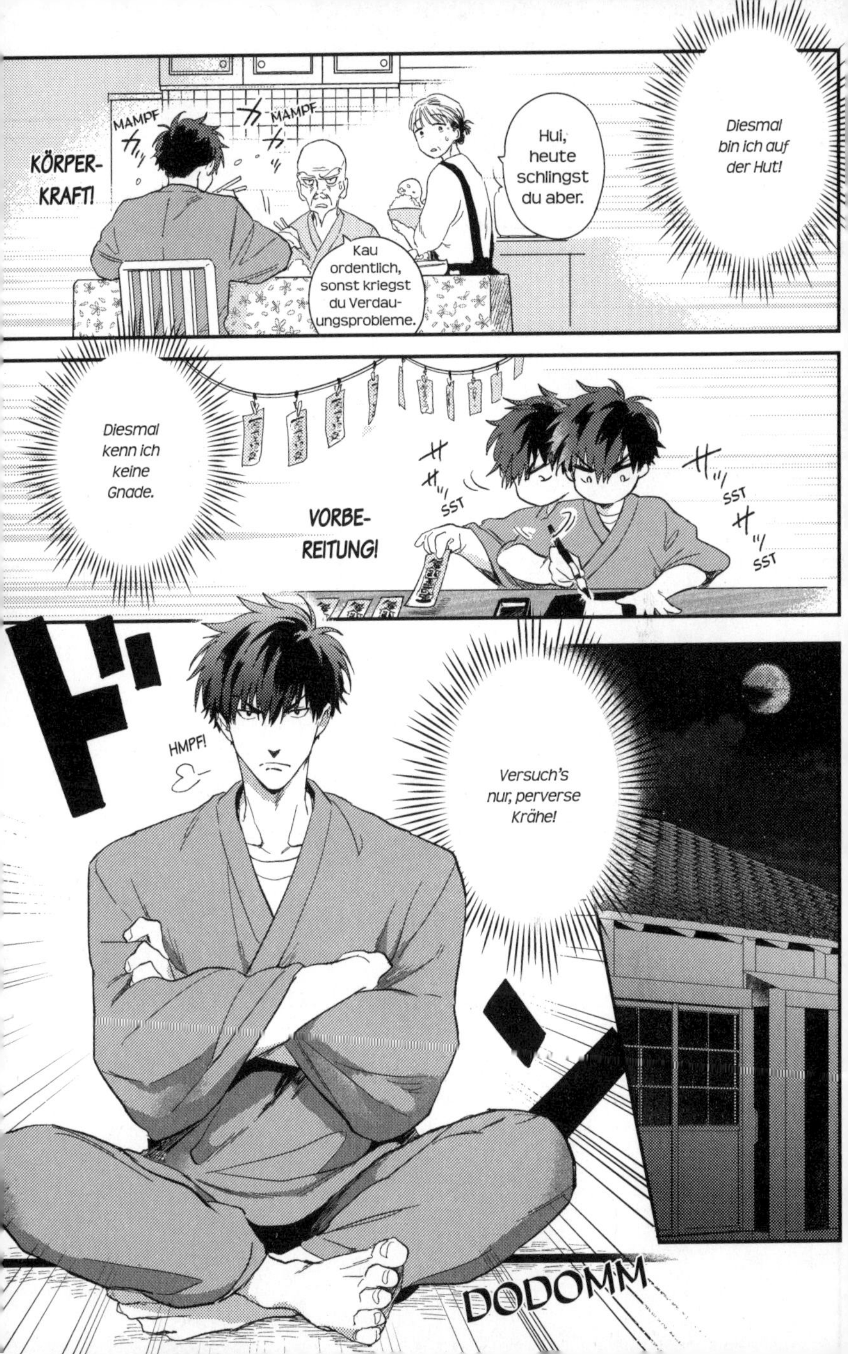

Diesmal bin ich auf der Hut!
Hui, heute schlingst du aber.
Kau ordentlich, sonst kriegst du Verdauungsprobleme.
MAMPF
MAMPF
KÖRPER-KRAFT!
SST
SST
SST
VORBE-REITUNG!
Diesmal kenn ich keine Gnade.
Versuch's nur, perverse Krähe!
HMPF!
DODOMM

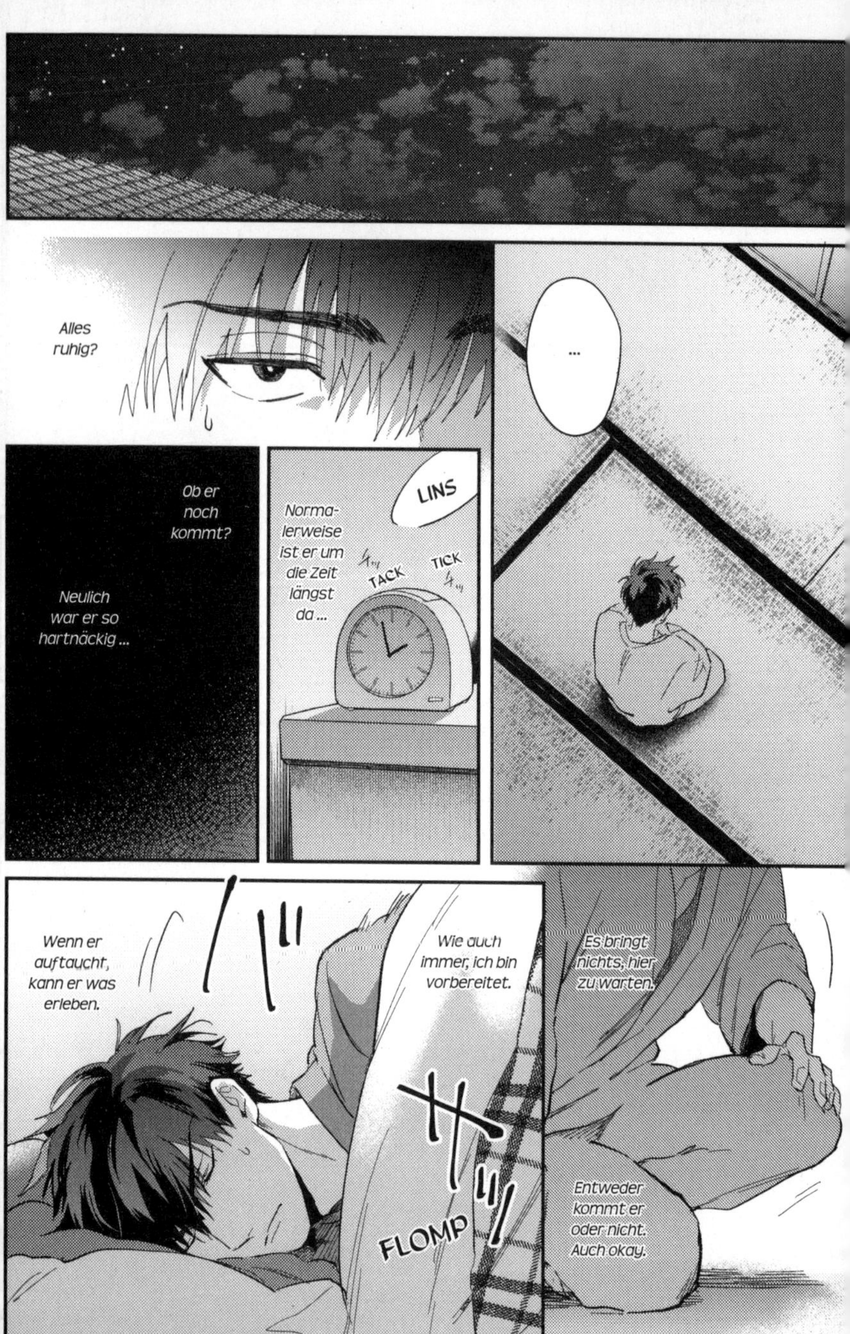

...
Alles ruhig?
LINS
Normalerweise ist er um die Zeit längst da ...
TICK
TACK
Ob er noch kommt?
Neulich war er so hartnäckig ...
Es bringt nichts, hier zu warten.
Entweder kommt er oder nicht. Auch okay.
Wie auch immer, ich bin vorbereitet.
FLOMP
Wenn er auftaucht, kann er was erleben.

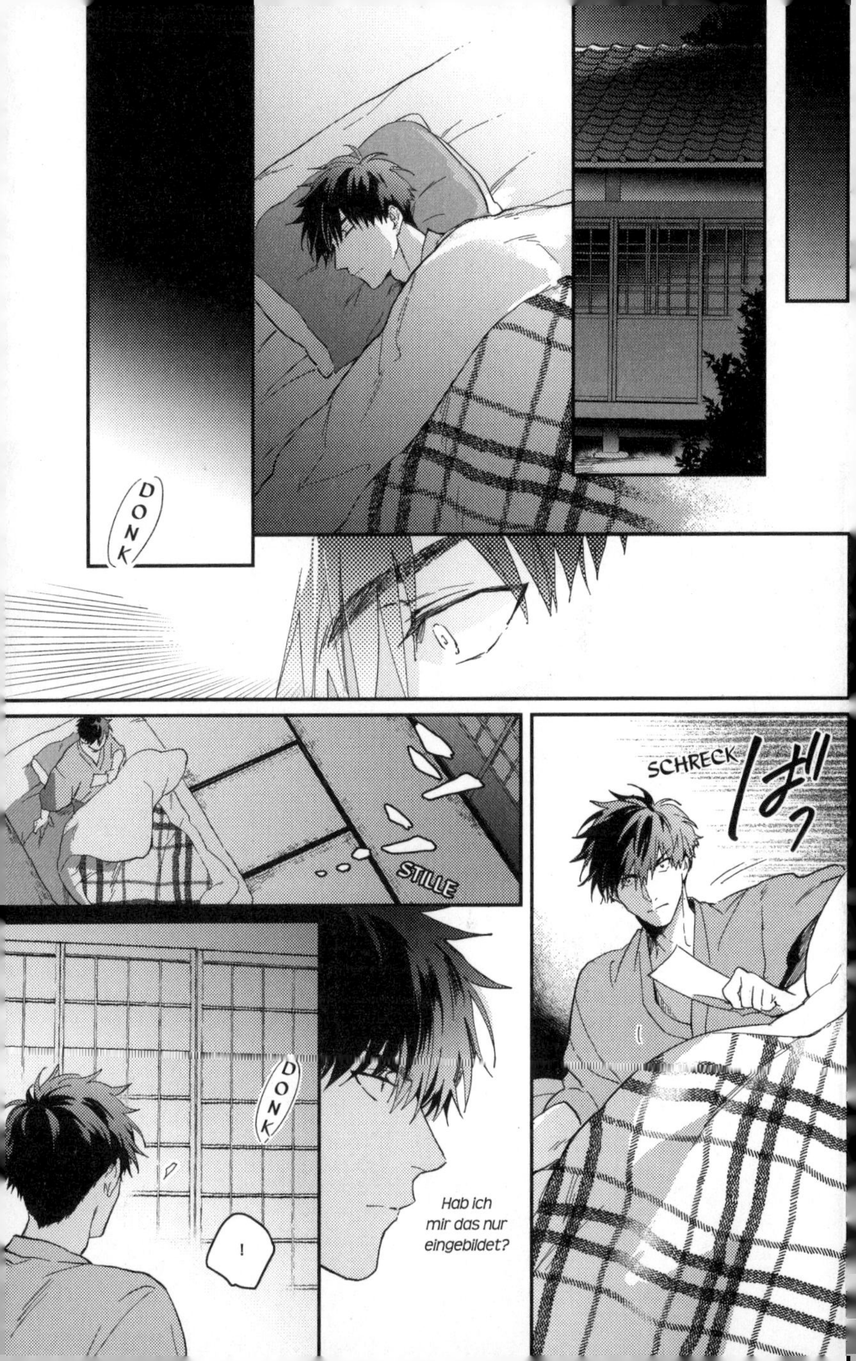
DONK
SCHRECK
ぱっ
STILLE
Hab ich mir das nur eingebildet?
DONK
!

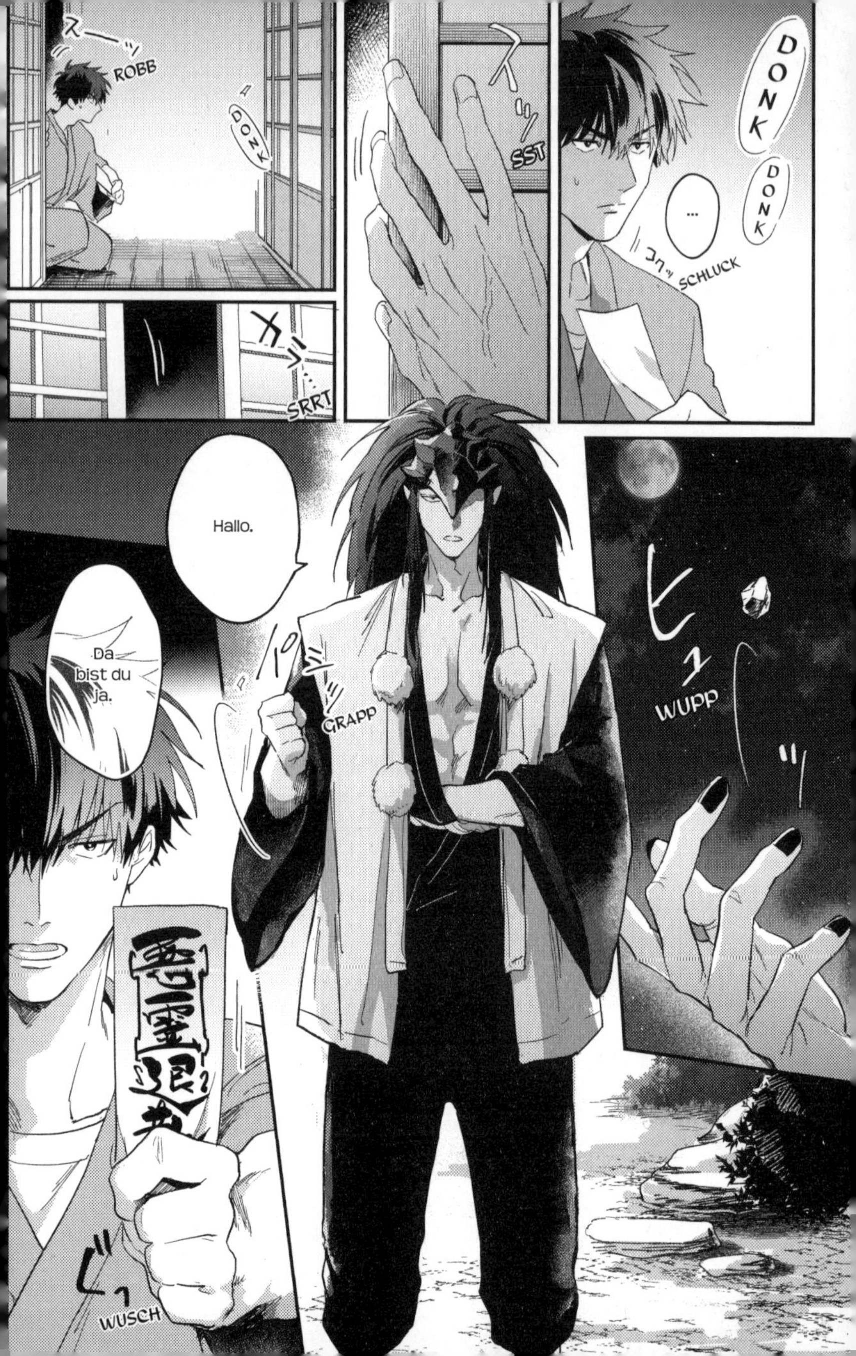
ROBB
DONK
SST
DONK
DONK
DONK
...
SCHLUCK
SRRT
Hallo.
Da bist du ja.
GRAPP
WUPP
WUSCH

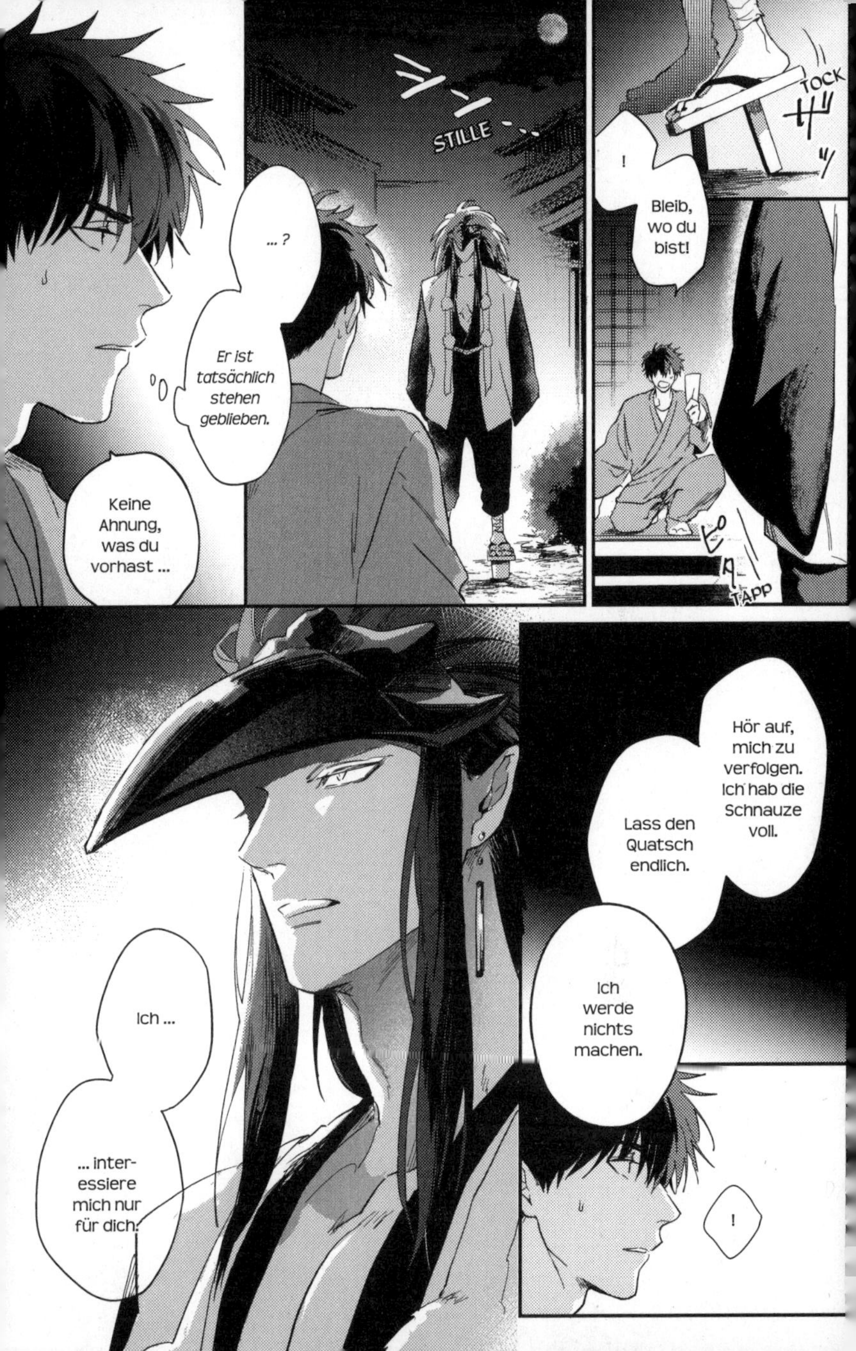
TOCK
!
Bleib, wo du bist!
TAPP
STILLE ...
... ?
Er ist tatsächlich stehen geblieben.
Keine Ahnung, was du vorhast ...
Hör auf, mich zu verfolgen. Ich hab die Schnauze voll.
Lass den Quatsch endlich.
Ich werde nichts machen.
!
Ich ...
... interessiere mich nur für dich.

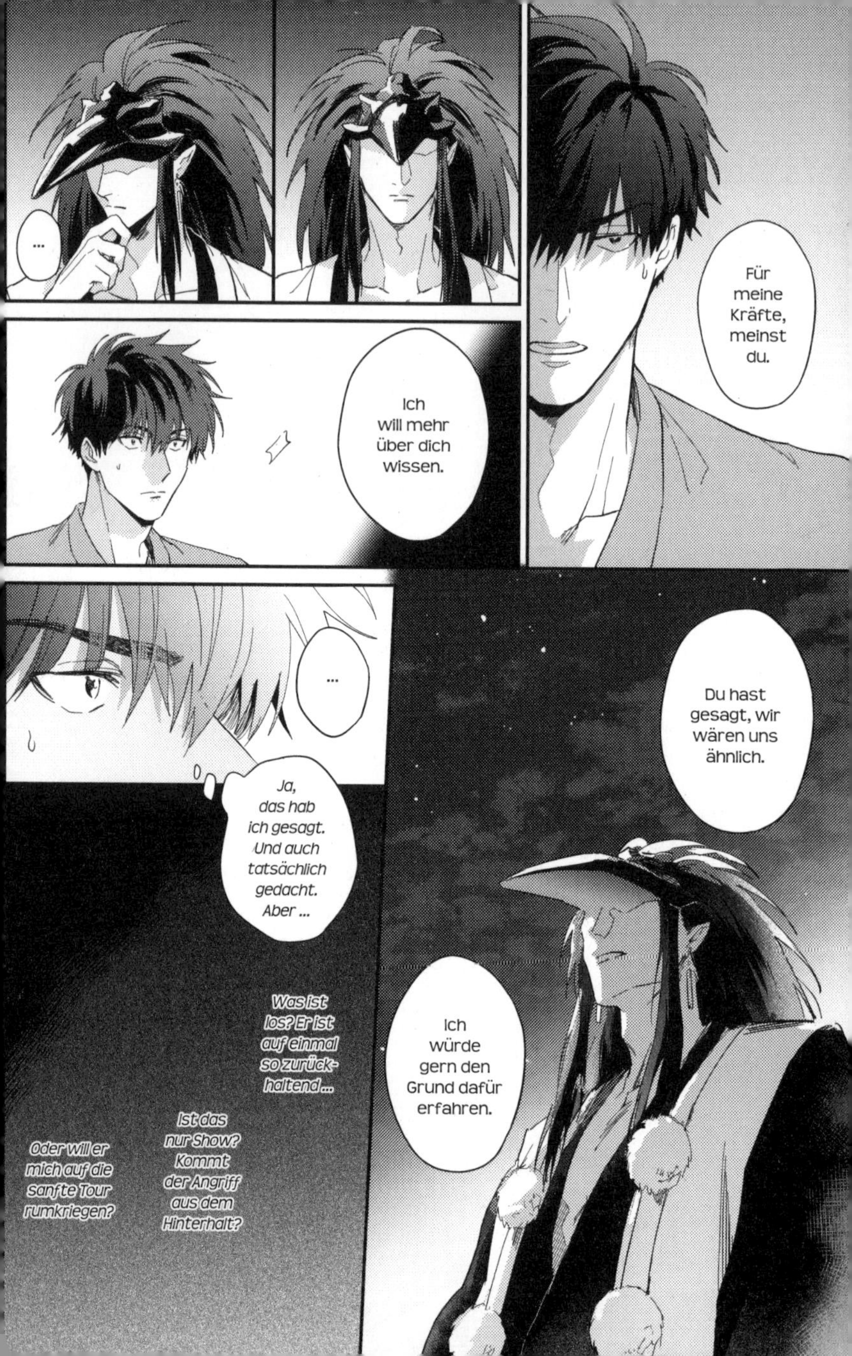

Für meine Kräfte, meinst du.
...
Ich will mehr über dich wissen.
Du hast gesagt, wir wären uns ähnlich.
...
Ja, das hab ich gesagt. Und auch tatsächlich gedacht. Aber ...
Ich würde gern den Grund dafür erfahren.
Was ist los? Er ist auf einmal so zurück-haltend ...
Ist das nur Show? Kommt der Angriff aus dem Hinterhalt?
Oder will er mich auf die sanfte Tour rumkriegen?

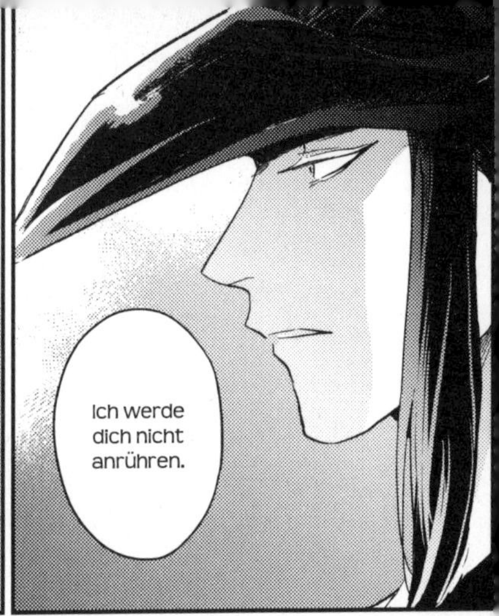
Ich werde
dich nicht
anrühren.

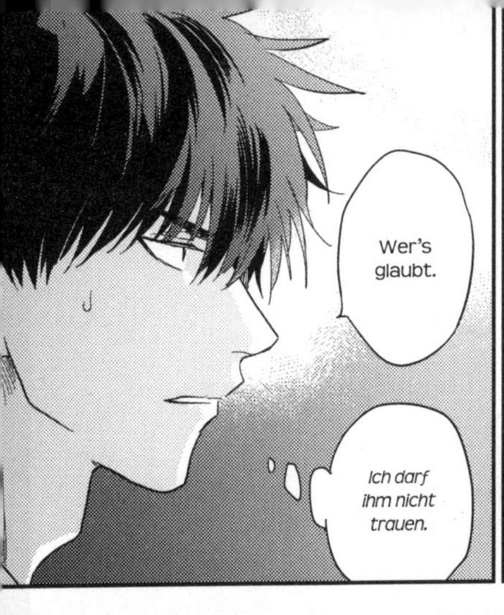
Wer's
glaubt.
Ich darf
ihm nicht
trauen.

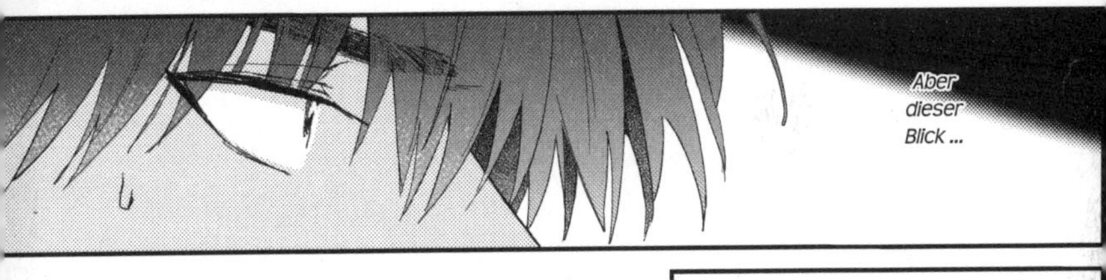
Aber
dieser
Blick ...

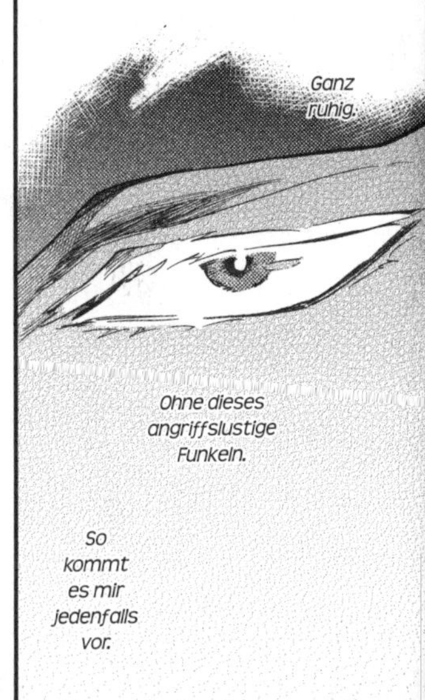
Ganz
ruhig.
Ohne dieses
angriffslustige
Funkeln.
So
kommt
es mir
jedenfalls
vor.

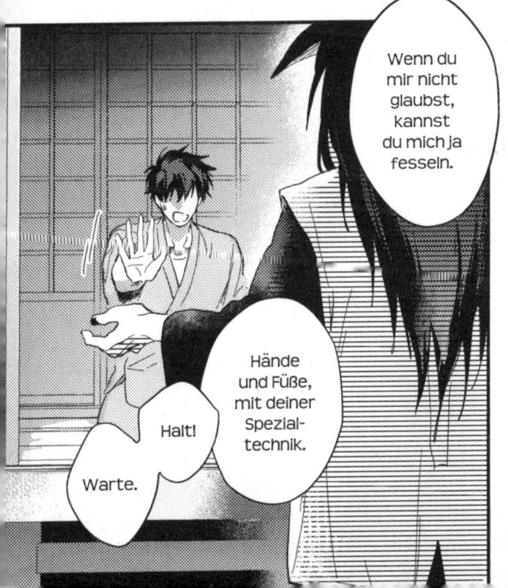
Wenn du
mir nicht
glaubst,
kannst
du mich ja
fesseln.
Hände
und Füße,
mit deiner
Spezial-
technik.
Halt!
Warte.

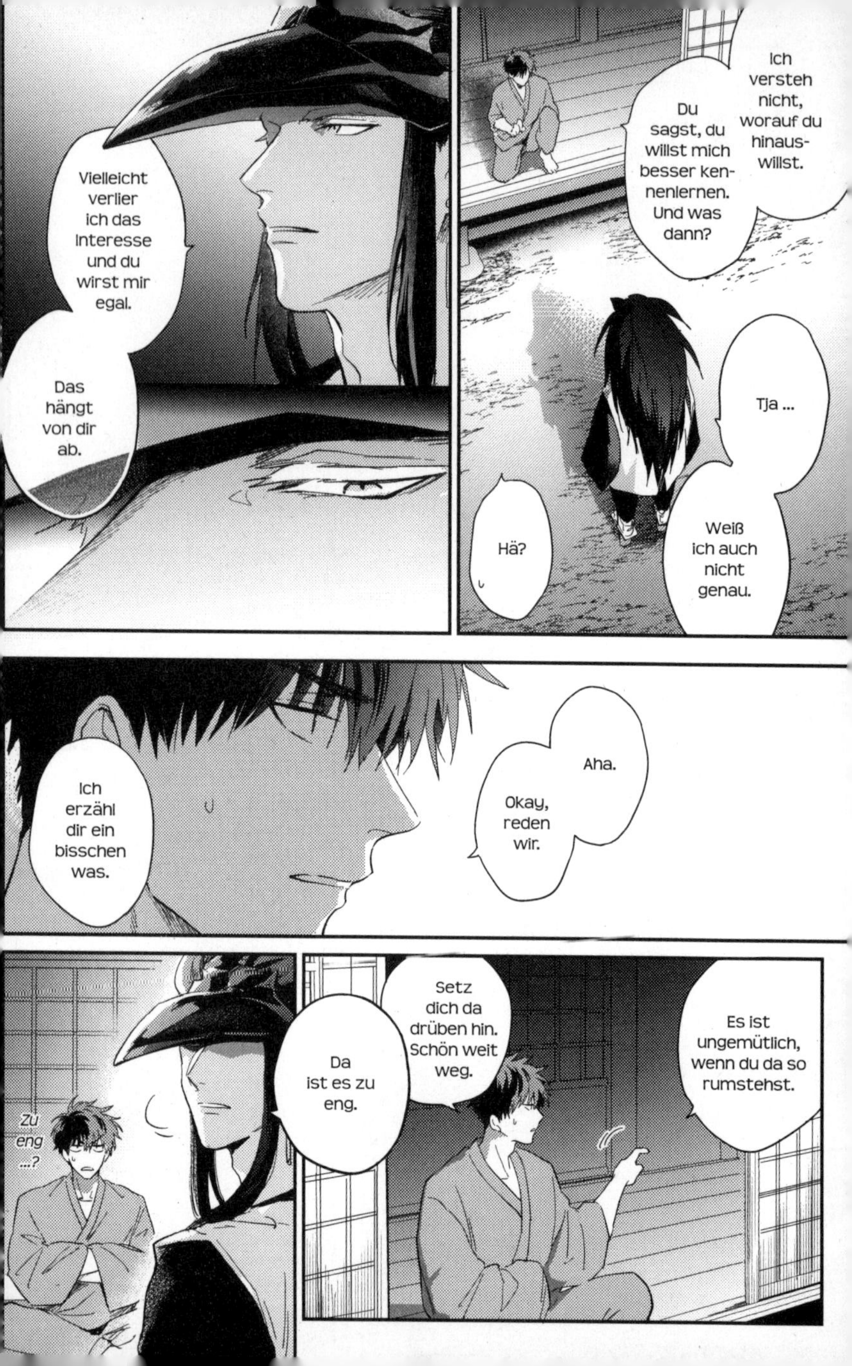

Ich versteh nicht, worauf du hinauswillst.
Du sagst, du willst mich besser kennenlernen. Und was dann?
Tja ...
Weiß ich auch nicht genau.
Hä?
Vielleicht verlier ich das Interesse und du wirst mir egal.
Das hängt von dir ab.
Aha.
Okay, reden wir.
Ich erzähl dir ein bisschen was.

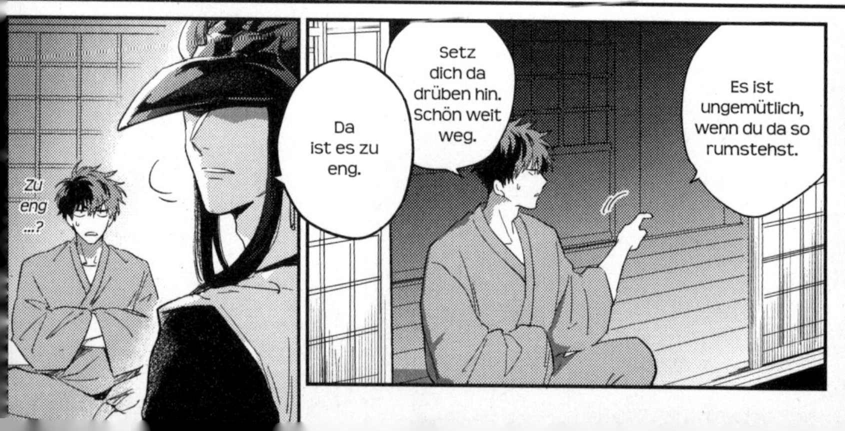

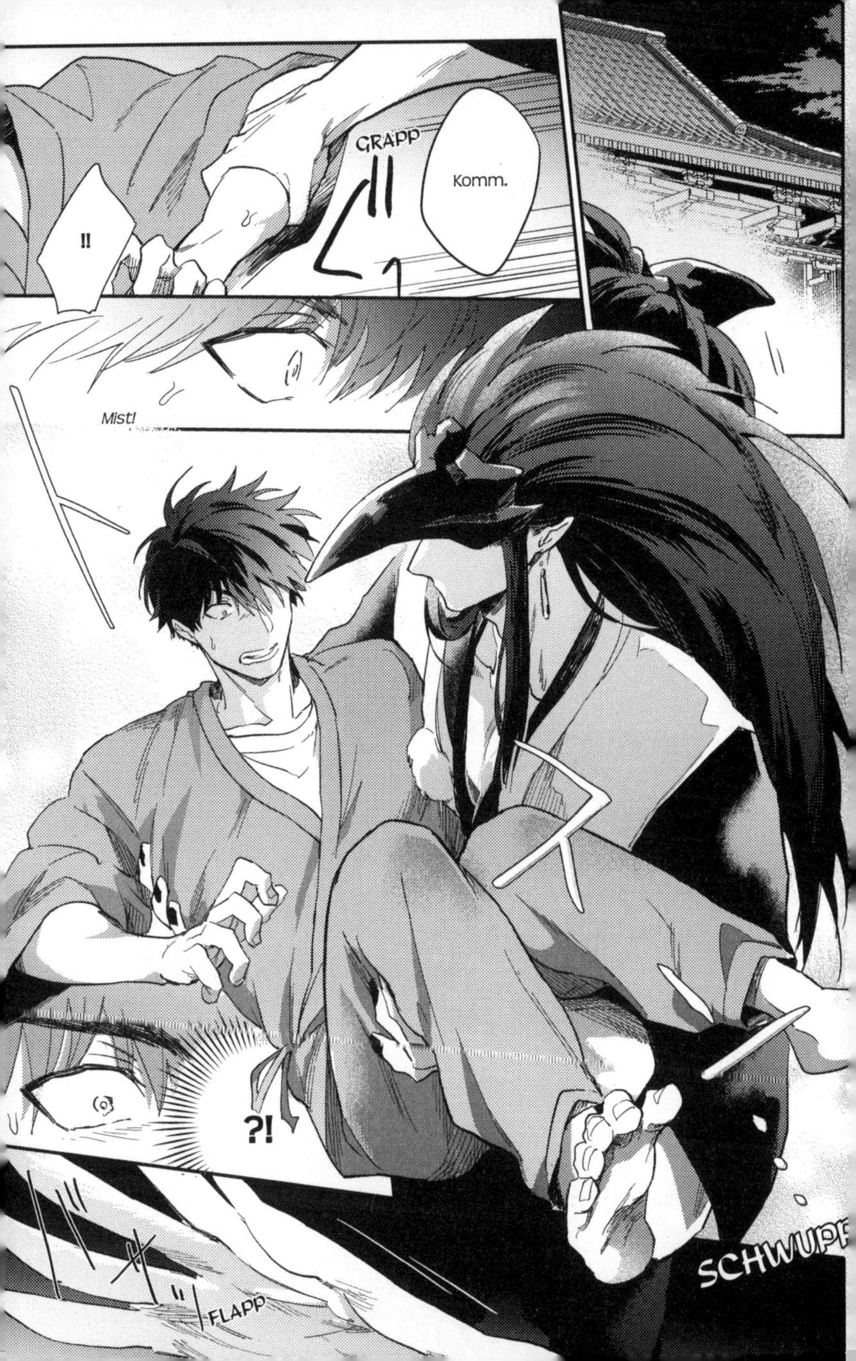
Komm.
GRAPP
!!
Mist!
?!
SCHWUPP
FLAPP

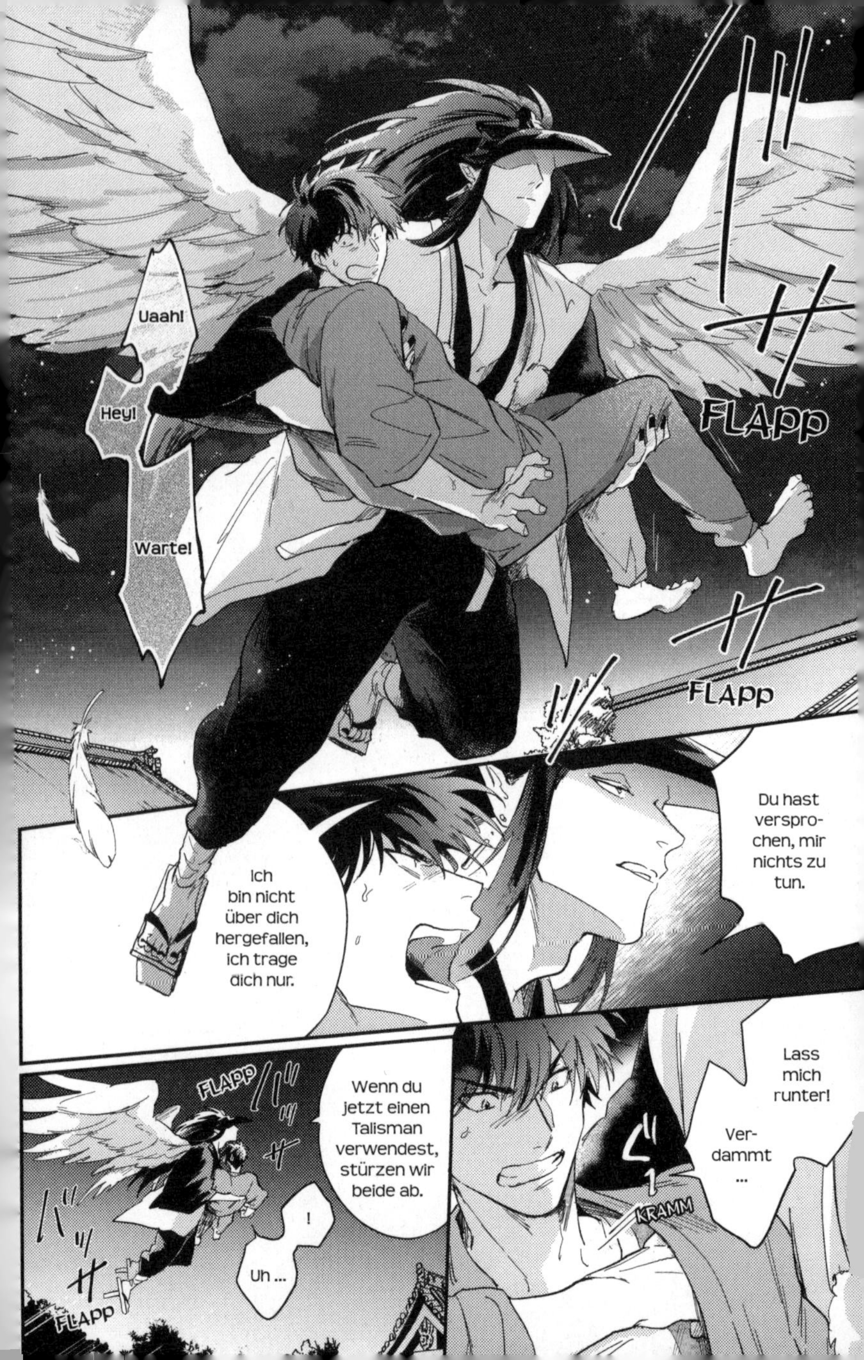
FLAPP
FLAPP
Uaah!
Hey!
Warte!
Du hast versprochen, mir nichts zu tun.
Ich bin nicht über dich hergefallen, ich trage dich nur.
Lass mich runter!
Verdammt ...
KRAMM
Wenn du jetzt einen Talisman verwendest, stürzen wir beide ab.
!
Uh ...
FLAPP
FLAPP

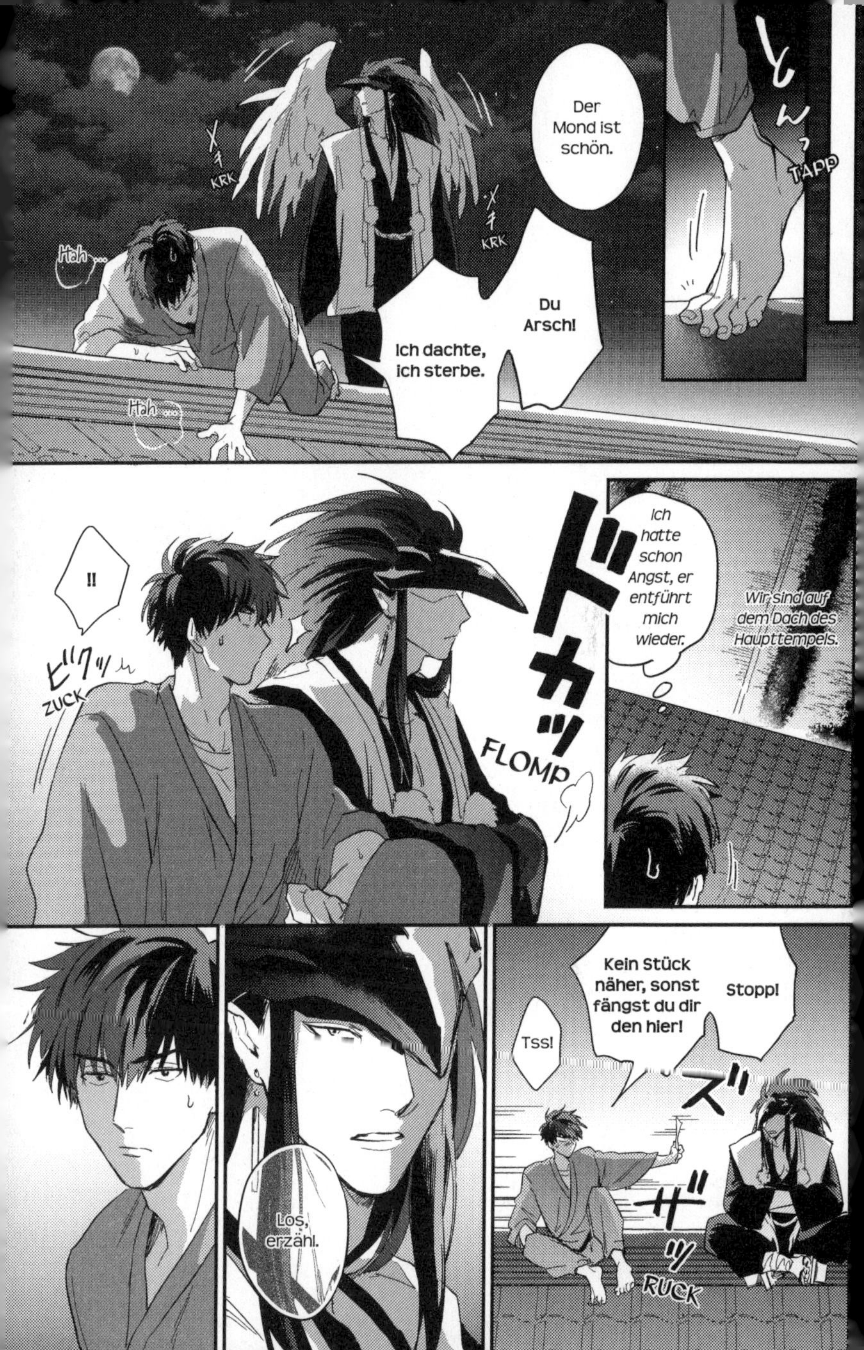
TAPP
Der Mond ist schön.
KRK
KRK
Du Arsch!
Ich dachte, ich sterbe.
Hah ...
Hah ...
Wir sind auf dem Dach des Haupttempels.
Ich hatte schon Angst, er entführt mich wieder.
FLOMP
!!
ZUCK
Stopp!
Kein Stück näher, sonst fängst du dir den hier!
Tss!
RUCK
Los, erzähl.

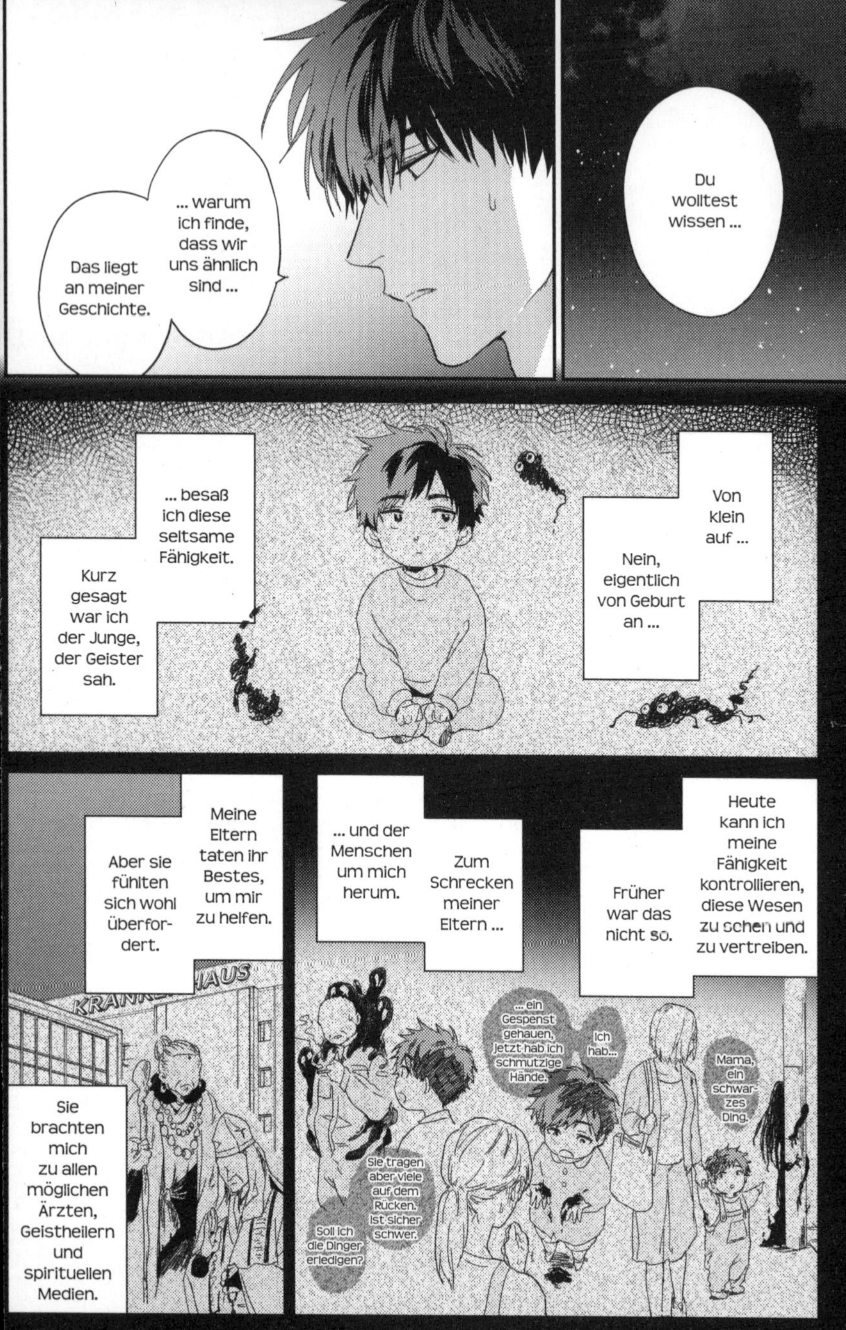
Du wolltest wissen ...
... warum ich finde, dass wir uns ähnlich sind ...
Das liegt an meiner Geschichte.
Von klein auf ...
Nein, eigentlich von Geburt an ...
... besaß ich diese seltsame Fähigkeit.
Kurz gesagt war ich der Junge, der Geister sah.
Heute kann ich meine Fähigkeit kontrollieren, diese Wesen zu sehen und zu vertreiben.
Früher war das nicht so.
Mama, ein schwar- zes Ding.
Ich hab...
... ein Gespenst gehauen, jetzt hab ich schmutzige Hände.
Zum Schrecken meiner Eltern ...
... und der Menschen um mich herum.
Sie tragen aber viele auf dem Rücken. Ist sicher schwer.
Soll ich die Dinger erledigen?
Meine Eltern taten ihr Bestes, um mir zu helfen.
Aber sie fühlten sich wohl überfor- dert.
Sie brachten mich zu allen möglichen Ärzten, Geistheilern und spirituellen Medien.

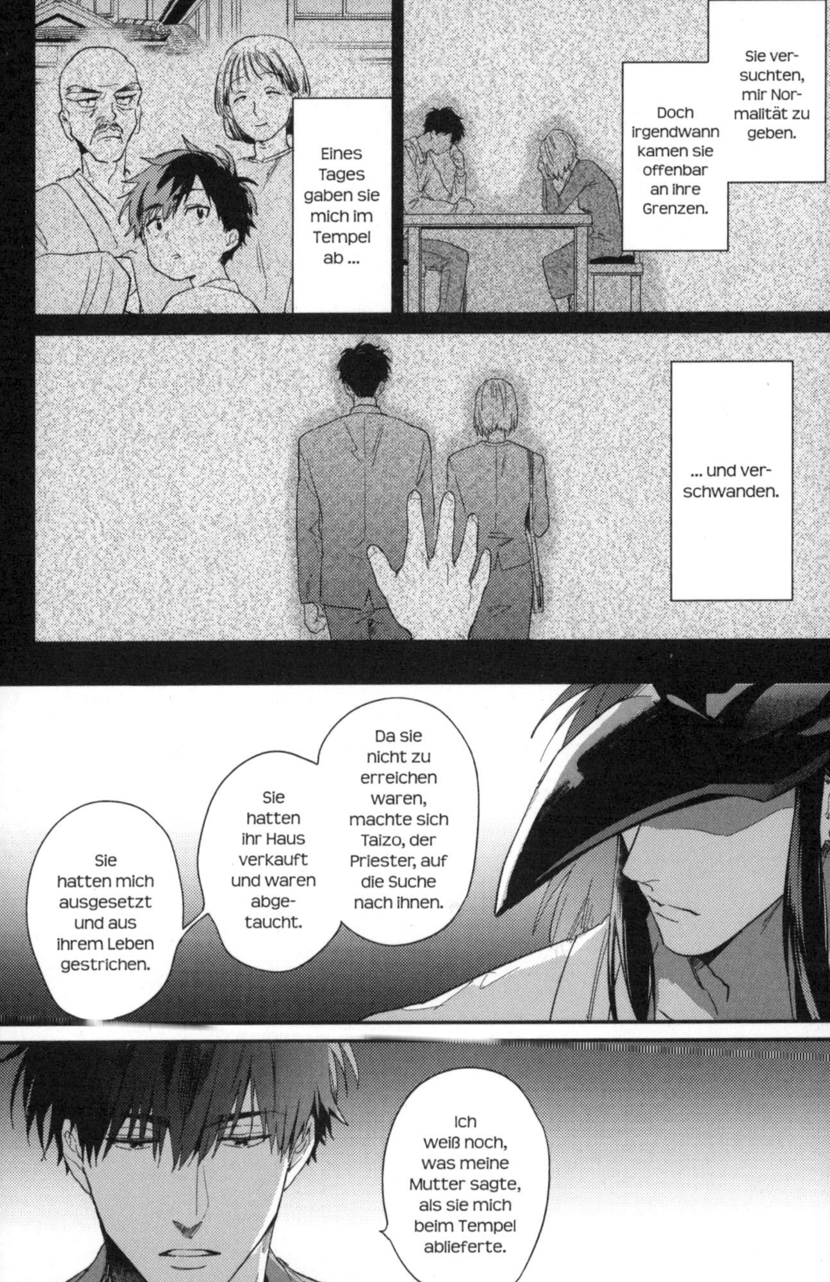
Sie versuchten, mir Normalität zu geben.
Doch irgendwann kamen sie offenbar an ihre Grenzen.
Eines Tages gaben sie mich im Tempel ab ...
... und verschwanden.
Da sie nicht zu erreichen waren, machte sich Taizo, der Priester, auf die Suche nach ihnen.
Sie hatten ihr Haus verkauft und waren abgetaucht.
Sie hatten mich ausgesetzt und aus ihrem Leben gestrichen.
Ich weiß noch, was meine Mutter sagte, als sie mich beim Tempel ablieferte.

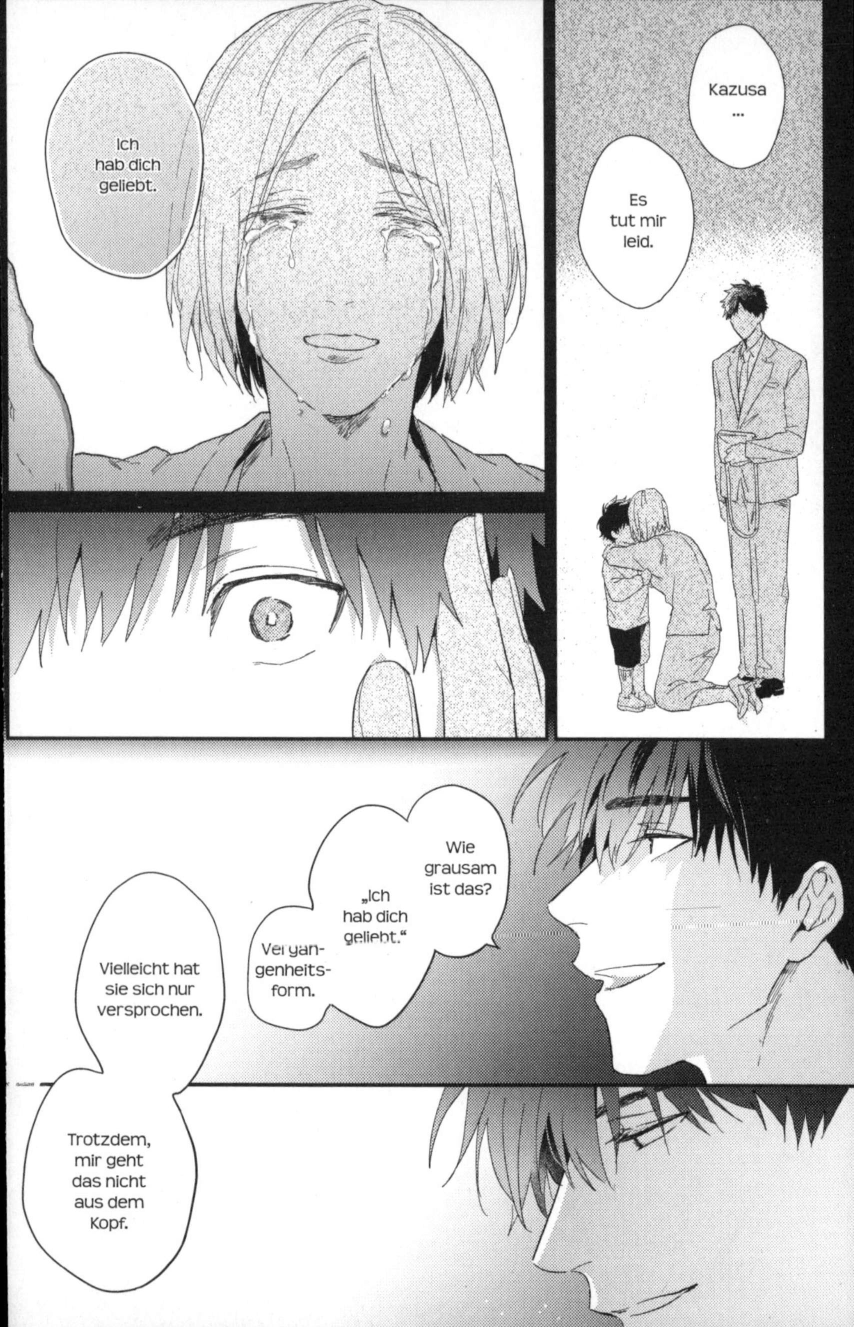
Kazusa ...
Es tut mir leid.
Ich hab dich geliebt.
Wie grausam ist das?
„Ich hab dich geliebt."
Vergangenheitsform.
Vielleicht hat sie sich nur versprochen.
Trotzdem, mir geht das nicht aus dem Kopf.

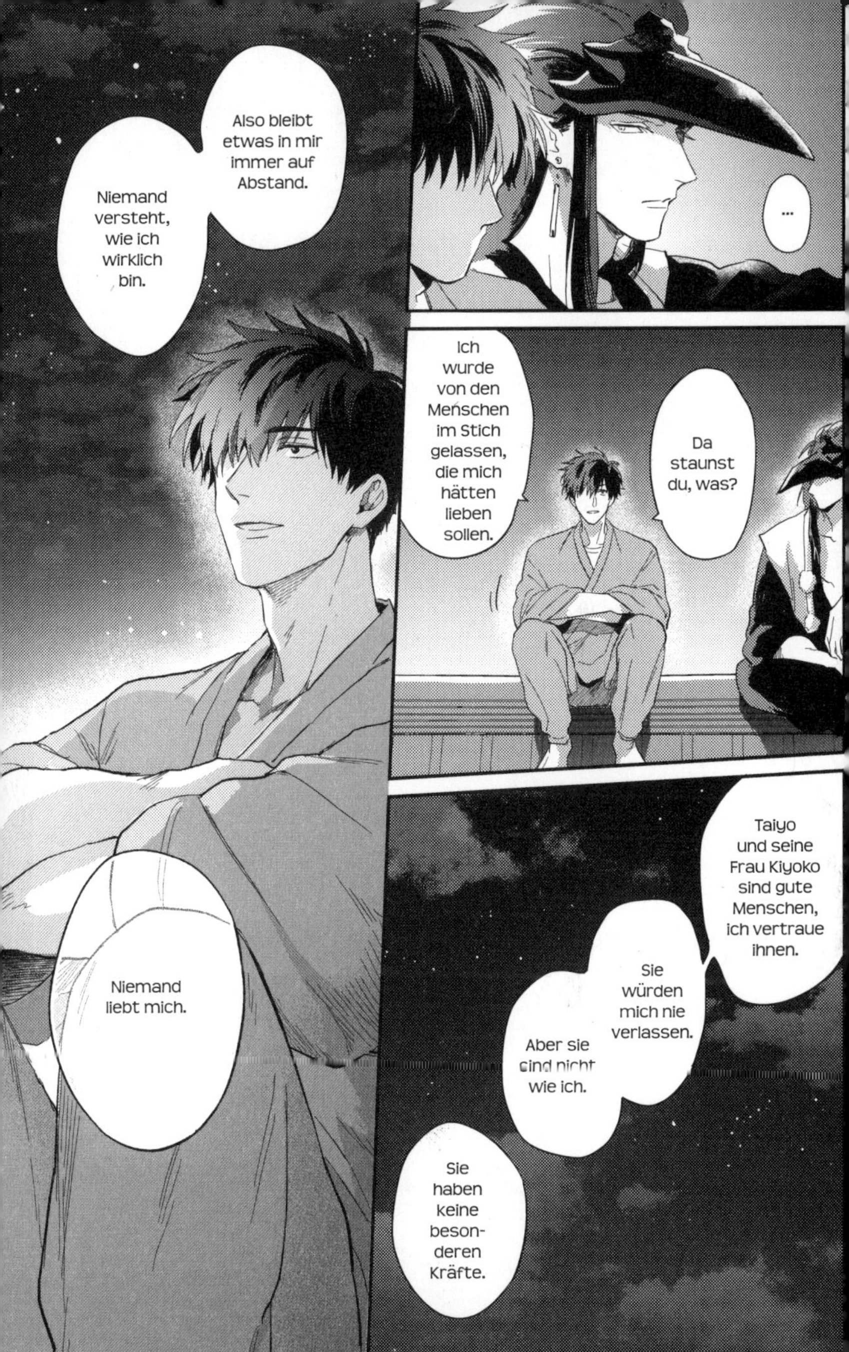
...
Da staunst du, was?
Ich wurde von den Menschen im Stich gelassen, die mich hätten lieben sollen.
Taiyo und seine Frau Kiyoko sind gute Menschen, ich vertraue ihnen.
Sie würden mich nie verlassen.
Aber sie sind nicht wie ich.
Sie haben keine besonderen Kräfte.
Also bleibt etwas in mir immer auf Abstand.
Niemand versteht, wie ich wirklich bin.
Niemand liebt mich.

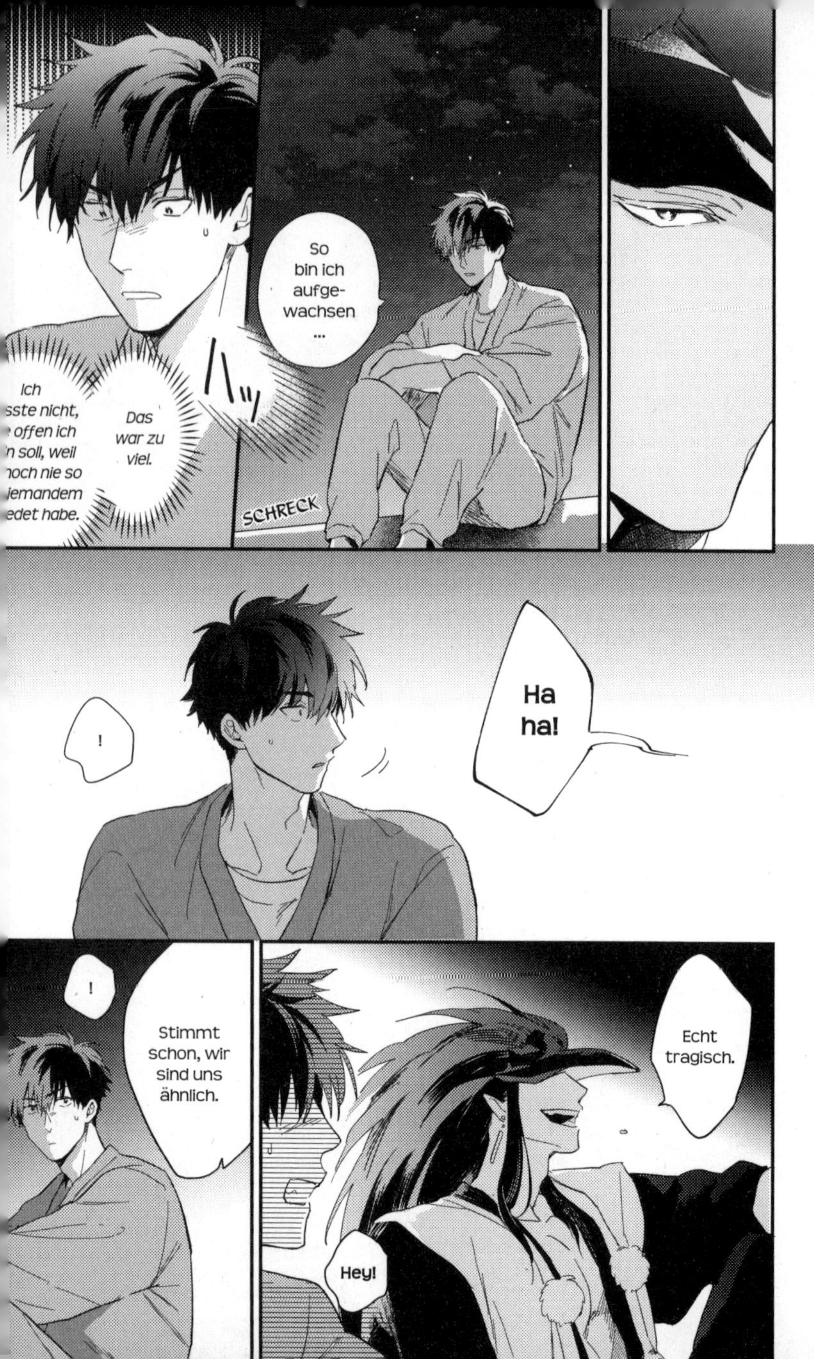
So bin ich aufgewachsen ...
SCHRECK
Das war zu viel.
Ich
sste nicht,
offen ich
n soll, weil
noch nie so
iemandem
edet habe.
Ha ha!
!
Echt tragisch.
Stimmt schon, wir sind uns ähnlich.
!
Hey!

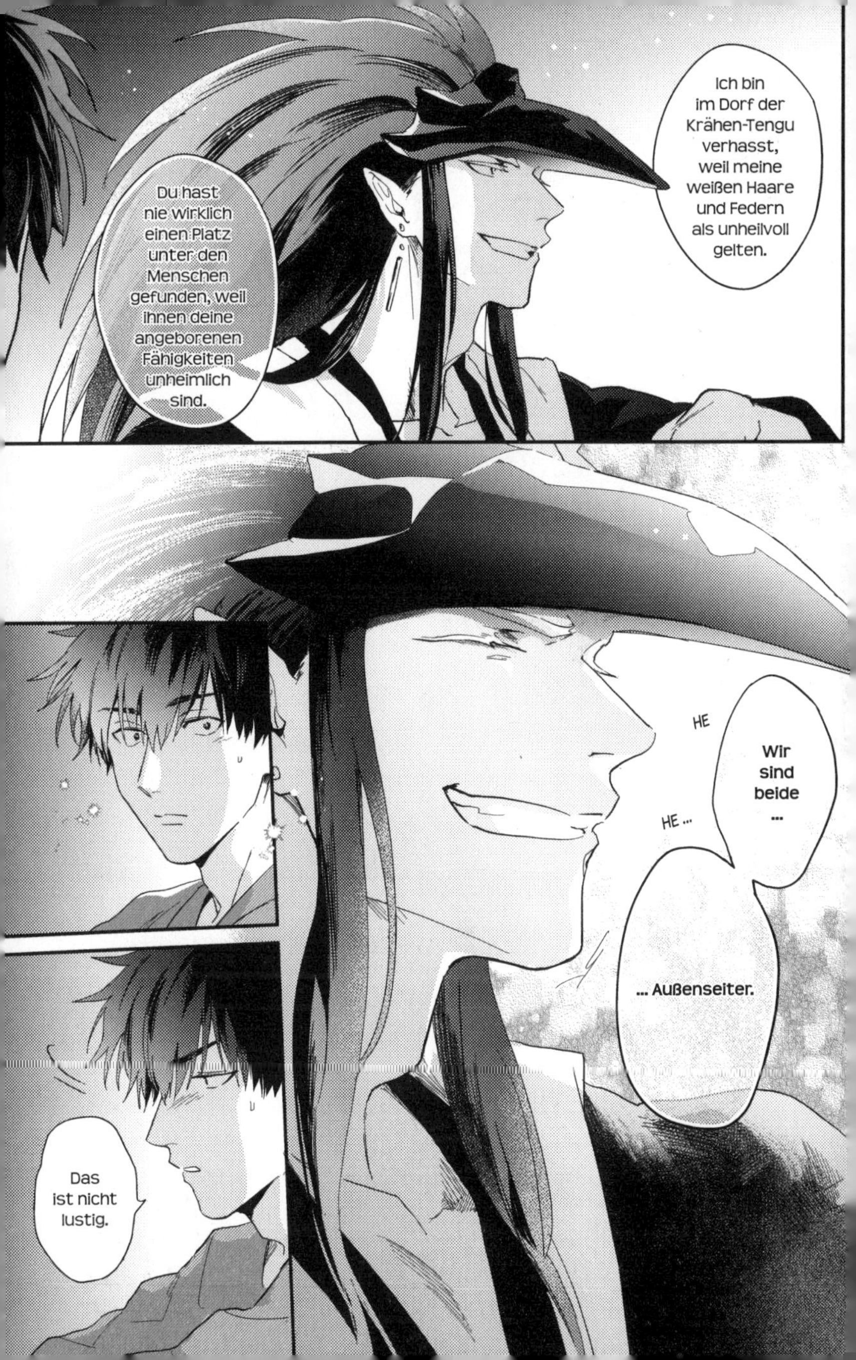
Ich bin im Dorf der Krähen-Tengu verhasst, weil meine weißen Haare und Federn als unheilvoll gelten.
Du hast nie wirklich einen Platz unter den Menschen gefunden, weil ihnen deine angeborenen Fähigkeiten unheimlich sind.
Wir sind beide ...
HE
HE ...
... Außenseiter.
Das ist nicht lustig.

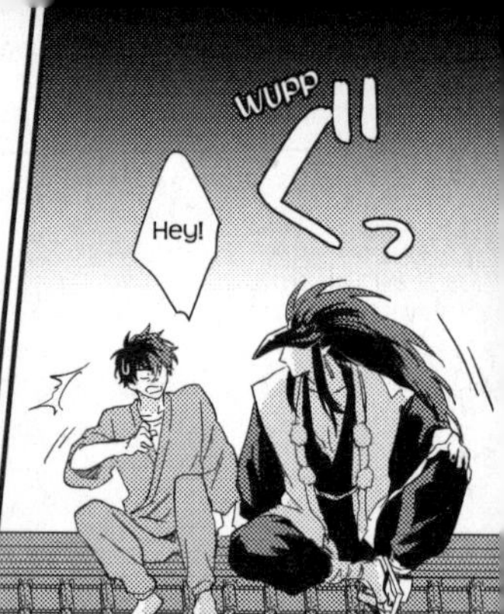
WUPP
Hey!

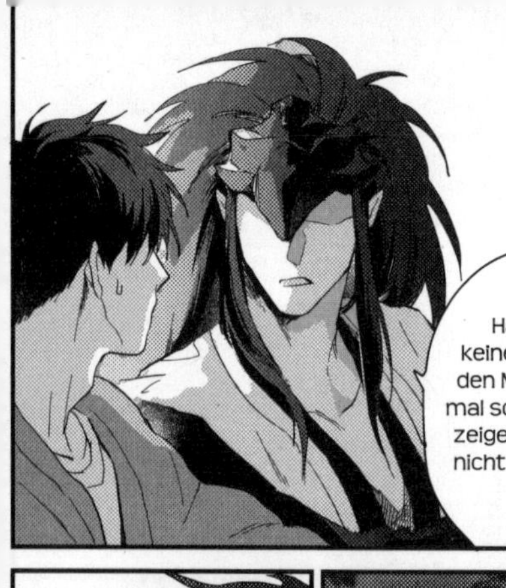
Abstand, hab ich gesagt!
Hast du keine Lust, es den Menschen mal so richtig zu zeigen, die dich nicht akzeptieren?

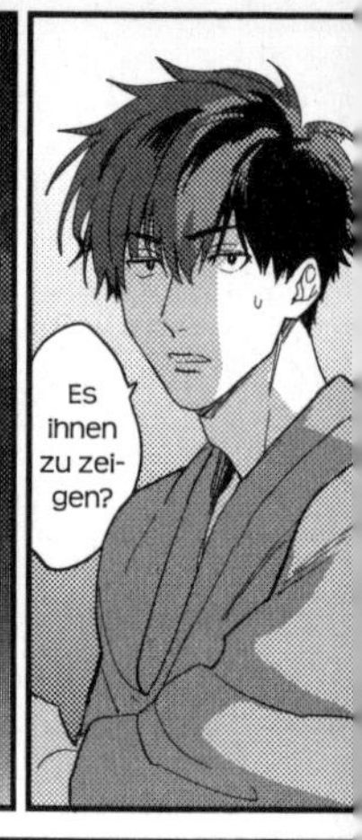
Es ihnen zu zeigen?

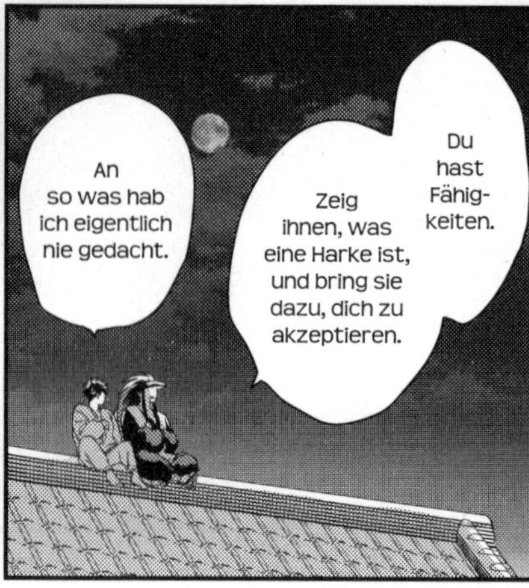
Du hast Fähigkeiten.
Zeig ihnen, was eine Harke ist, und bring sie dazu, dich zu akzeptieren.
An so was hab ich eigentlich nie gedacht.

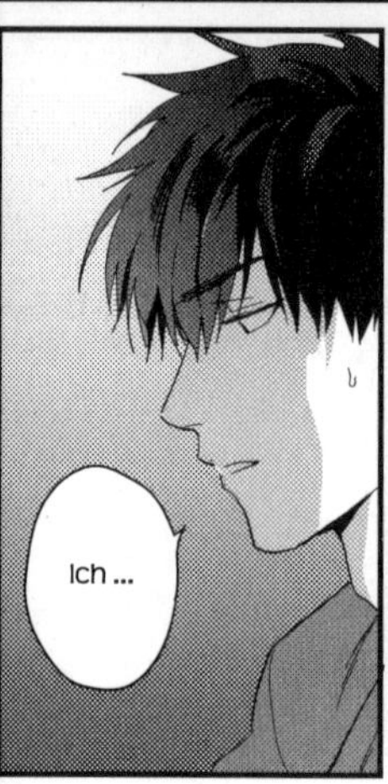
Ich ...

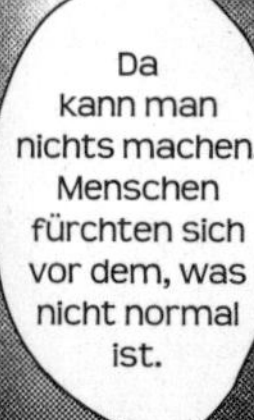
Menschen verstehen mich nicht.
Sie werden mich nie richtig akzeptieren.
Ich bin nicht das, was man unter „normal“ versteht.
Das ist mir klar.
Da kann man nichts machen. Menschen fürchten sich vor dem, was nicht normal ist.

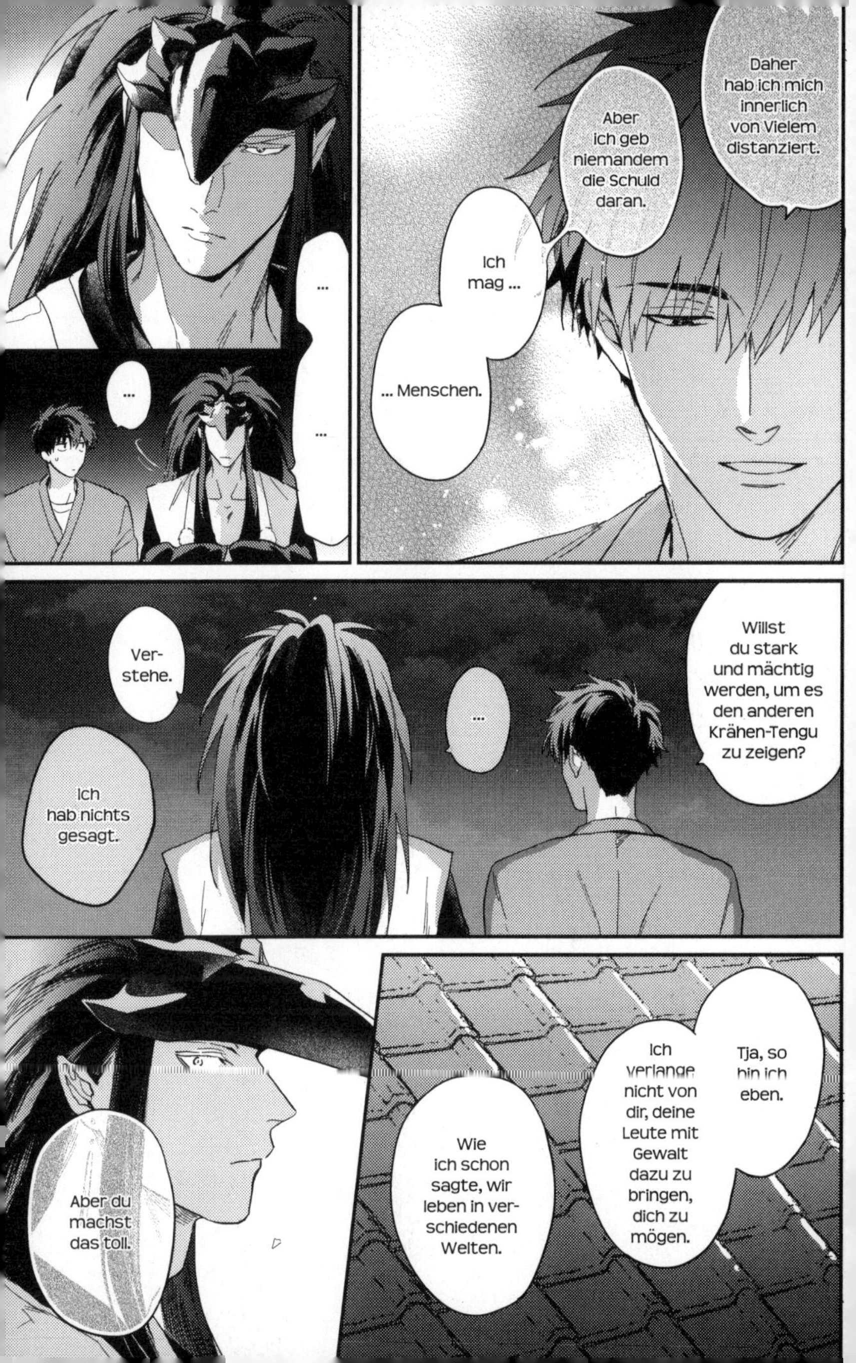

Daher hab ich mich innerlich von Vielem distanziert.
Aber ich geb niemandem die Schuld daran.
Ich mag ...
... Menschen.
...
...
...

Willst du stark und mächtig werden, um es den anderen Krähen-Tengu zu zeigen?
...
Verstehe.
Ich hab nichts gesagt.

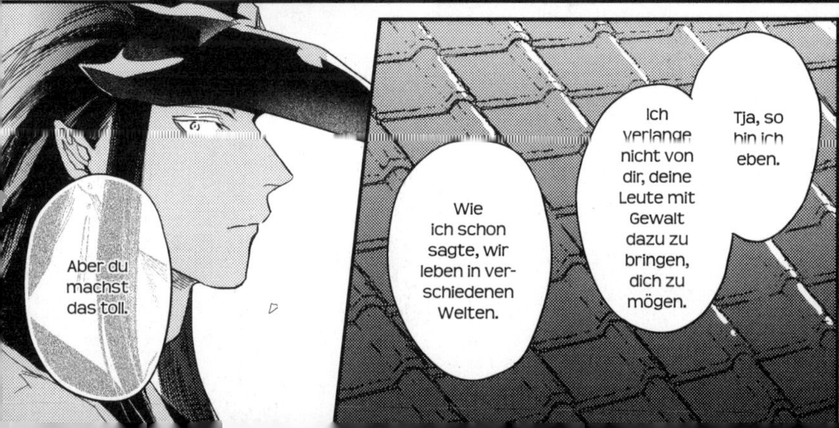

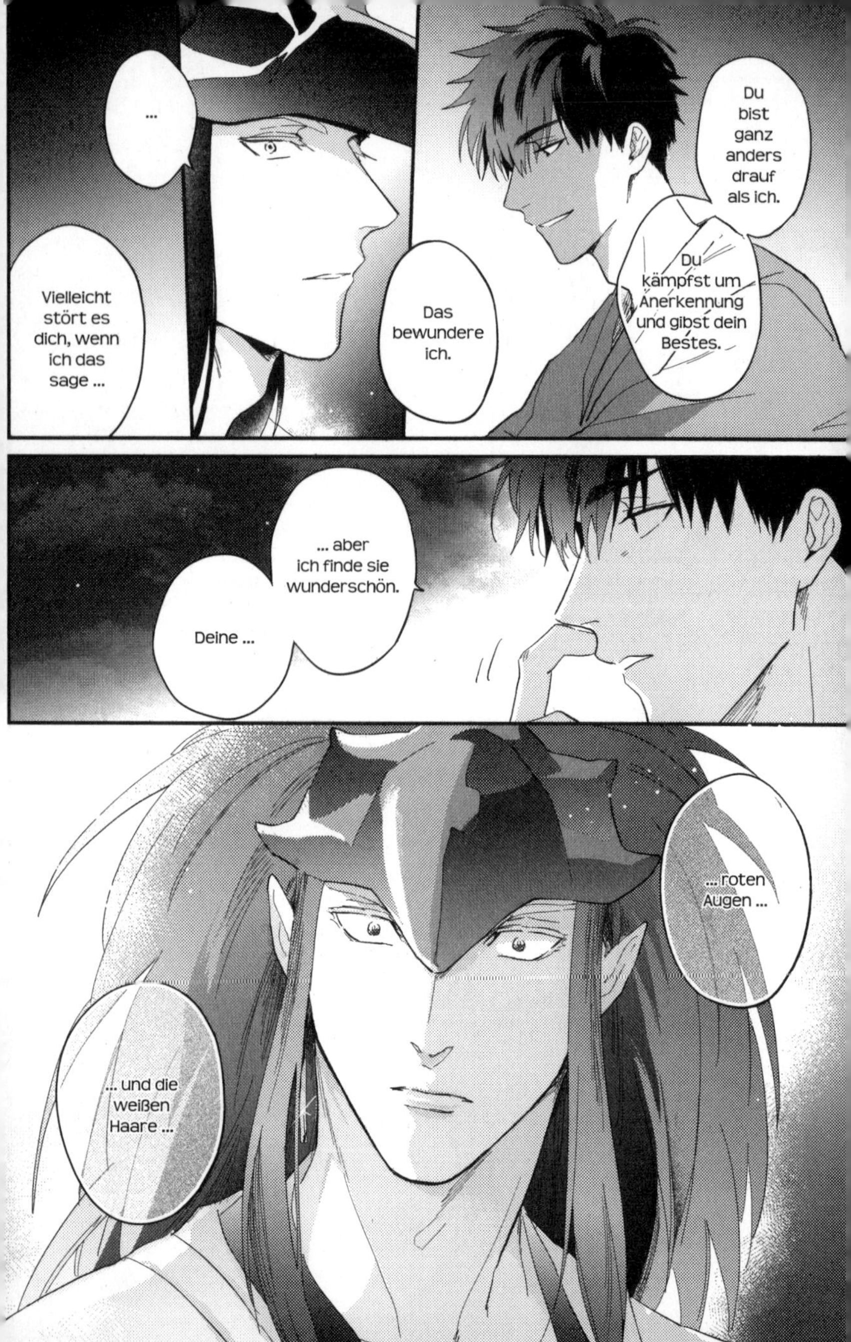
Du bist ganz anders drauf als ich.
Du kämpfst um Anerkennung und gibst dein Bestes.
Das bewundere ich.
...
Vielleicht stört es dich, wenn ich das sage ...
... aber ich finde sie wunderschön.
Deine ...
... roten Augen ...
... und die weißen Haare ...

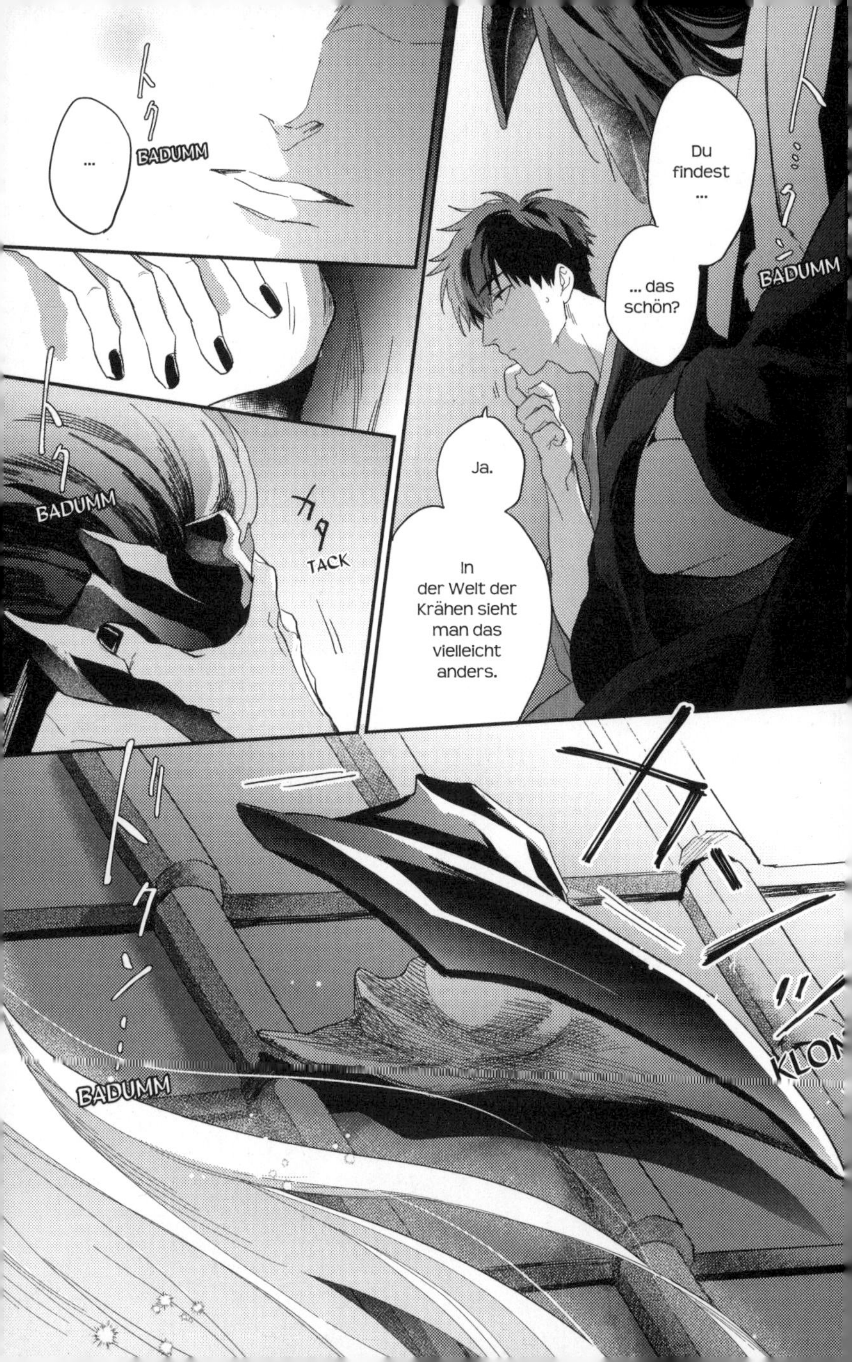
BADUMM
Du findest …
… das schön?
Ja.
In der Welt der Krähen sieht man das vielleicht anders.
BADUMM
…
TACK
BADUMM
KLON
BADUMM

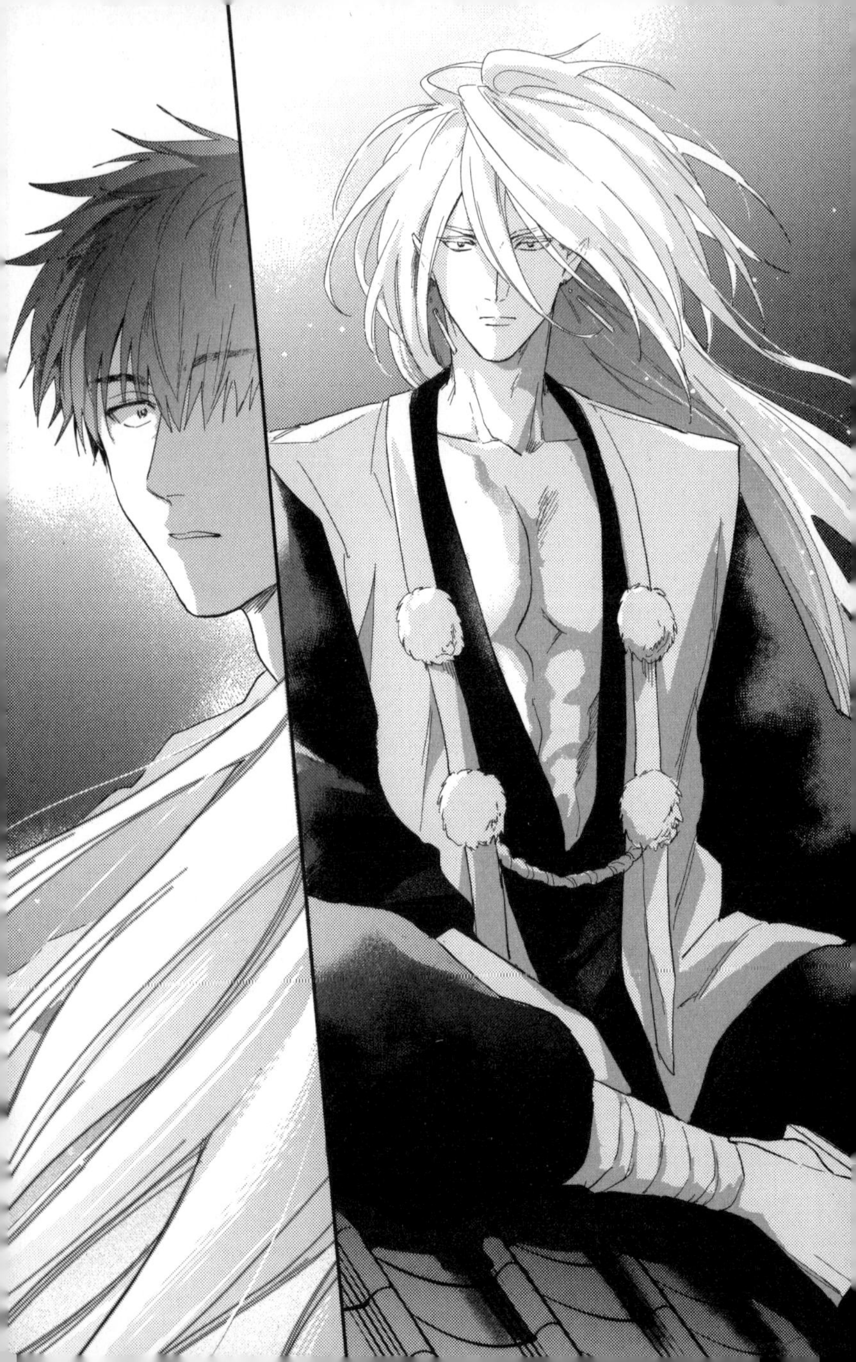

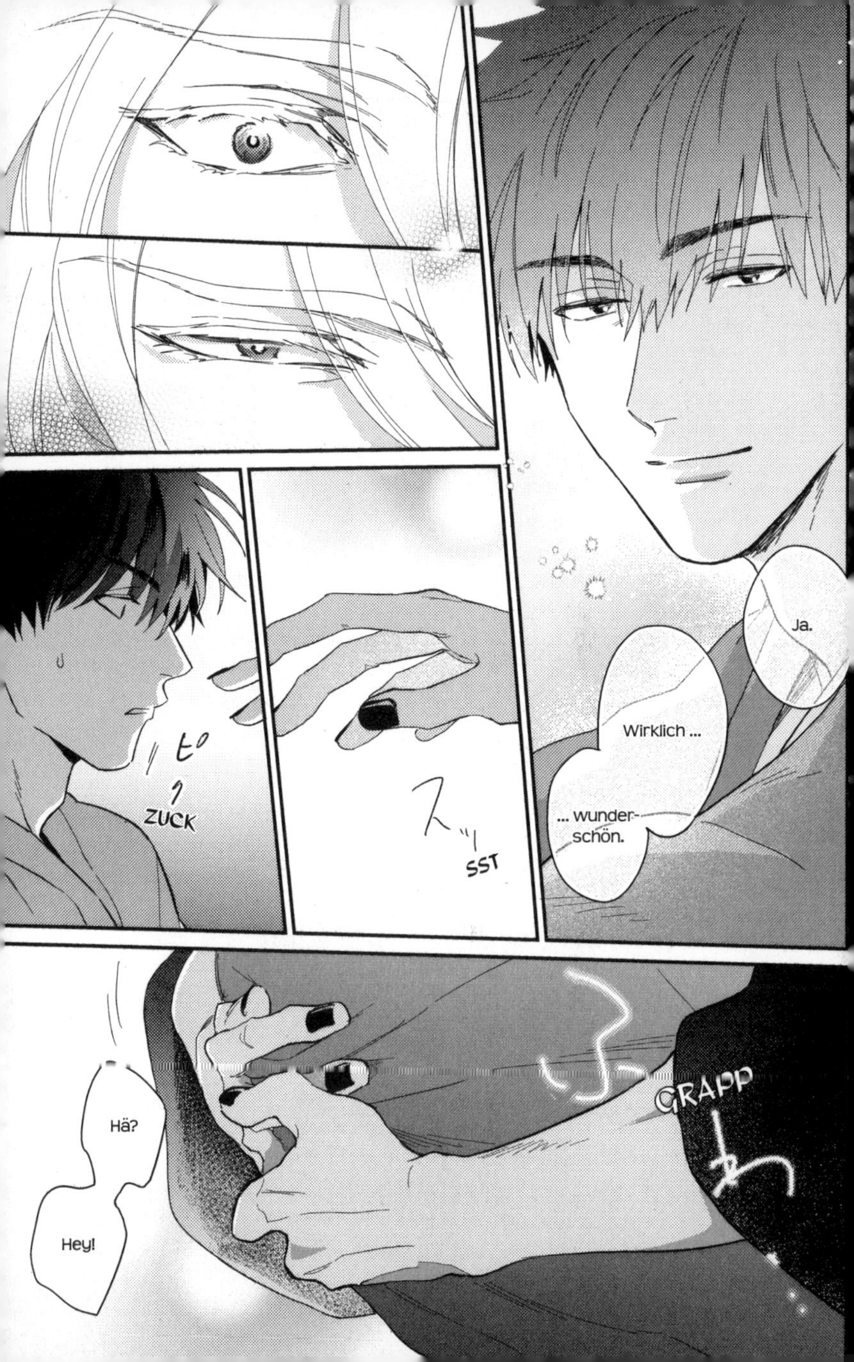
Ja.
Wirklich ...
... wunder-schön.
SST
ZUCK
GRAPP
Hä?
Hey!

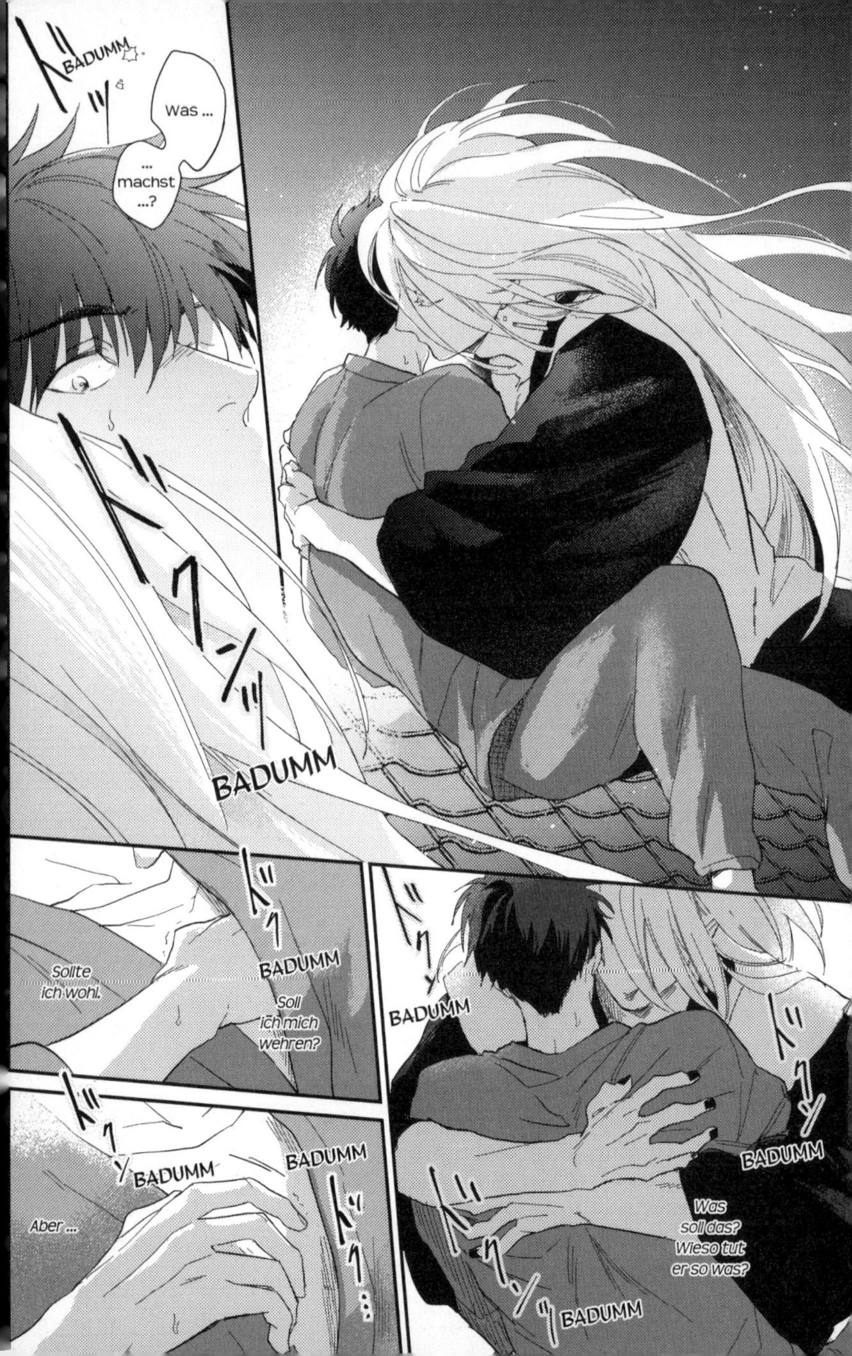
BADUMM
Was ...
... machst ...?
BADUMM
BADUMM
BADUMM
Was soll das? Wieso tut er so was?
BADUMM
BADUMM
Soll ich mich wehren?
Sollte ich wohl.
BADUMM
BADUMM
Aber ...

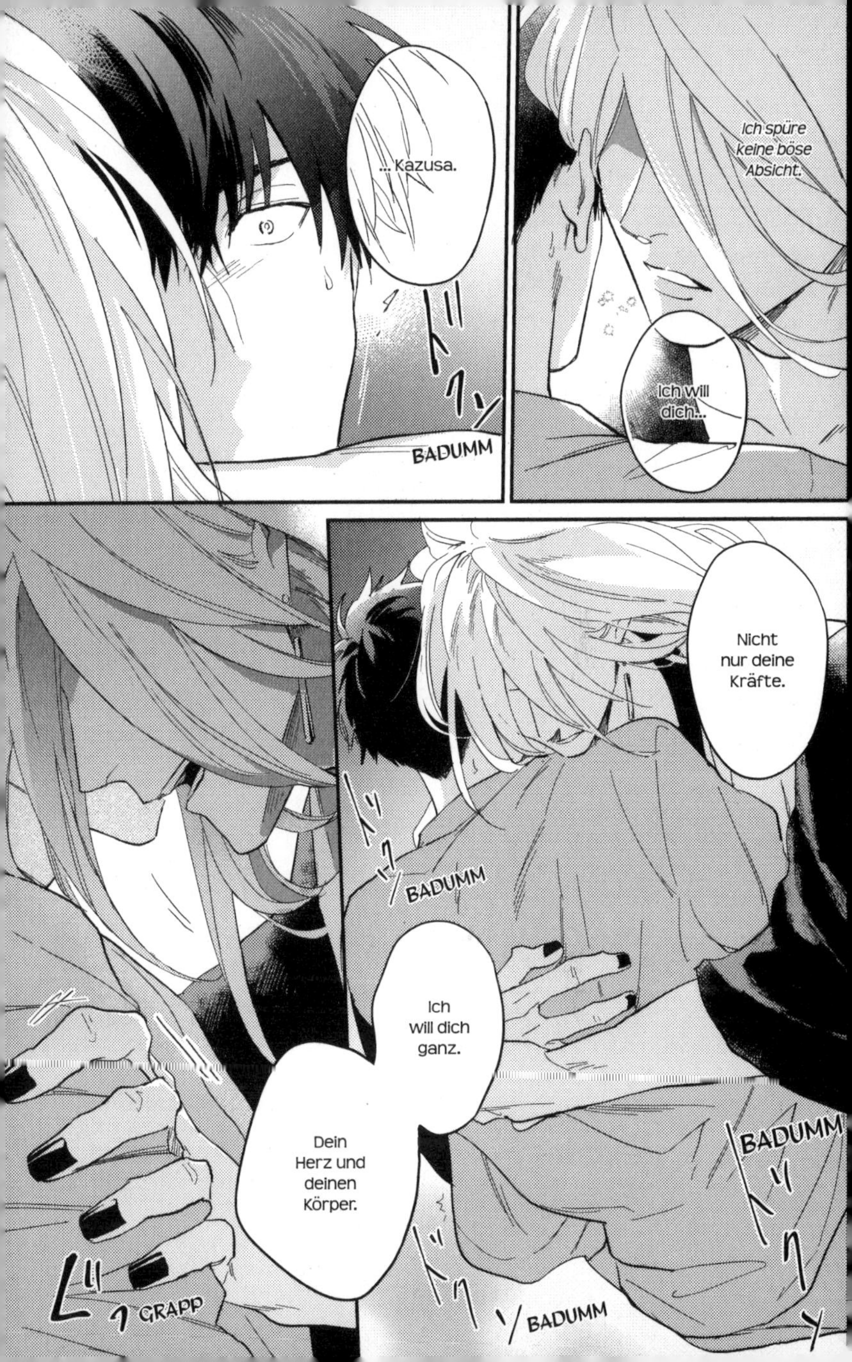
Ich spüre keine böse Absicht.
... Kazusa.
BADUMM
Ich will dich...
Nicht nur deine Kräfte.
BADUMM
Ich will dich ganz.
Dein Herz und deinen Körper.
BADUMM
BADUMM
GRAPP

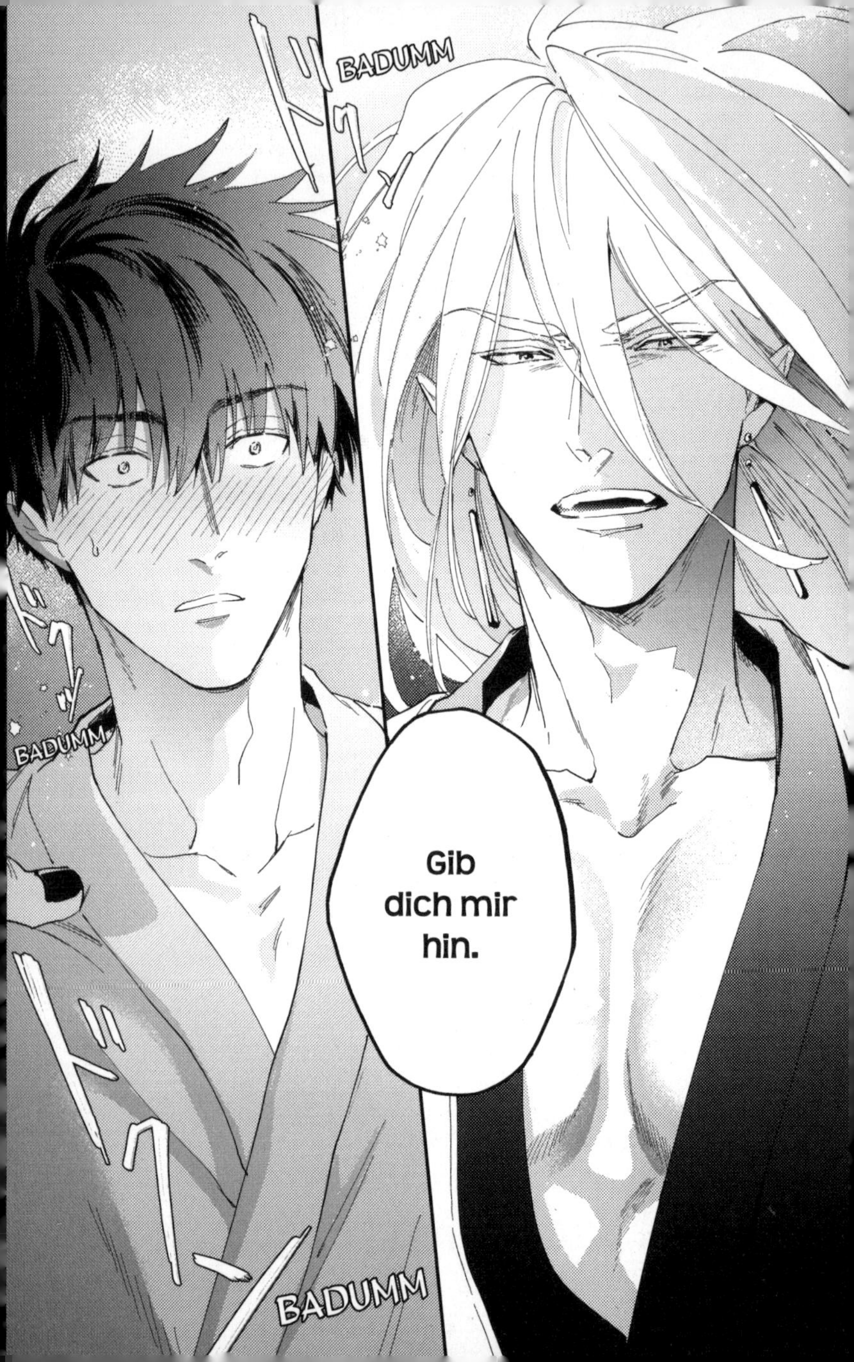
BADUMM
Gib dich mir hin.
BADUMM
BADUMM

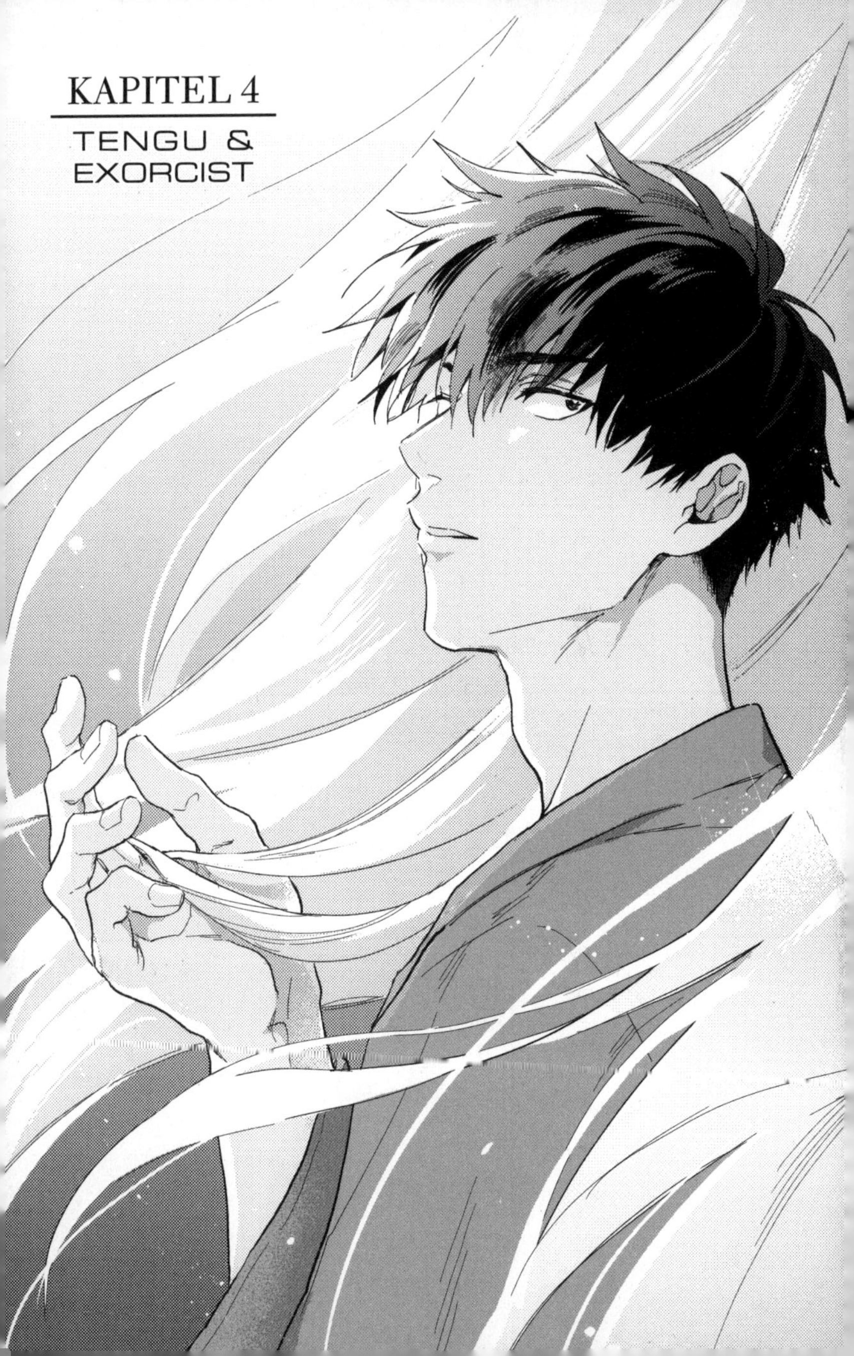
KAPITEL 4
TENGU &
EXORCIST

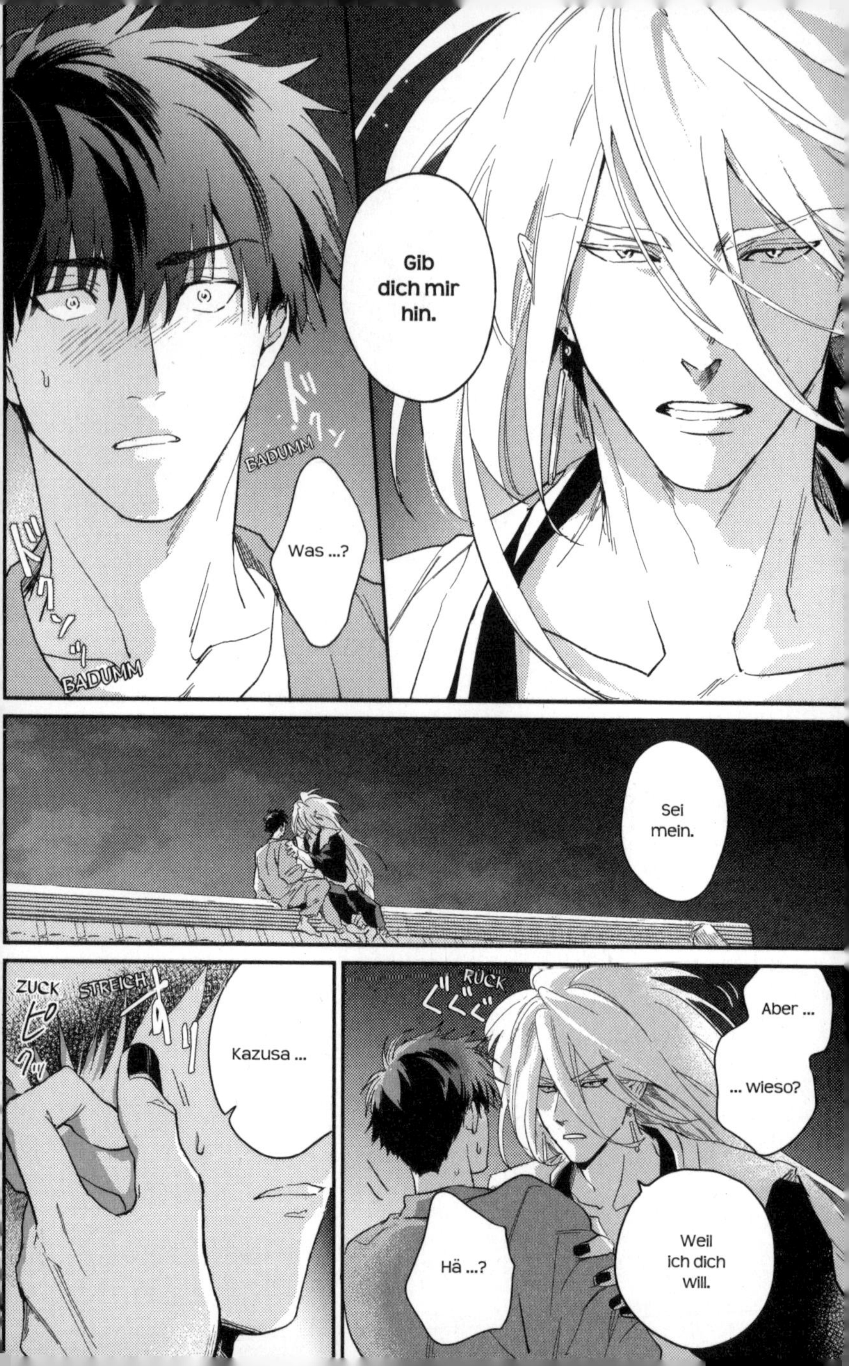

Gib dich mir hin.
BADUMM
Was ...?
BADUMM

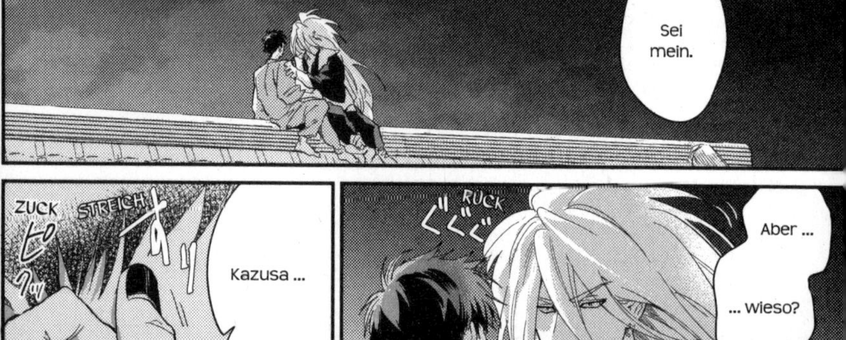

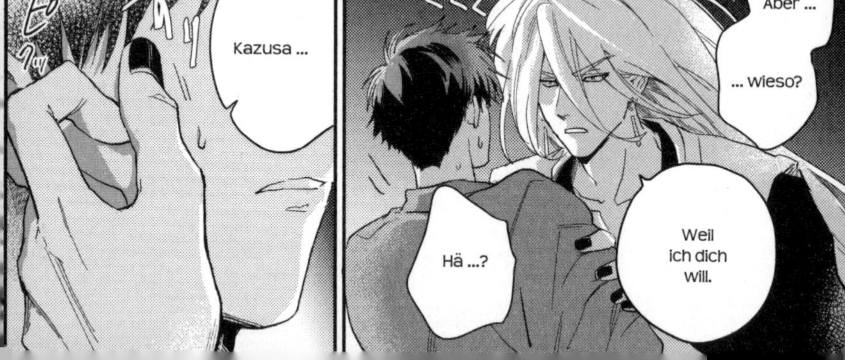

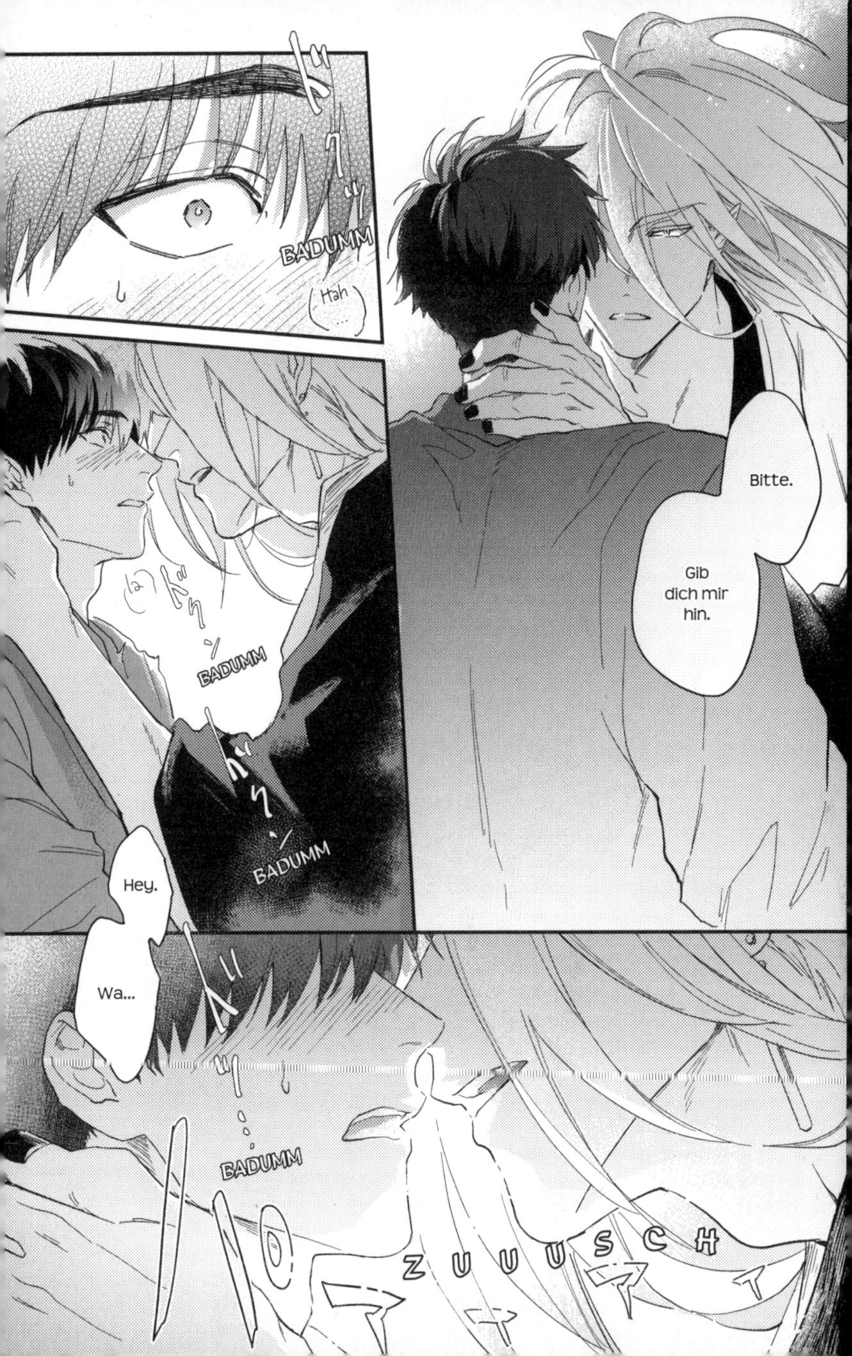
Bitte.
Gib dich mir hin.
BADUMM
Hah ...
BADUMM
BADUMM
Hey.
Wa...
BADUMM
ZUUUSCH

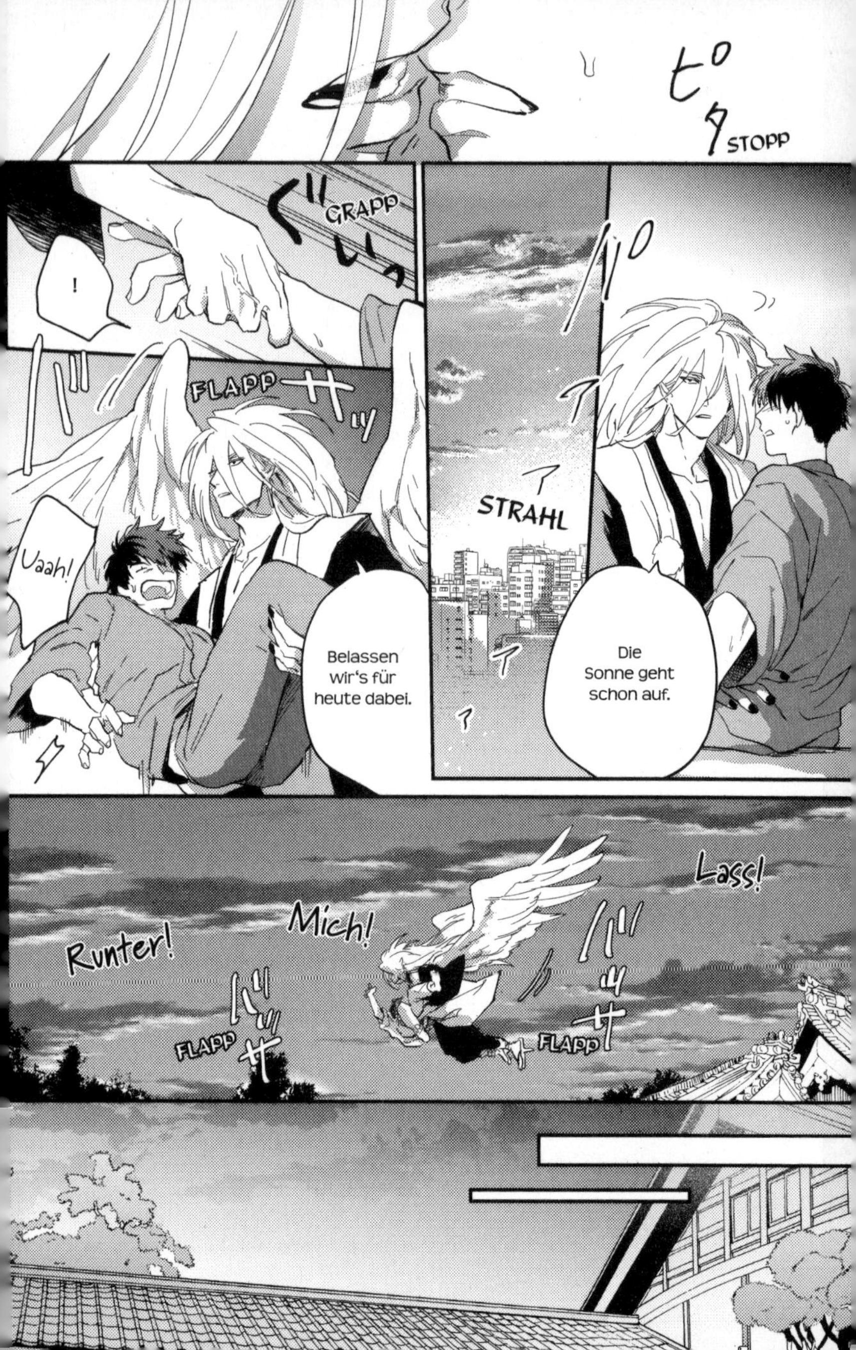

STOPP
Die Sonne geht schon auf.
STRAHL
GRAPP
!
FLAPP
Uaah!
Belassen wir's für heute dabei.
Lass!
Mich!
Runter!
FLAPP
FLAPP

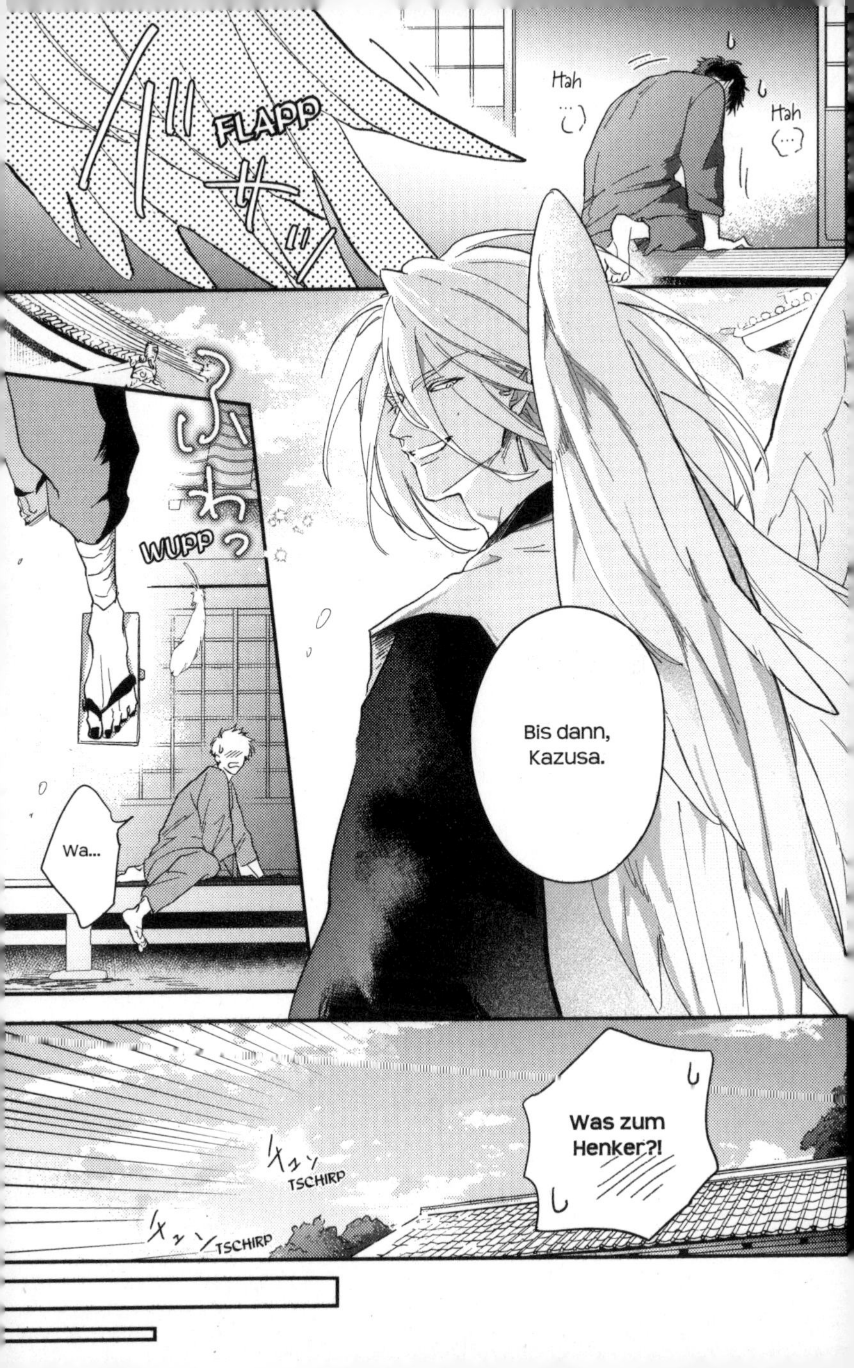
FLAPP
Hah
...
Hah
...
WUPP
Bis dann, Kazusa.
Wa...
Was zum Henker?!
TSCHIRP
TSCHIRP

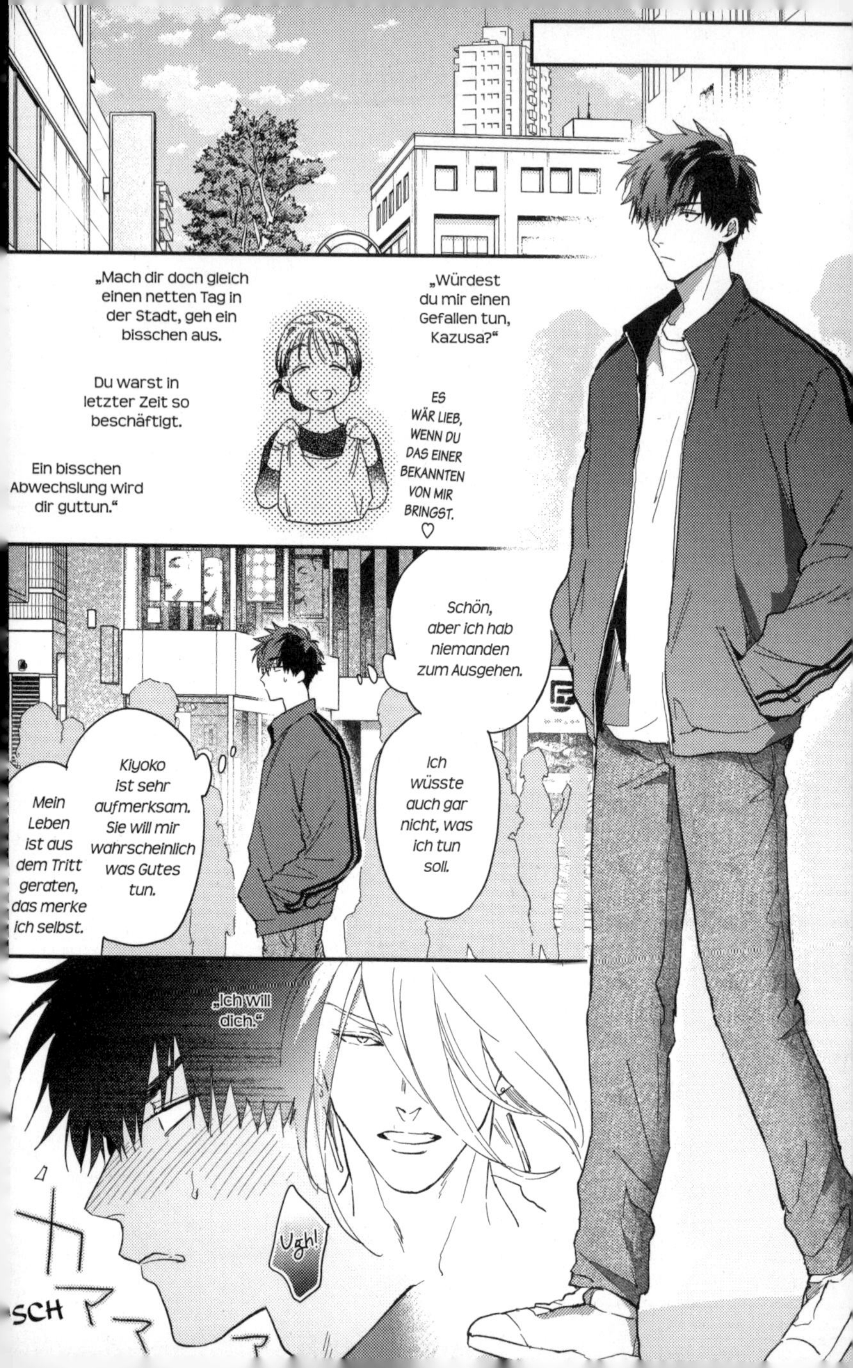

„Würdest du mir einen Gefallen tun, Kazusa?“
ES WÄR LIEB, WENN DU DAS EINER BEKANNTEN VON MIR BRINGST. ♡
„Mach dir doch gleich einen netten Tag in der Stadt, geh ein bisschen aus.
Du warst in letzter Zeit so beschäftigt.
Ein bisschen Abwechslung wird dir guttun.“
Schön, aber ich hab niemanden zum Ausgehen.
Ich wüsste auch gar nicht, was ich tun soll.
Kiyoko ist sehr aufmerksam. Sie will mir wahrscheinlich was Gutes tun.
Mein Leben ist aus dem Tritt geraten, das merke ich selbst.
„Ich will dich.“
Ugh!
SCH

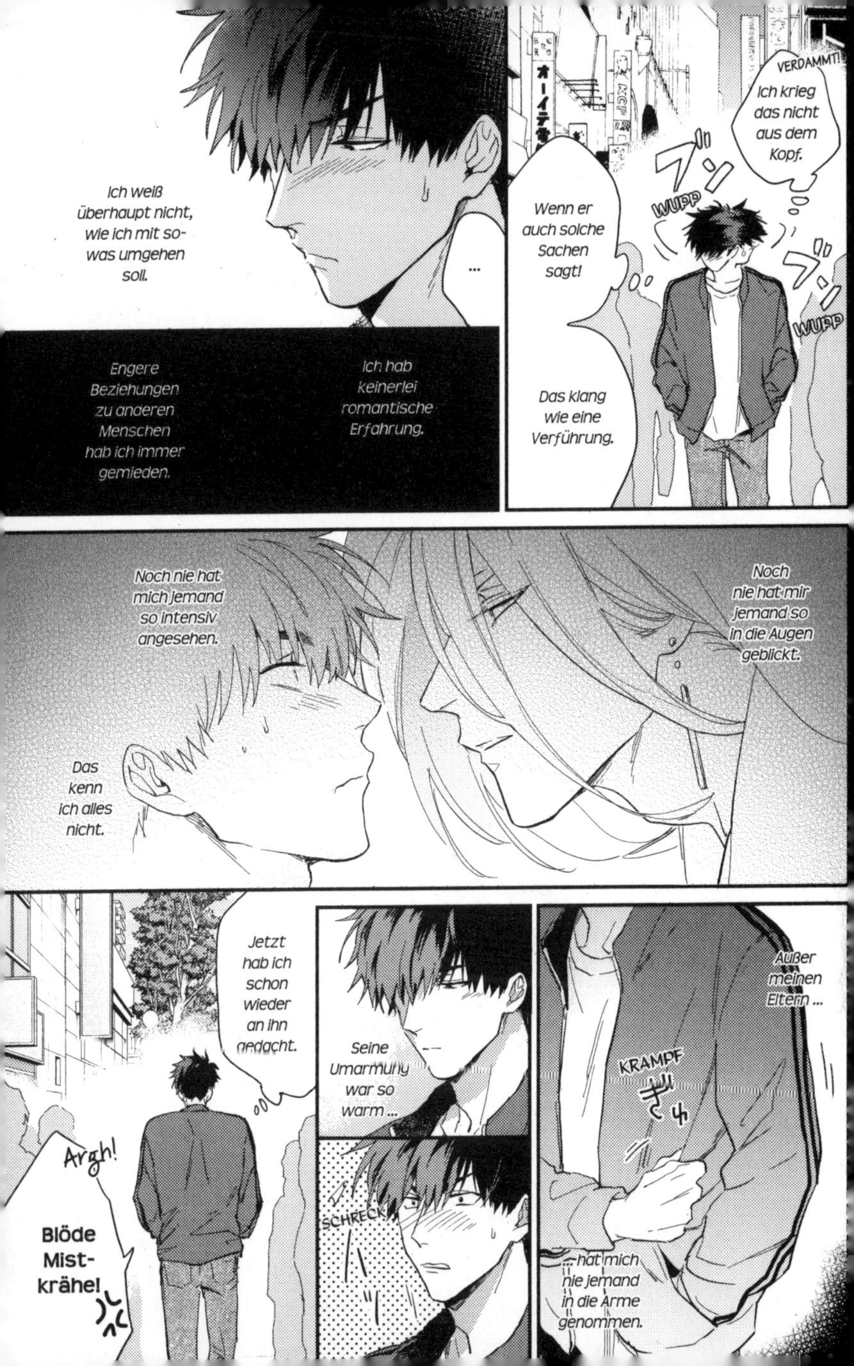

VERDAMMT!

Ich krieg das nicht aus dem Kopf.

WUPP

WUPP

Wenn er auch solche Sachen sagt!

Das klang wie eine Verführung.

Ich weiß überhaupt nicht, wie ich mit so-was umgehen soll.

...

Ich hab keinerlei romantische Erfahrung.

Engere Beziehungen zu anderen Menschen hab ich immer gemieden.

Noch nie hat mir jemand so in die Augen geblickt.

Noch nie hat mich jemand so intensiv angesehen.

Das kenn ich alles nicht.

Außer meinen Eltern ...

KRAMPF

... hat mich nie jemand in die Arme genommen.

Seine Umarmung war so warm ...

SCHRECK

Jetzt hab ich schon wieder an ihn gedacht.

Argh!

Blöde Mist-krähe!

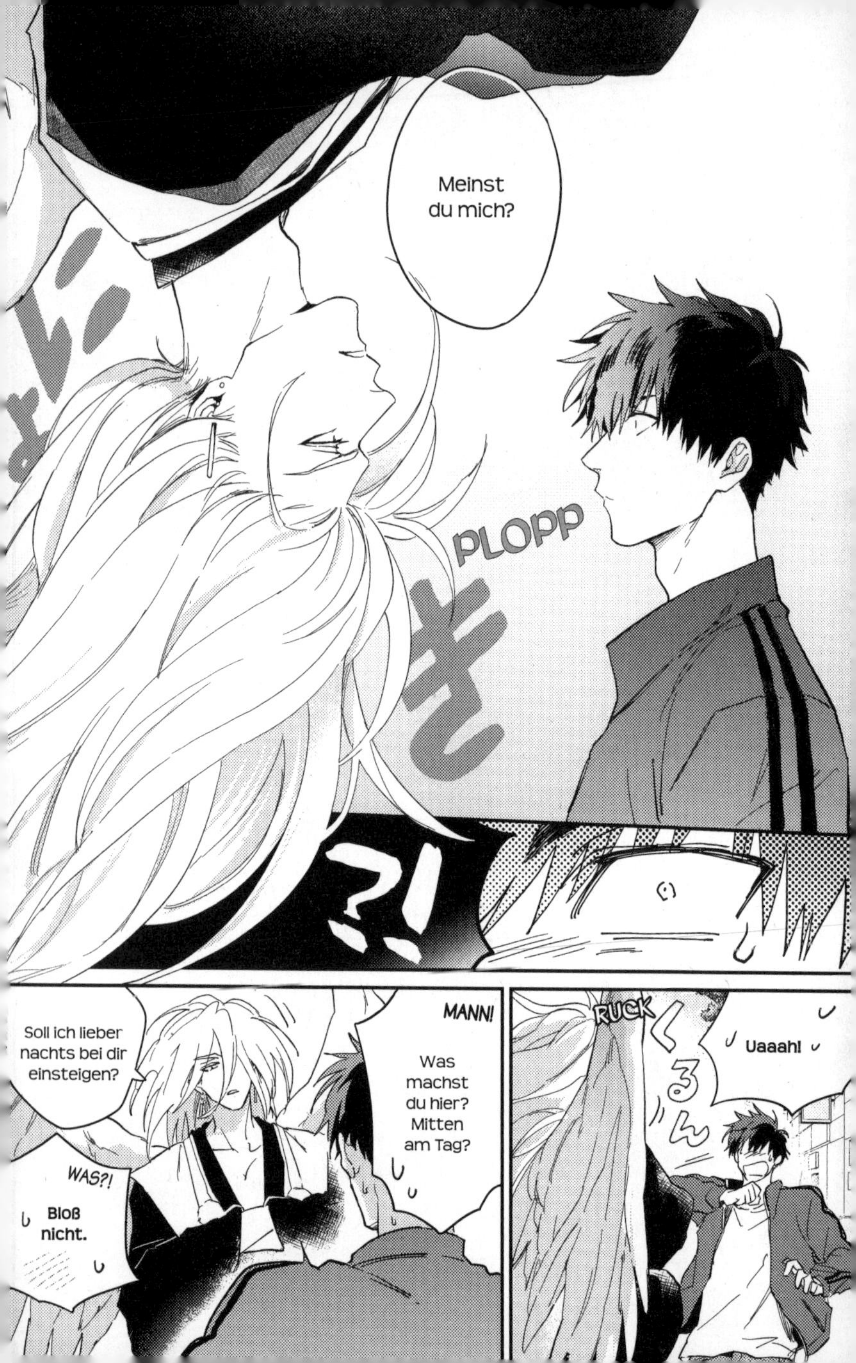

Meinst du mich?
PLOPP
?!
MANN!
Was machst du hier? Mitten am Tag?
Soll ich lieber nachts bei dir einsteigen?
WAS?!
Bloß nicht.
RUCK
Uaaah!

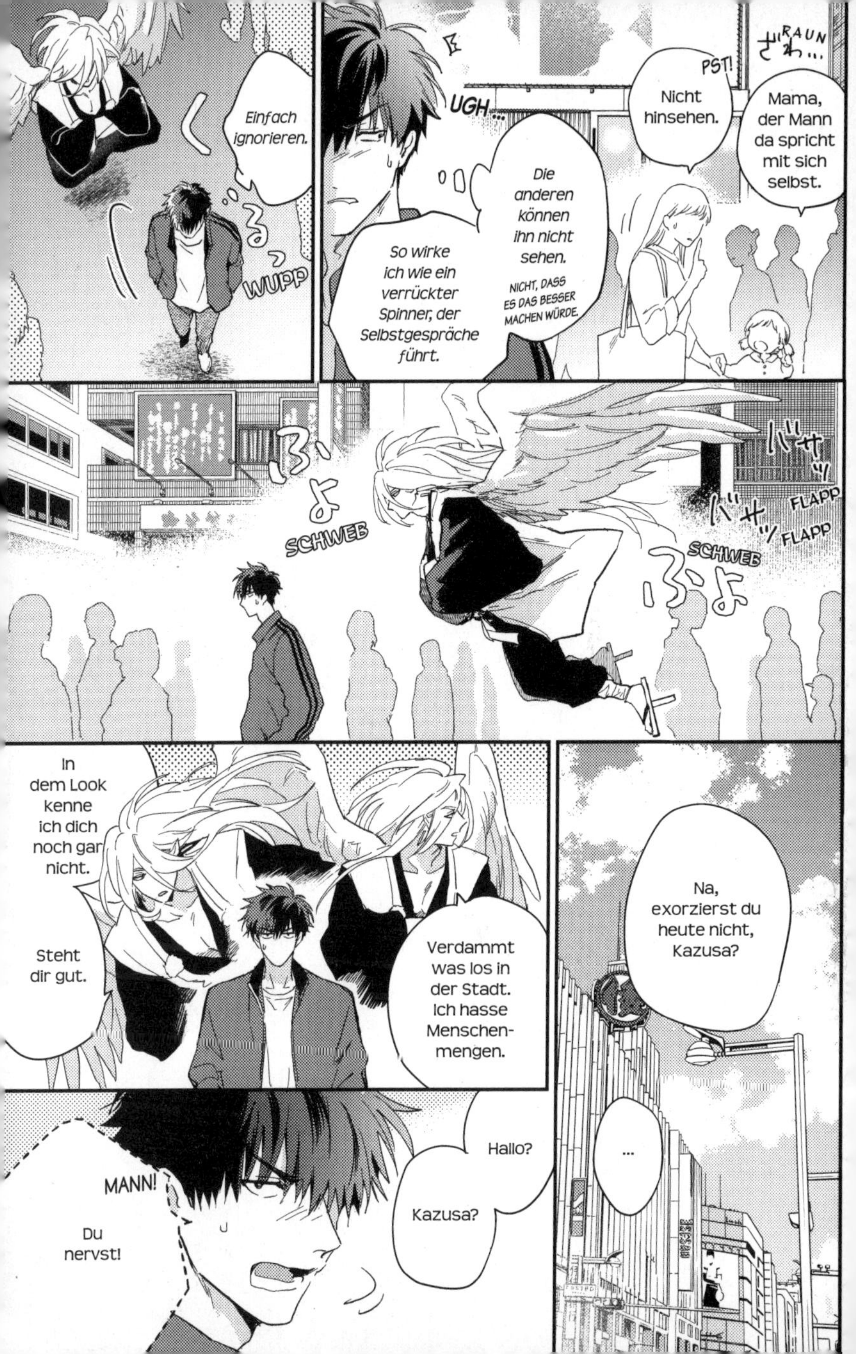
RAUN
PST!
Mama, der Mann da spricht mit sich selbst.
Nicht hinsehen.
UGH...
Die anderen können ihn nicht sehen.
NICHT, DASS ES DAS BESSER MACHEN WÜRDE.
So wirke ich wie ein verrückter Spinner, der Selbstgespräche führt.
Einfach ignorieren.
WUPP
FLAPP
FLAPP
SCHWEB
SCHWEB
Na, exorzierst du heute nicht, Kazusa?
In dem Look kenne ich dich noch gar nicht.
Steht dir gut.
Verdammt was los in der Stadt. Ich hasse Menschenmengen.
...
Hallo?
Kazusa?
MANN!
Du nervst!

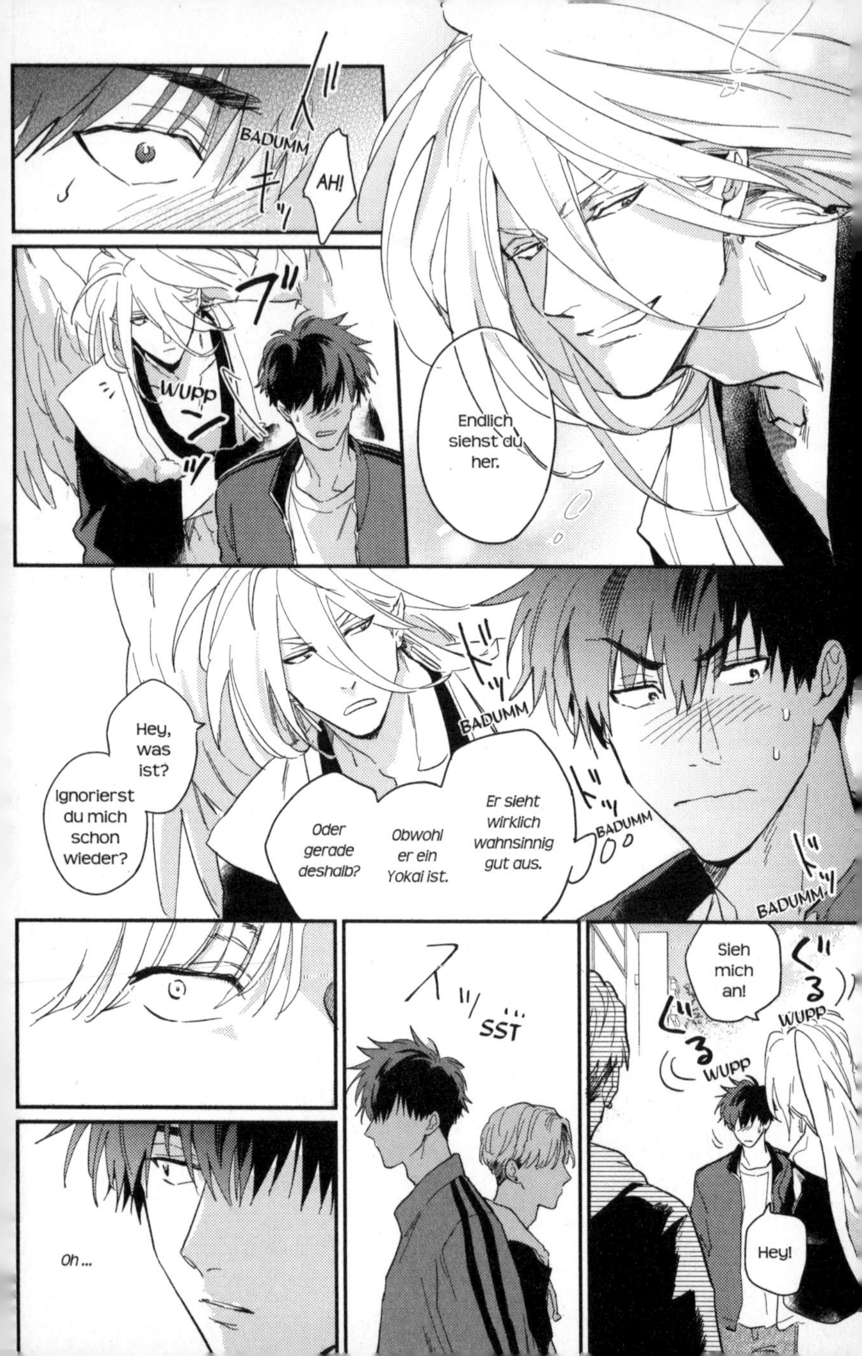
Endlich siehst du her.
BADUMM
AH!
WUPP
BADUMM
Er sieht wirklich wahnsinnig gut aus.
Obwohl er ein Yokai ist.
Oder gerade deshalb?
BADUMM
BADUMM
Hey, was ist? Ignorierst du mich schon wieder?
Sieh mich an!
WUPP
WUPP
Hey!
SST
Oh ...

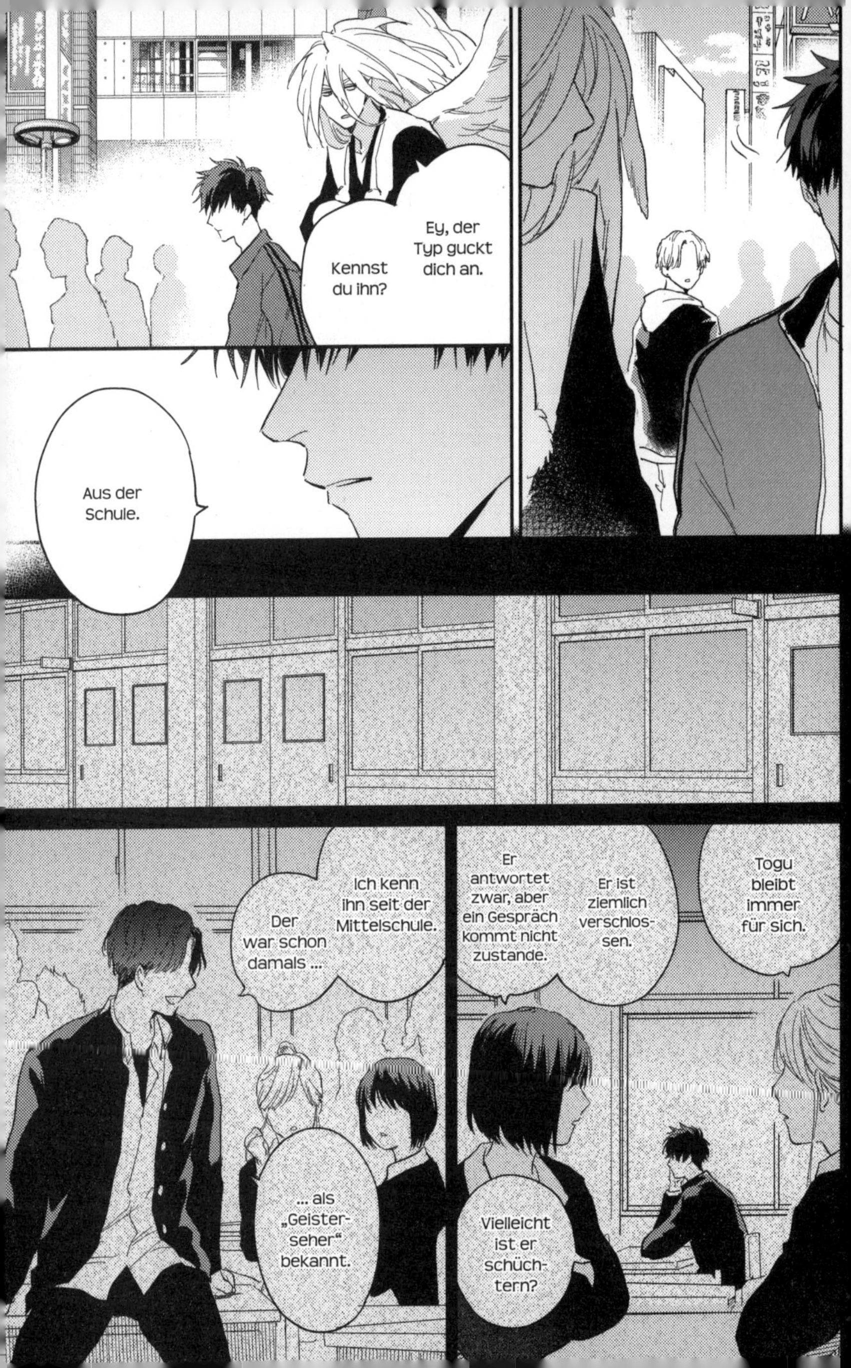
Ey, der Typ guckt dich an.
Kennst du ihn?
Aus der Schule.
Togu bleibt immer für sich.
Er ist ziemlich verschlos-sen.
Er antwortet zwar, aber ein Gespräch kommt nicht zustande.
Vielleicht ist er schüch-tern?
Ich kenn ihn seit der Mittelschule.
Der war schon damals ...
... als „Geister-seher“ bekannt.

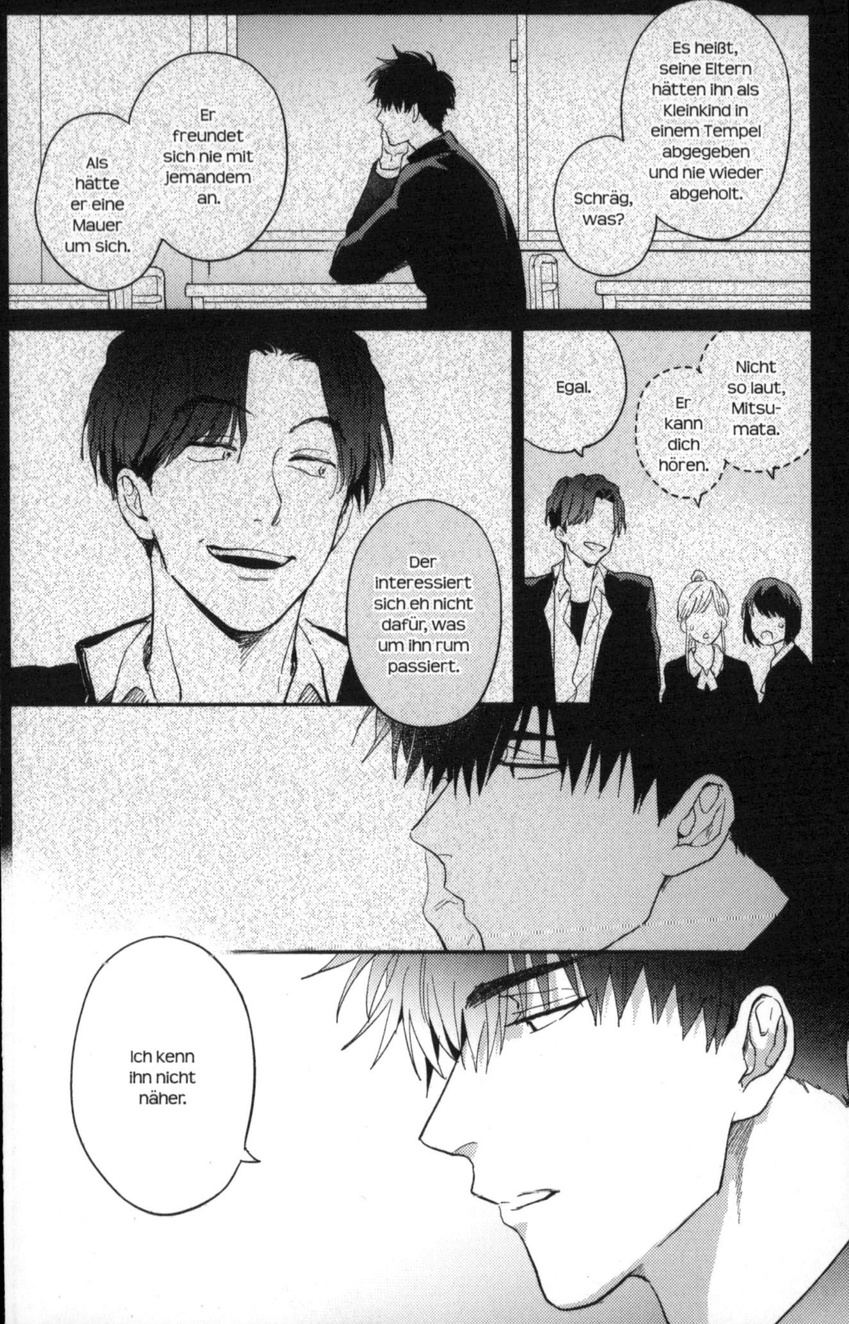

Es heißt, seine Eltern hätten ihn als Kleinkind in einem Tempel abgegeben und nie wieder abgeholt.
Schräg, was?
Er freundet sich nie mit jemandem an.
Als hätte er eine Mauer um sich.
Nicht so laut, Mitsu-mata.
Er kann dich hören.
Egal.
Der interessiert sich eh nicht dafür, was um ihn rum passiert.
Ich kenn ihn nicht näher.

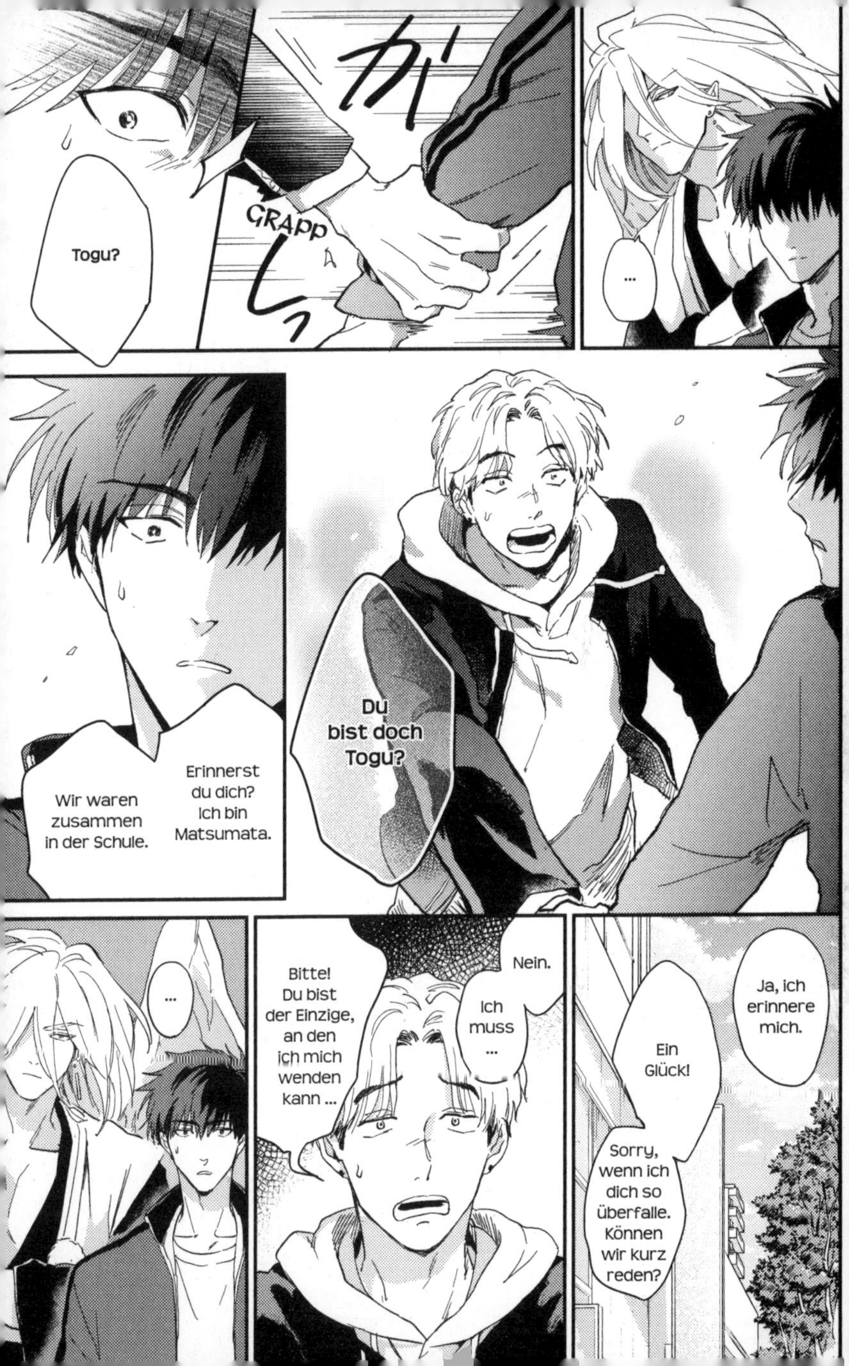
GRAPP
Togu?
...
Du bist doch Togu?
Erinnerst du dich? Ich bin Matsumata.
Wir waren zusammen in der Schule.
Ja, ich erinnere mich.
Ein Glück!
Sorry, wenn ich dich so überfalle. Können wir kurz reden?
Nein.
Ich muss ...
Bitte! Du bist der Einzige, an den ich mich wenden kann ...
...

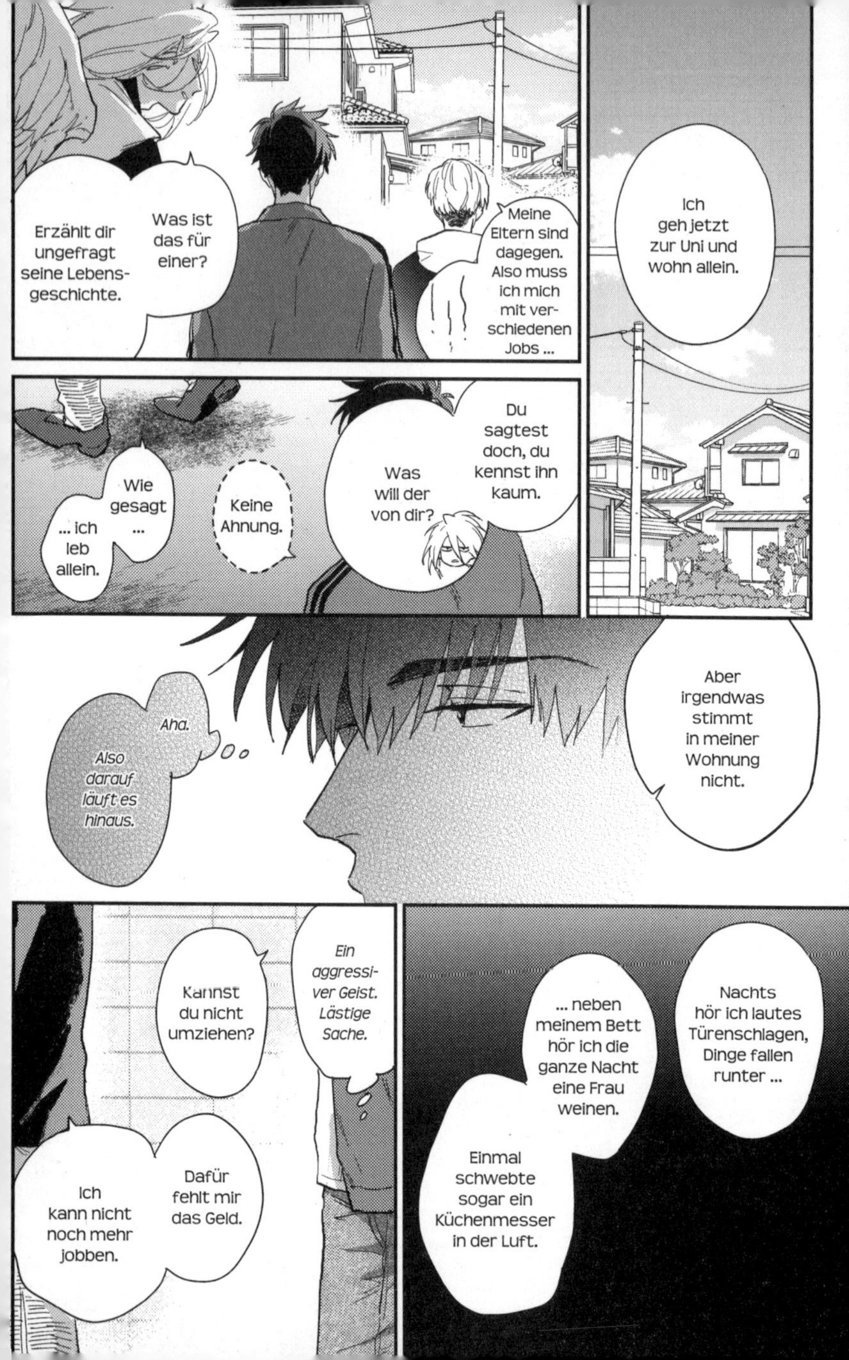
Ich geh jetzt zur Uni und wohn allein.
Meine Eltern sind dagegen. Also muss ich mich mit verschiedenen Jobs ...
Was ist das für einer?
Erzählt dir ungefragt seine Lebensgeschichte.
Du sagtest doch, du kennst ihn kaum.
Was will der von dir?
Keine Ahnung.
Wie gesagt ...
... ich leb allein.
Aber irgendwas stimmt in meiner Wohnung nicht.
Aha.
Also darauf läuft es hinaus.
Nachts hör ich lautes Türenschlagen, Dinge fallen runter ...
... neben meinem Bett hör ich die ganze Nacht eine Frau weinen.
Einmal schwebte sogar ein Küchenmesser in der Luft.
Ein aggressiver Geist. Lästige Sache.
Kannst du nicht umziehen?
Dafür fehlt mir das Geld.
Ich kann nicht noch mehr jobben.

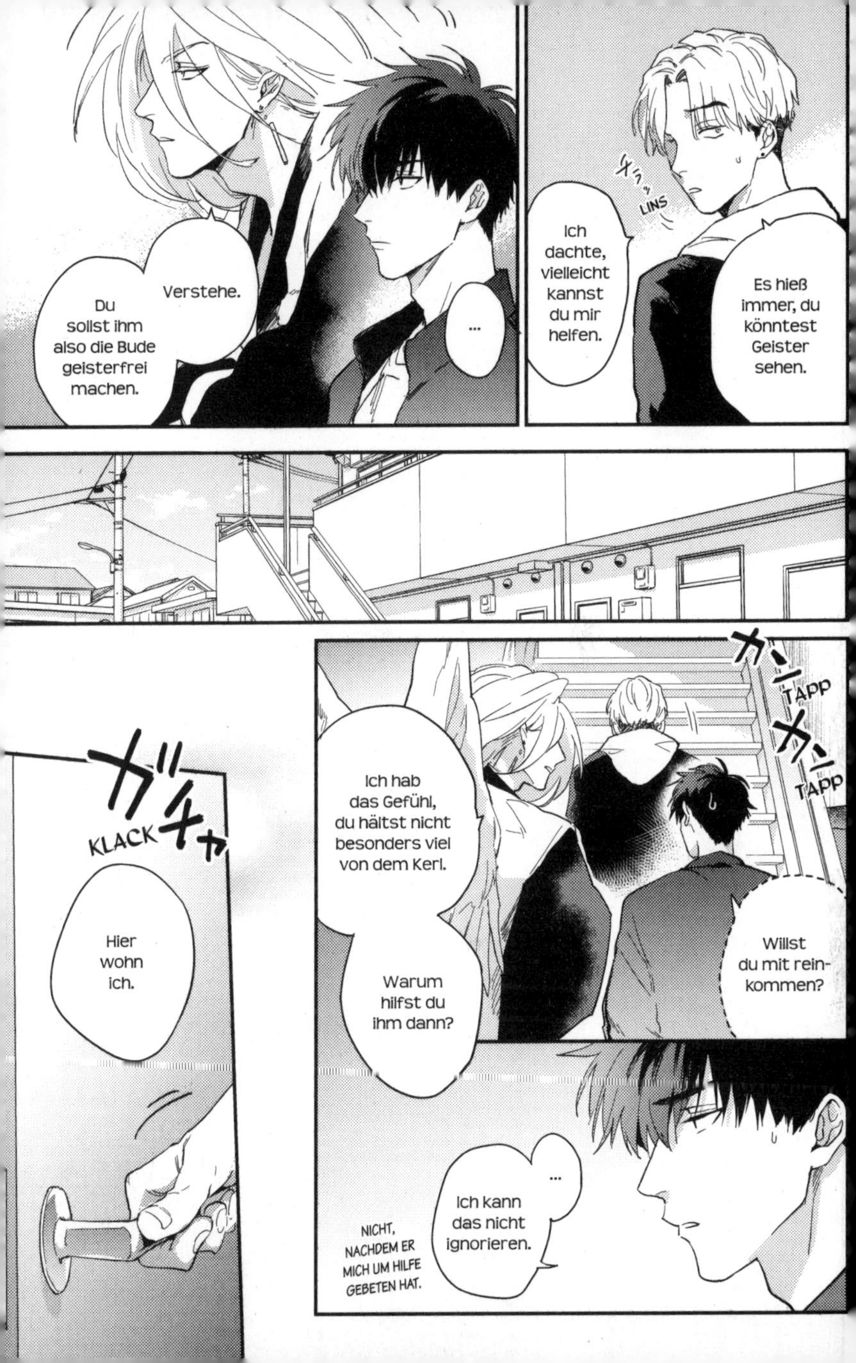

LINS

Es hieß immer, du könntest Geister sehen.

Ich dachte, vielleicht kannst du mir helfen.

...

Verstehe.

Du sollst ihm also die Bude geisterfrei machen.

TAPP

TAPP

Willst du mit reinkommen?

Ich hab das Gefühl, du hältst nicht besonders viel von dem Kerl.

Warum hilfst du ihm dann?

...

Ich kann das nicht ignorieren.

NICHT, NACHDEM ER MICH UM HILFE GEBETEN HAT.

KLACK

Hier wohn ich.

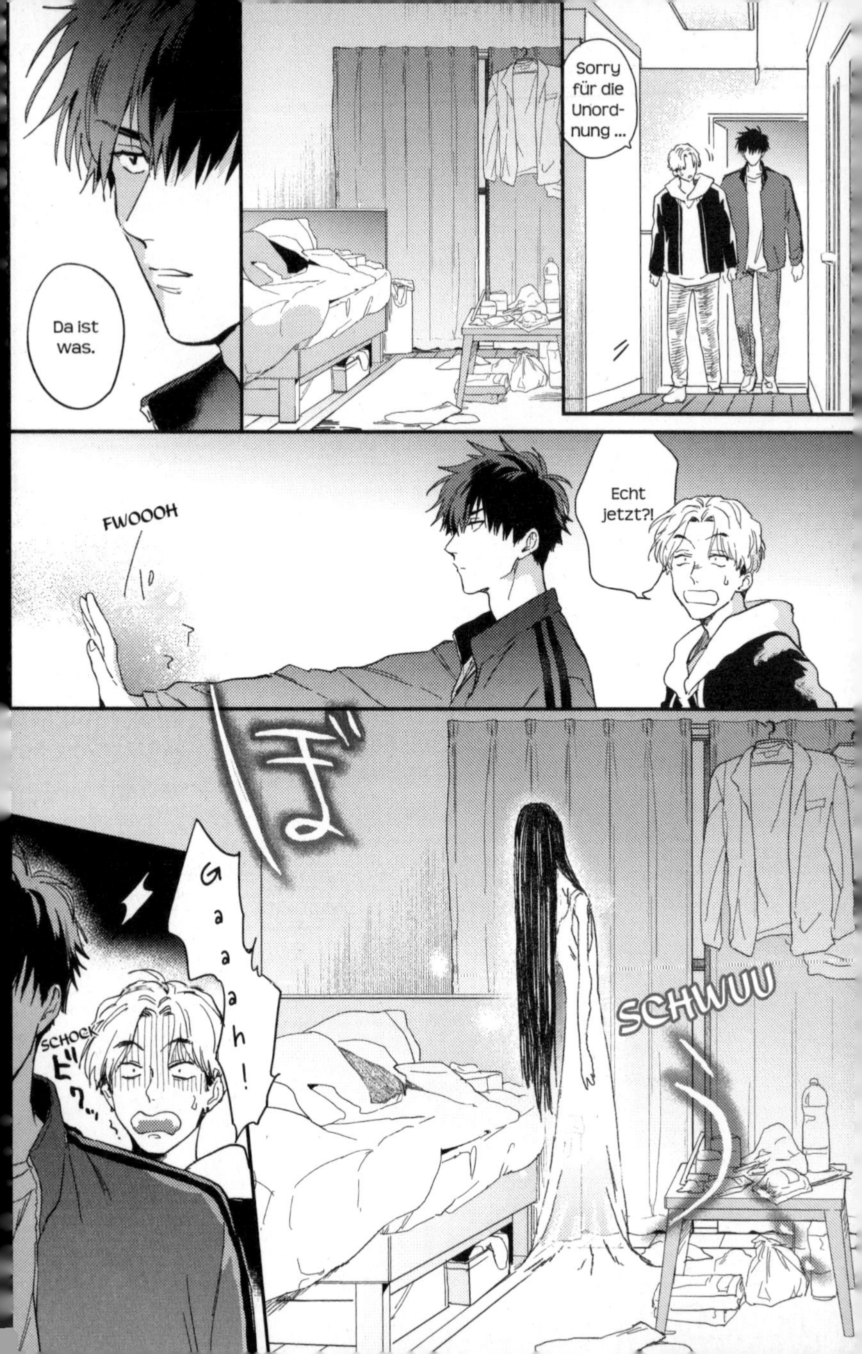
Sorry für die Unordnung ...
Da ist was.
Echt jetzt?!
FWOOOH
SCHWUU
Gaaaah!
SCHOCK

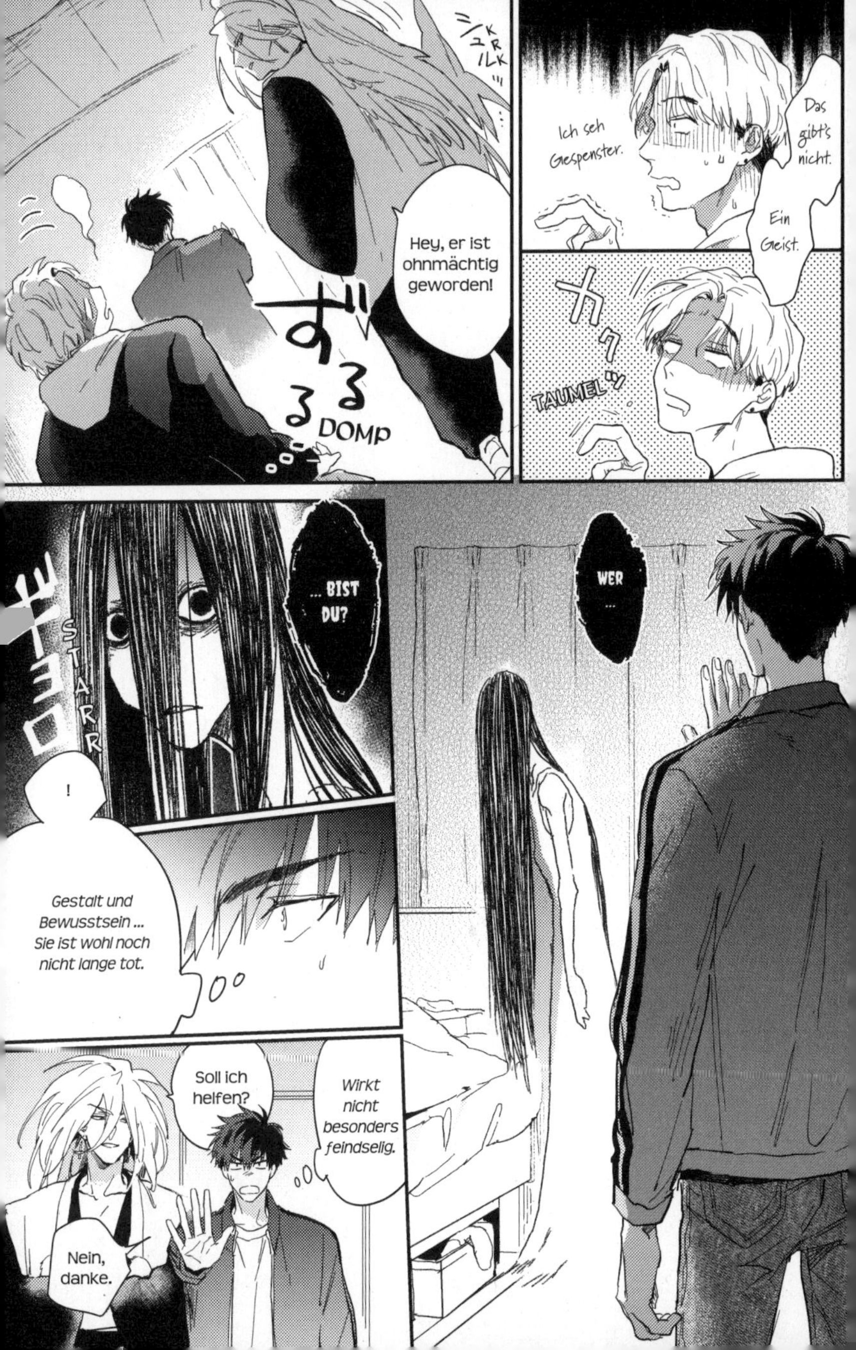

Ich seh Gespenster.
Das gibt's nicht.
Ein Geist.
TAUMEL
KRK
Hey, er ist ohnmächtig geworden!
DOMP
WER …
… BIST DU?
STARR
!
Gestalt und Bewusstsein … Sie ist wohl noch nicht lange tot.
Wirkt nicht besonders feindselig.
Soll ich helfen?
Nein, danke.

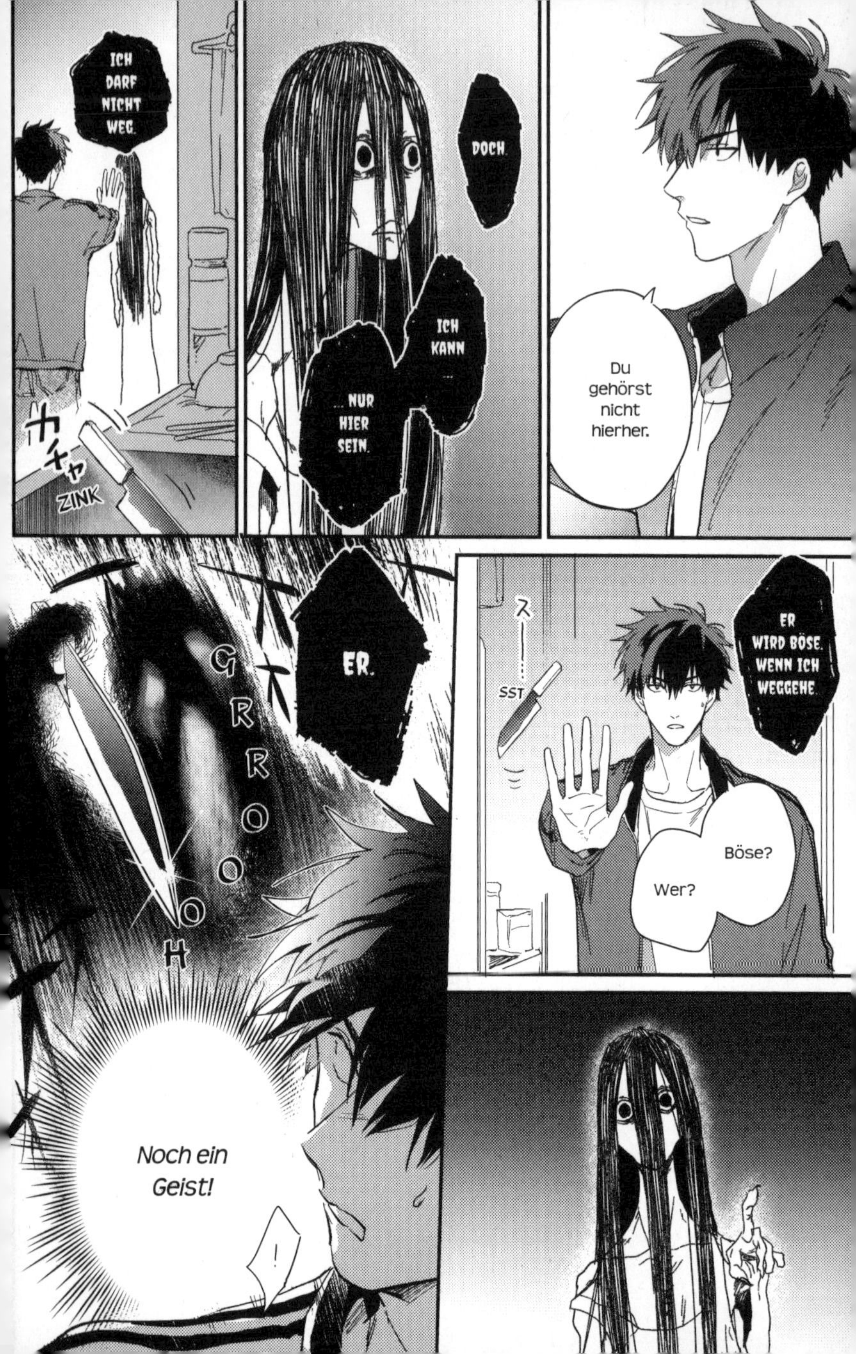
Du gehörst nicht hierher.
DOCH.
ICH KANN ...
... NUR HIER SEIN.
ICH DARF NICHT WEG.
ガチャ
ZINK
ER WIRD BÖSE, WENN ICH WEGGEHE.
スー
SST
Böse?
Wer?
ER.
GRROOOH
Noch ein Geist!
!

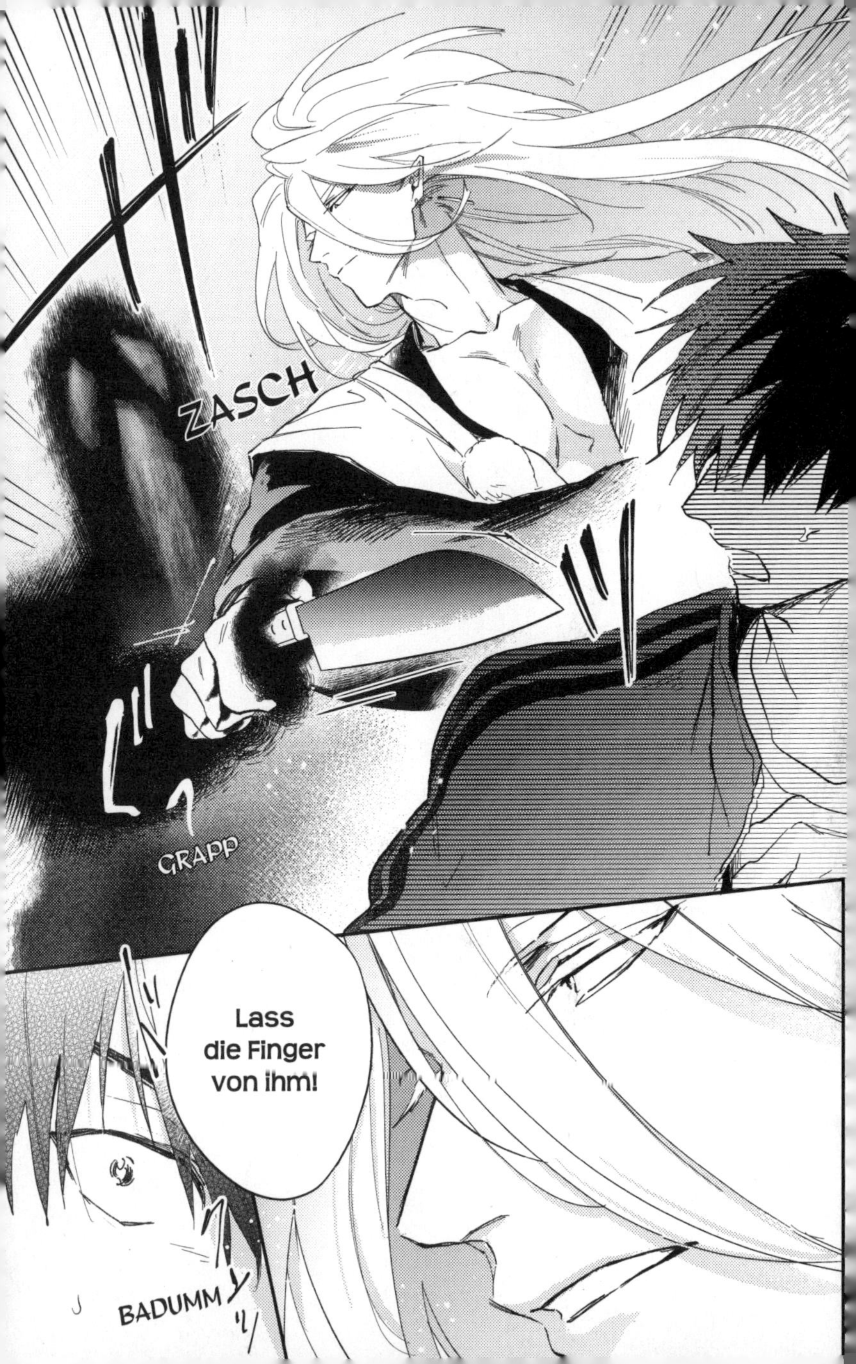
ZASCH
GRAPP
Lass die Finger von ihm!
BADUMM

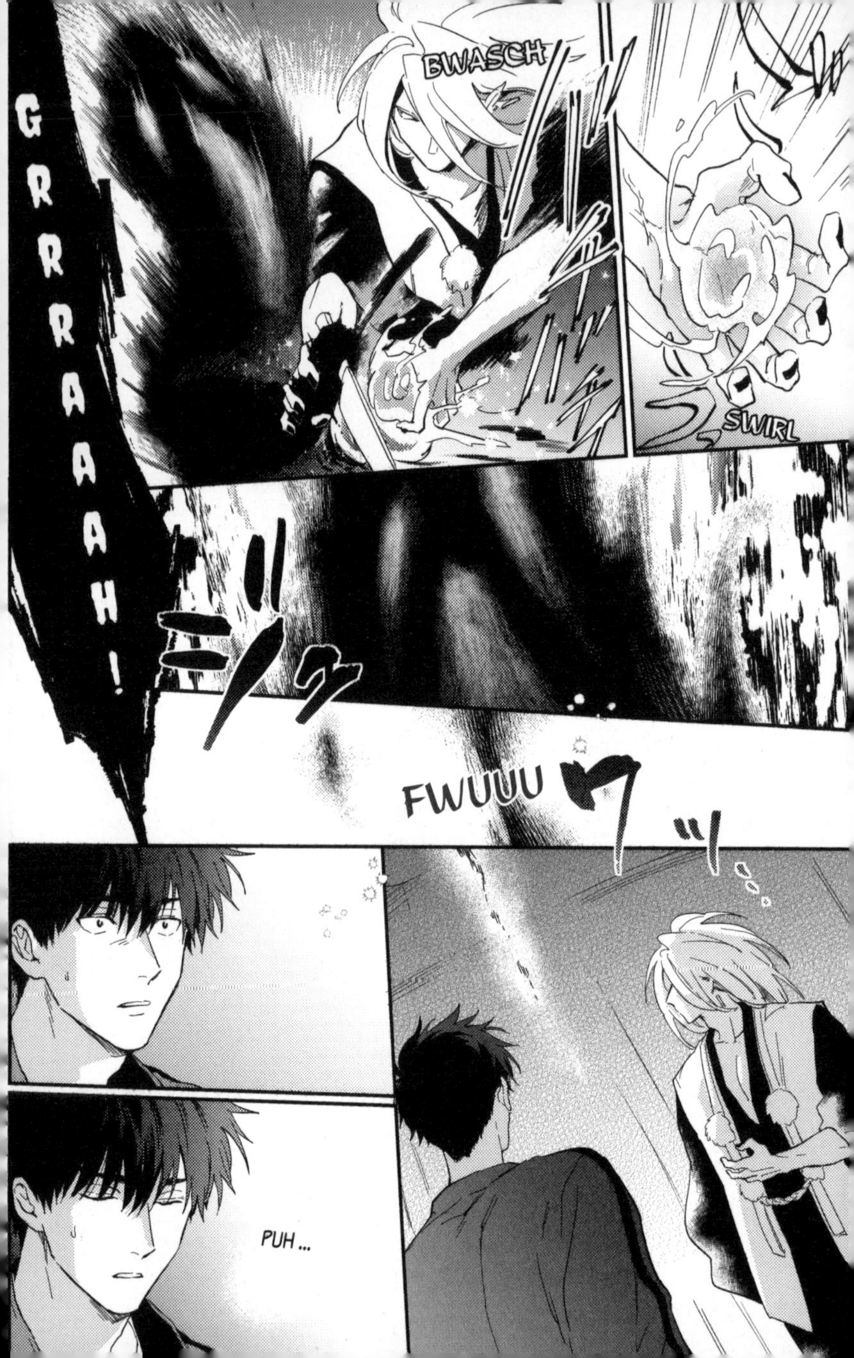
BWASCH
SWIRL
GRRRAAAH!
FWUUU
PUH ...

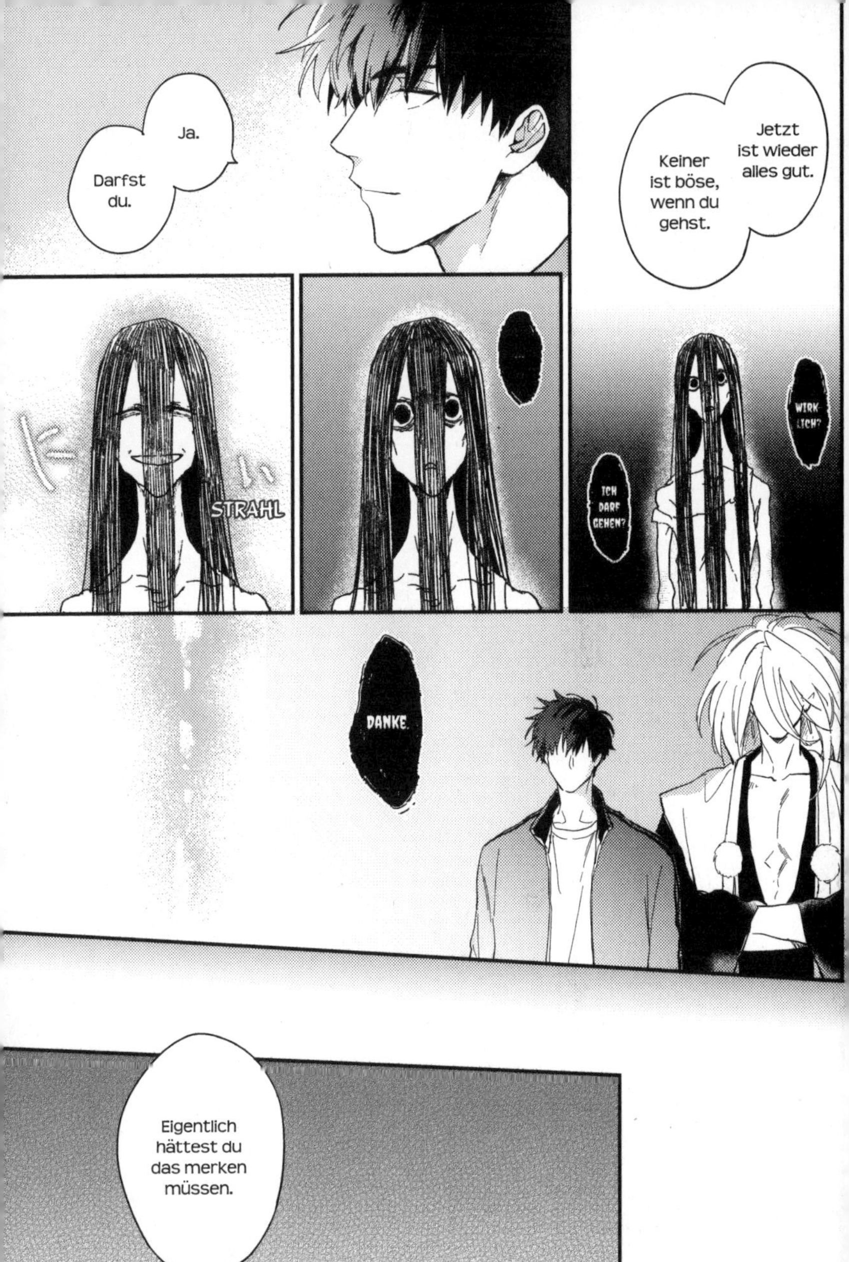

Jetzt ist wieder alles gut.
Keiner ist böse, wenn du gehst.
Ja.
Darfst du.
WIRKLICH?
ICH DARF GEHEN?
STRAHL
DANKE.
Eigentlich hättest du das merken müssen.

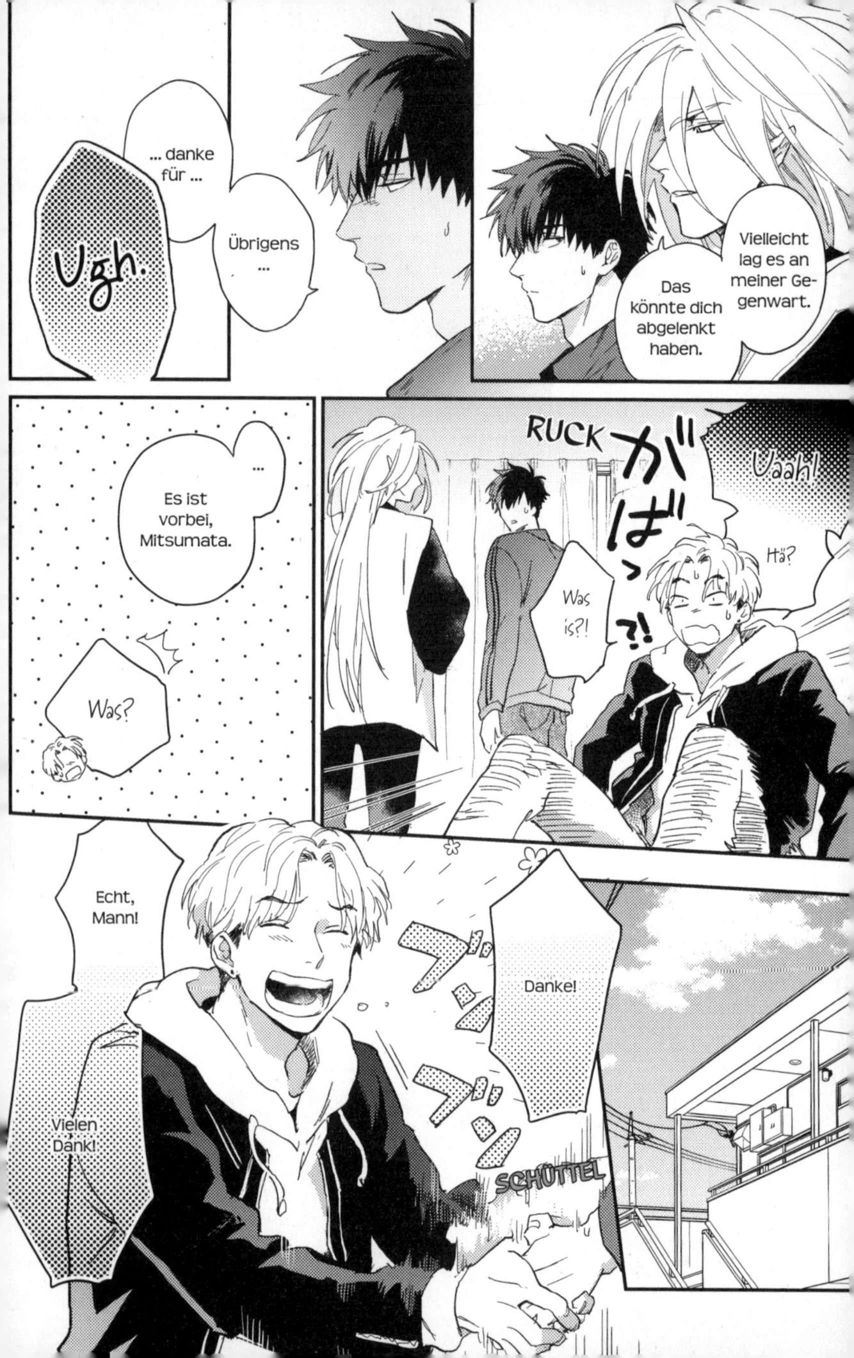
Vielleicht lag es an meiner Gegenwart.
Das könnte dich abgelenkt haben.
Übrigens ...
... danke für ...
Ugh.
RUCK
がばっ
Uaah!
Hä?
Was is?!
?!
...
Es ist vorbei, Mitsumata.
Was?
Danke!
SCHÜTTEL
Echt, Mann!
Vielen Dank!

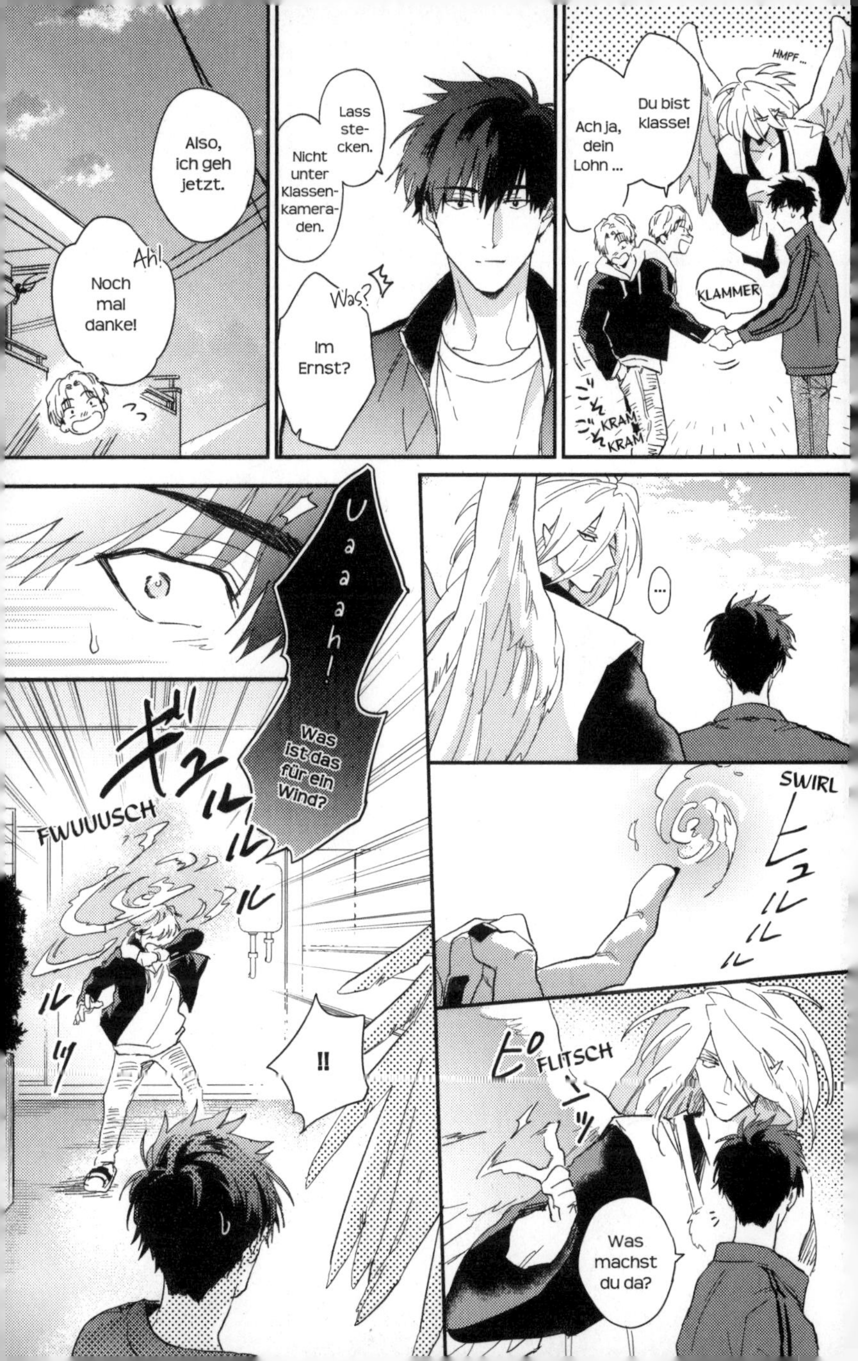
HMPF ...
Du bist klasse!
Ach ja, dein Lohn ...
KLAMMER
KRAM KRAM
Lass stecken.
Nicht unter Klassenkameraden.
Was?
Im Ernst?
Also, ich geh jetzt.
Ah! Noch mal danke!
...
Uaaah!
SWIRL
Was ist das für ein Wind?
FWUUUSCH
!!
FLITSCH
Was machst du da?

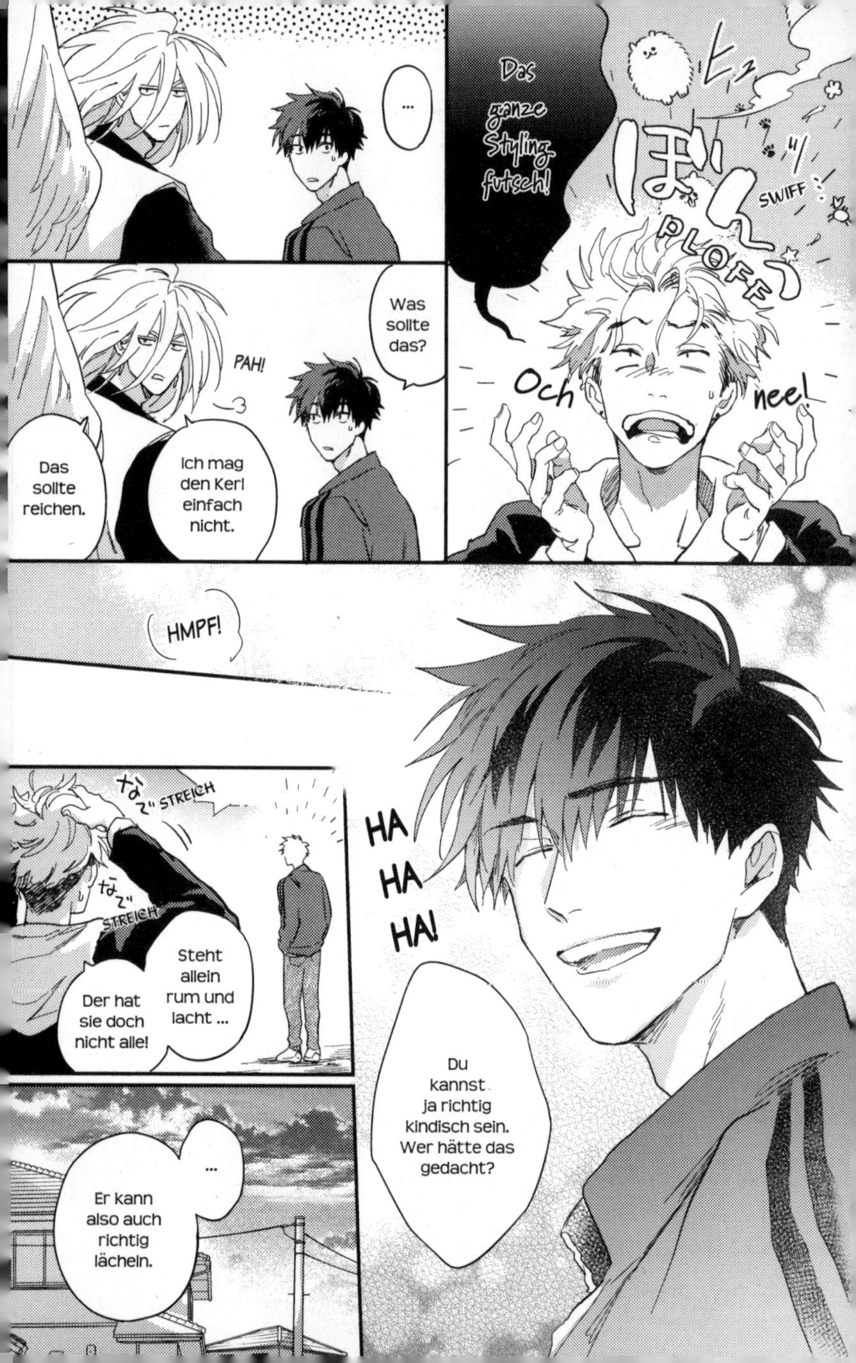
Das ganze Styling futsch!
SWIFF
PLOFF
Och nee!
...
Was sollte das?
PAH!
Ich mag den Kerl einfach nicht.
Das sollte reichen.
HMPF!
HA HA HA!
Du kannst ja richtig kindisch sein. Wer hätte das gedacht?
STREICH
STREICH
Steht allein rum und lacht ...
Der hat sie doch nicht alle!
...
Er kann also auch richtig lächeln.

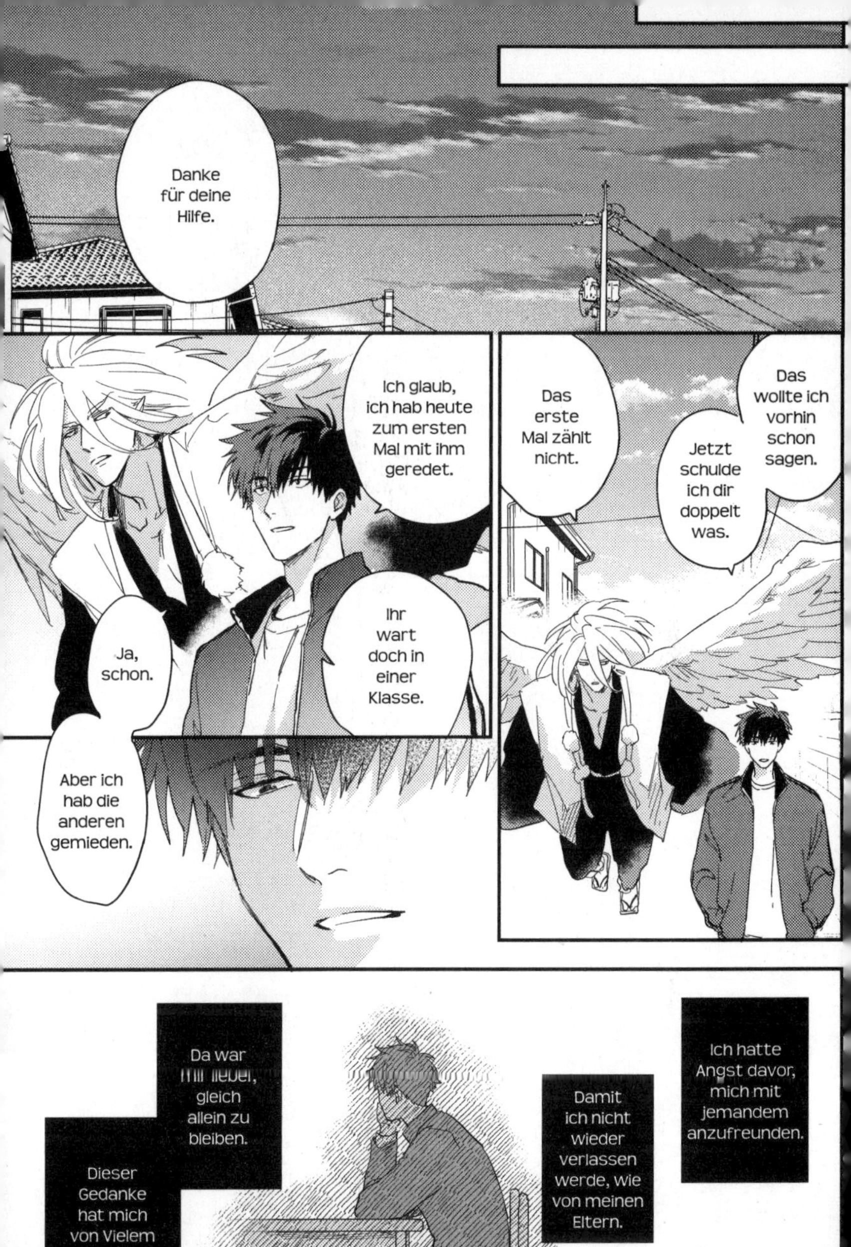
Danke für deine Hilfe.
Das erste Mal zählt nicht.
Das wollte ich vorhin schon sagen.
Jetzt schulde ich dir doppelt was.
Ich glaub, ich hab heute zum ersten Mal mit ihm geredet.
Ihr wart doch in einer Klasse.
Ja, schon.
Aber ich hab die anderen gemieden.
Ich hatte Angst davor, mich mit jemandem anzufreunden.
Damit ich nicht wieder verlassen werde, wie von meinen Eltern.
Da war mir lieber, gleich allein zu bleiben.
Dieser Gedanke hat mich von Vielem abgehalten.

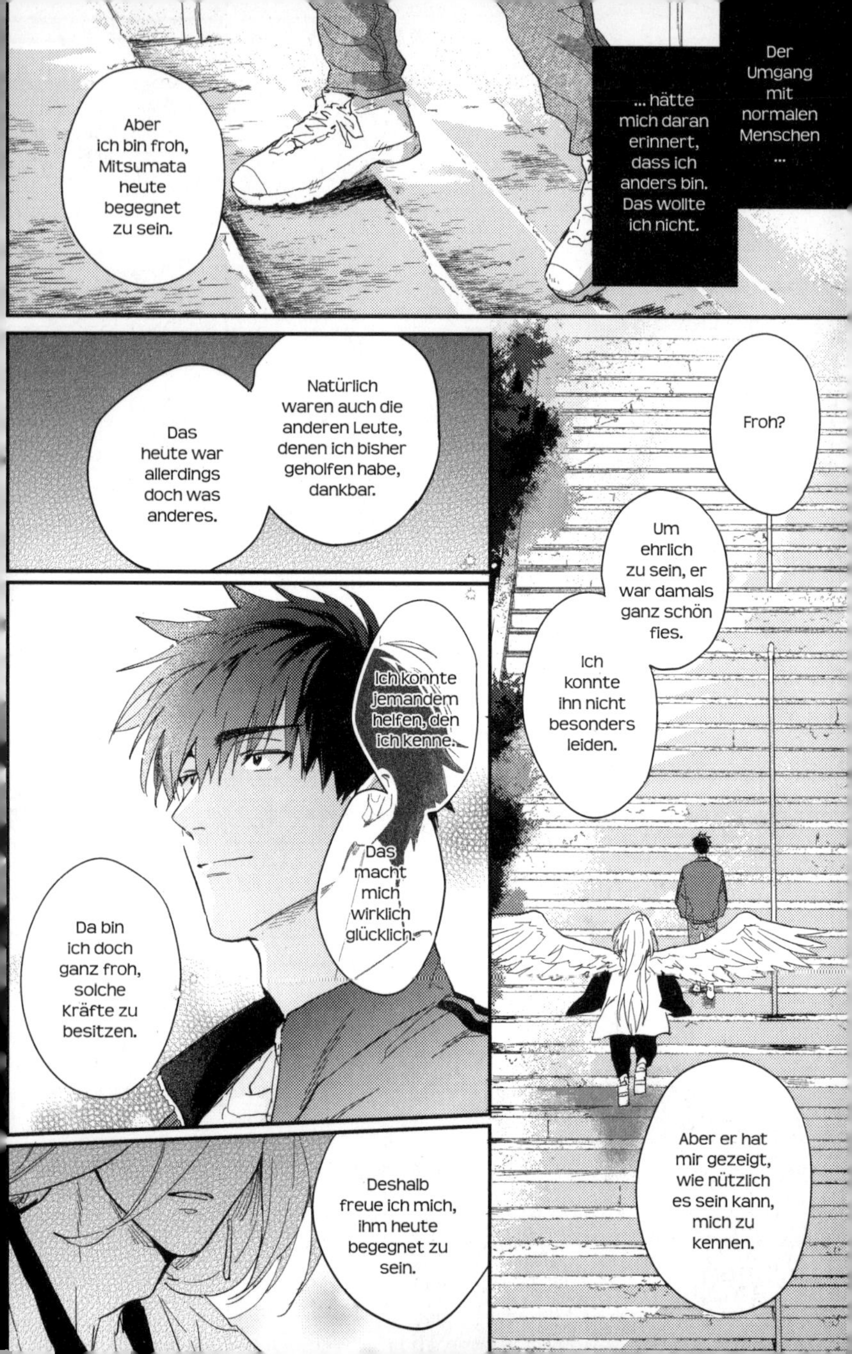
Der Umgang mit normalen Menschen ...
... hätte mich daran erinnert, dass ich anders bin. Das wollte ich nicht.
Aber ich bin froh, Mitsumata heute begegnet zu sein.
Froh?
Natürlich waren auch die anderen Leute, denen ich bisher geholfen habe, dankbar.
Das heute war allerdings doch was anderes.
Um ehrlich zu sein, er war damals ganz schön fies.
Ich konnte ihn nicht besonders leiden.
Ich konnte jemandem helfen, den ich kenne.
Das macht mich wirklich glücklich.
Da bin ich doch ganz froh, solche Kräfte zu besitzen.
Aber er hat mir gezeigt, wie nützlich es sein kann, mich zu kennen.
Deshalb freue ich mich, ihm heute begegnet zu sein.

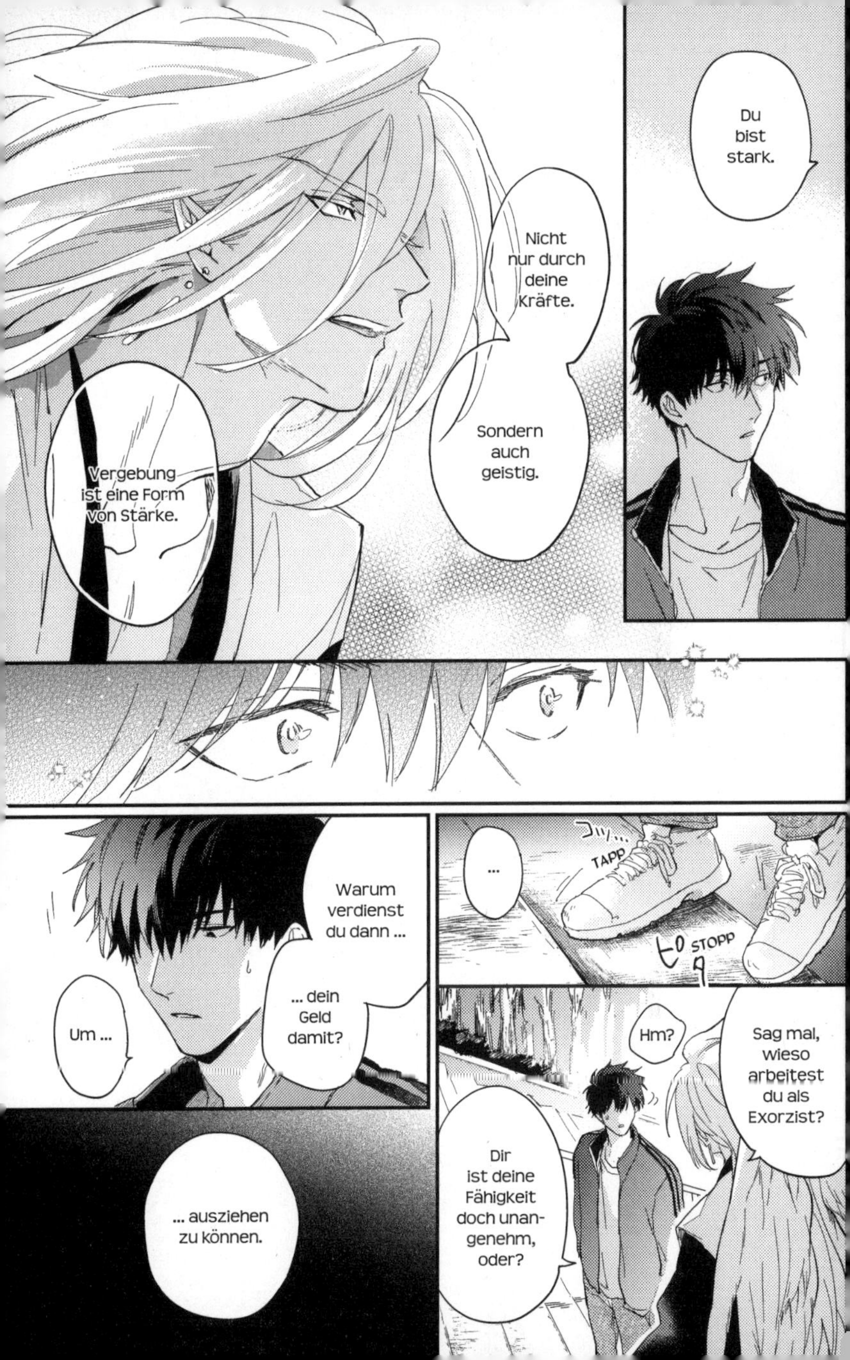
Du bist stark.
Nicht nur durch deine Kräfte.
Sondern auch geistig.
Vergebung ist eine Form von Stärke.
...
TAPP
STOPP
Sag mal, wieso arbeitest du als Exorzist?
Hm?
Dir ist deine Fähigkeit doch unan-
genehm, oder?
Warum verdienst du dann ...
... dein Geld damit?
Um ...
... ausziehen zu können.

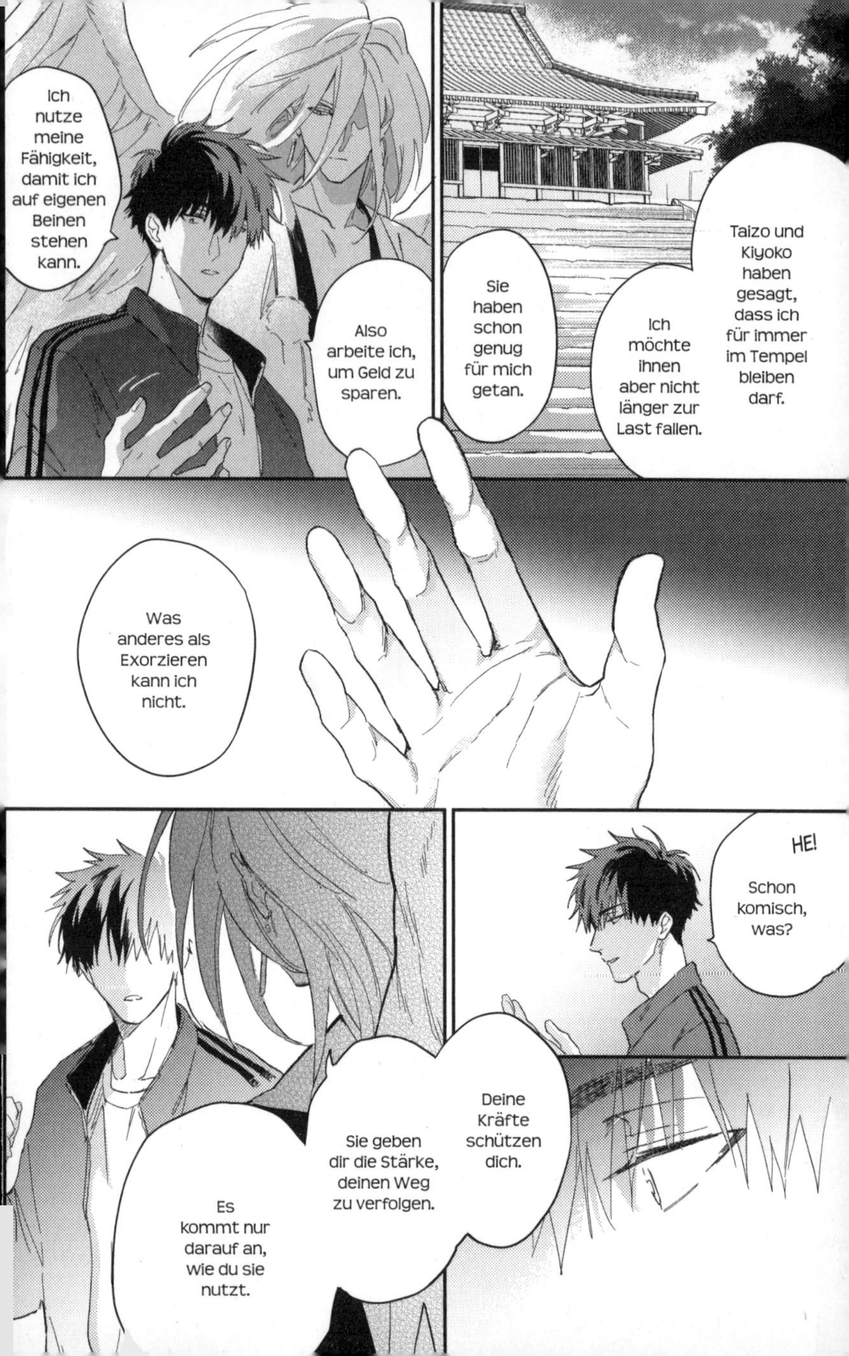
Taizo und Kiyoko haben gesagt, dass ich für immer im Tempel bleiben darf.
Ich möchte ihnen aber nicht länger zur Last fallen.
Sie haben schon genug für mich getan.
Also arbeite ich, um Geld zu sparen.
Ich nutze meine Fähigkeit, damit ich auf eigenen Beinen stehen kann.
Was anderes als Exorzieren kann ich nicht.
HE!
Schon komisch, was?
Deine Kräfte schützen dich.
Sie geben dir die Stärke, deinen Weg zu verfolgen.
Es kommt nur darauf an, wie du sie nutzt.

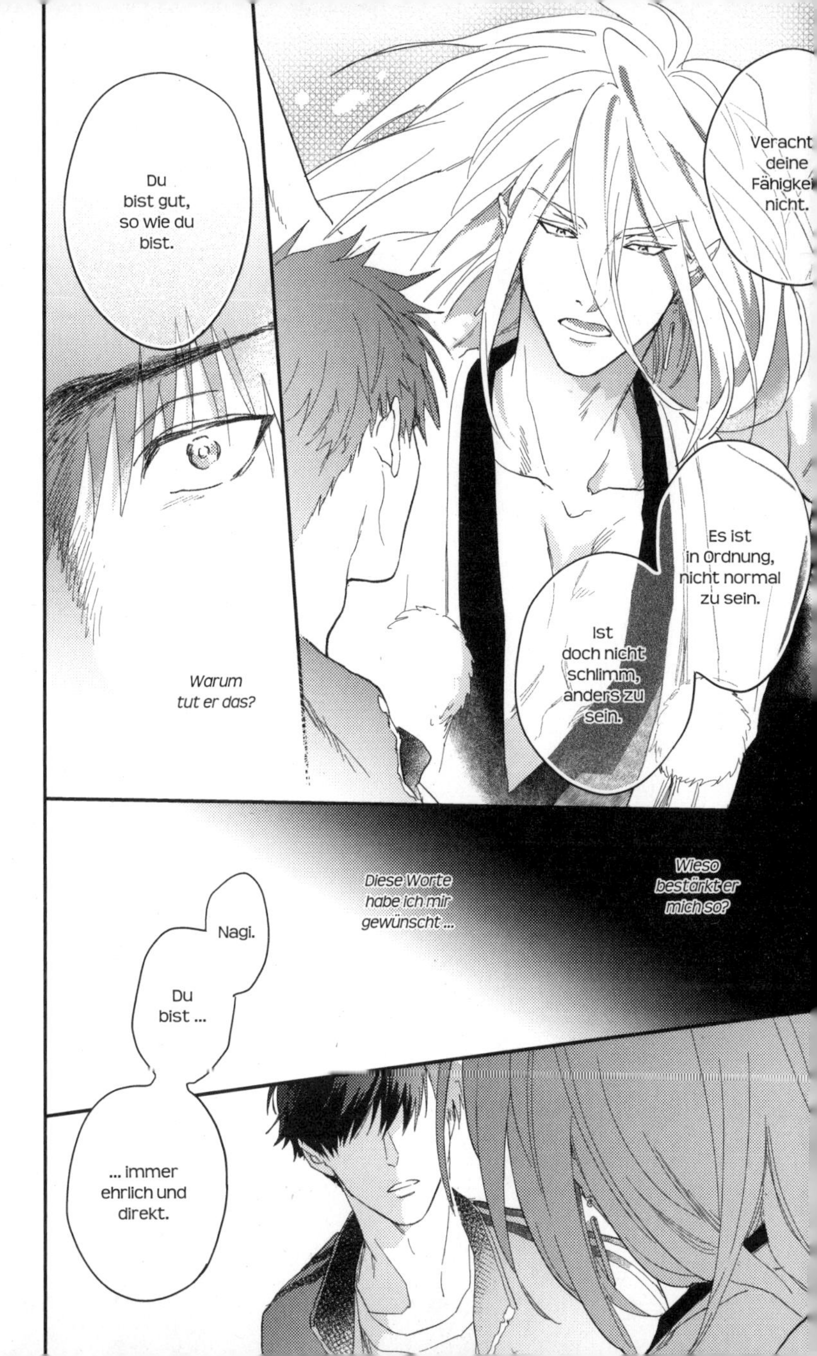
Veracht deine Fähigke nicht.
Es ist in Ordnung, nicht normal zu sein.
Ist doch nicht schlimm, anders zu sein.
Du bist gut, so wie du bist.
Warum tut er das?
Wieso bestärkt er mich so?
Diese Worte habe ich mir gewünscht ...
Nagi.
Du bist ...
... immer ehrlich und direkt.

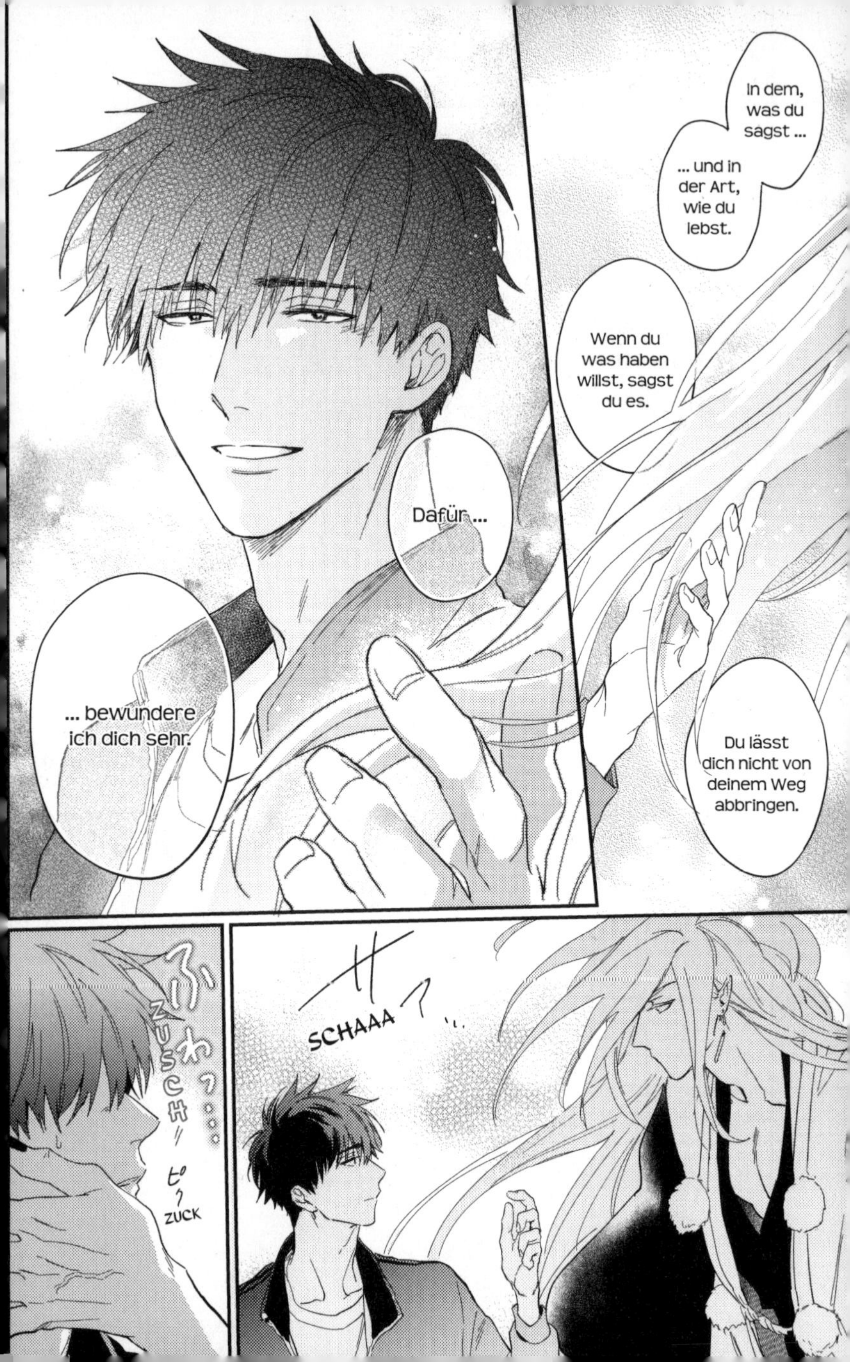
In dem, was du sagst ...
... und in der Art, wie du lebst.
Wenn du was haben willst, sagst du es.
Du lässt dich nicht von deinem Weg abbringen.
Dafür ...
... bewundere ich dich sehr.
SCHAAA
ZUSCH
ZUCK

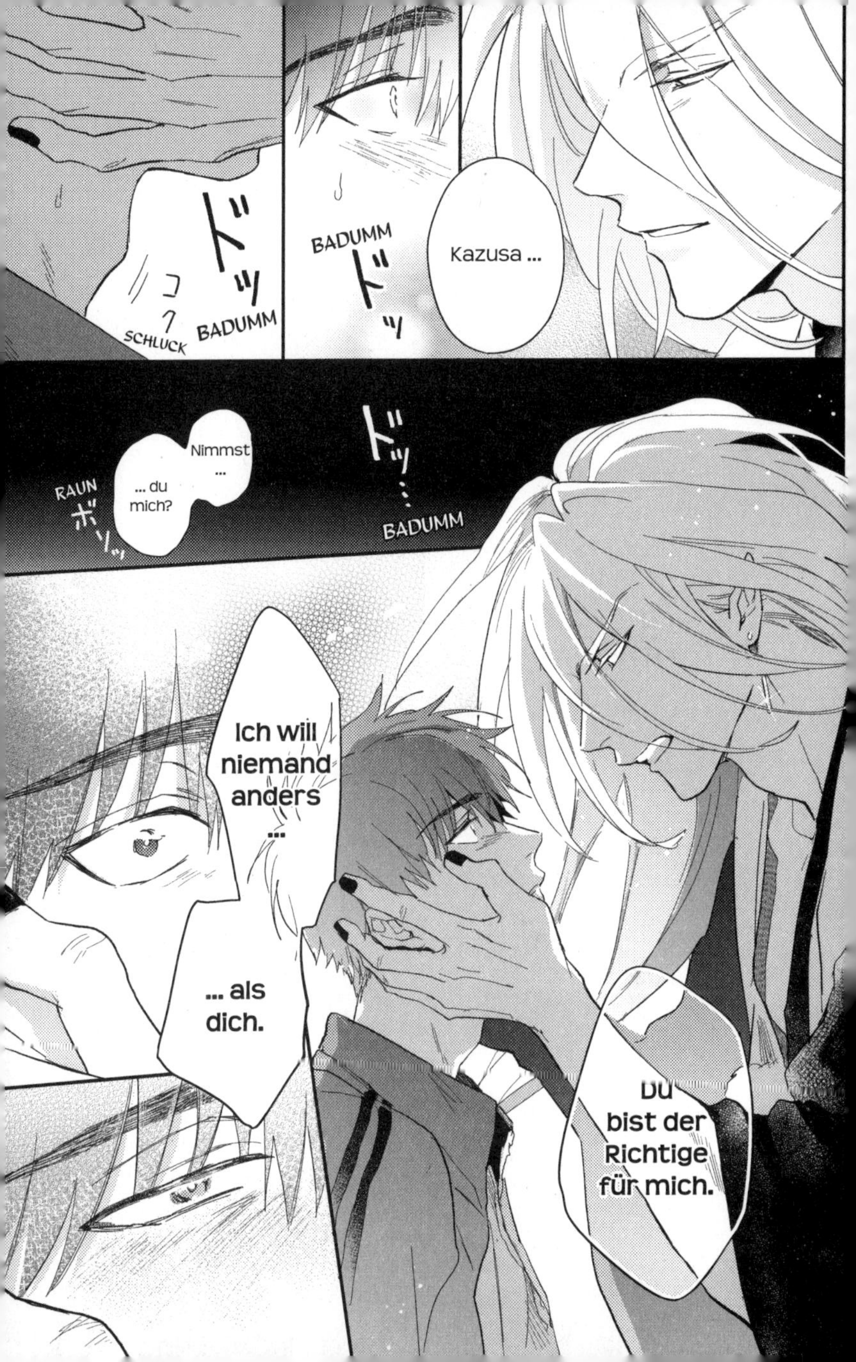
Kazusa ...
BADUMM
ドッ
BADUMM
ドッ
SCHLUCK
ドッ
BADUMM
Nimmst ...
... du mich?
RAUN
ボソッ
Ich will niemand anders ...
... als dich.
Du bist der Richtige für mich.

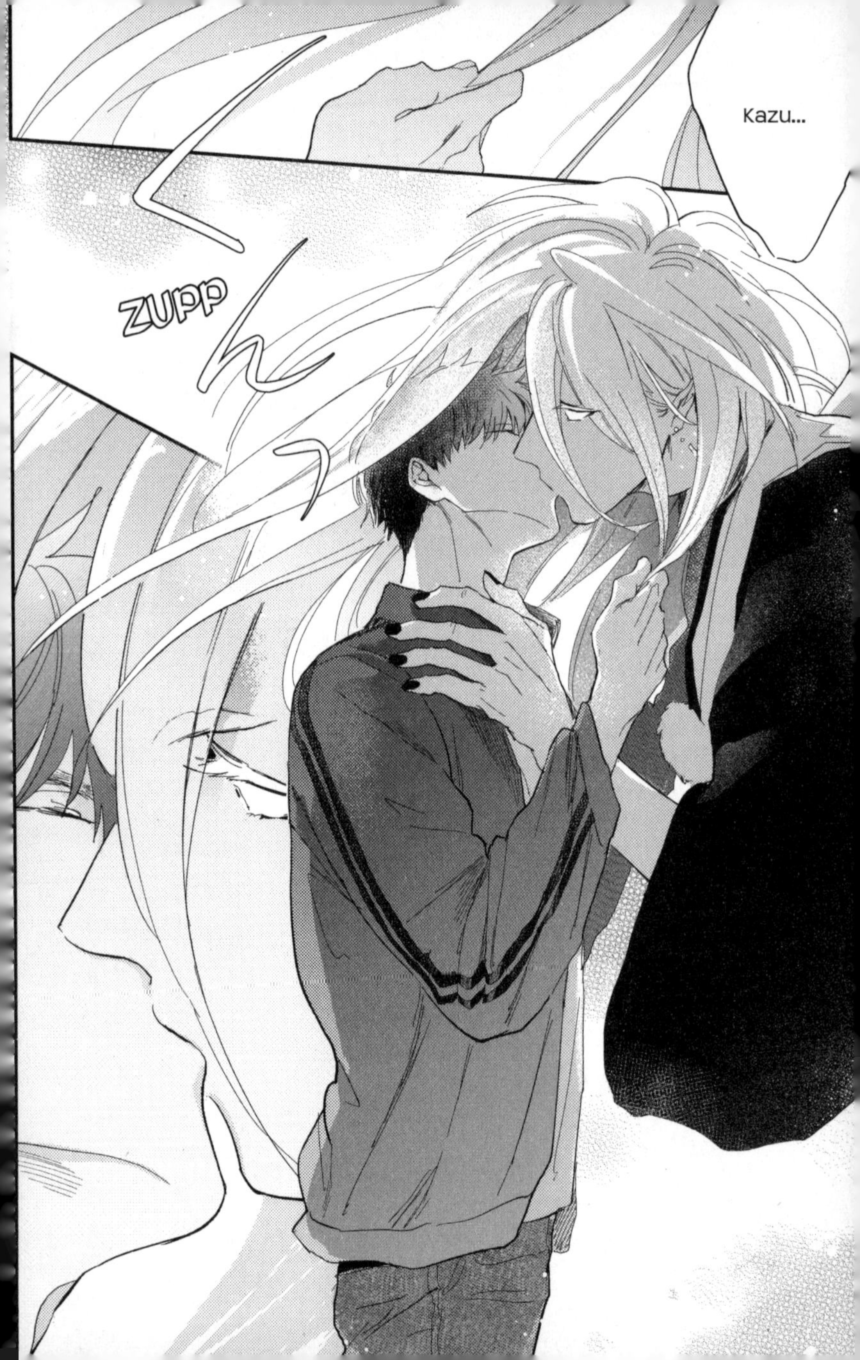
Kazu...
ZUPP

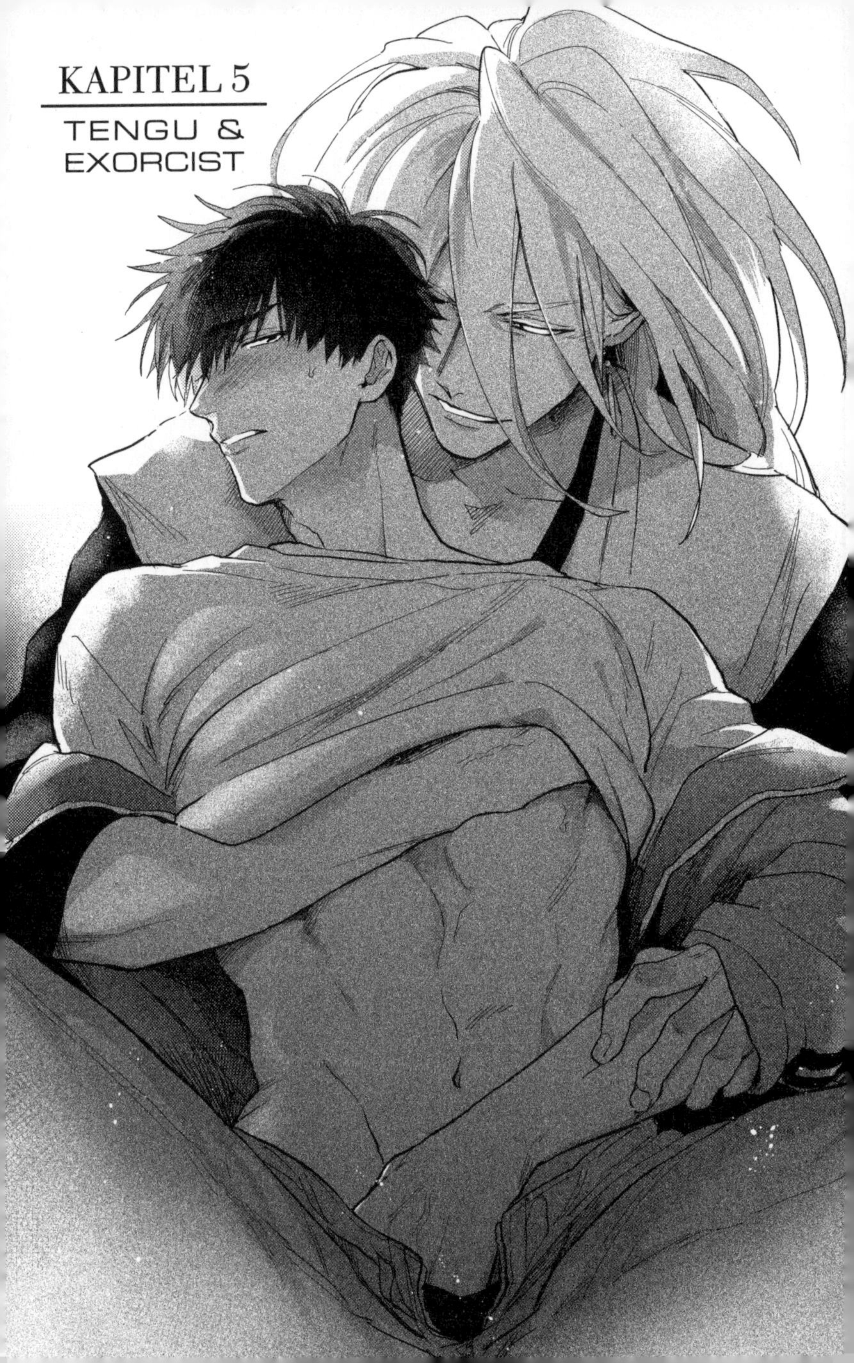
KAPITEL 5
TENGU &
EXORCIST

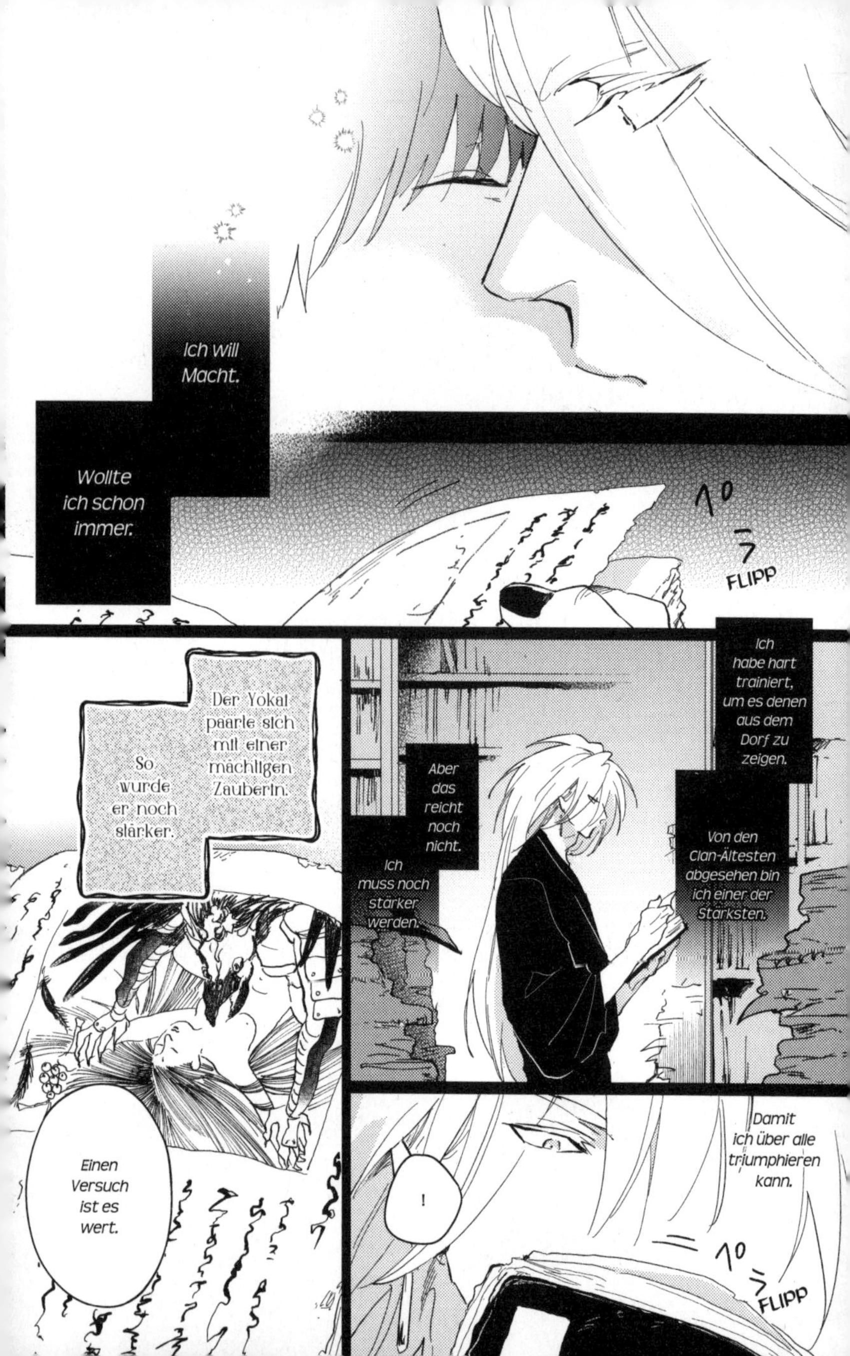
Ich will Macht.
Wollte ich schon immer.
FLIPP
Ich habe hart trainiert, um es denen aus dem Dorf zu zeigen.
Von den Clan-Ältesten abgesehen bin ich einer der Stärksten.
Aber das reicht noch nicht.
Ich muss noch stärker werden.
Der Yokai paarte sich mit einer mächtigen Zauberin.
So wurde er noch stärker.
Damit ich über alle triumphieren kann.
!
FLIPP
Einen Versuch ist es wert.

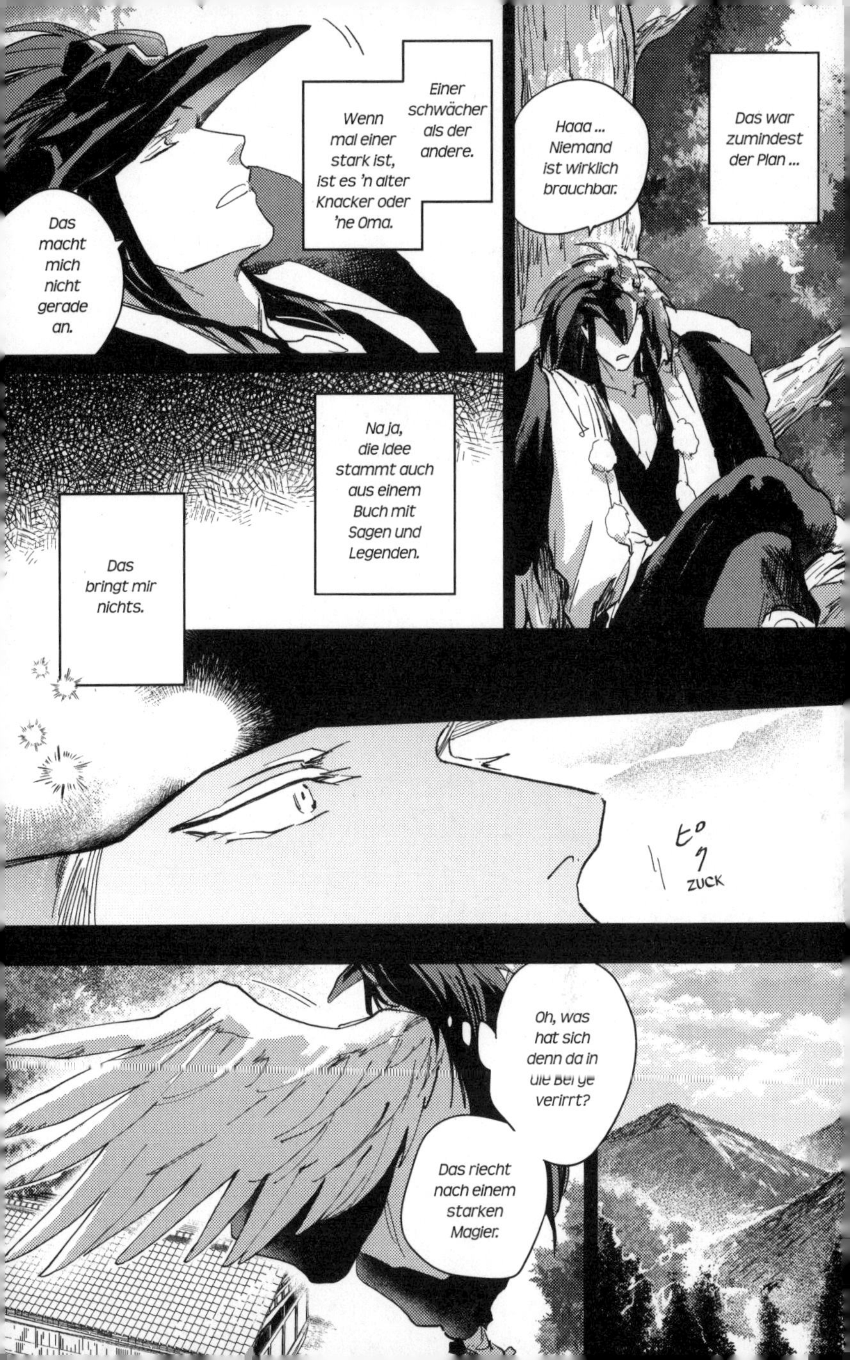
Das war zumindest der Plan ...
Haaa ... Niemand ist wirklich brauchbar.
Einer schwächer als der andere.
Wenn mal einer stark ist, ist es 'n alter Knacker oder 'ne Oma.
Das macht mich nicht gerade an.
Na ja, die Idee stammt auch aus einem Buch mit Sagen und Legenden.
Das bringt mir nichts.
ピク
ZUCK
Oh, was hat sich denn da in die Berge verirrt?
Das riecht nach einem starken Magier.

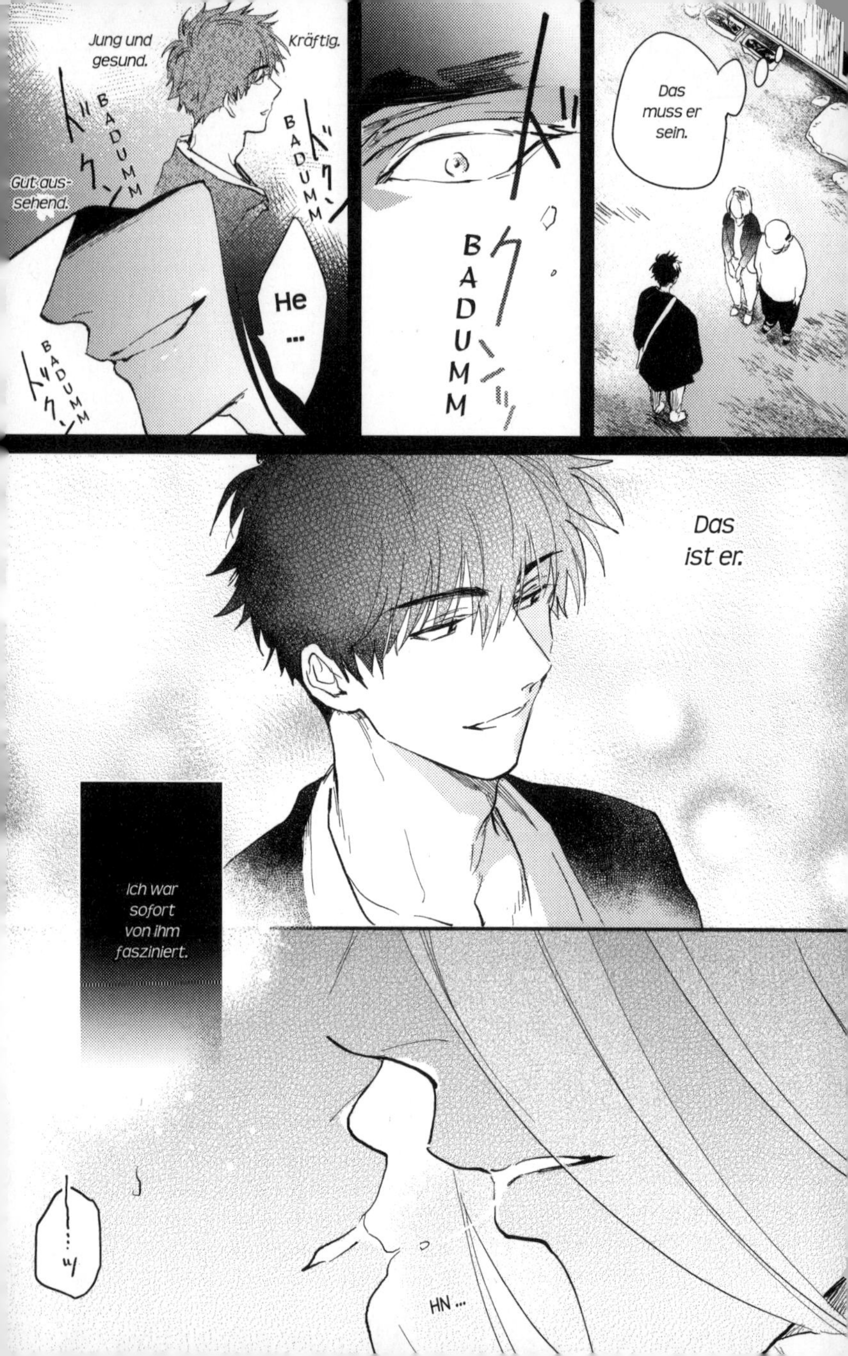
Das
muss er
sein.
BADUMM
Kräftig.
Jung und
gesund.
BADUMM
Gut aus-
sehend.
He
...
BADUMM
Das
ist er.
Ich war
sofort
von ihm
fasziniert.
HN ...

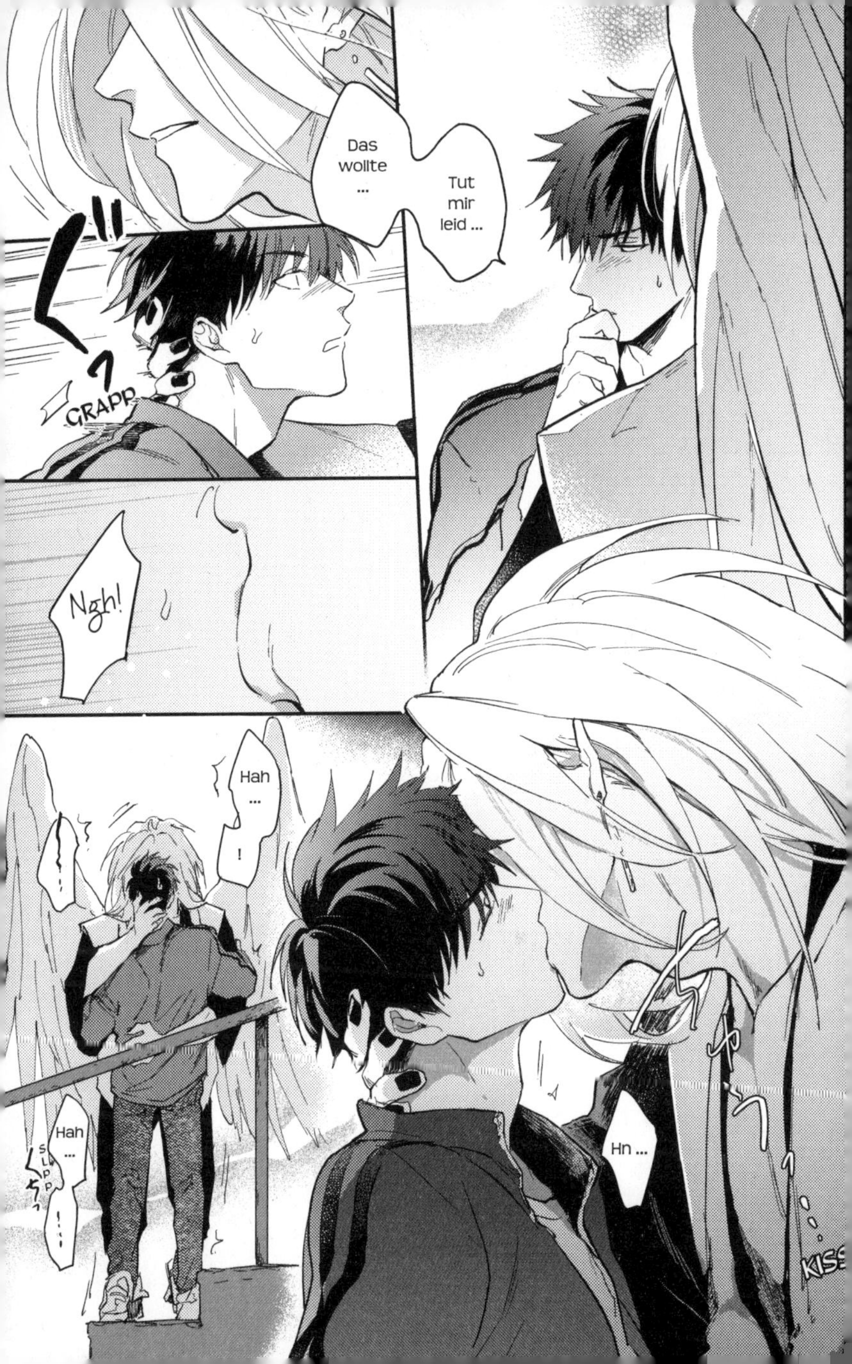
Das wollte ...
Tut mir leid ...
GRAPP
Ngh!
Hah ... !
Hn ...
KISS
Hah ... !...
SLUPP

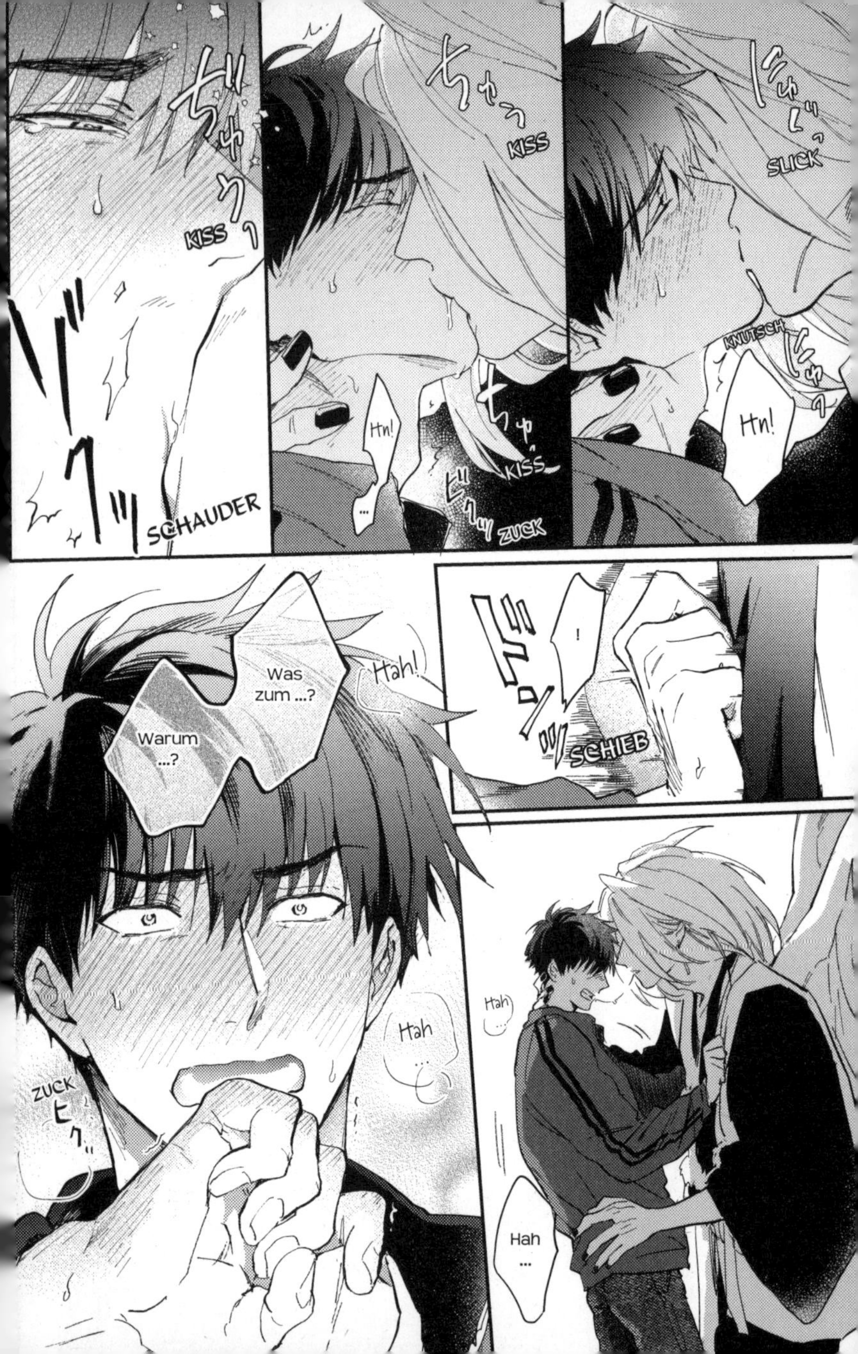

SLICK
KNUTSCH
Hn!
KISS
Hn!
...
KISS
ZUCK
KISS
SCHAUDER
!
SCHIEB
Hah!
Was zum ...?
Warum ...?
Hah ...
ZUCK
Hah ...
Hah ...

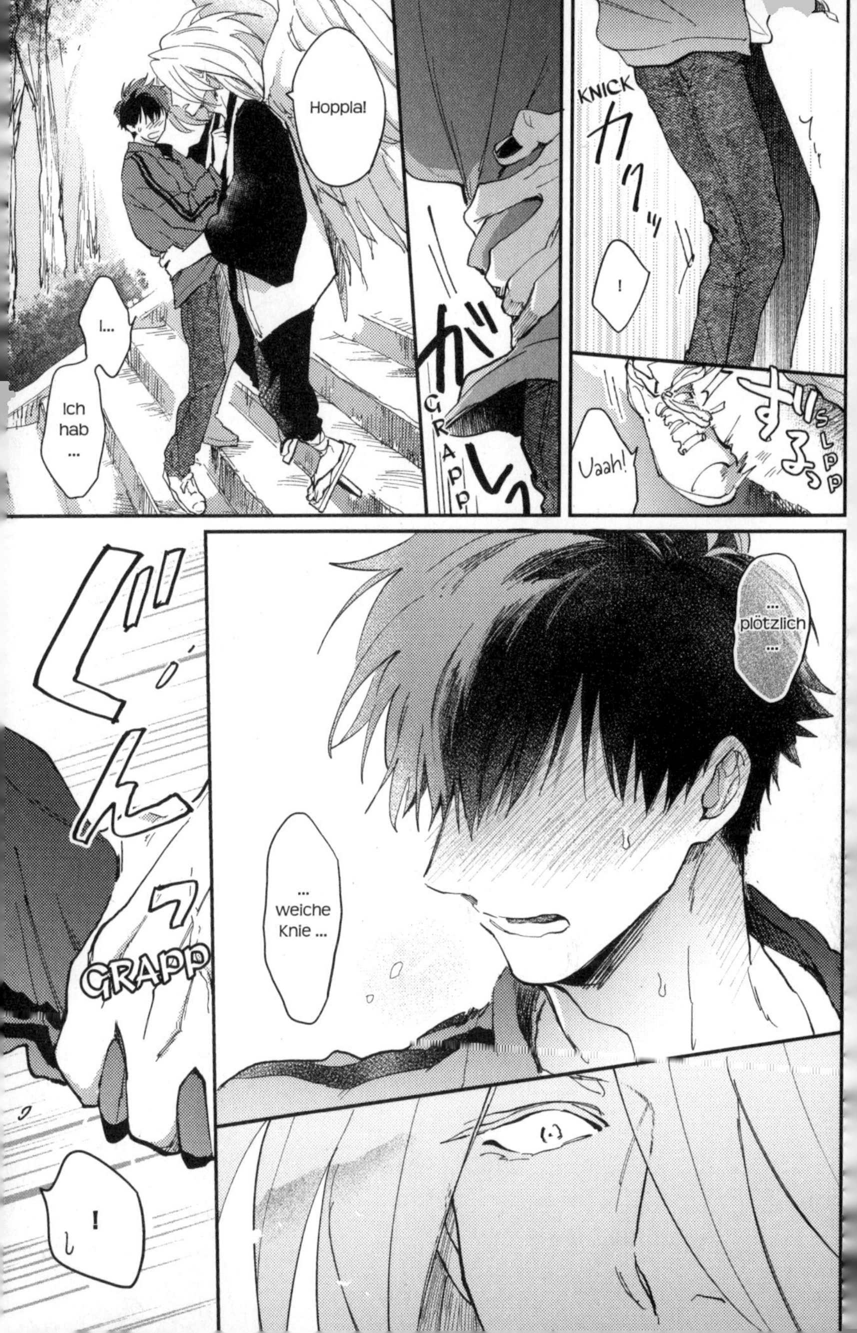
KNICK
!
Uaah!
SLPP
GRAPP
Hoppla!
I…
Ich hab …
… plötzlich …
… weiche Knie …
GRAPP
!

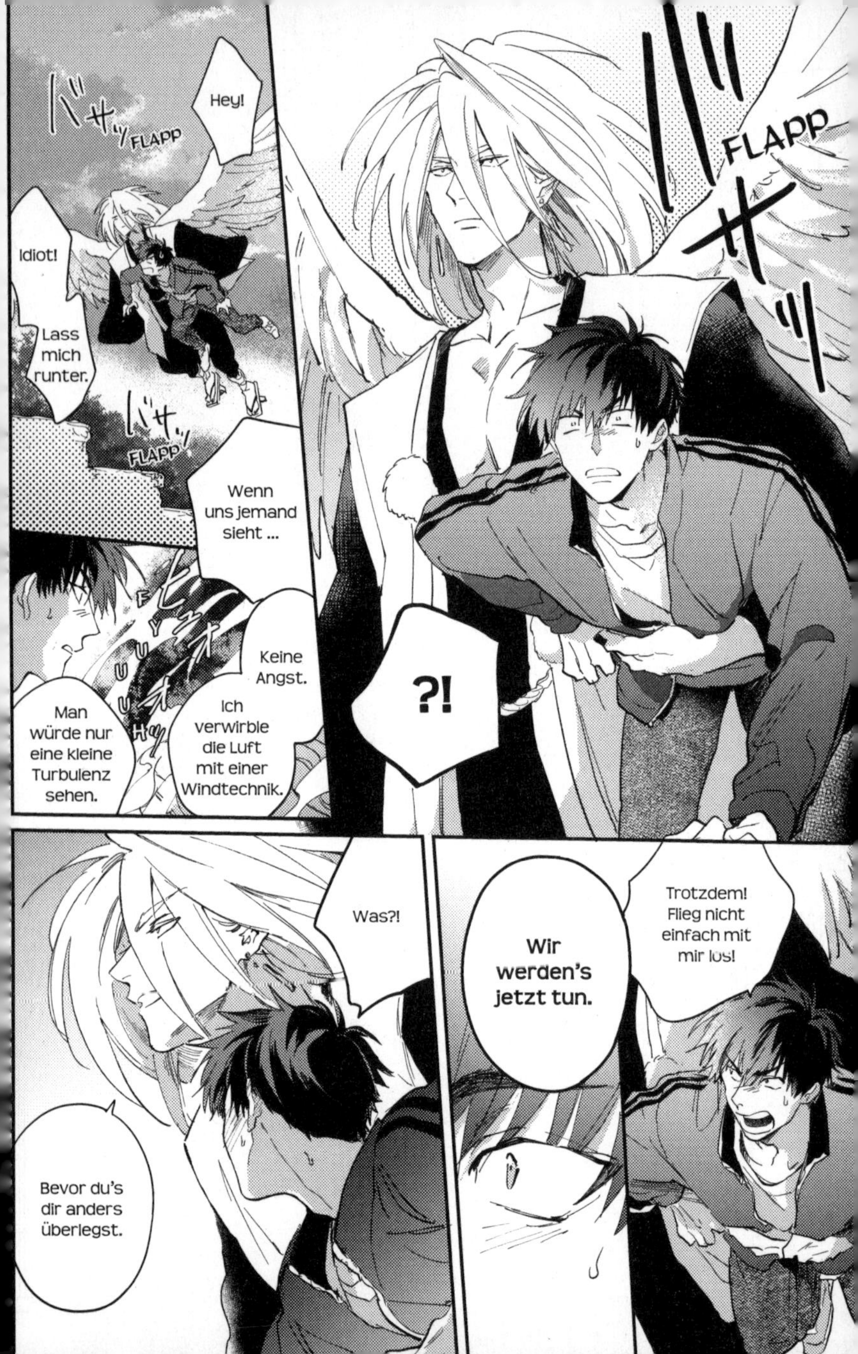
FLAPP
?!
Hey!
FLAPP
Idiot!
Lass mich runter.
FLAPP
Wenn uns jemand sieht ...
FYUUUH
Keine Angst.
Ich verwirble die Luft mit einer Windtechnik.
Man würde nur eine kleine Turbulenz sehen.
Trotzdem! Flieg nicht einfach mit mir los!
Wir werden's jetzt tun.
Was?!
Bevor du's dir anders überlegst.

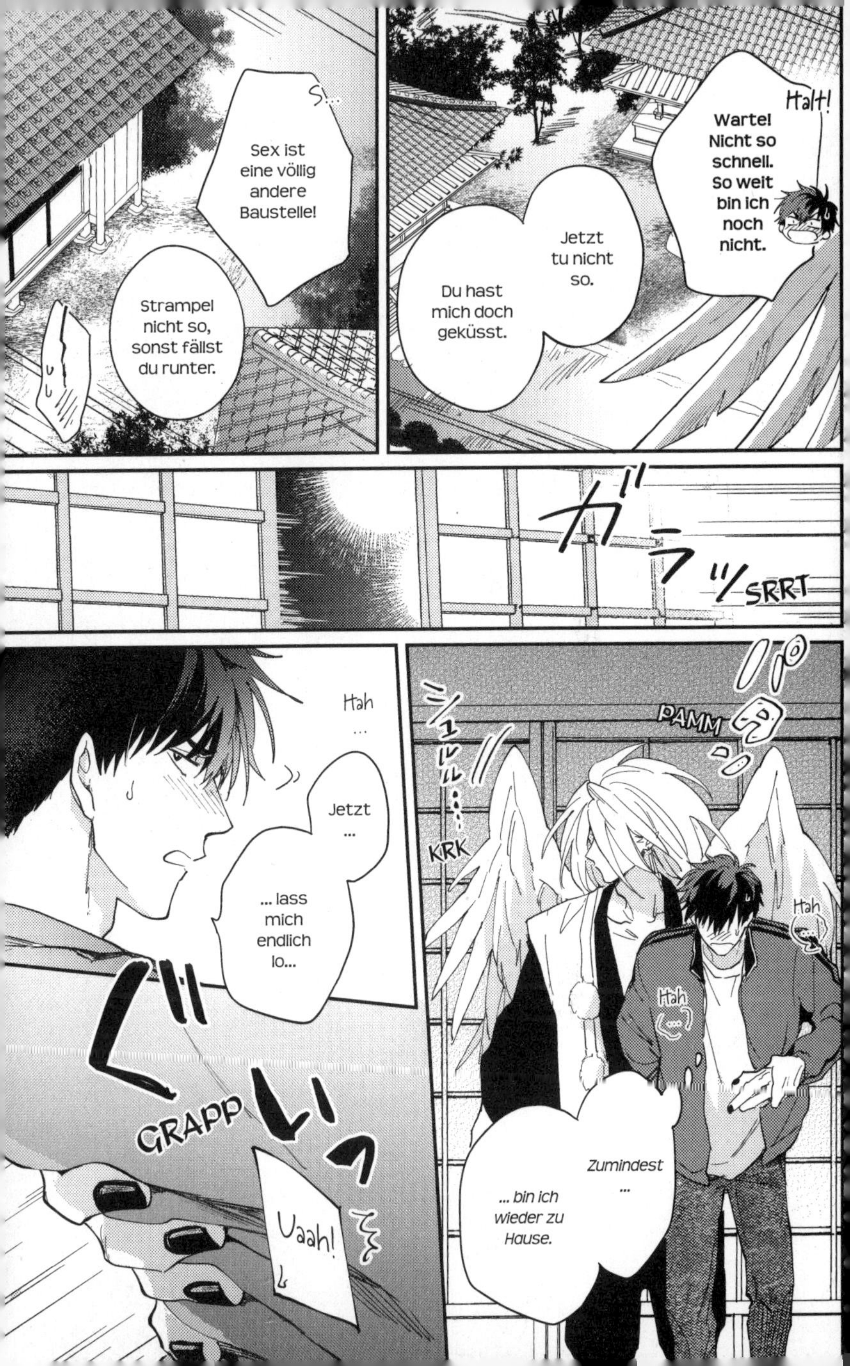
Halt!
Warte! Nicht so schnell. So weit bin ich noch nicht.
Jetzt tu nicht so.
Du hast mich doch geküsst.
S...
Sex ist eine völlig andere Baustelle!
Strampel nicht so, sonst fällst du runter.
SRRT
PAMM
KRK
Hah
Hah
Zumindest ...
... bin ich wieder zu Hause.
Hah ...
Jetzt ...
... lass mich endlich lo...
GRAPP
Uaah!

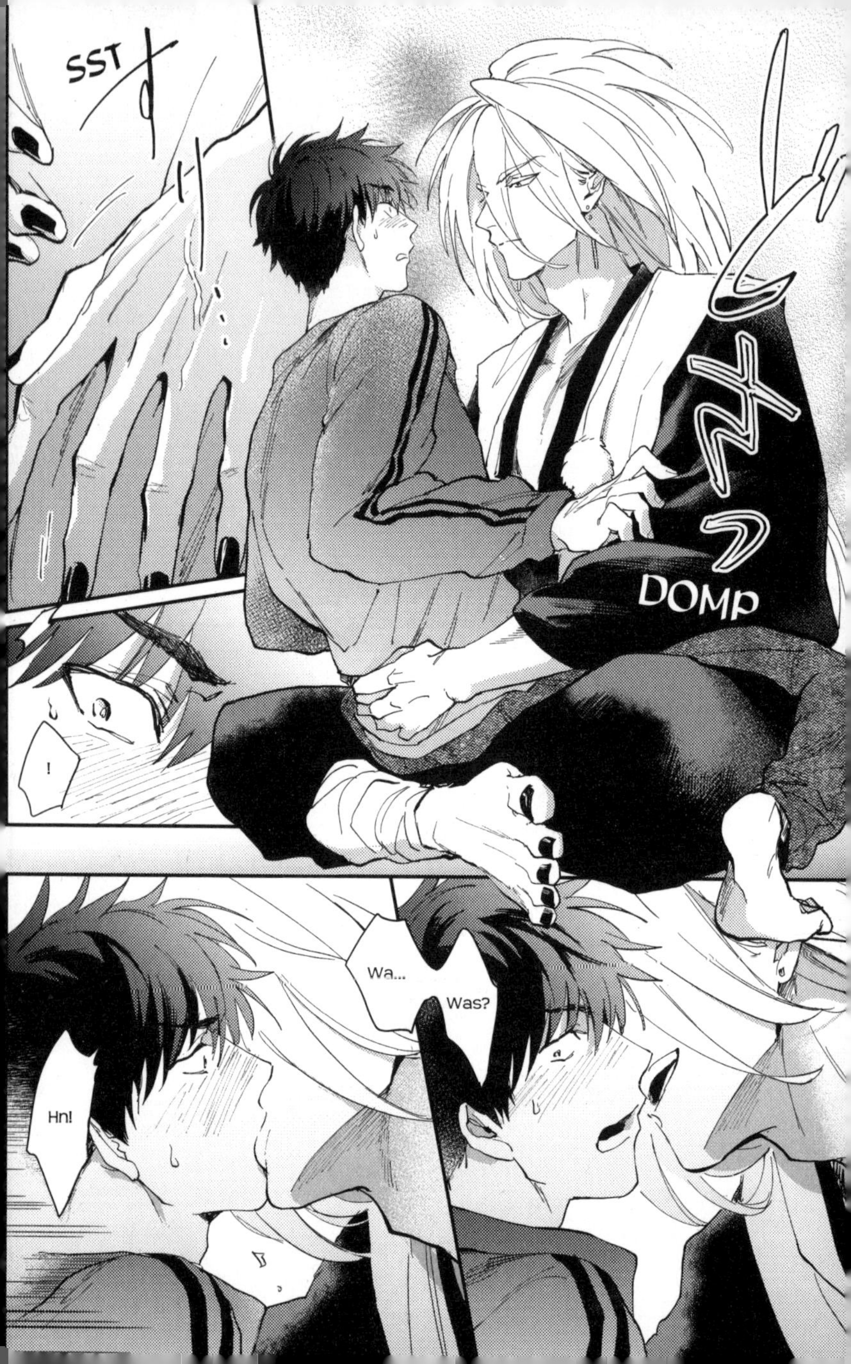
SST
DOMP
!
Wa...
Was?
Hn!

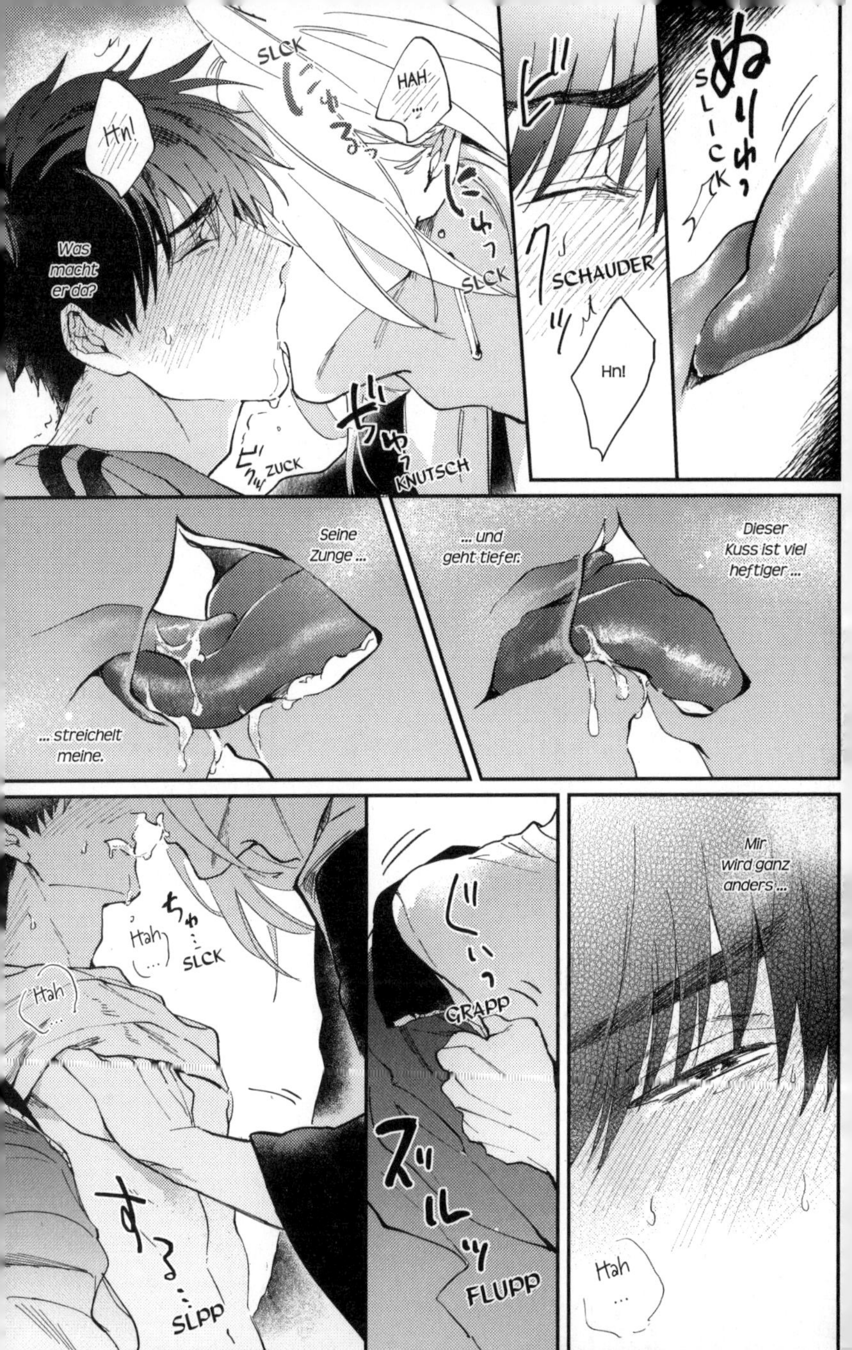

HAH ...
SLCK
Hn!
Was macht er da?
SLCK
ZUCK
KNUTSCH
SLICK
SCHAUDER
Hn!
Dieser Kuss ist viel heftiger ...
... und geht tiefer.
Seine Zunge ...
... streichelt meine.
Mir wird ganz anders ...
Hah ...
GRAPP
FLUPP
Hah ...
SLCK
Hah ...
SLPP

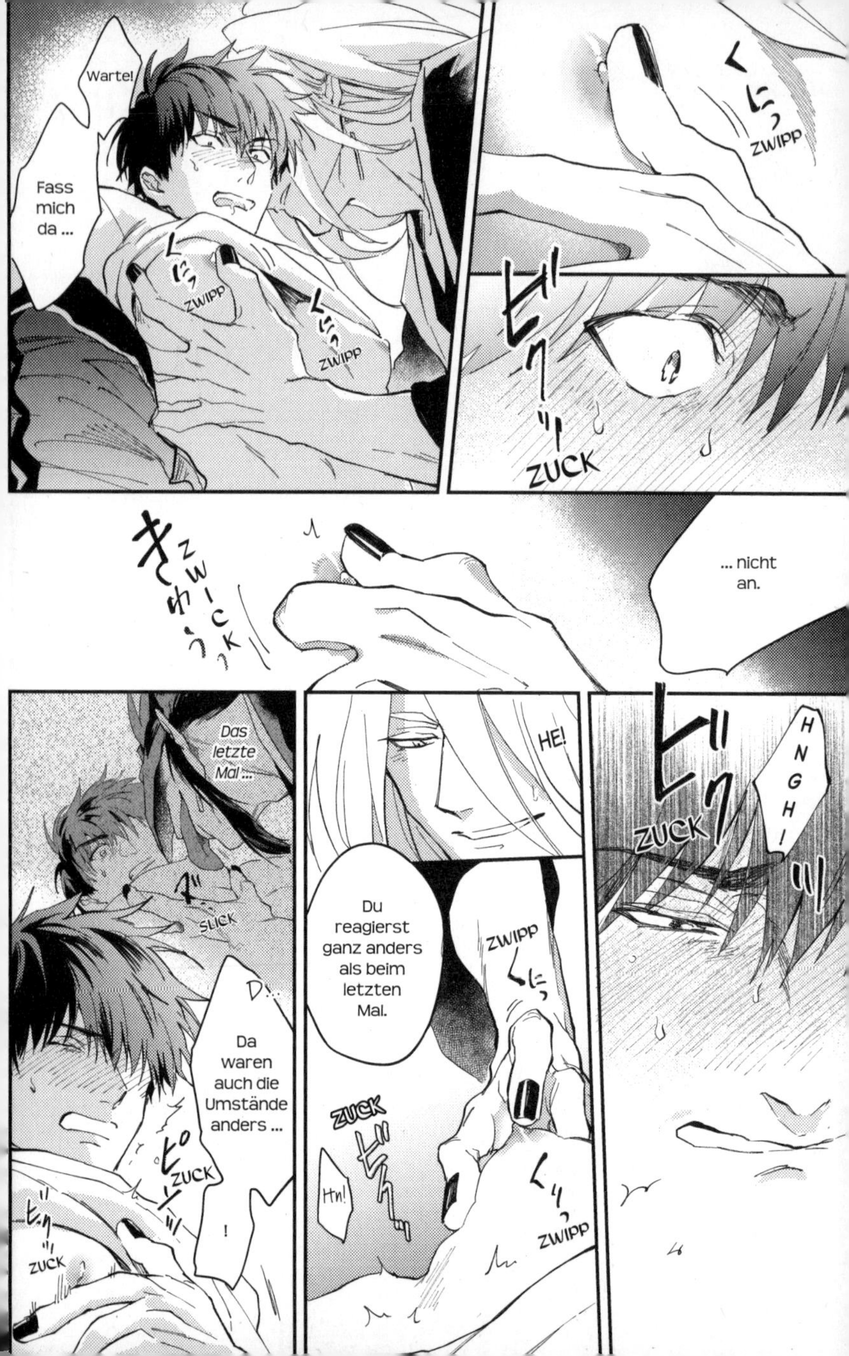
Warte!
Fass mich da ...
ZWIPP
ZWIPP
ZWIPP
ZUCK
ZWICK
... nicht an.
HNGH!!
ZUCK
HE!
Das letzte Mal ...
SLICK
Du reagierst ganz anders als beim letzten Mal.
ZWIPP
D...
Da waren auch die Umstände anders ...
ZUCK
Hn!
ZUCK
!
ZUCK
ZWIPP

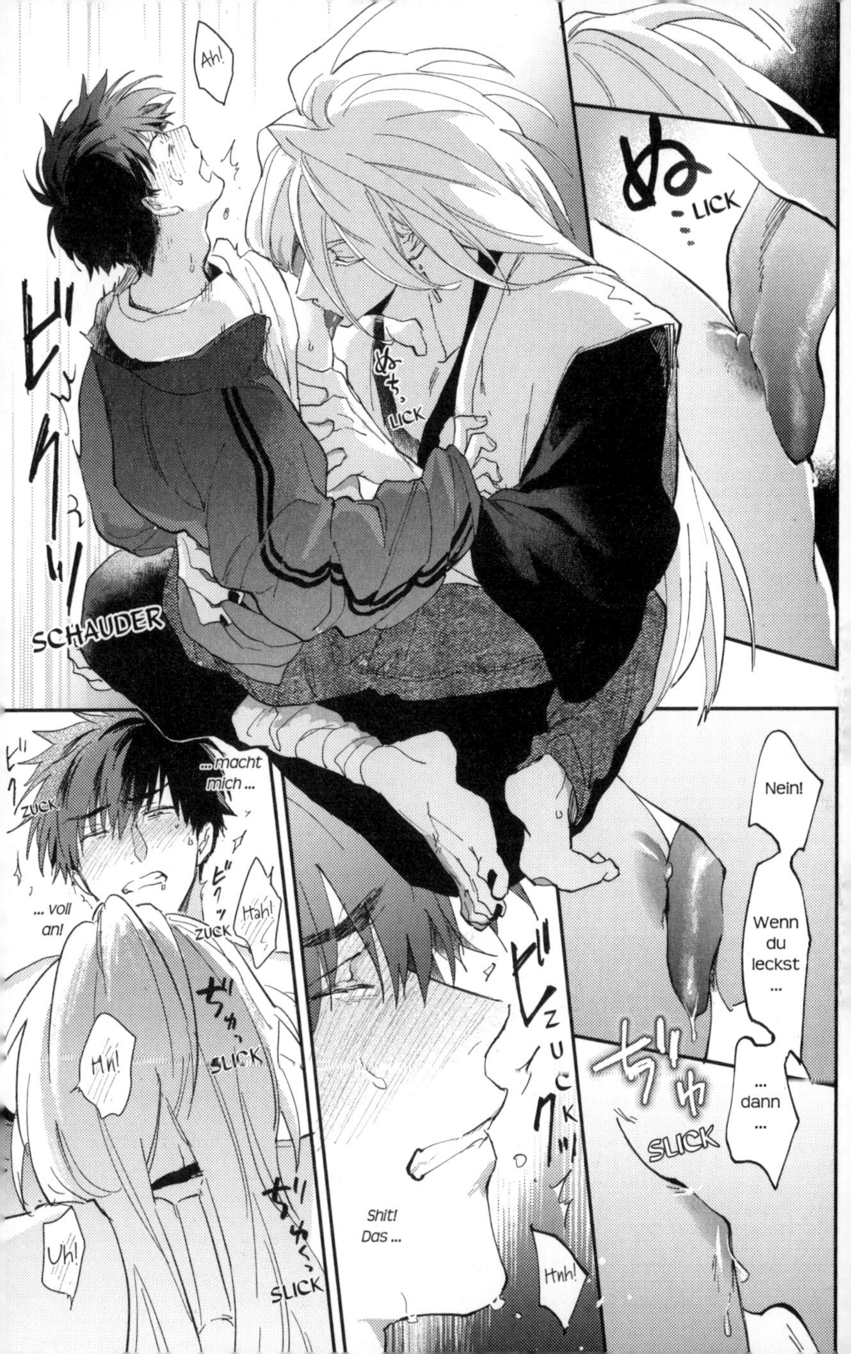
ぬ
LICK
Ah!
LICK
SCHAUDER
Nein!
Wenn du leckst ...
... dann ...
SLICK
Hnh!
Shit! Das ...
ZUCK
... macht mich ...
... voll an!
ZUCK
Hah!
ZUCK
Hn!
SLICK
Uh!
SLICK

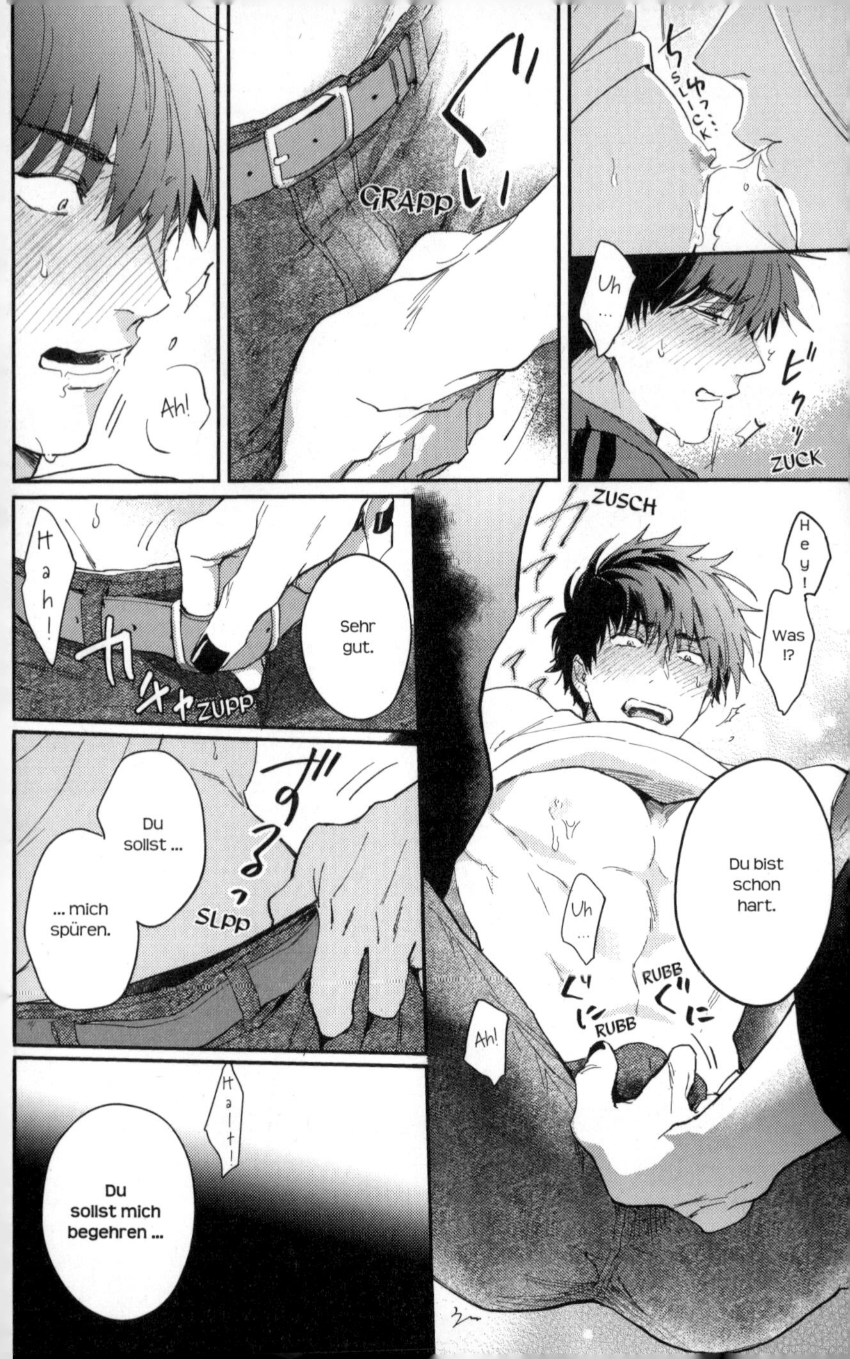
SLICK
Uh ...
ZUCK
GRAPP
Ah!
ZUSCH
Hey!
Was!?
Du bist schon hart.
Uh ...
RUBB
RUBB
Ah!
Sehr gut.
Hah!
ZUPP
Du sollst ...
... mich spüren.
SLPP
Halt!
Du sollst mich begehren ...

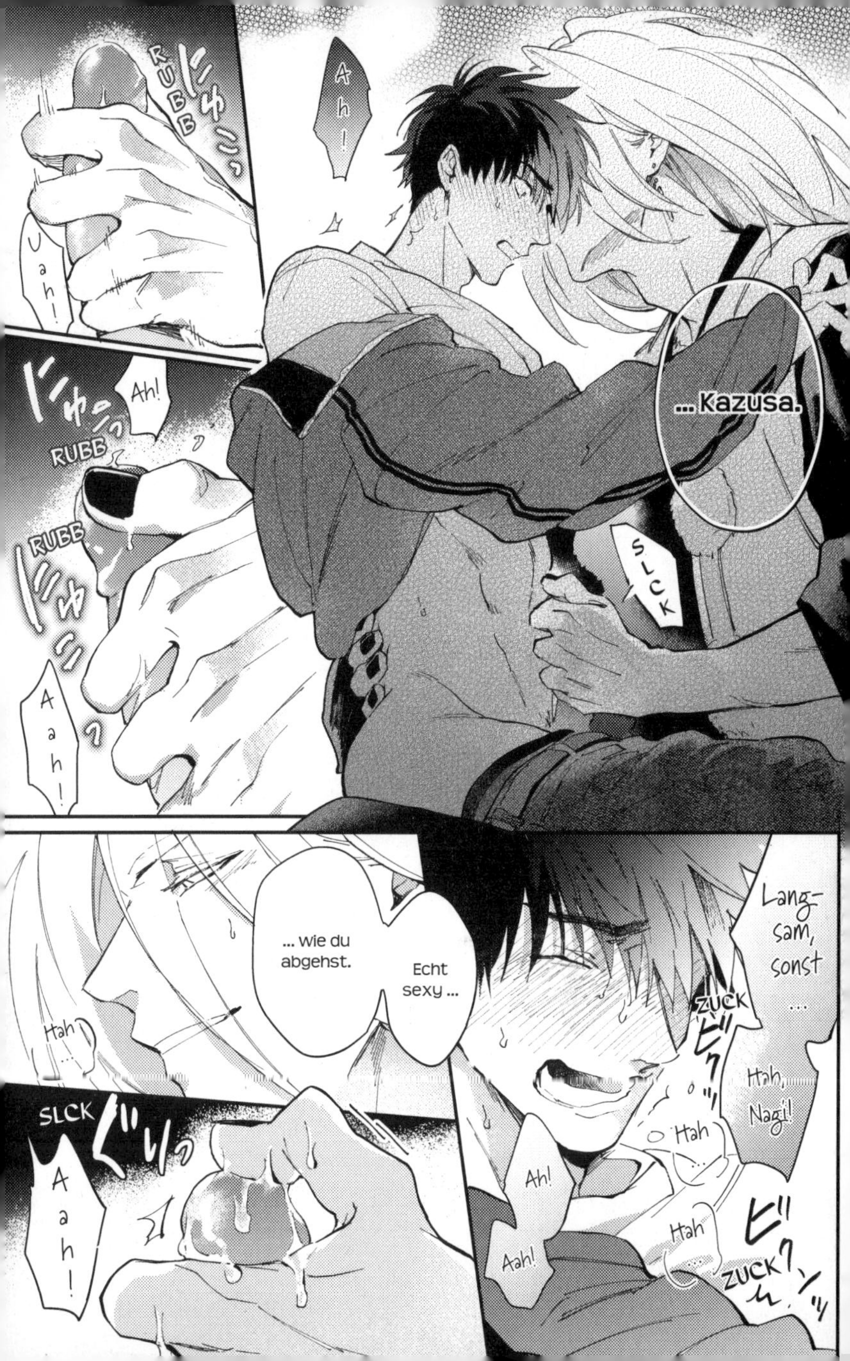
... Kazusa.
SLCK
Ah!
RUBB
Uah!
Ah!
RUBB
RUBB
Aah!
Lang-
sam,
sonst
...
ZUCK
Hah,
Nagi!
Echt
sexy ...
... wie du
abgehst.
Hah
...
Hah
...
Ah!
Aah!
Hah
...
ZUCK
SLCK
Aah!

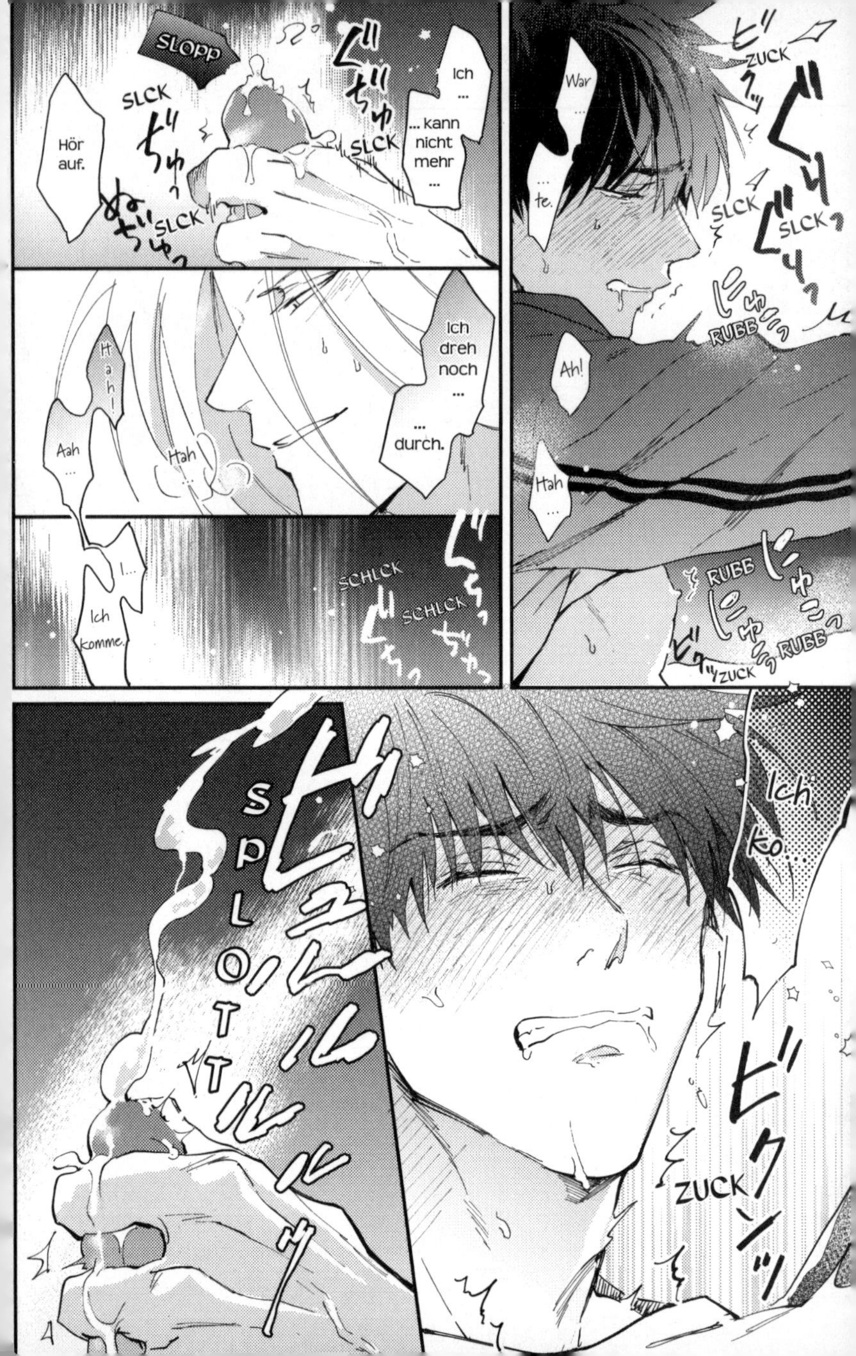
War ...
... te.
ZUCK
SLCK
SLCK
RUBB
Ah!
Hah ...
RUBB
RUBB
ZUCK
SLOPP
Ich ...
... kann nicht mehr ...
SLCK
Hör auf.
SLCK
SLCK
Ich dreh noch ...
... durch.
Hah!
Aah ...
Hah ...
SCHLCK
SCHLCK
I...
Ich komme.
Ich ko...
SPLOTT
ZUCK

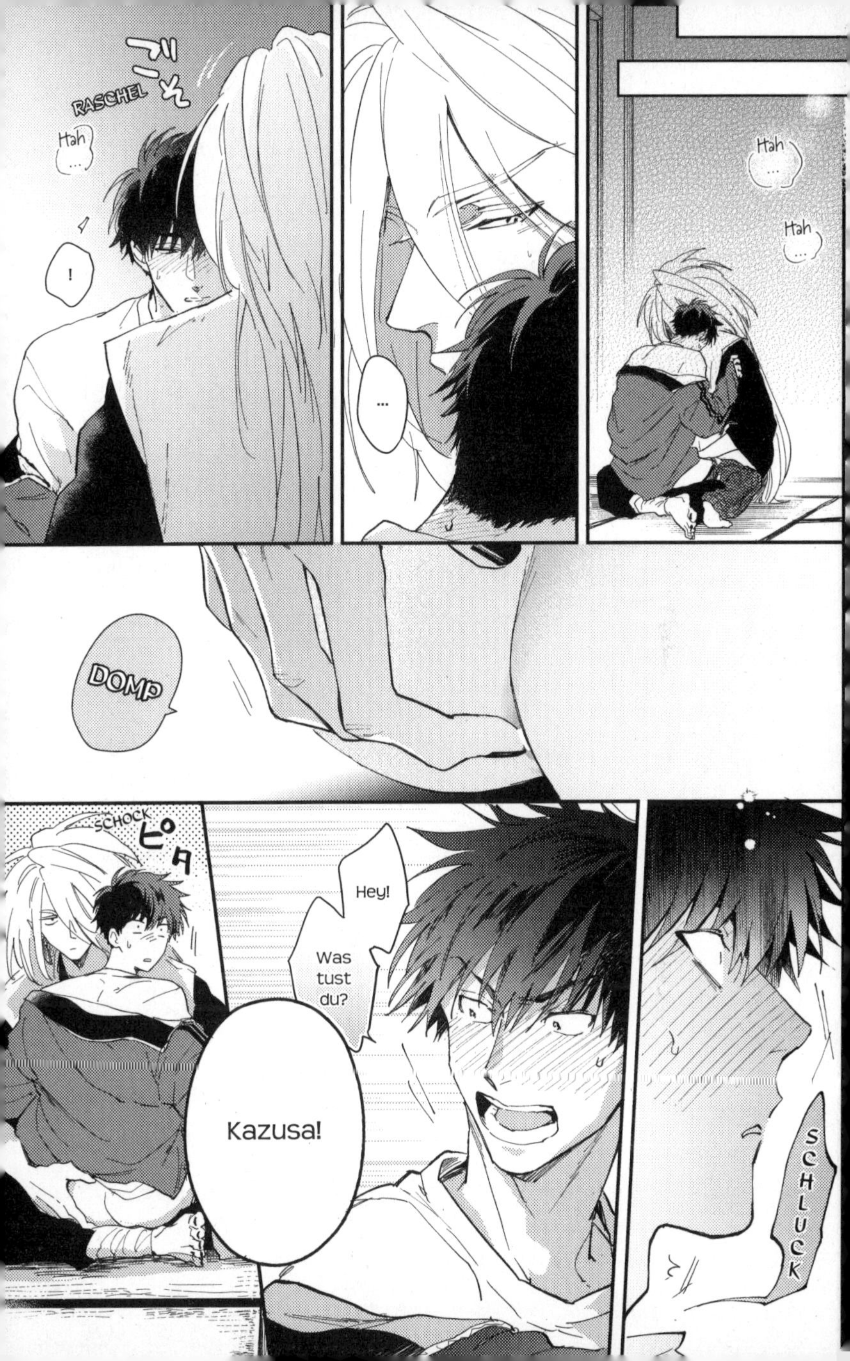
ゴソ
RASCHEL
Hah ...
!
...
Hah ...
Hah ...
DOMP
SCHOCK
ピタ
Hey!
Was tust du?
Kazusa!
SCHLUCK

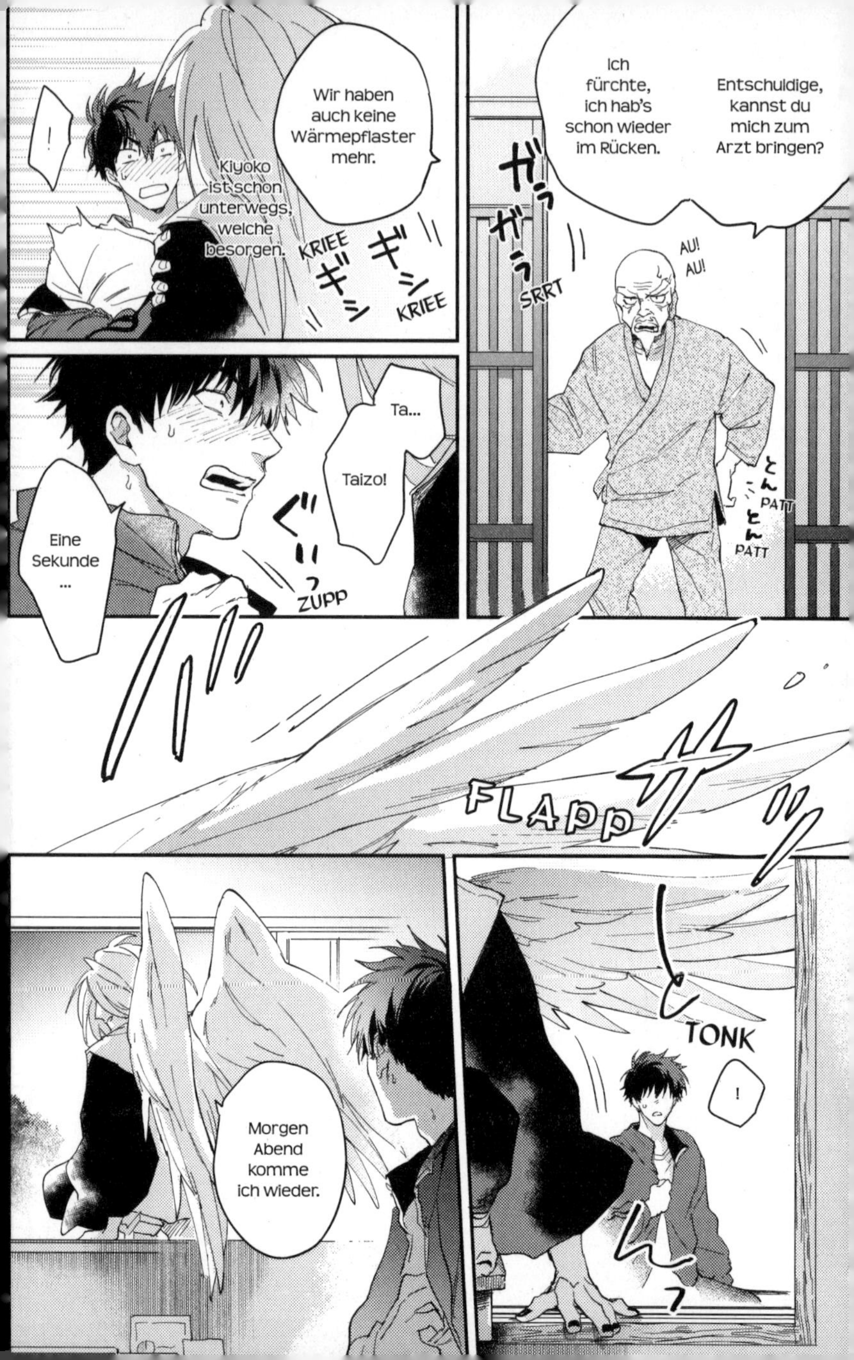
Entschuldige, kannst du mich zum Arzt bringen?
Ich fürchte, ich hab's schon wieder im Rücken.
ガラガラ
SRRT
AU! AU!
とんとん
PATT
PATT
Wir haben auch keine Wärmepflaster mehr.
Kiyoko ist schon unterwegs, welche besorgen.
ギシギシ
KRIEE
KRIEE
!
Ta...
Taizo!
ぐいっ
ZUPP
Eine Sekunde ...
サッ
FLAPP
とん
TONK
!
Morgen Abend komme ich wieder.

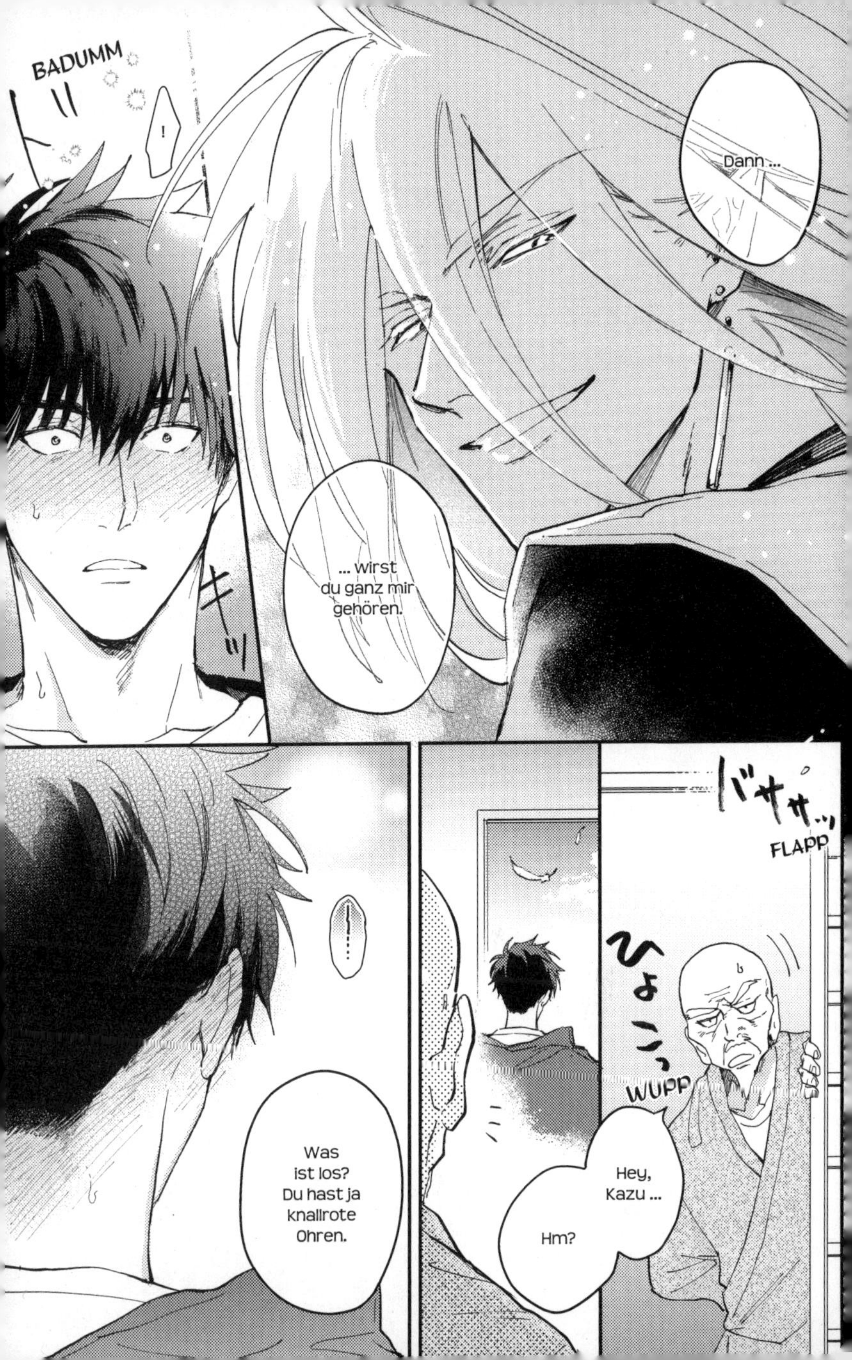
Dann ...
... wirst du ganz mir gehören.
!
BADUMM
バサッ
FLAPP
ひょこっ
WUPP
Hey, Kazu ...
Hm?
Was ist los? Du hast ja knallrote Ohren.
!......

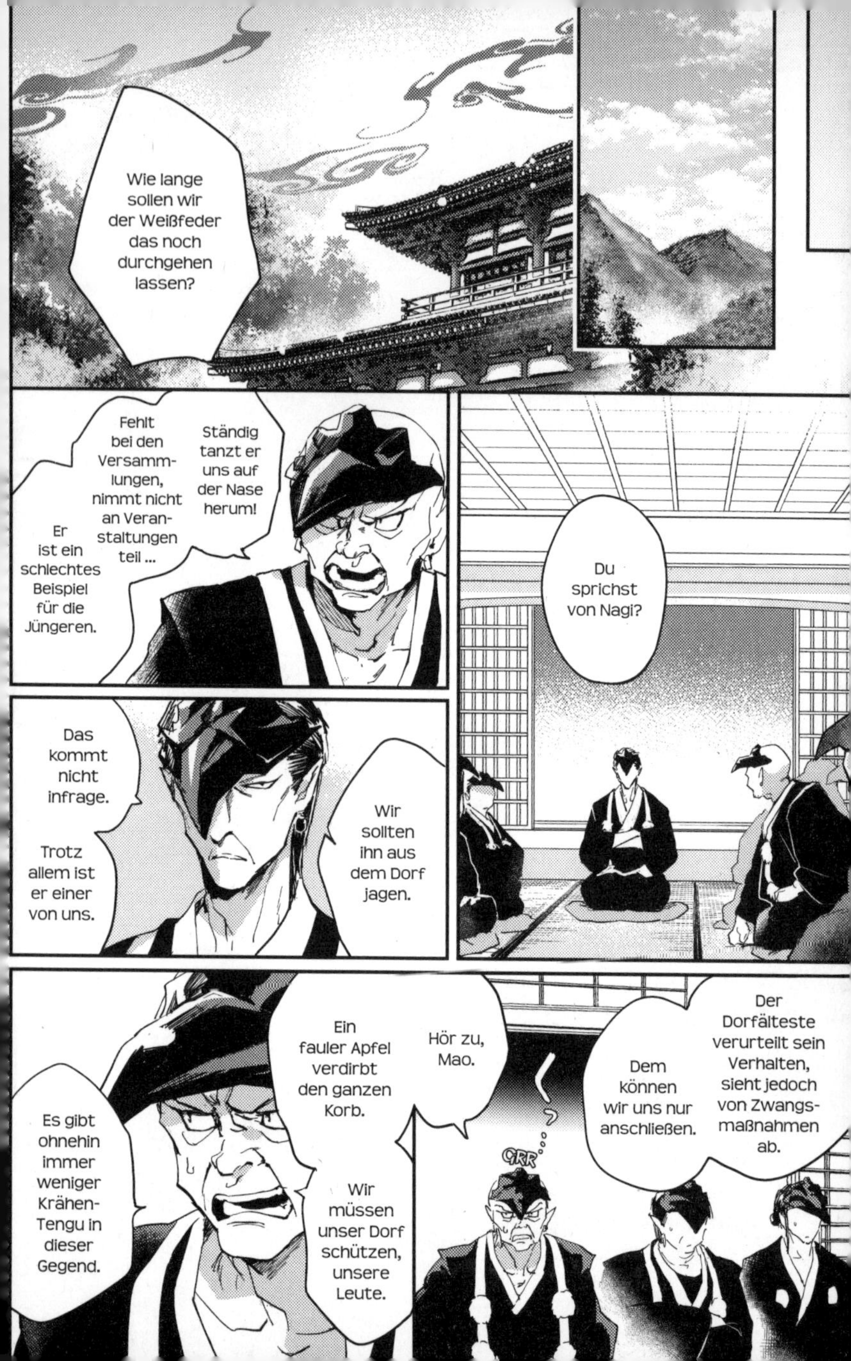
Wie lange sollen wir der Weißfeder das noch durchgehen lassen?
Du sprichst von Nagi?
Ständig tanzt er uns auf der Nase herum!
Fehlt bei den Versammlungen, nimmt nicht an Veranstaltungen teil ...
Er ist ein schlechtes Beispiel für die Jüngeren.
Wir sollten ihn aus dem Dorf jagen.
Das kommt nicht infrage.
Trotz allem ist er einer von uns.
Der Dorfälteste verurteilt sein Verhalten, sieht jedoch von Zwangsmaßnahmen ab.
Dem können wir uns nur anschließen.
GRR
Hör zu, Mao.
Ein fauler Apfel verdirbt den ganzen Korb.
Wir müssen unser Dorf schützen, unsere Leute.
Es gibt ohnehin immer weniger Krähen-Tengu in dieser Gegend.

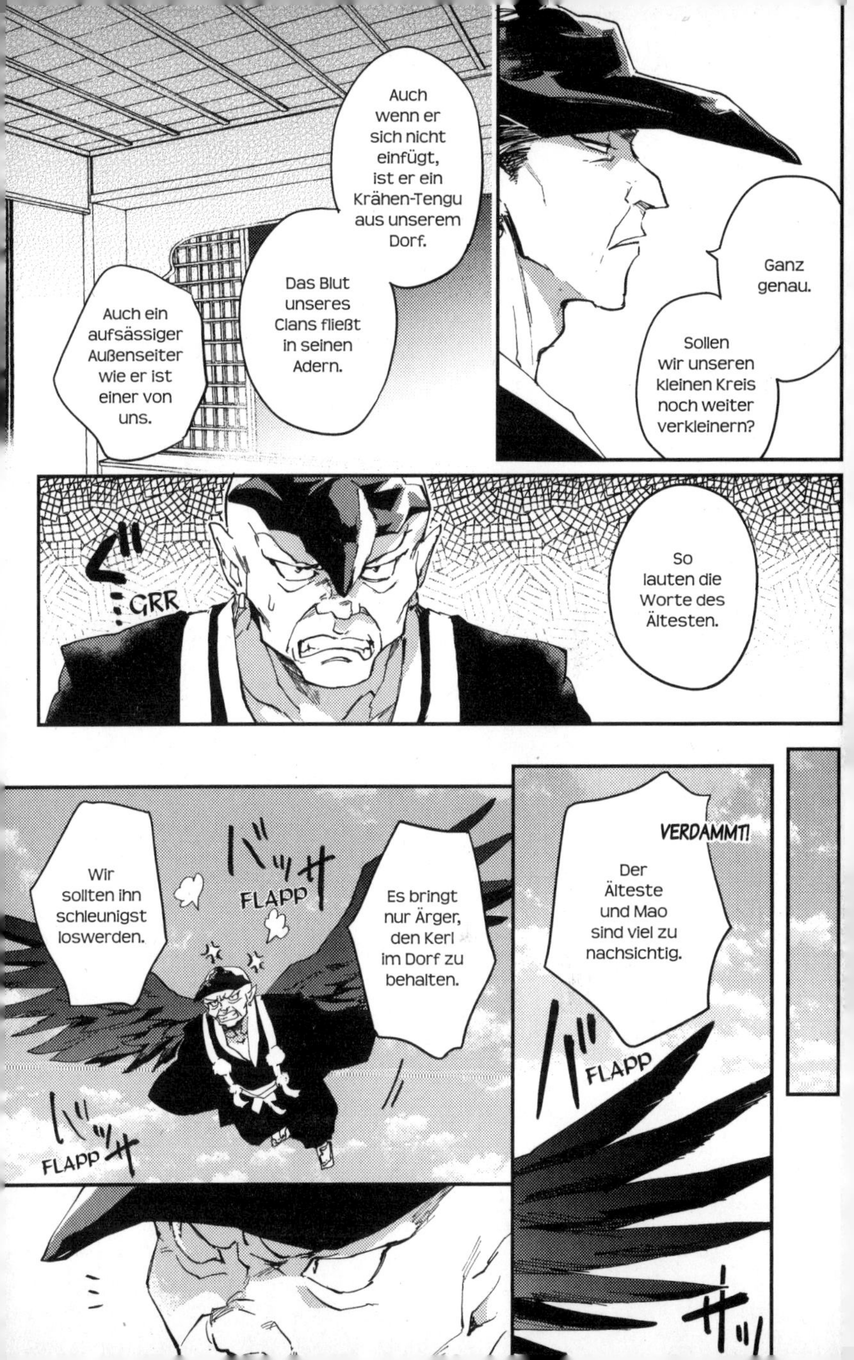

Ganz genau.

Sollen wir unseren kleinen Kreis noch weiter verkleinern?

Auch wenn er sich nicht einfügt, ist er ein Krähen-Tengu aus unserem Dorf.

Das Blut unseres Clans fließt in seinen Adern.

Auch ein aufsässiger Außenseiter wie er ist einer von uns.

So lauten die Worte des Ältesten.

GRR

VERDAMMT!

Der Älteste und Mao sind viel zu nachsichtig.

FLAPP

Es bringt nur Ärger, den Kerl im Dorf zu behalten.

FLAPP

Wir sollten ihn schleunigst loswerden.

FLAPP

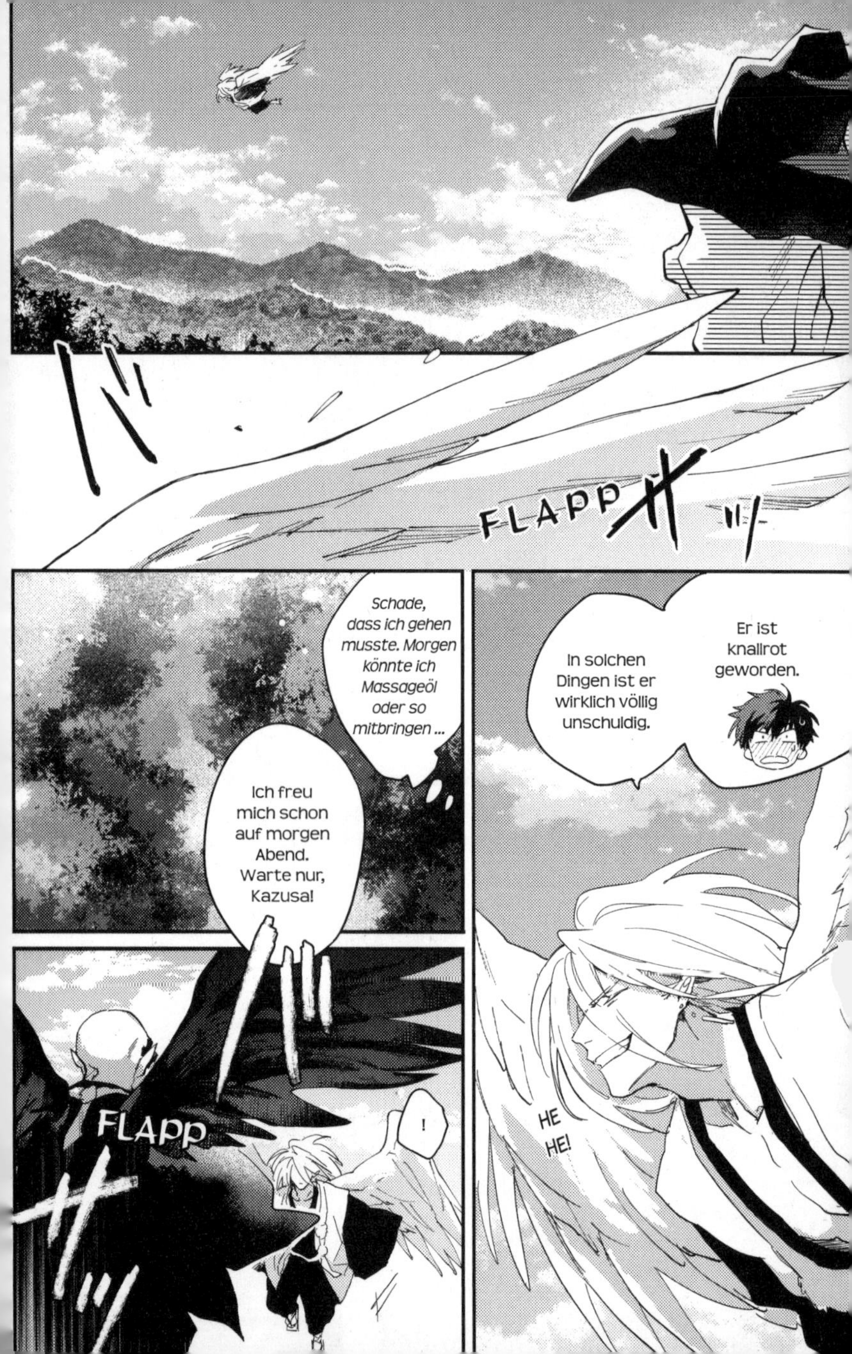
FLAPP
Schade, dass ich gehen musste. Morgen könnte ich Massageöl oder so mitbringen ...
Ich freu mich schon auf morgen Abend. Warte nur, Kazusa!
Er ist knallrot geworden.
In solchen Dingen ist er wirklich völlig unschuldig.
HE HE!
FLAPP
!

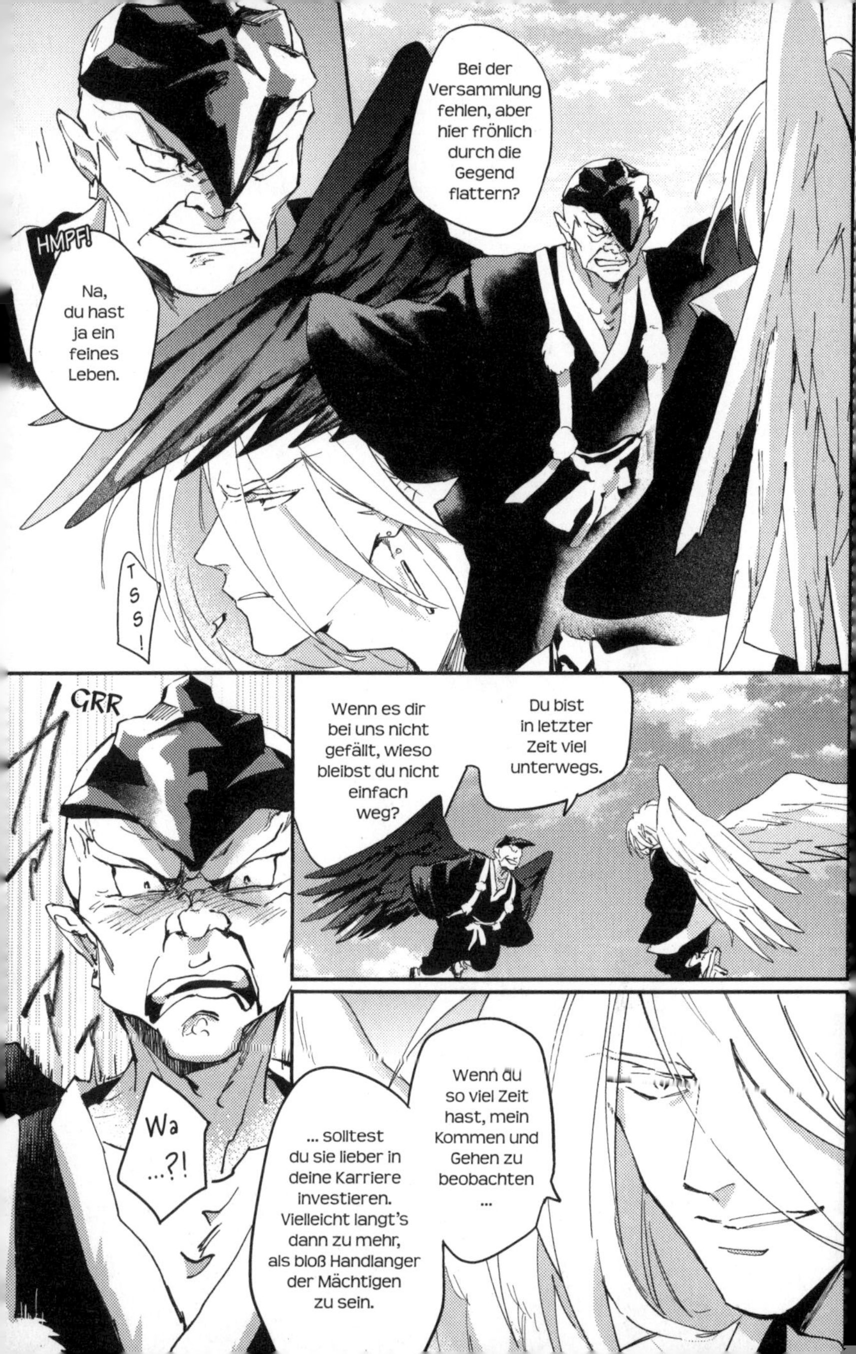
Bei der Versammlung fehlen, aber hier fröhlich durch die Gegend flattern?
HMPF!
Na, du hast ja ein feines Leben.
TSS!
Du bist in letzter Zeit viel unterwegs.
Wenn es dir bei uns nicht gefällt, wieso bleibst du nicht einfach weg?
GRR
Wenn du so viel Zeit hast, mein Kommen und Gehen zu beobachten ...
... solltest du sie lieber in deine Karriere investieren. Vielleicht langt's dann zu mehr, als bloß Handlanger der Mächtigen zu sein.
Wa ...?!

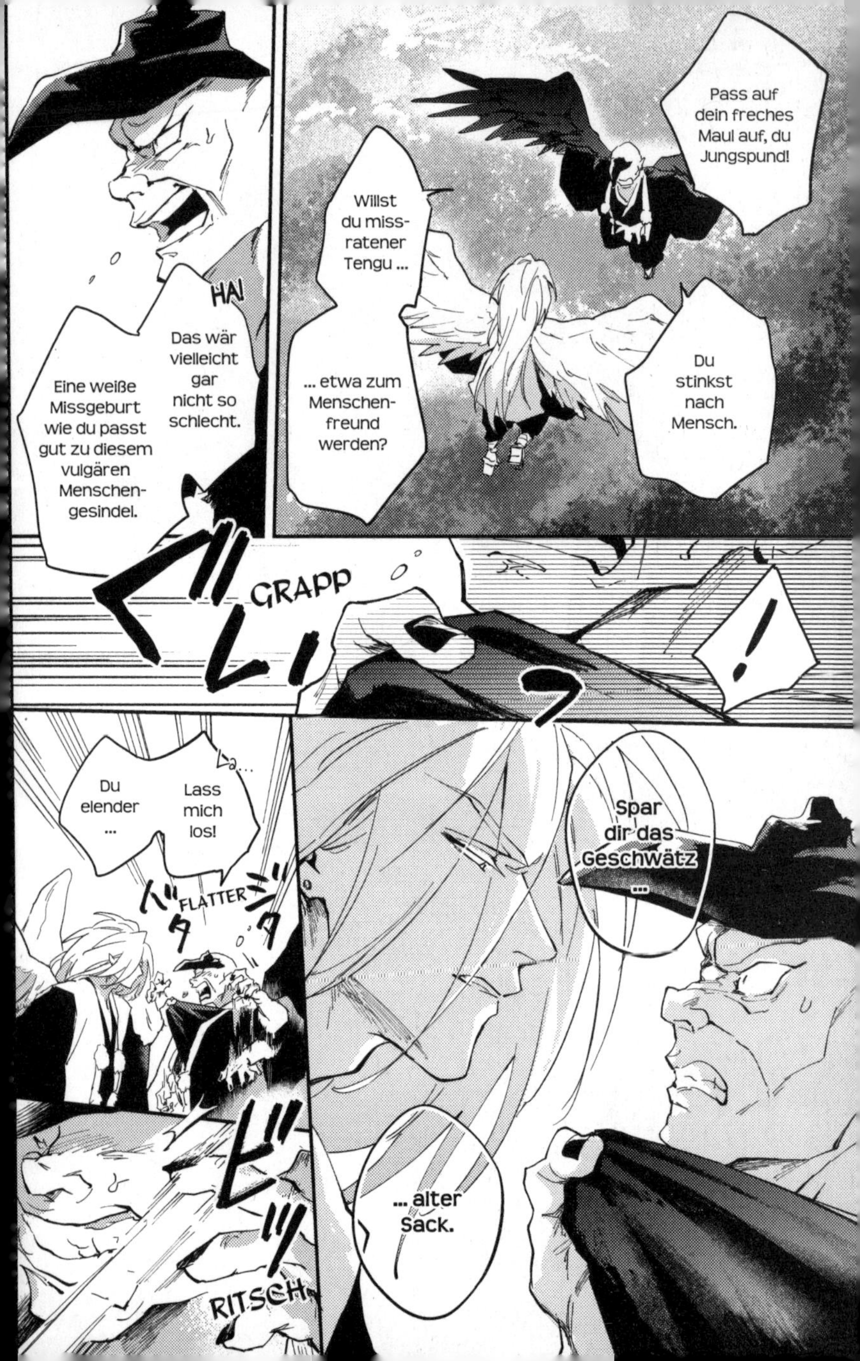
Pass auf dein freches Maul auf, du Jungspund!
Du stinkst nach Mensch.
Willst du missratener Tengu ...
... etwa zum Menschenfreund werden?
HA!
Das wär vielleicht gar nicht so schlecht.
Eine weiße Missgeburt wie du passt gut zu diesem vulgären Menschengesindel.
GRAPP
!
Spar dir das Geschwätz ...
... alter Sack.
Lass mich los!
Du elender ...
FLATTER
RITSCH

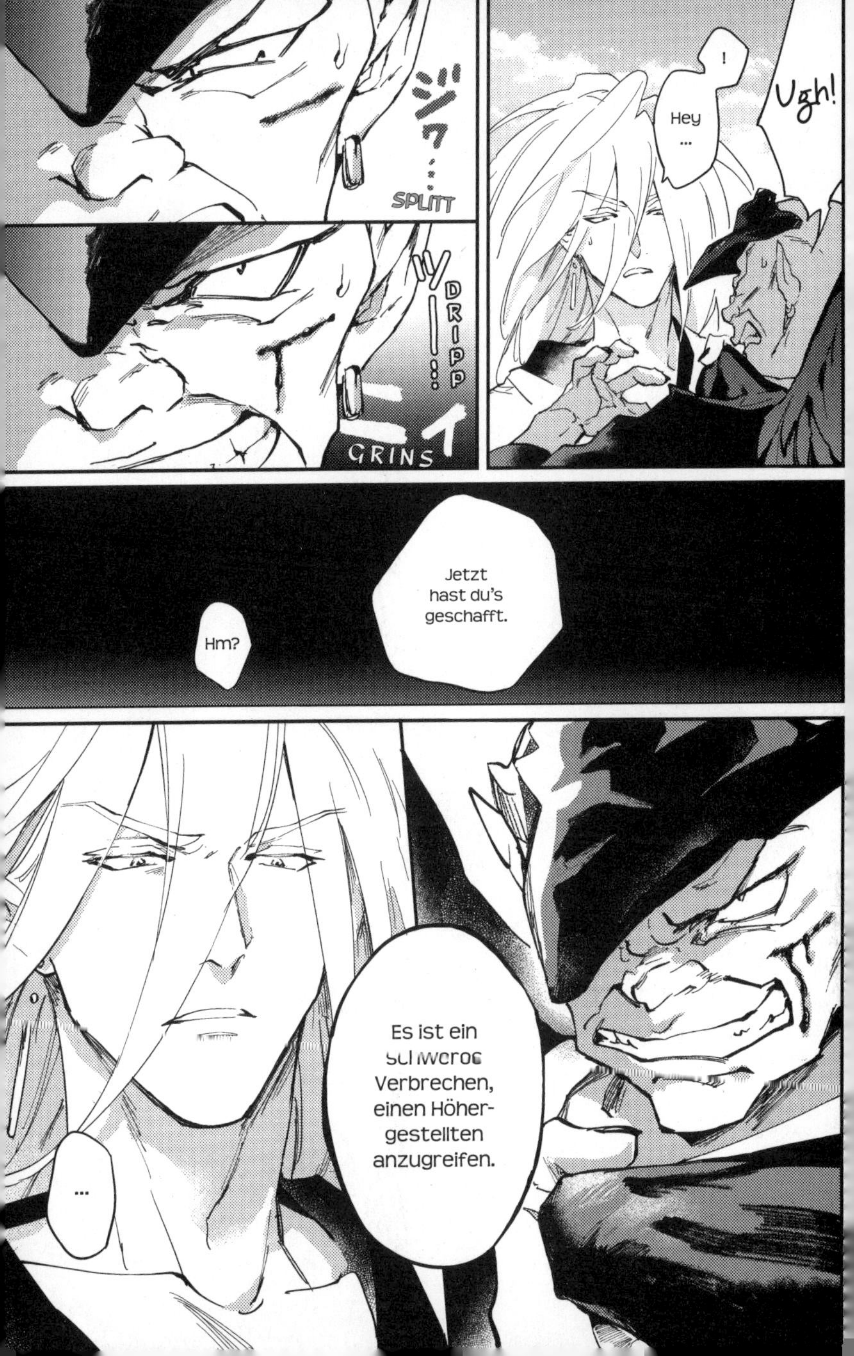
!
Hey ...
Ugh!
SPLITT
DRIPP
GRINS
Jetzt hast du's geschafft.
Hm?
Es ist ein schweres Verbrechen, einen Höher-gestellten anzugreifen.
...

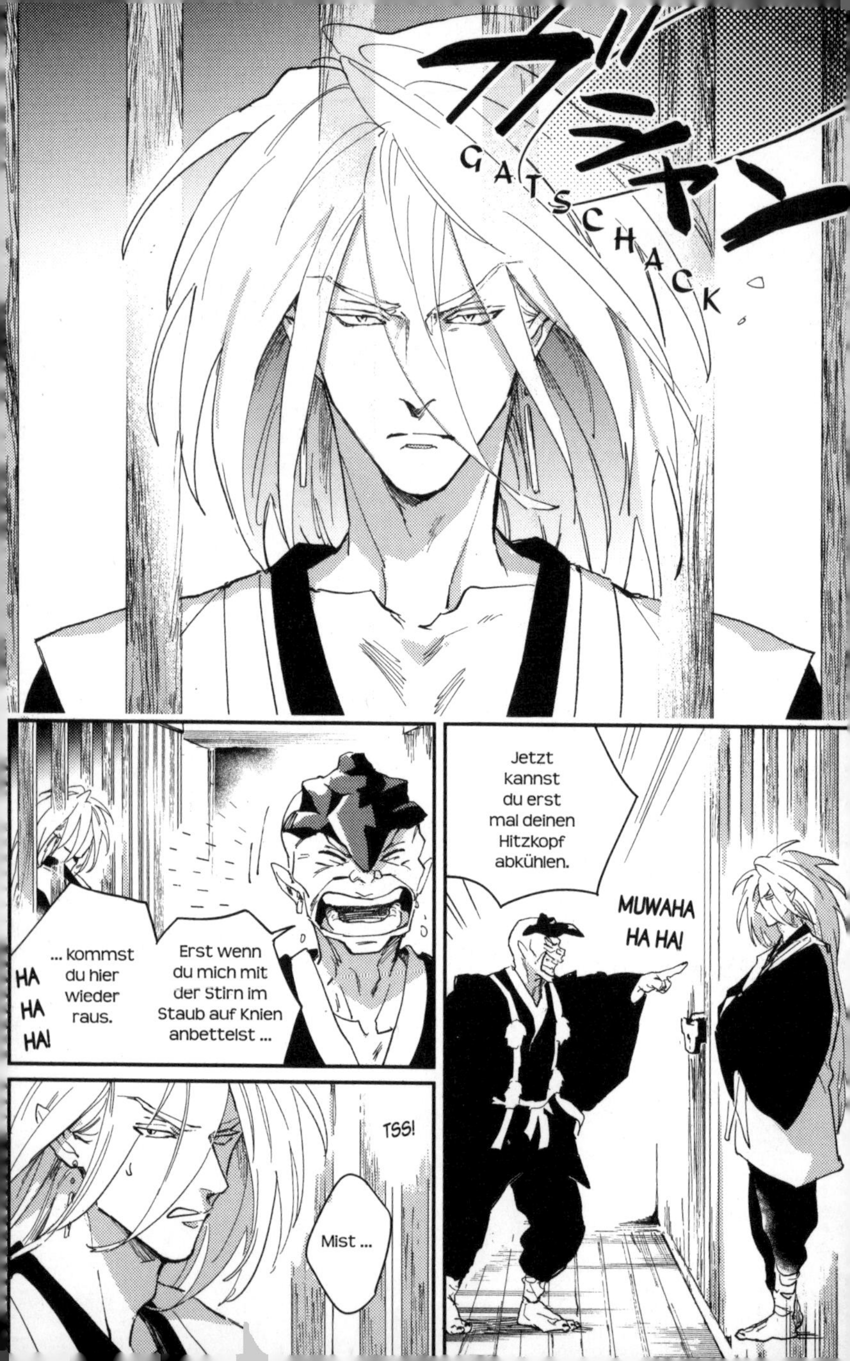
ガシャン
GATSCHACK
Erst wenn du mich mit der Stirn im Staub auf Knien anbettelst ...
... kommst du hier wieder raus.
HA HA HA!
Jetzt kannst du erst mal deinen Hitzkopf abkühlen.
MUWAHA HA HA!
TSS!
Mist ...

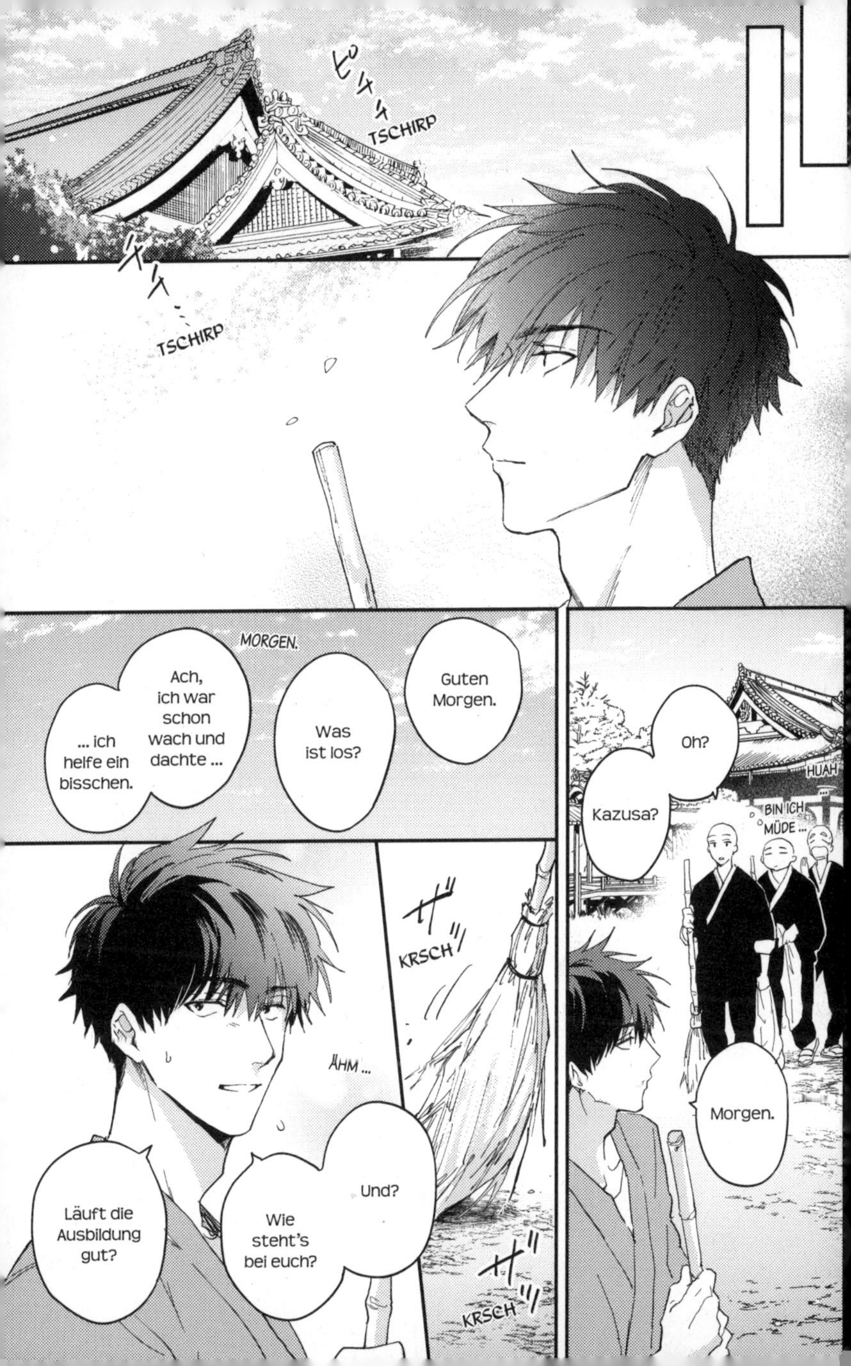
ピィィ
TSCHIRP
ギィィ…
TSCHIRP
Oh?
Kazusa?
HUAH
BIN ICH MÜDE …
Morgen.
Guten Morgen.
MORGEN.
Was ist los?
Ach, ich war schon wach und dachte …
… ich helfe ein bisschen.
ザ
KRSCH
ÄHM …
Und?
Wie steht's bei euch?
Läuft die Ausbildung gut?
ザ
KRSCH

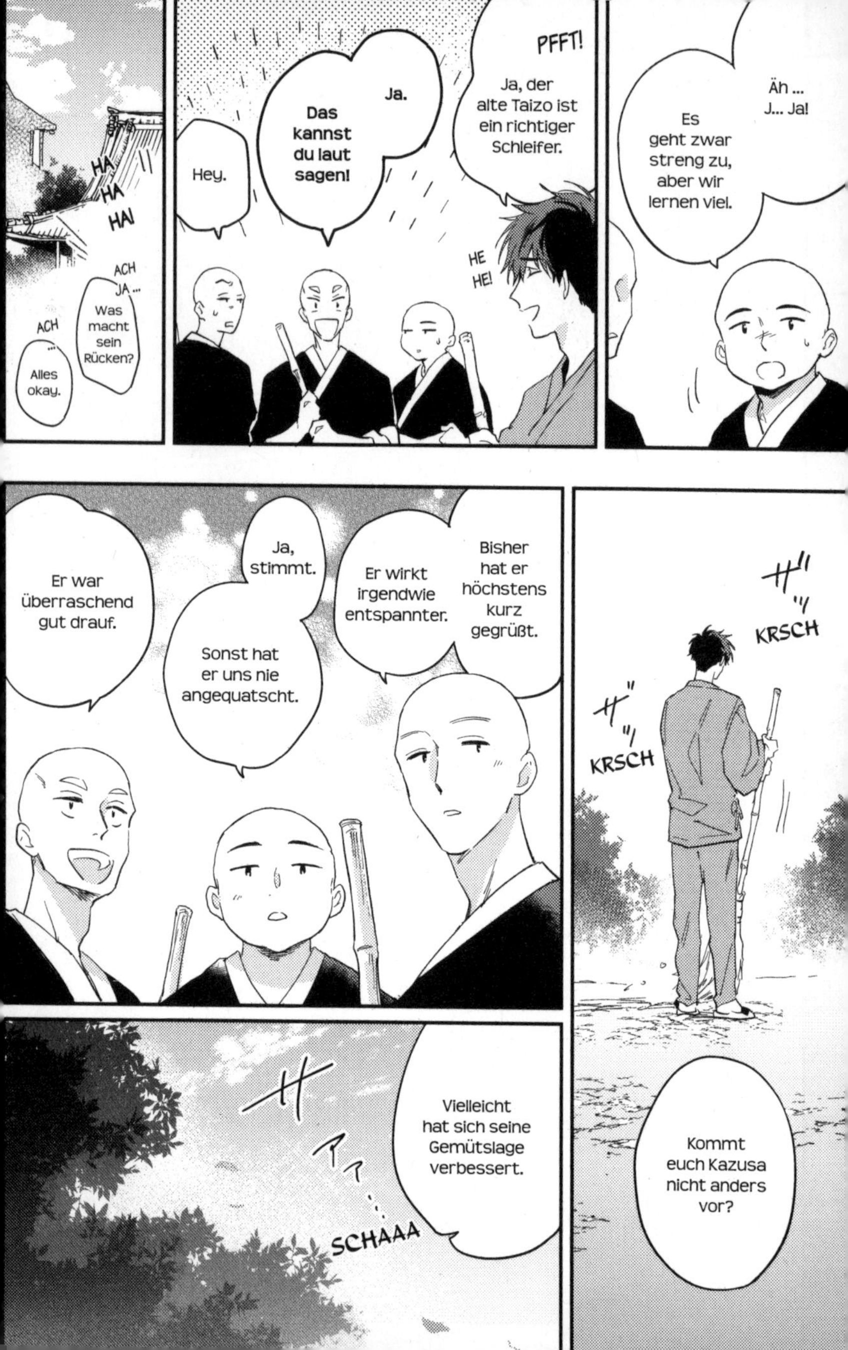
Äh ... J... Ja!
Es geht zwar streng zu, aber wir lernen viel.
PFFT!
Ja, der alte Taizo ist ein richtiger Schleifer.
HE HE!
Ja.
Das kannst du laut sagen!
Hey.
HA HA HA!
ACH JA ...
Was macht sein Rücken?
ACH ...
Alles okay.
KRSCH
KRSCH
Bisher hat er höchstens kurz gegrüßt.
Er wirkt irgendwie entspannter.
Ja, stimmt.
Sonst hat er uns nie angequatscht.
Er war überraschend gut drauf.
Kommt euch Kazusa nicht anders vor?
Vielleicht hat sich seine Gemütslage verbessert.
SCHAAA

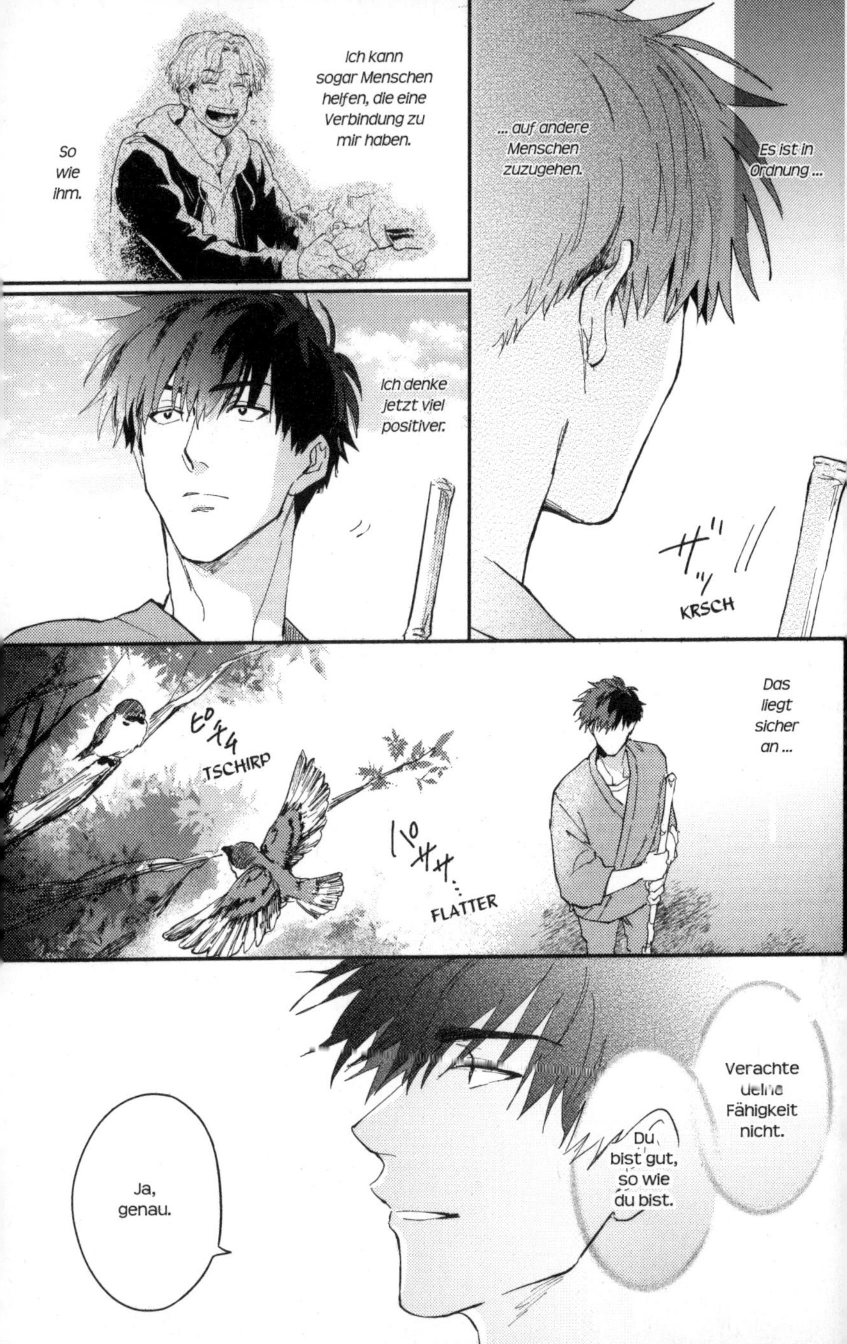
Es ist in Ordnung ...
... auf andere Menschen zuzugehen.
Ich kann sogar Menschen helfen, die eine Verbindung zu mir haben.
So wie ihm.
Ich denke jetzt viel positiver.
KRSCH
Das liegt sicher an ...
TSCHIRP
FLATTER
Verachte deine Fähigkeit nicht.
Du bist gut, so wie du bist.
Ja, genau.

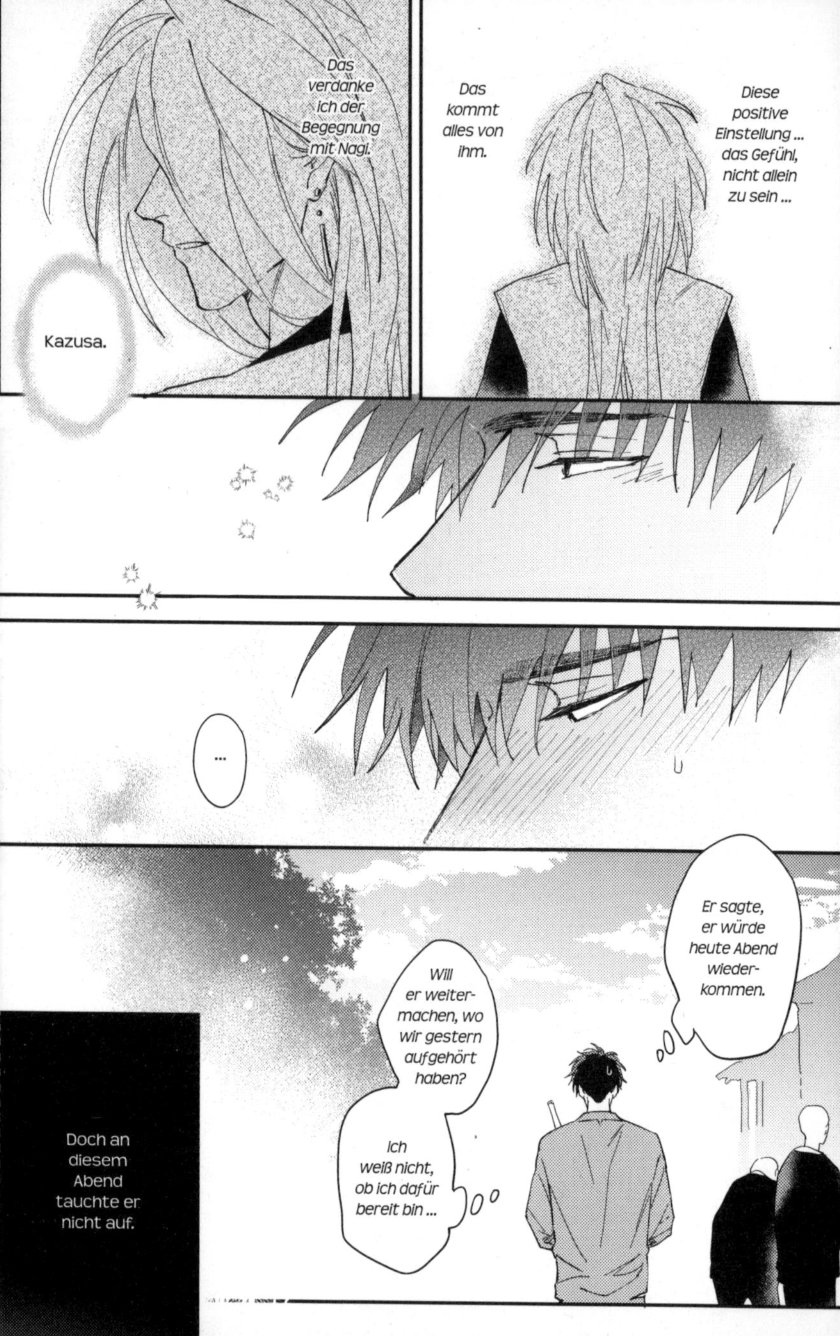
Diese positive Einstellung ... das Gefühl, nicht allein zu sein ...
Das kommt alles von ihm.
Das verdanke ich der Begegnung mit Nagi.
Kazusa.
...
Er sagte, er würde heute Abend wieder-kommen.
Will er weiter-machen, wo wir gestern aufgehört haben?
Ich weiß nicht, ob ich dafür bereit bin ...
Doch an diesem Abend tauchte er nicht auf.

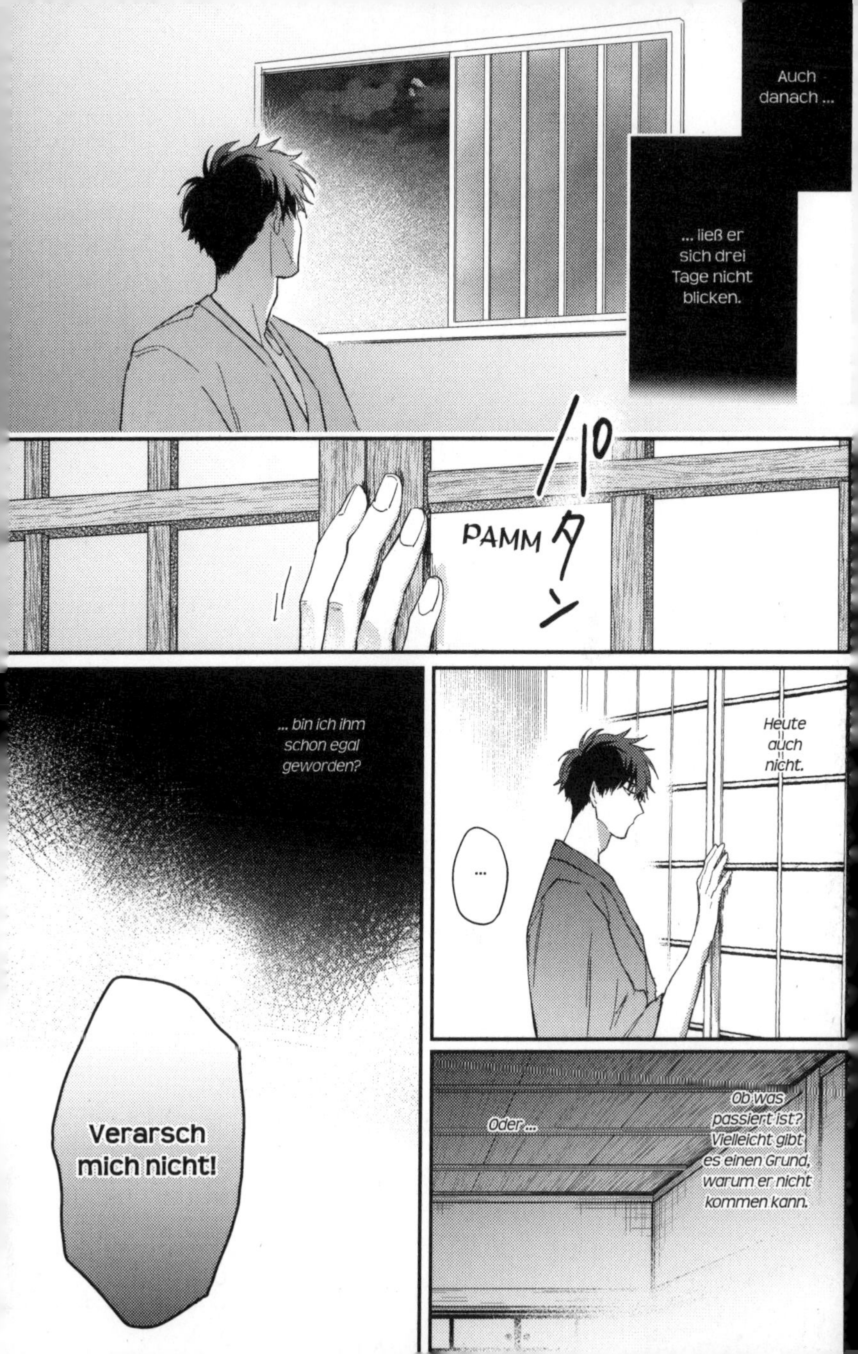

Auch danach ...
... ließ er sich drei Tage nicht blicken.
パタン
PAMM
Heute auch nicht.
...
... bin ich ihm schon egal geworden?
Ob was passiert ist? Vielleicht gibt es einen Grund, warum er nicht kommen kann.
Oder ...
Verarsch mich nicht!

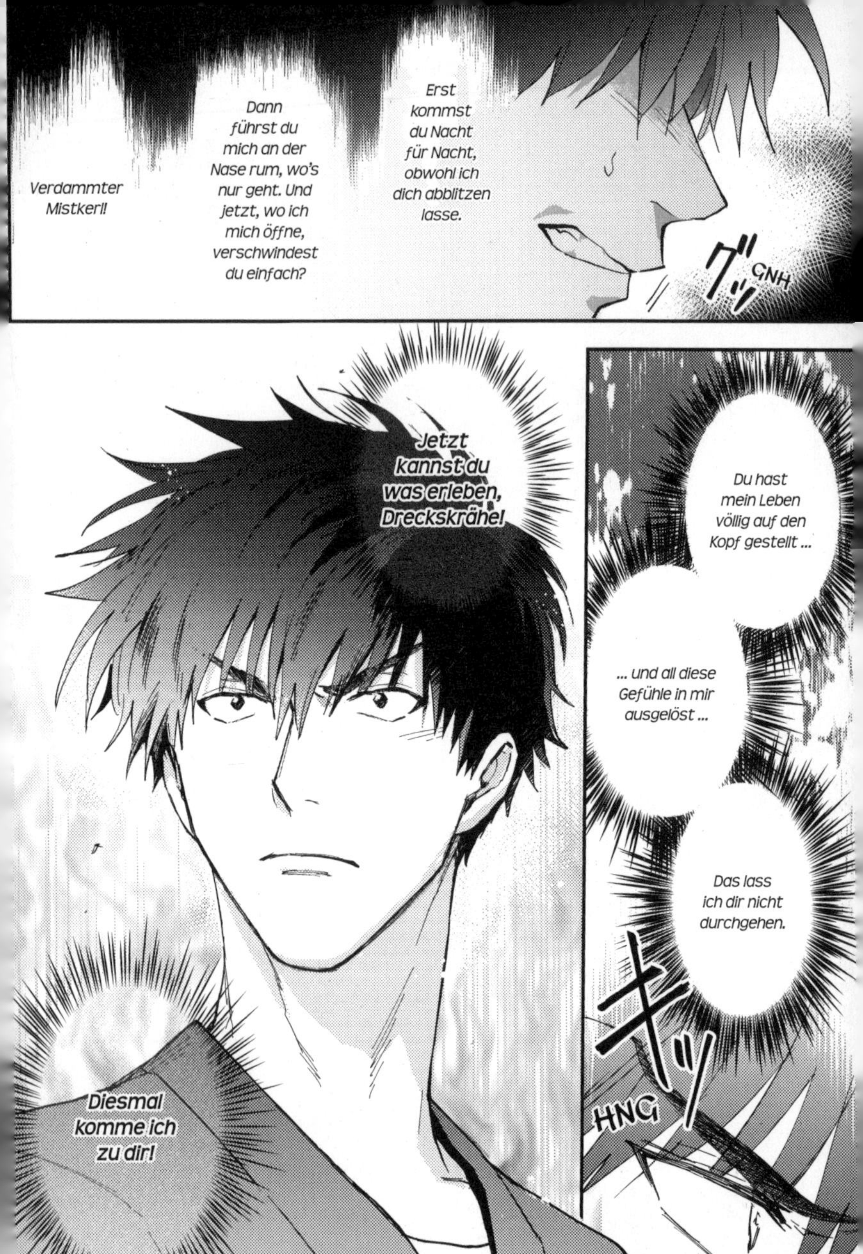
Erst kommst du Nacht für Nacht, obwohl ich dich abblitzen lasse.
Dann führst du mich an der Nase rum, wo's nur geht. Und jetzt, wo ich mich öffne, verschwindest du einfach?
Verdammter Mistkerl!
GNH
Du hast mein Leben völlig auf den Kopf gestellt ...
... und all diese Gefühle in mir ausgelöst ...
Das lass ich dir nicht durchgehen.
HNG
Jetzt kannst du was erleben, Dreckskrähe!
Diesmal komme ich zu dir!

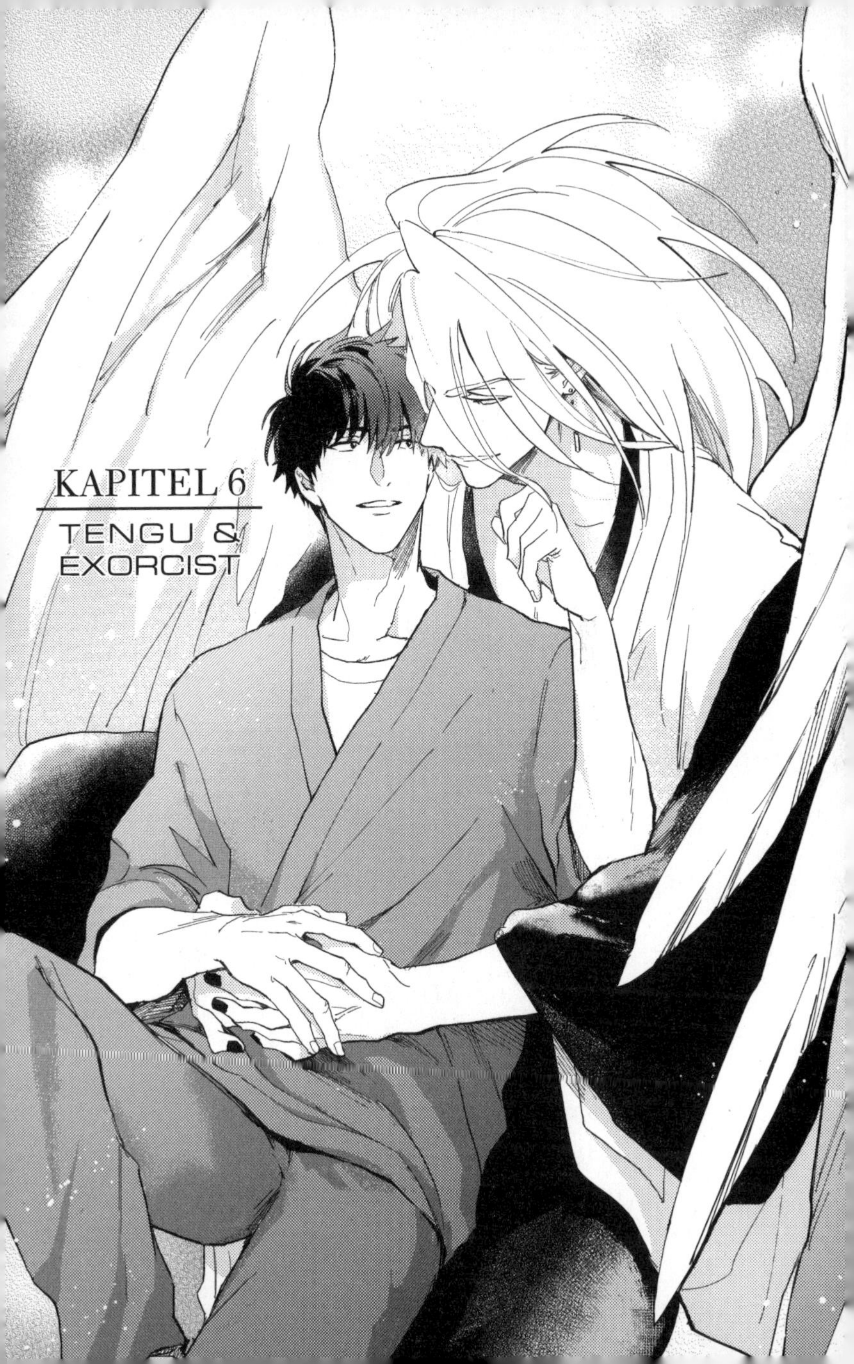
KAPITEL 6
TENGU &
EXORCIST

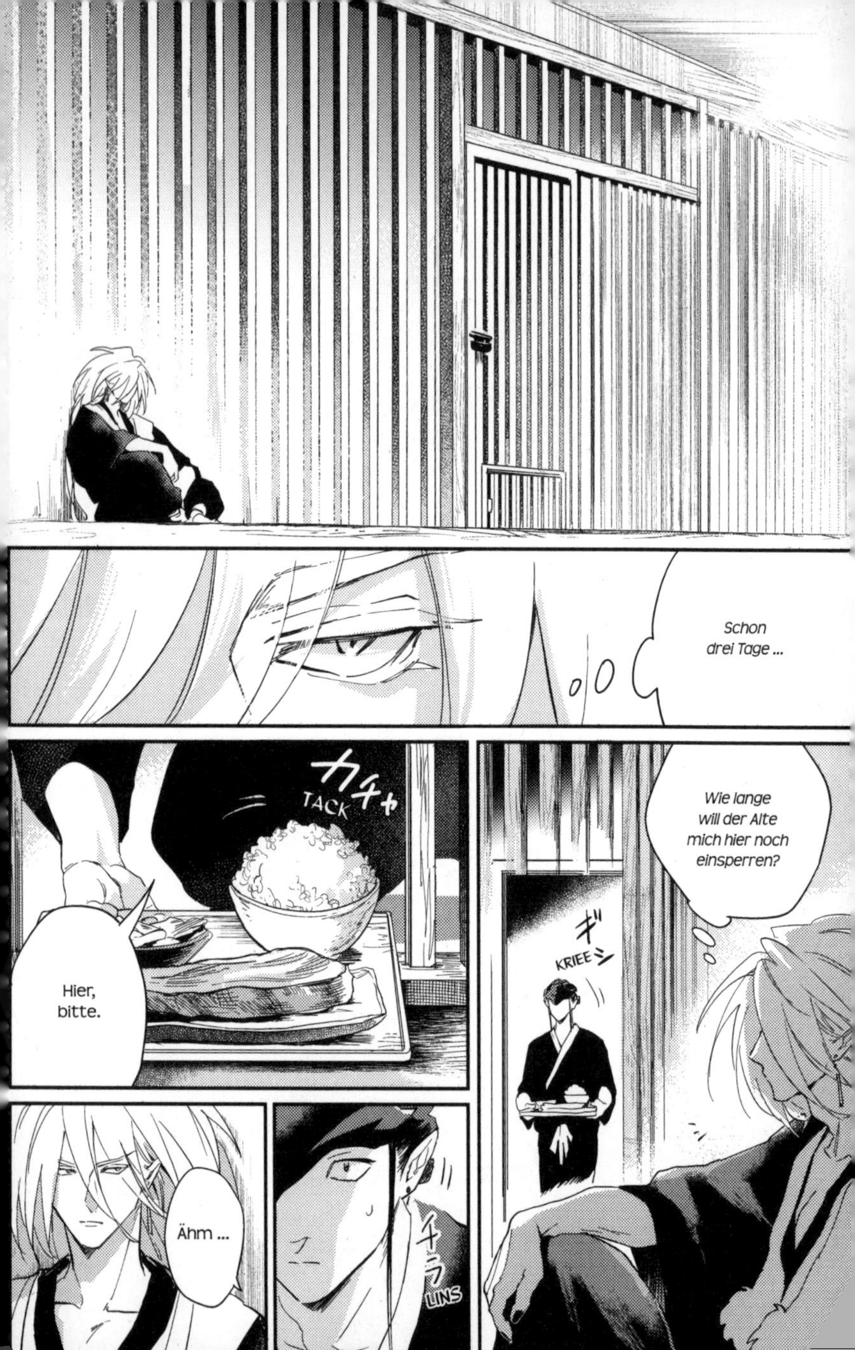
Schon drei Tage ...
Wie lange will der Alte mich hier noch einsperren?
KRIEE
TACK
Hier, bitte.
LINS
Ähm ...

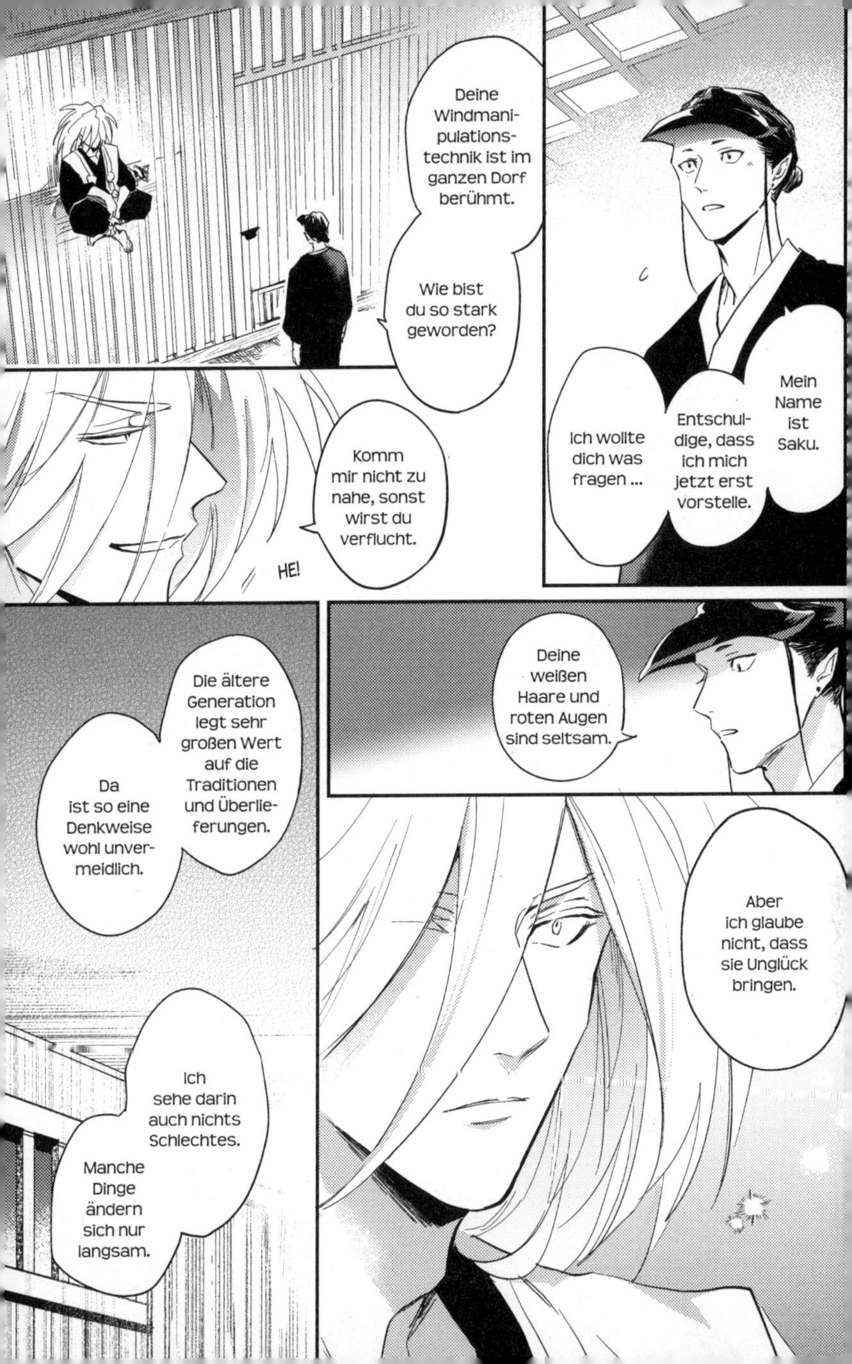
Mein Name ist Saku.
Entschuldige, dass ich mich jetzt erst vorstelle.
Ich wollte dich was fragen ...
Deine Windmanipulationstechnik ist im ganzen Dorf berühmt.
Wie bist du so stark geworden?
Komm mir nicht zu nahe, sonst wirst du verflucht.
HE!
Deine weißen Haare und roten Augen sind seltsam.
Die ältere Generation legt sehr großen Wert auf die Traditionen und Überlieferungen.
Da ist so eine Denkweise wohl unvermeidlich.
Aber ich glaube nicht, dass sie Unglück bringen.
Ich sehe darin auch nichts Schlechtes.
Manche Dinge ändern sich nur langsam.

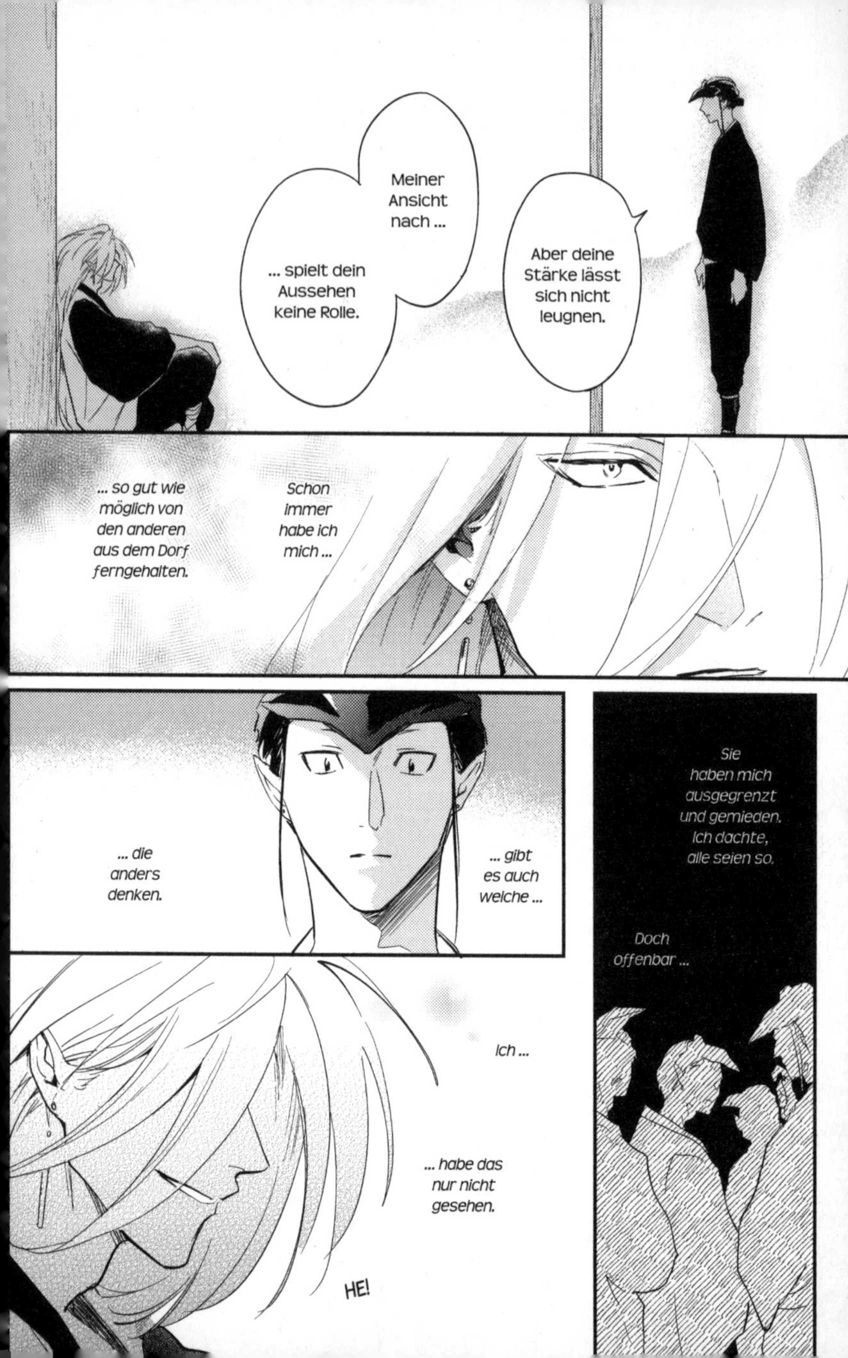
Aber deine Stärke lässt sich nicht leugnen.
Meiner Ansicht nach ...
... spielt dein Aussehen keine Rolle.
Schon immer habe ich mich ...
... so gut wie möglich von den anderen aus dem Dorf ferngehalten.
Sie haben mich ausgegrenzt und gemieden. Ich dachte, alle seien so.
Doch offenbar ...
... gibt es auch welche ...
... die anders denken.
Ich ...
... habe das nur nicht gesehen.
HE!

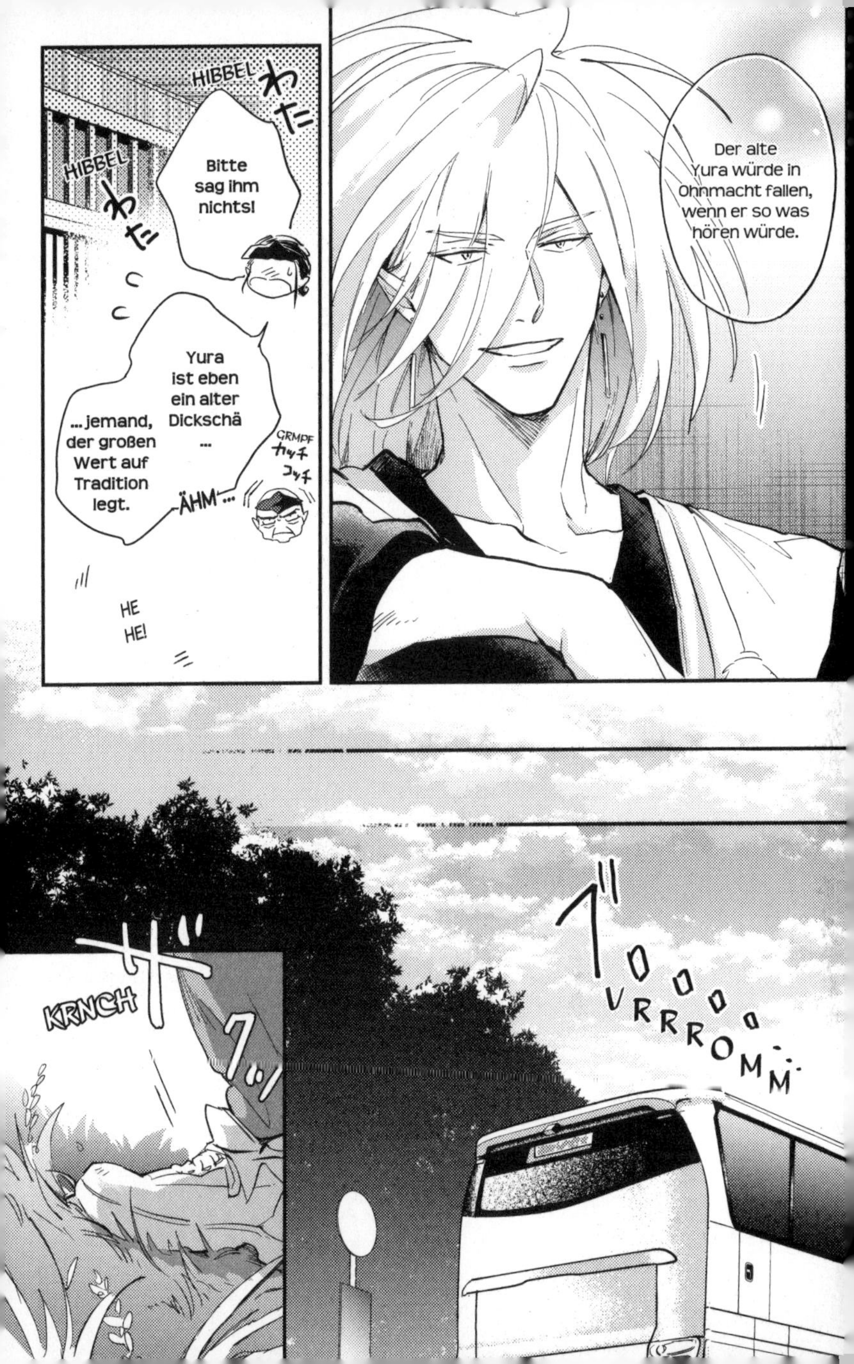

Der alte Yura würde in Ohnmacht fallen, wenn er so was hören würde.

HIBBEL

HIBBEL

Bitte sag ihm nichts!

Yura ist eben ein alter Dickschä ...

... jemand, der großen Wert auf Tradition legt.

GRMPF

ÄHM ...

HE HE!

VRRROMM

KRNCH

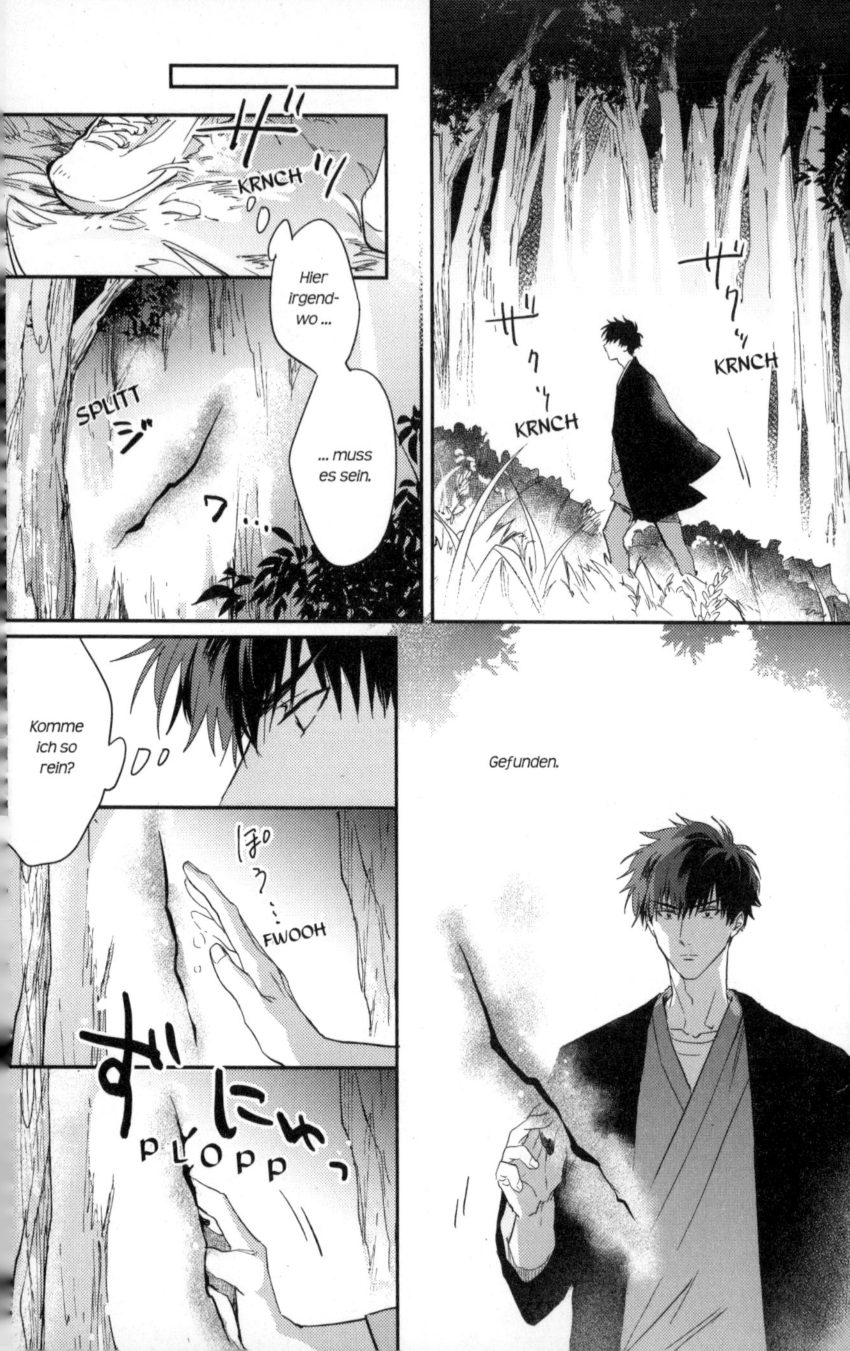
KRNCH
KRNCH
KRNCH
Hier irgendwo ...
... muss es sein.
SPLITT
Gefunden.
Komme ich so rein?
FWOOH
PLOPP

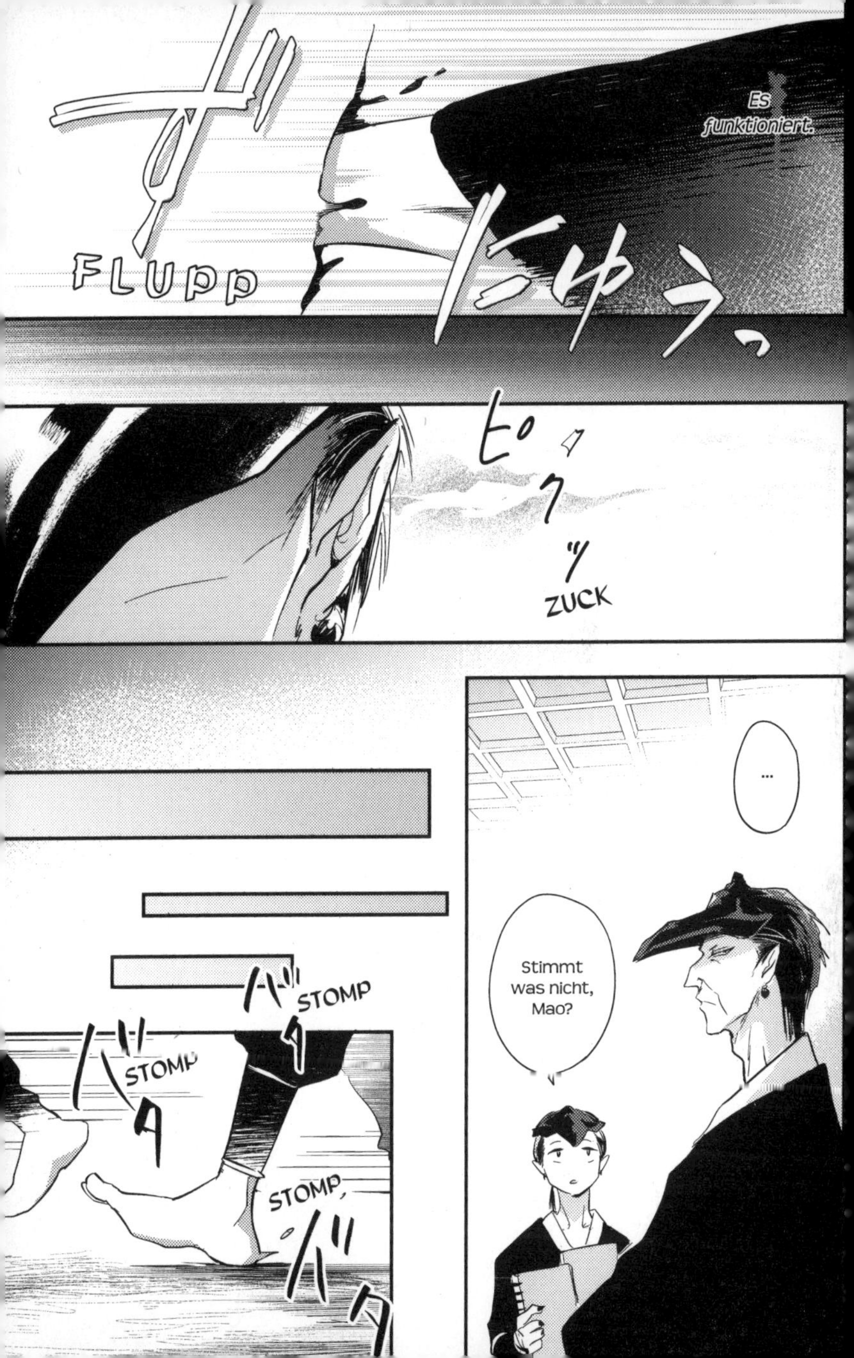
Es funktioniert.
FLUPP
ZUCK
...
Stimmt was nicht, Mao?
STOMP
STOMP
STOMP

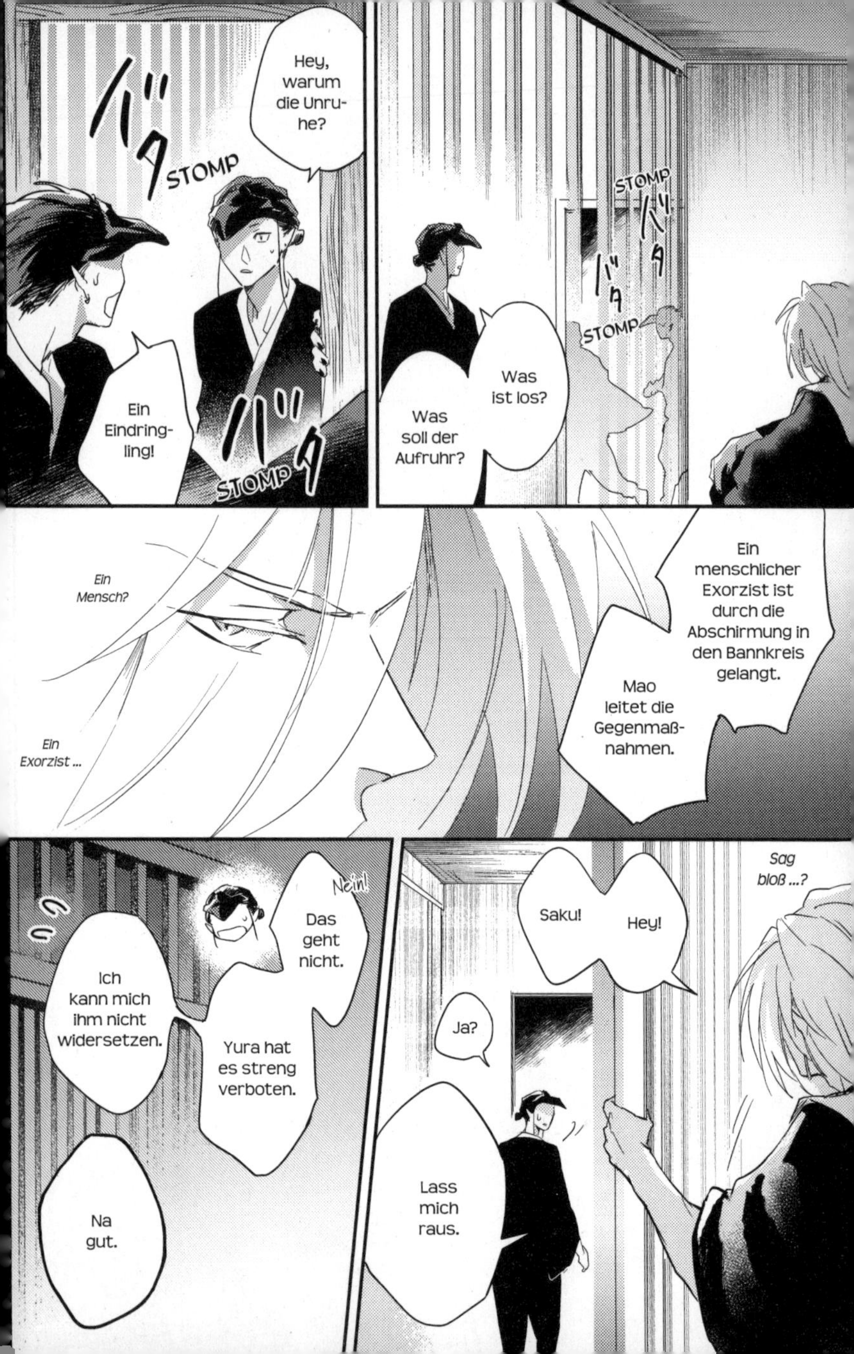
Hey, warum die Unruhe?
STOMP
Ein Eindringling!
STOMP
STOMP
STOMP
Was ist los?
Was soll der Aufruhr?
Ein menschlicher Exorzist ist durch die Abschirmung in den Bannkreis gelangt.
Mao leitet die Gegenmaßnahmen.
Ein Mensch?
Ein Exorzist ...
Sag bloß ...?
Saku!
Hey!
Ja?
Lass mich raus.
Nein!
Das geht nicht.
Yura hat es streng verboten.
Ich kann mich ihm nicht widersetzen.
Na gut.

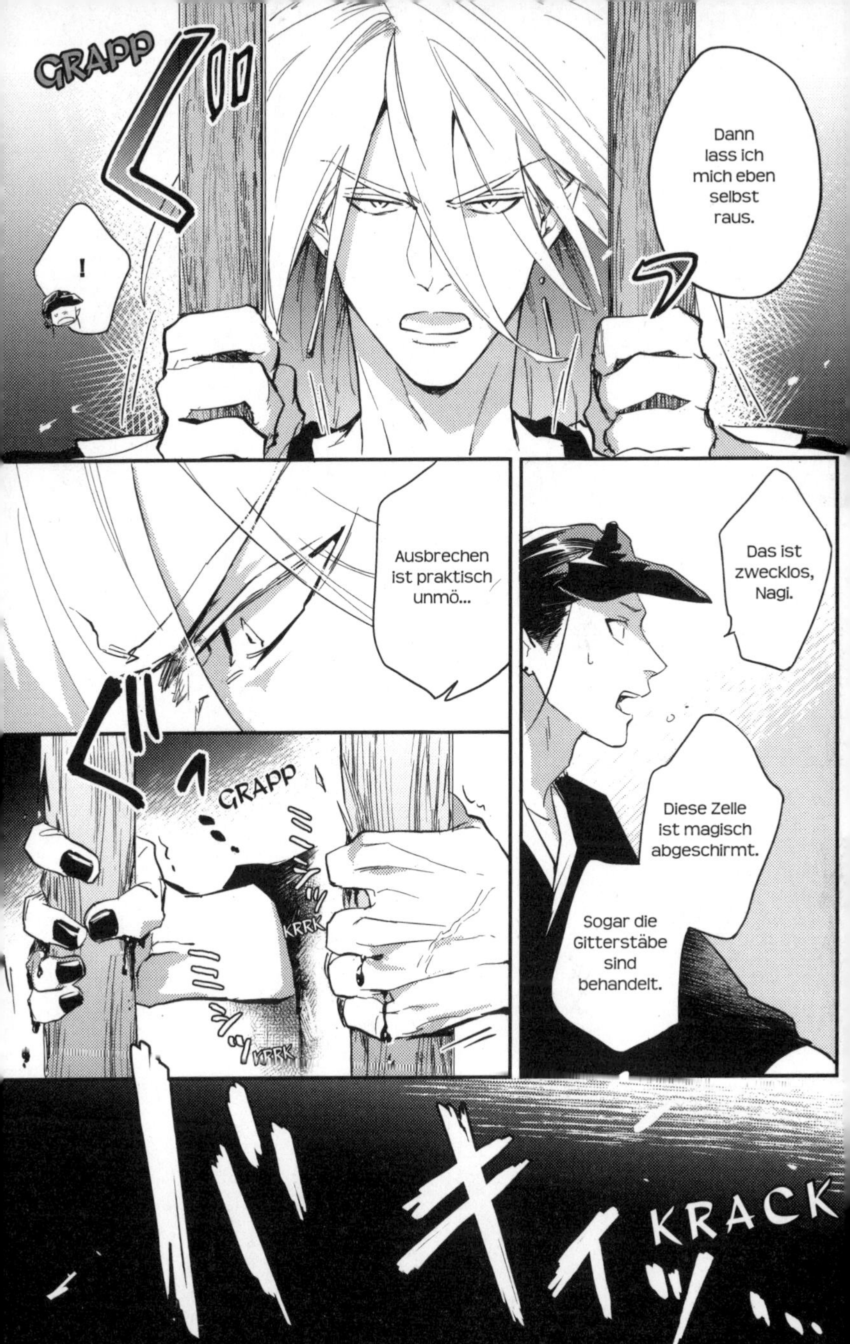

GRAPP
Dann lass ich mich eben selbst raus.
!
Das ist zwecklos, Nagi.
Ausbrechen ist praktisch unmö...
Diese Zelle ist magisch abgeschirmt.
Sogar die Gitterstäbe sind behandelt.
GRAPP
KRRK
KRRK
KRACK

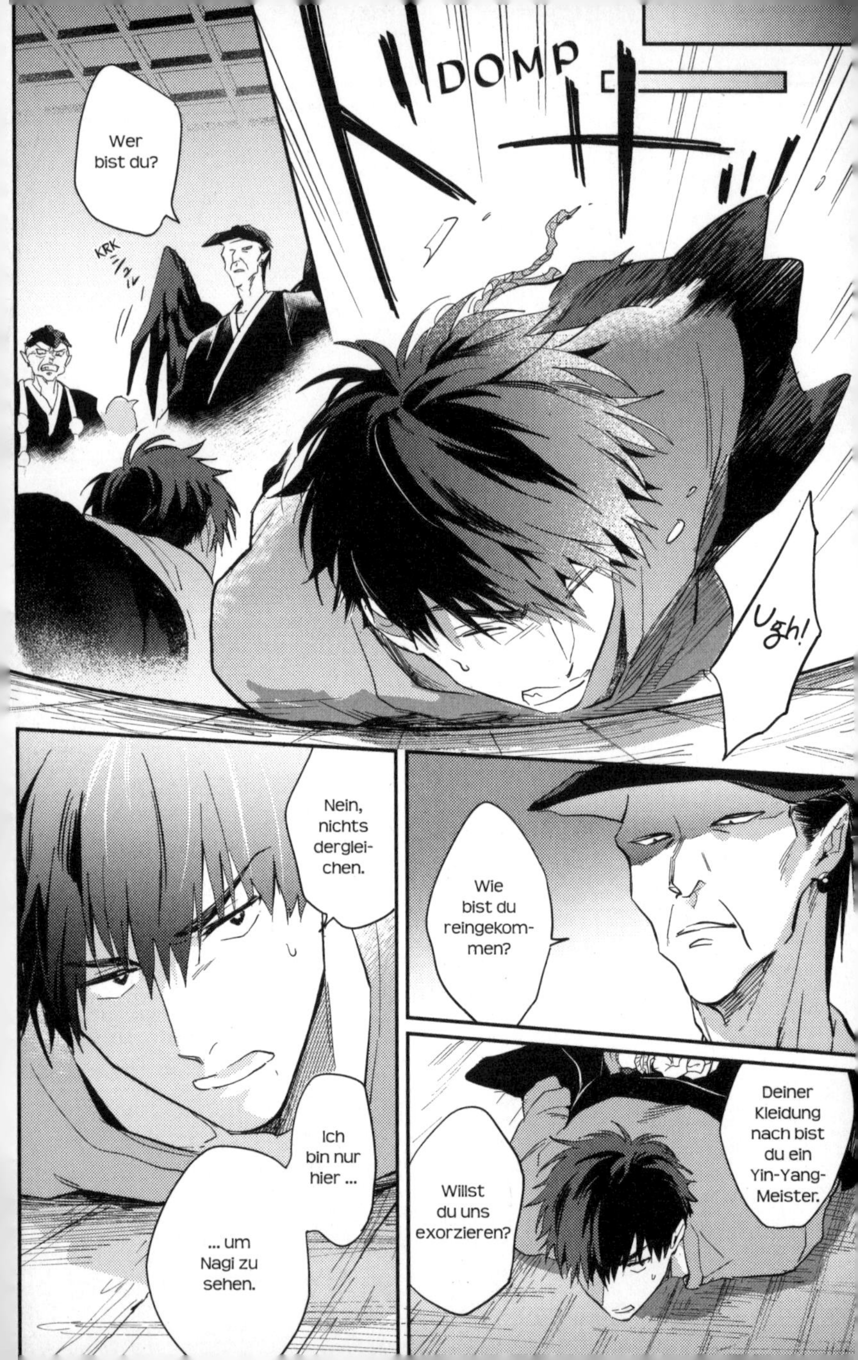
DOMP
Ugh!
Wer bist du?
KRK
Wie bist du reingekommen?
Deiner Kleidung nach bist du ein Yin-Yang-Meister.
Willst du uns exorzieren?
Nein, nichts dergleichen.
Ich bin nur hier ...
... um Nagi zu sehen.

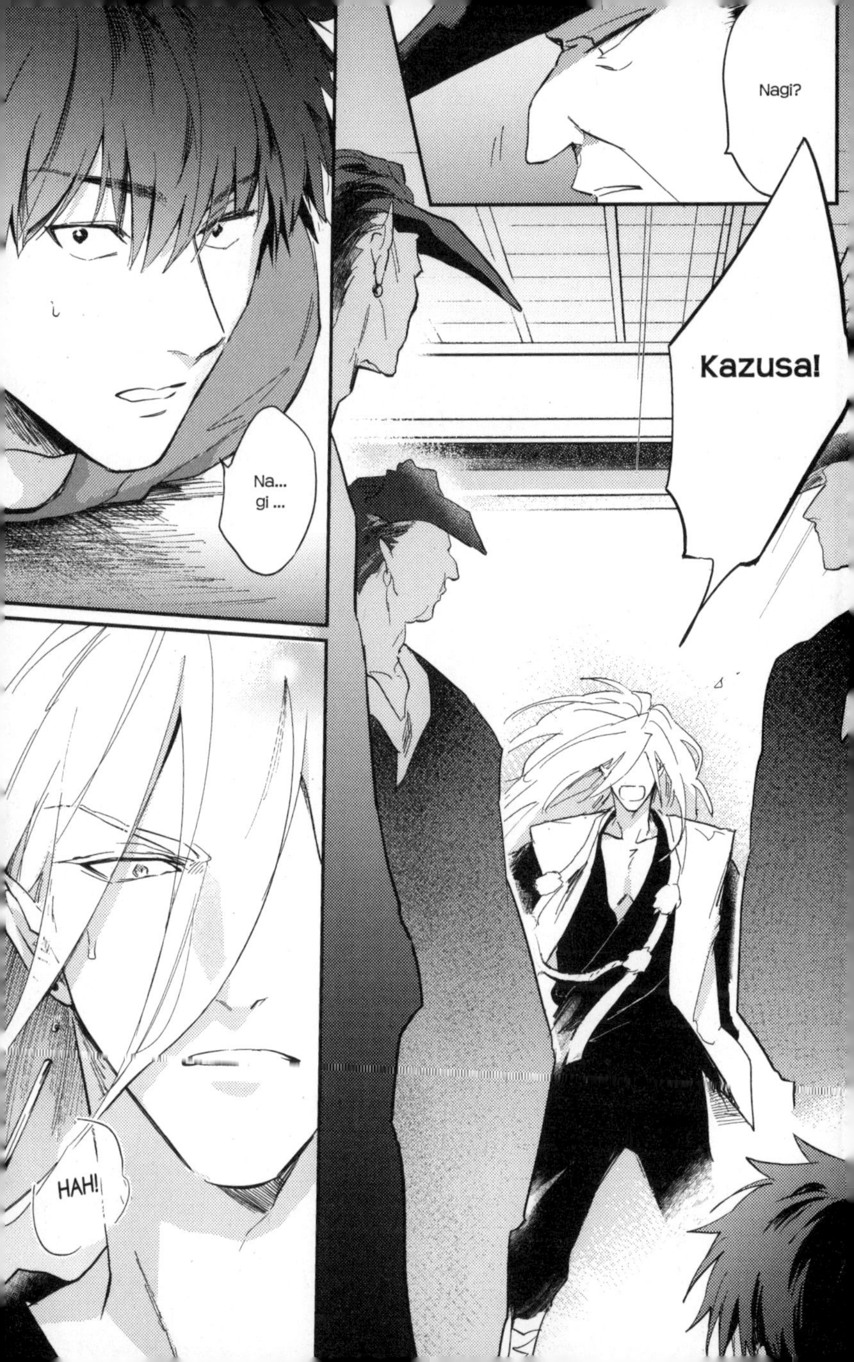
Nagi?
Kazusa!
Na... gi ...
HAH!

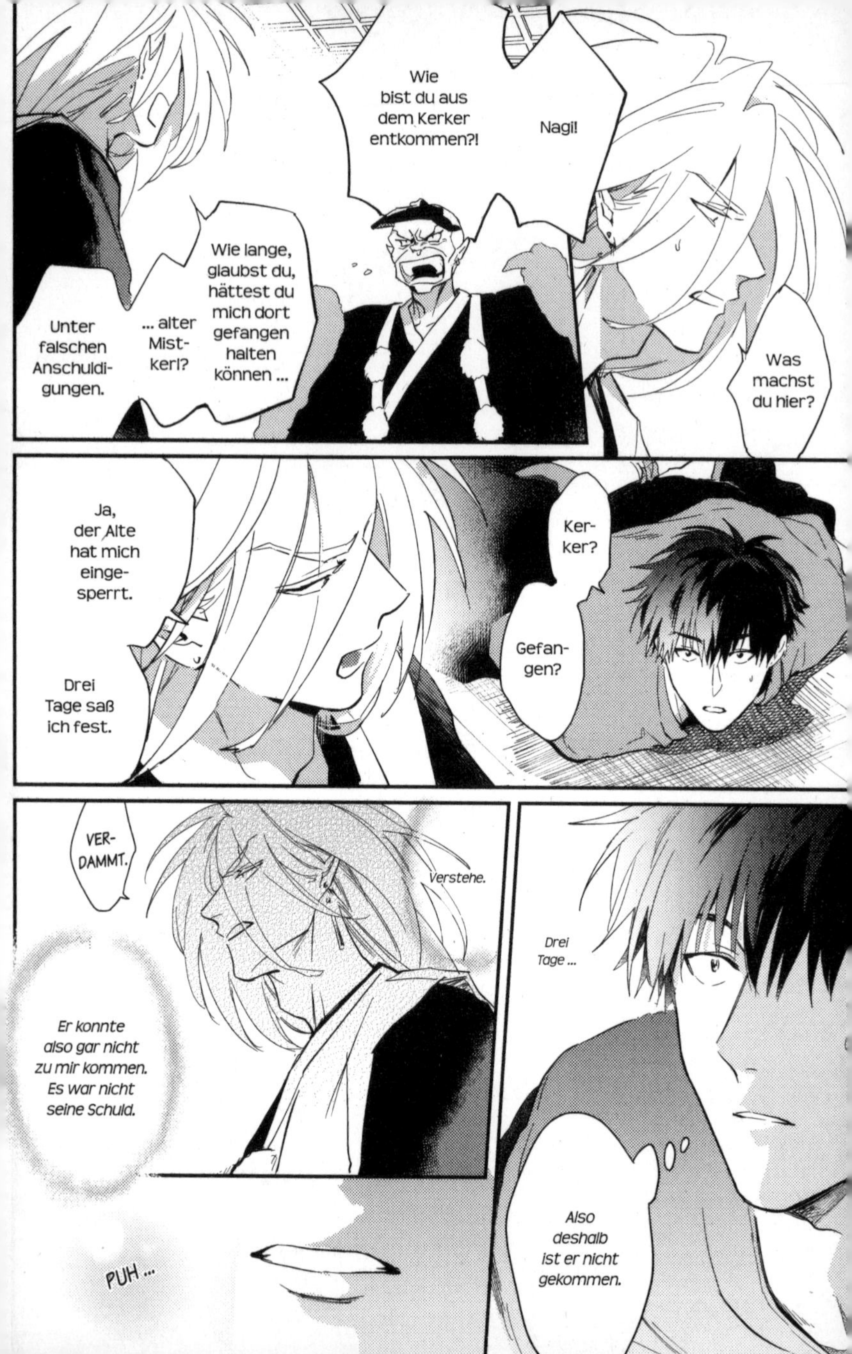
Nagi!
Wie bist du aus dem Kerker entkommen?!
Was machst du hier?
Wie lange, glaubst du, hättest du mich dort gefangen halten können ...
... alter Mistkerl?
Unter falschen Anschuldigungen.
Kerker?
Gefangen?
Ja, der Alte hat mich eingesperrt.
Drei Tage saß ich fest.
Drei Tage ...
Also deshalb ist er nicht gekommen.
Verstehe.
VERDAMMT.
Er konnte also gar nicht zu mir kommen. Es war nicht seine Schuld.
PUH ...

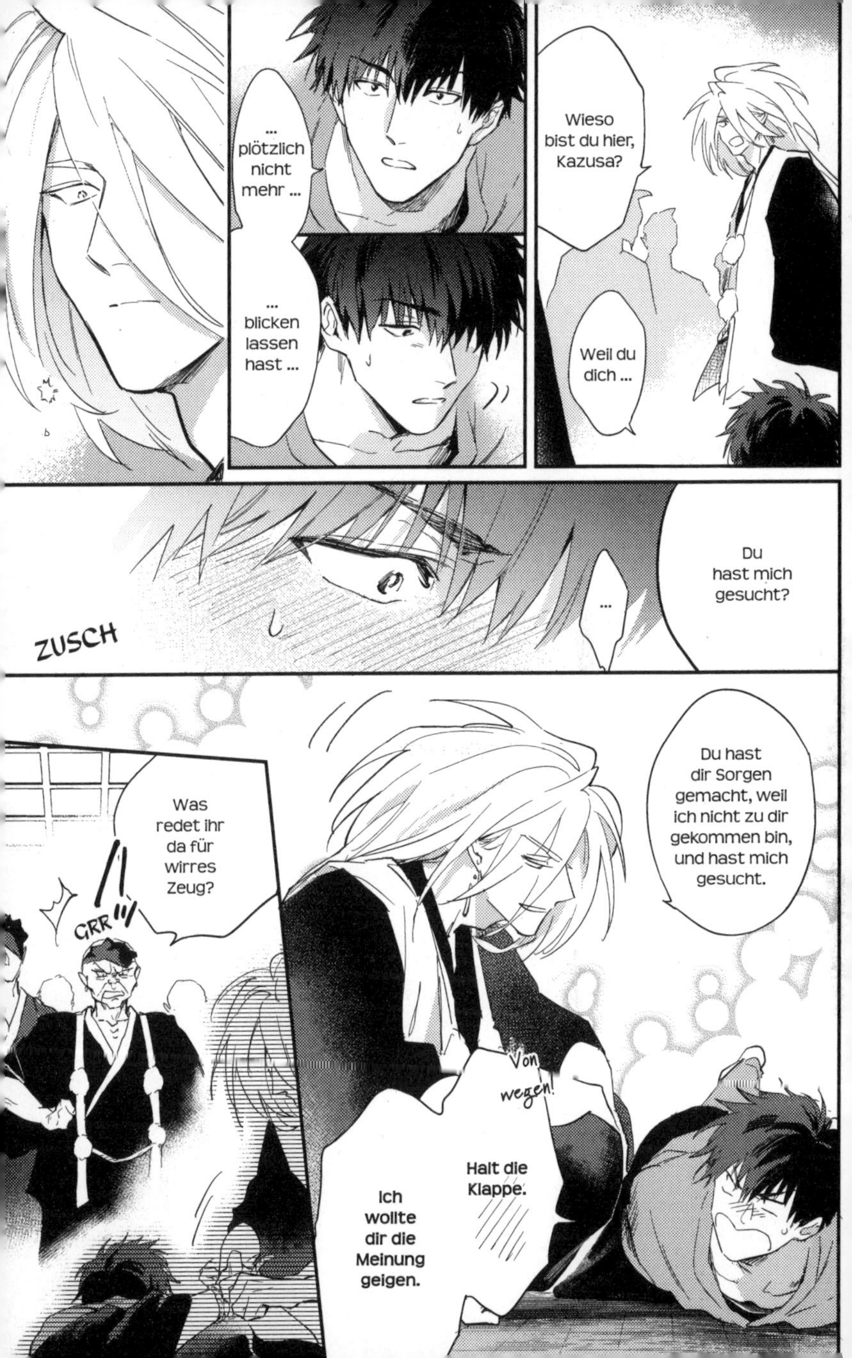
Wieso bist du hier, Kazusa?
Weil du dich ...
... plötzlich nicht mehr ...
... blicken lassen hast ...
Du hast mich gesucht?
...
ZUSCH
Du hast dir Sorgen gemacht, weil ich nicht zu dir gekommen bin, und hast mich gesucht.
Was redet ihr da für wirres Zeug?
GRR
Von wegen!
Halt die Klappe.
Ich wollte dir die Meinung geigen.

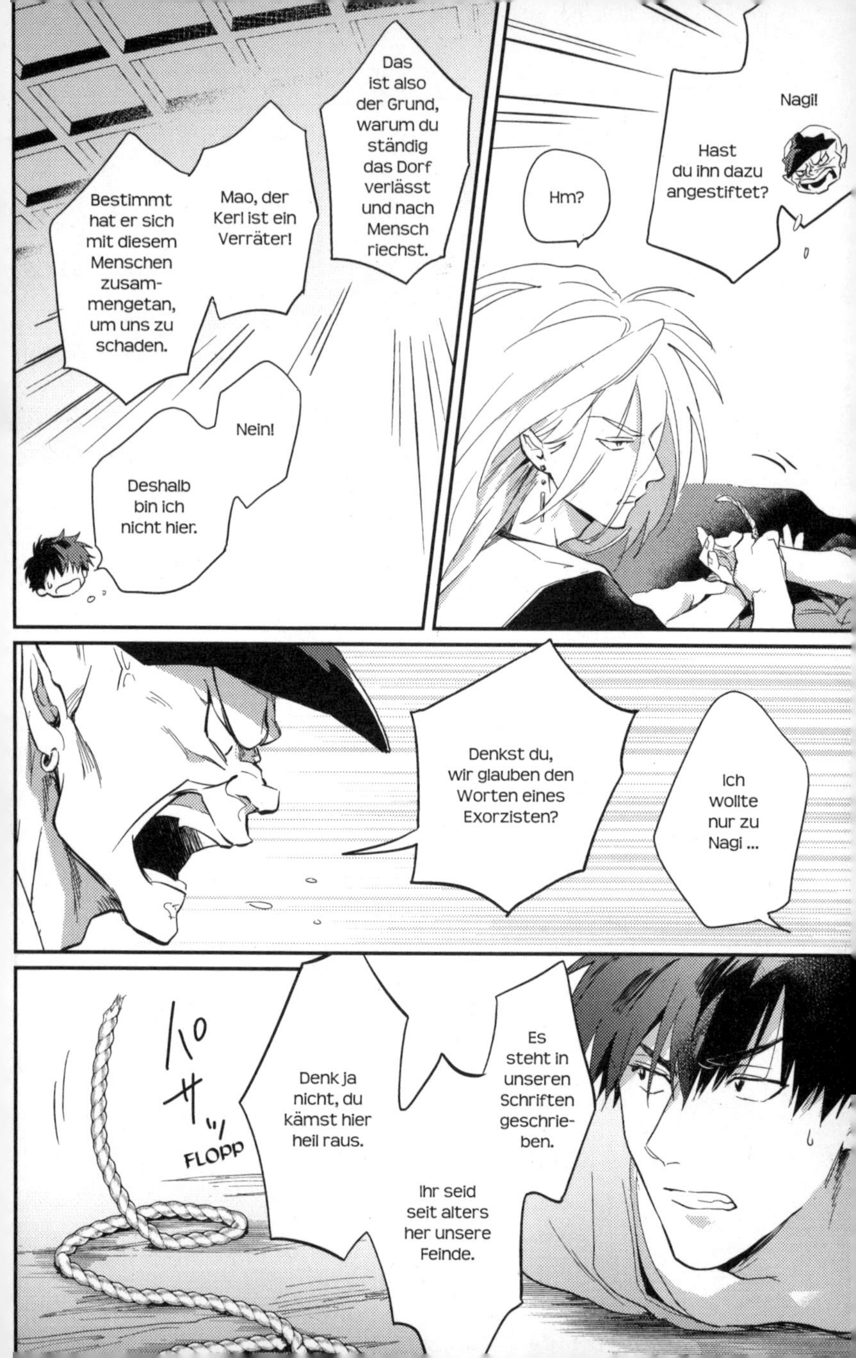
Das ist also der Grund, warum du ständig das Dorf verlässt und nach Mensch riechst.
Mao, der Kerl ist ein Verräter!
Bestimmt hat er sich mit diesem Menschen zusam-mengetan, um uns zu schaden.
Nein!
Deshalb bin ich nicht hier.
Nagi!
Hast du ihn dazu angestiftet?
Hm?
Ich wollte nur zu Nagi ...
Denkst du, wir glauben den Worten eines Exorzisten?
Es steht in unseren Schriften geschrie-ben.
Ihr seid seit alters her unsere Feinde.
Denk ja nicht, du kämst hier heil raus.
ハサッ
FLOPP

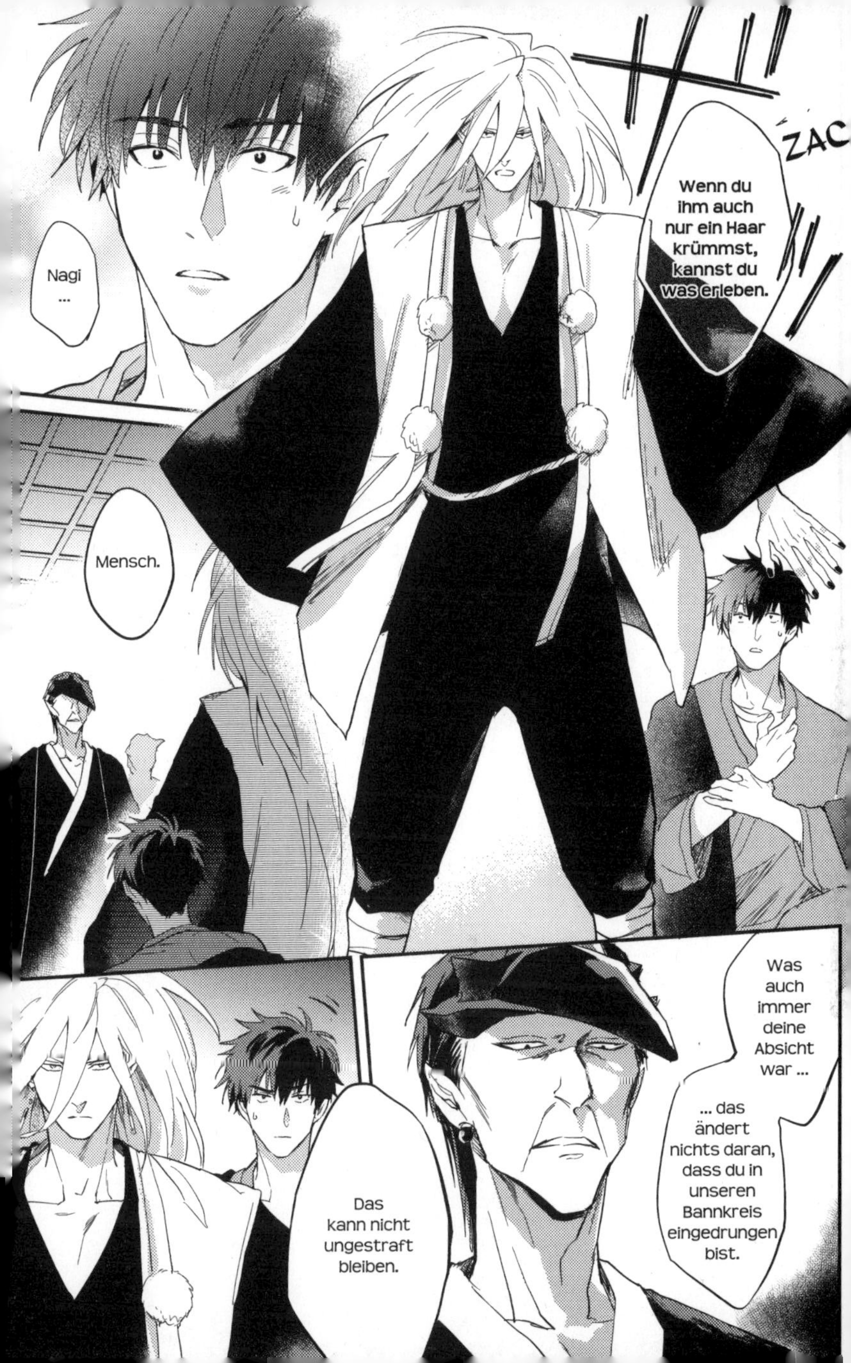
ZAC
Wenn du ihm auch nur ein Haar krümmst, kannst du was erleben.
Nagi ...
Mensch.
Was auch immer deine Absicht war ...
... das ändert nichts daran, dass du in unseren Bannkreis eingedrungen bist.
Das kann nicht ungestraft bleiben.

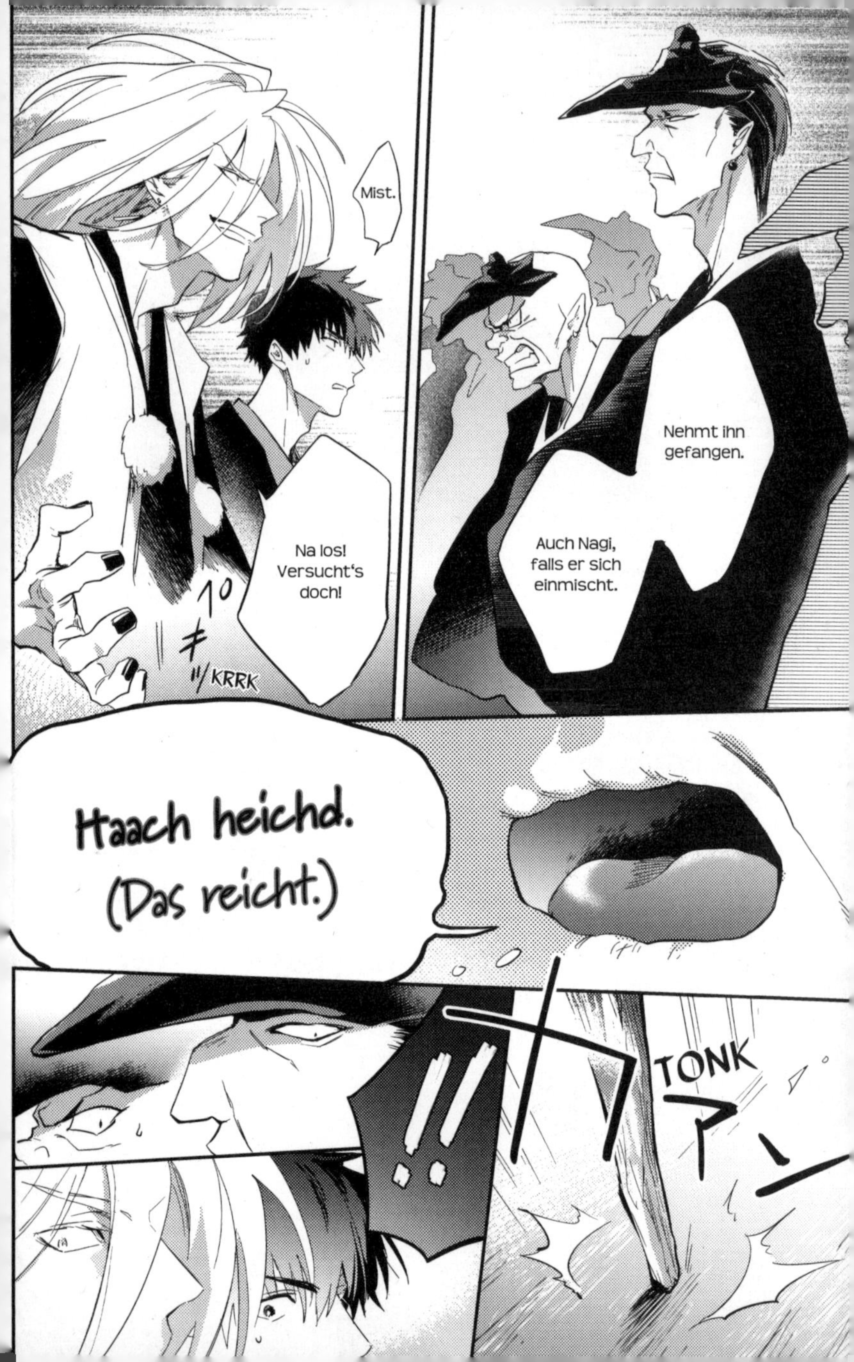
Nehmt ihn gefangen.
Auch Nagi, falls er sich einmischt.
Mist.
Na los! Versucht's doch!
KRRK
Haach heichd. (Das reicht.)
TONK

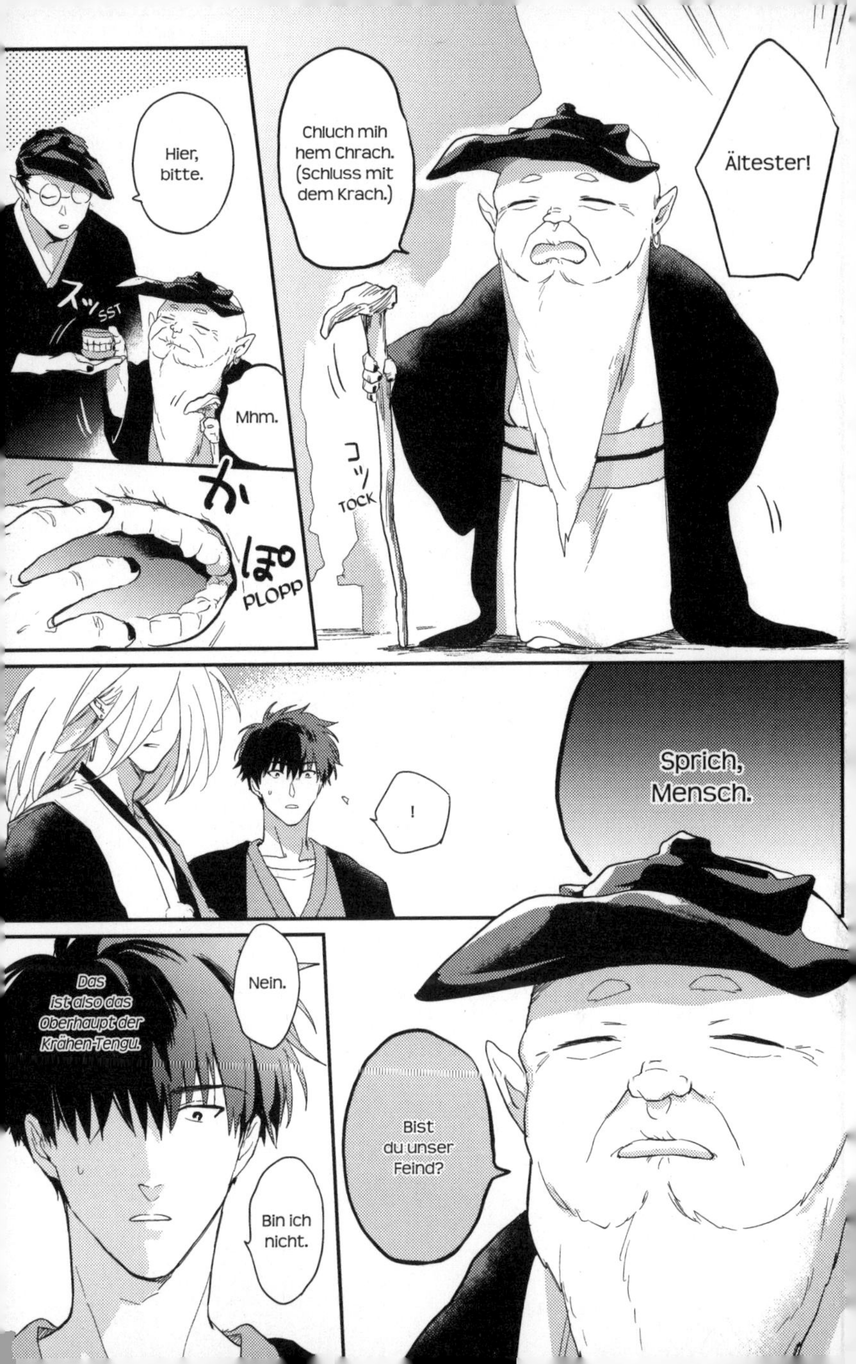

Ältester!
Chluch mih hem Chrach. (Schluss mit dem Krach.)
コッ TOCK
Hier, bitte.
スッ SST
Mhm.
かぽ PLOPP
Sprich, Mensch.
!
Bist du unser Feind?
Nein.
Das ist also das Oberhaupt der Krähen-Tengu.
Bin ich nicht.

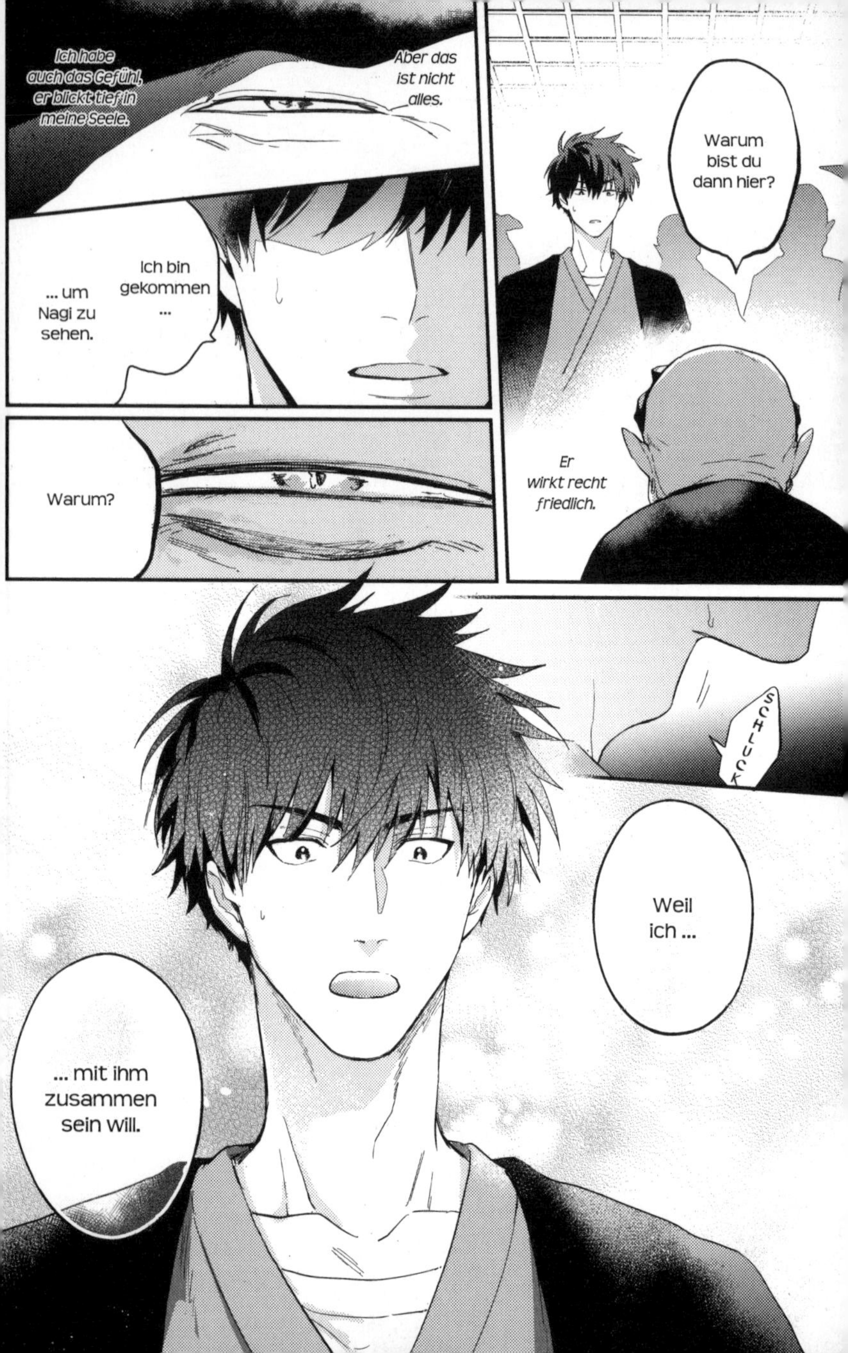
Warum bist du dann hier?
Er wirkt recht friedlich.
Aber das ist nicht alles.
Ich habe auch das Gefühl, er blickt tief in meine Seele.
Ich bin gekommen ...
... um Nagi zu sehen.
Warum?
SCHLUCK
Weil ich ...
... mit ihm zusammen sein will.

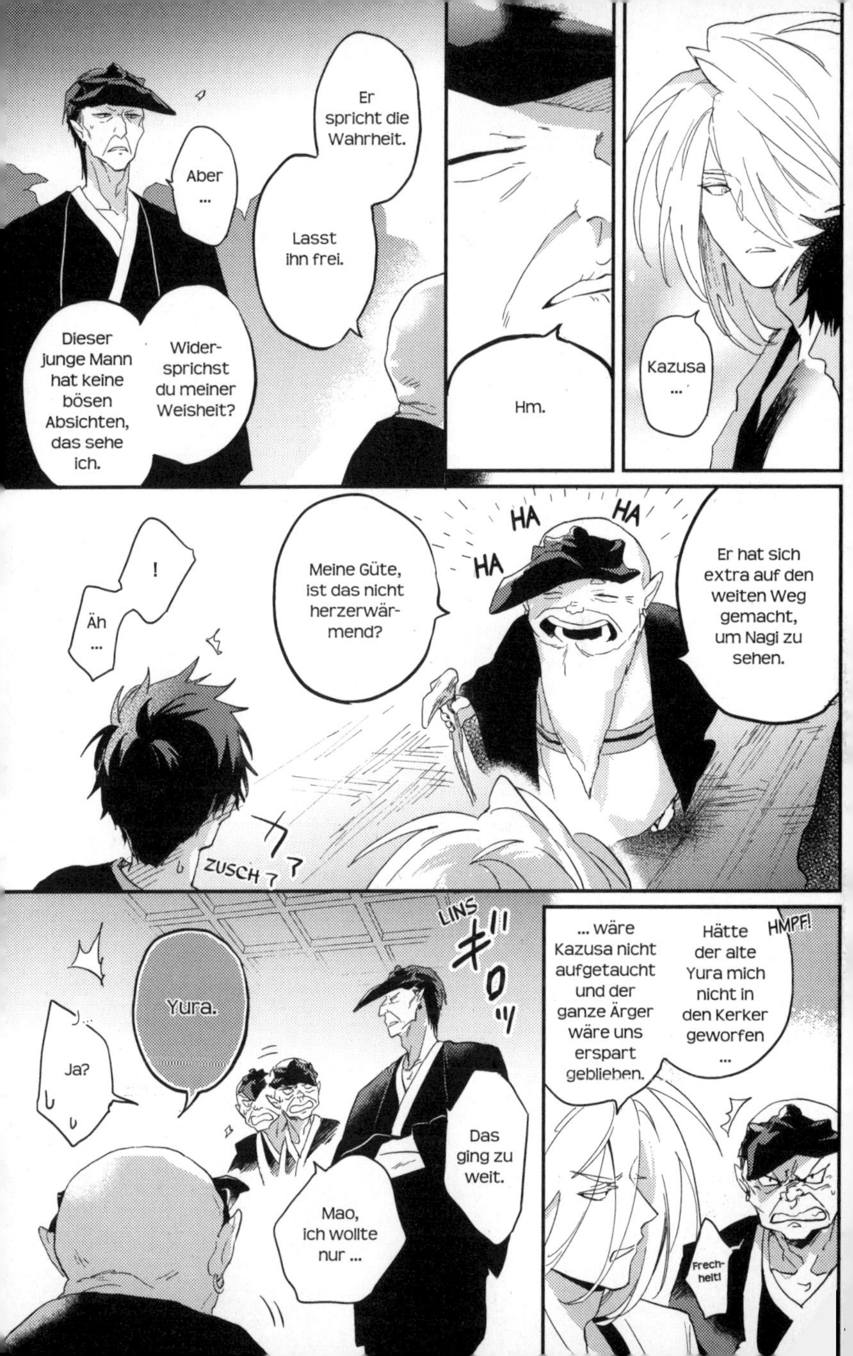
Kazusa ...
Hm.
Er spricht die Wahrheit.
Lasst ihn frei.
Aber ...
Widersprichst du meiner Weisheit?
Dieser junge Mann hat keine bösen Absichten, das sehe ich.
Er hat sich extra auf den weiten Weg gemacht, um Nagi zu sehen.
HA HA HA
Meine Güte, ist das nicht herzerwärmend?
!
Äh ...
ZUSCH
HMPF!
Hätte der alte Yura mich nicht in den Kerker geworfen ...
... wäre Kazusa nicht aufgetaucht und der ganze Ärger wäre uns erspart geblieben.
Frechheit!
LINS
Yura.
Ja?
Das ging zu weit.
Mao, ich wollte nur ...

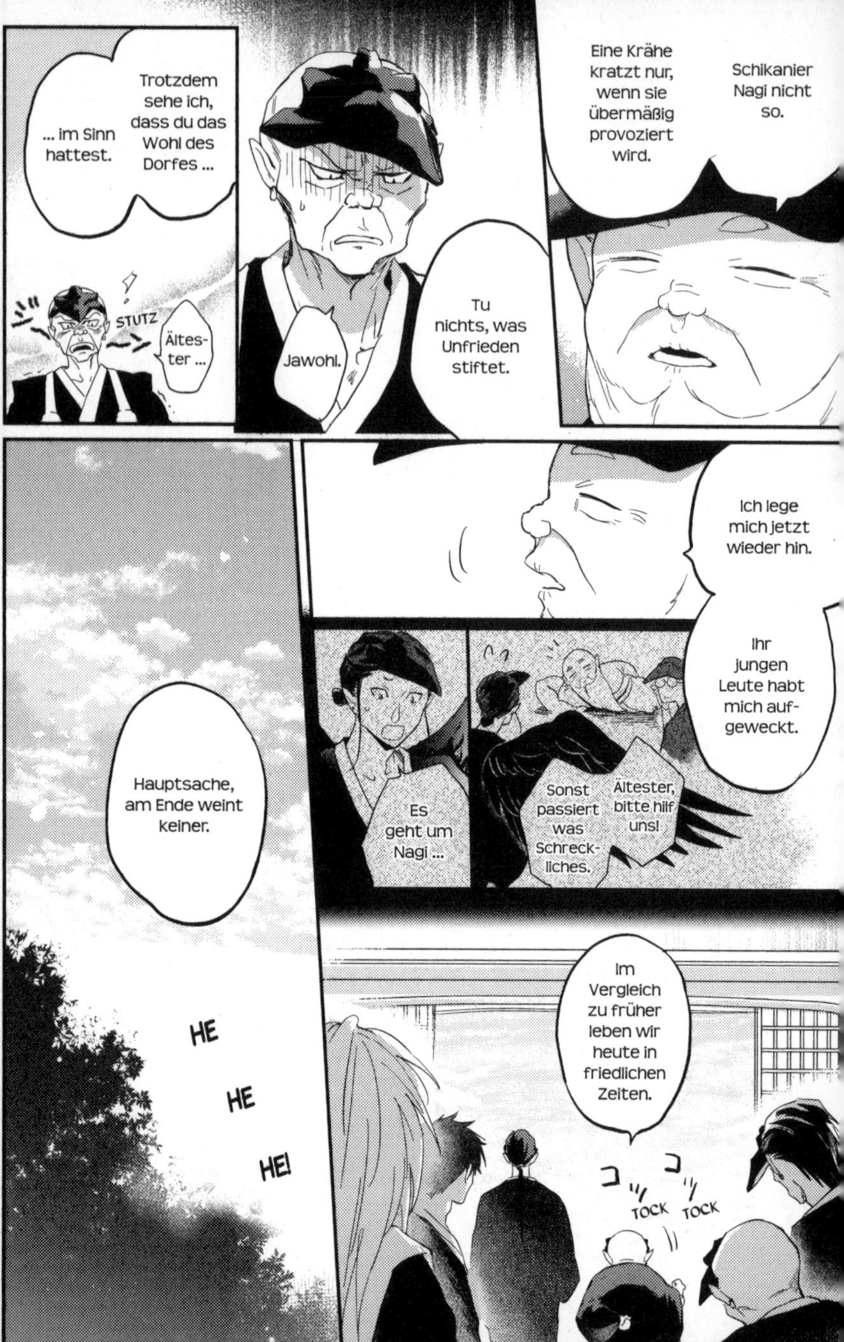
Schikanier Nagi nicht so.
Eine Krähe kratzt nur, wenn sie übermäßig provoziert wird.
Tu nichts, was Unfrieden stiftet.
Jawohl.
Trotzdem sehe ich, dass du das Wohl des Dorfes ...
... im Sinn hattest.
STUTZ
Ältester ...
Ich lege mich jetzt wieder hin.
Ihr jungen Leute habt mich aufgeweckt.
Ältester, bitte hilf uns!
Sonst passiert was Schreckliches.
Es geht um Nagi ...
Im Vergleich zu früher leben wir heute in friedlichen Zeiten.
TOCK
TOCK
Hauptsache, am Ende weint keiner.
HE
HE
HE!

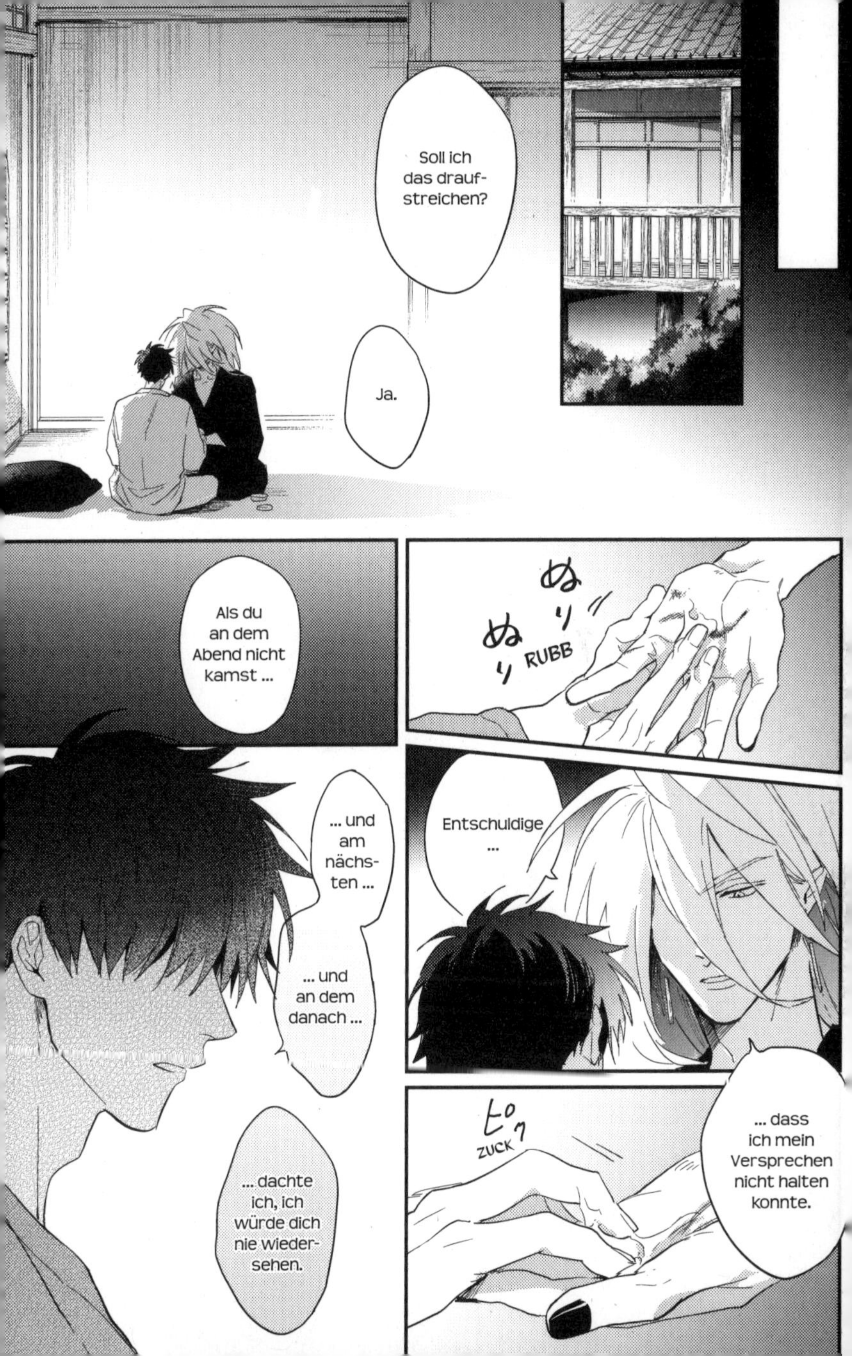
Soll ich das drauf-streichen?
Ja.
Als du an dem Abend nicht kamst ...
ぬり ぬり RUBB
... und am nächs-ten ...
... und an dem danach ...
Entschuldige ...
... dachte ich, ich würde dich nie wieder-sehen.
ビクッ ZUCK
... dass ich mein Versprechen nicht halten konnte.

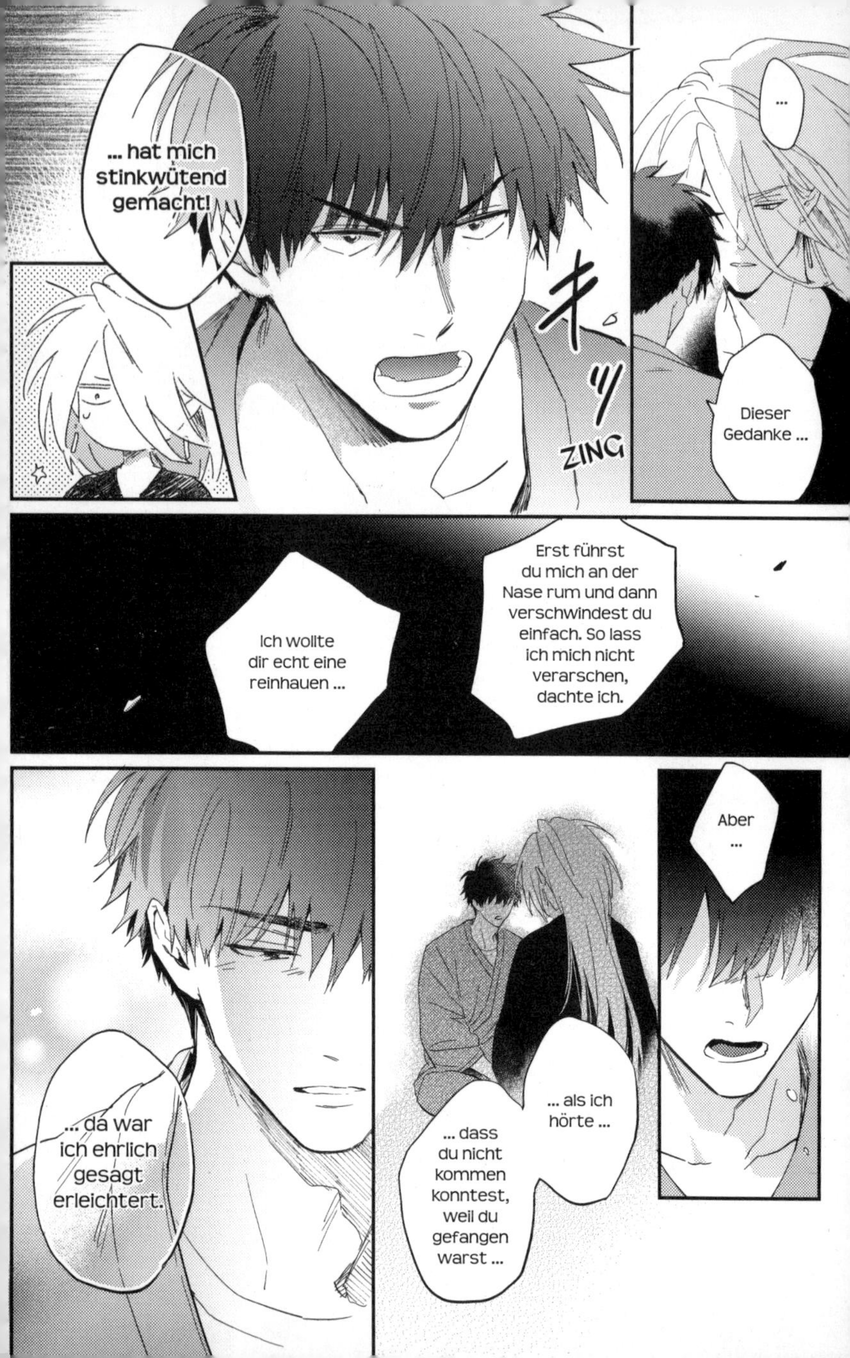
...
Dieser Gedanke ...
... hat mich stinkwütend gemacht!
ZING
Erst führst du mich an der Nase rum und dann verschwindest du einfach. So lass ich mich nicht verarschen, dachte ich.
Ich wollte dir echt eine reinhauen ...
Aber ...
... als ich hörte ...
... dass du nicht kommen konntest, weil du gefangen warst ...
... da war ich ehrlich gesagt erleichtert.

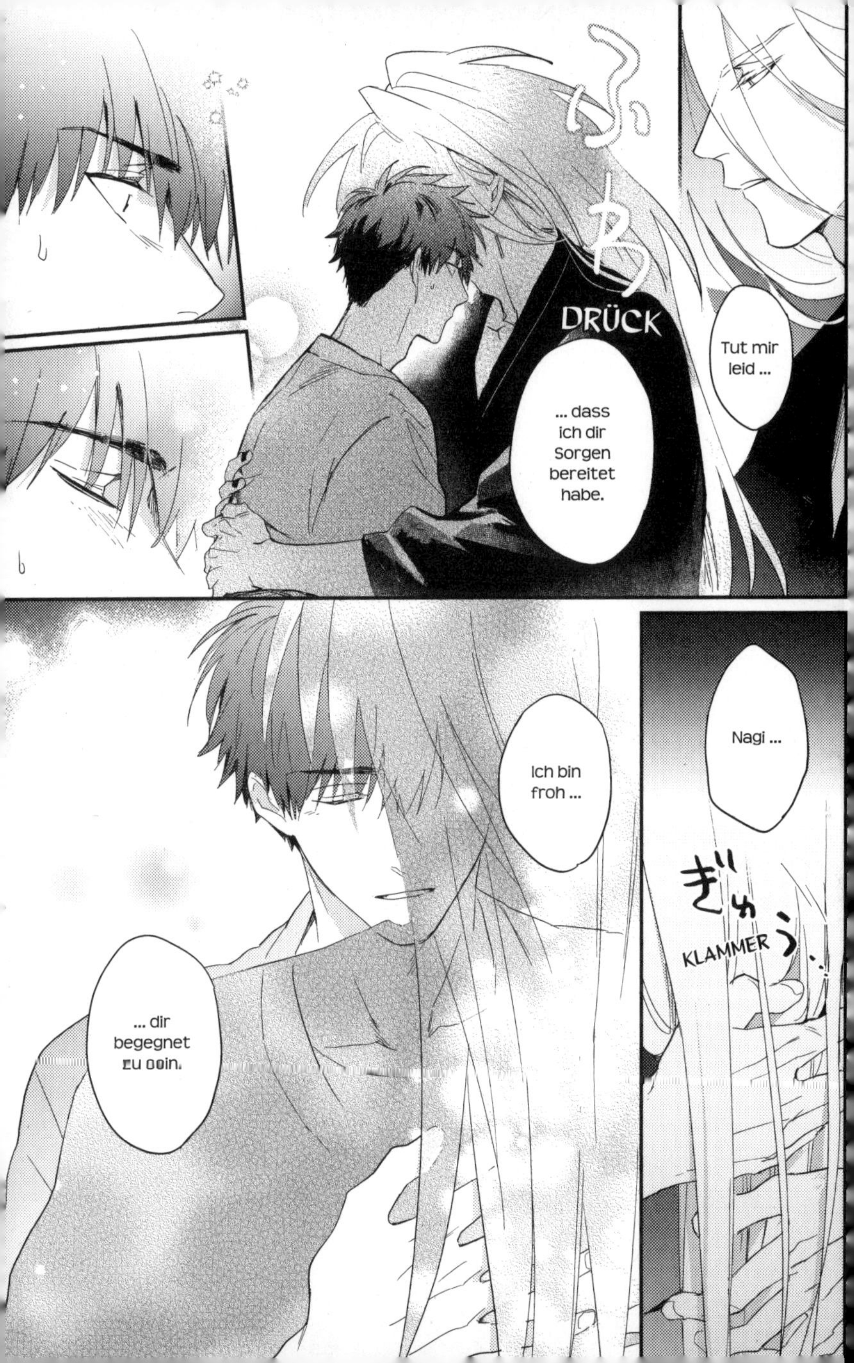

Tut mir leid ...
ふわ
DRÜCK
... dass ich dir Sorgen bereitet habe.
Nagi ...
ぎゅう
KLAMMER
Ich bin froh ...
... dir begegnet zu sein.

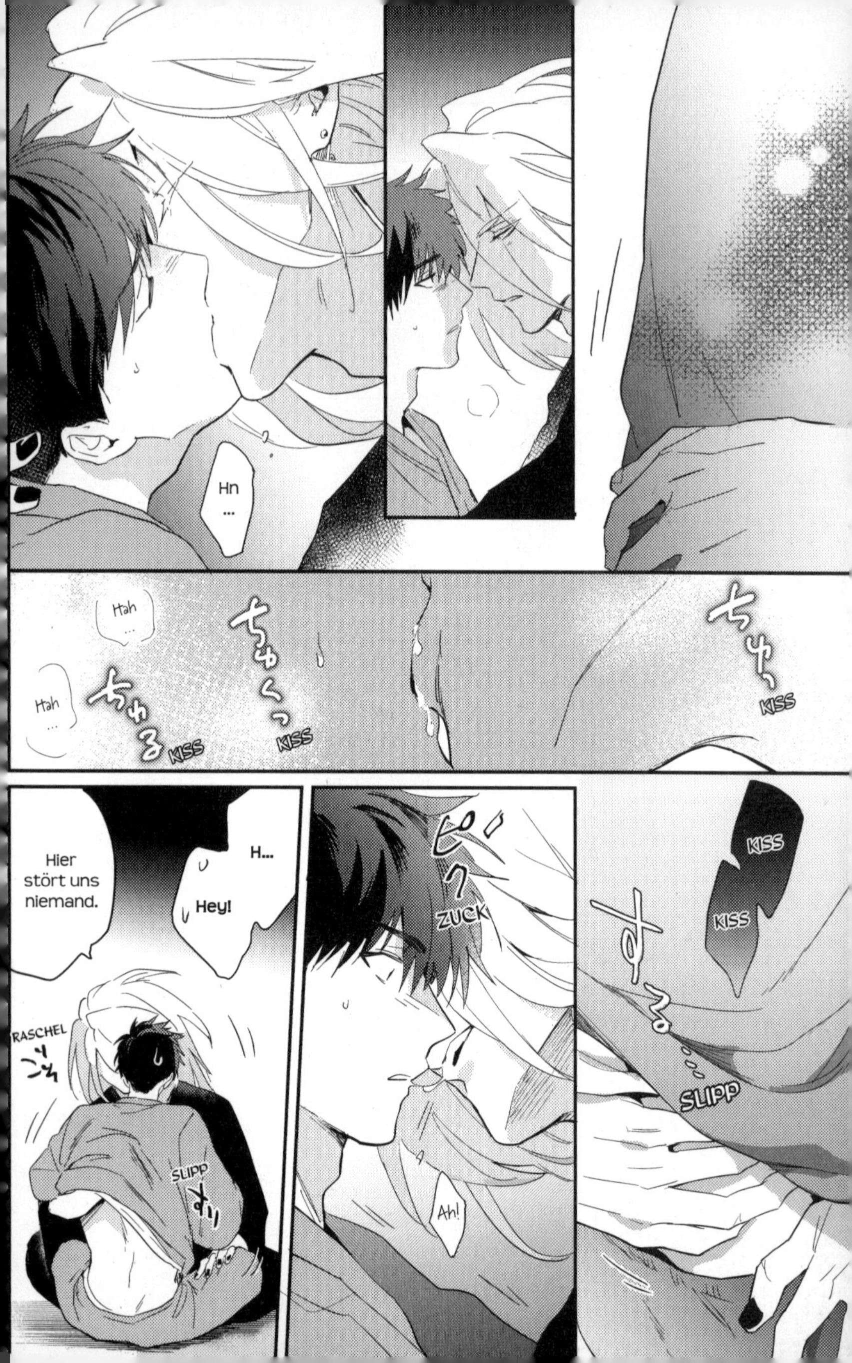
Hn
...
ちゅ
KISS
ちゅくっ
KISS
ちゅる
KISS
Hah
...
Hah
...
KISS
KISS
する…
SLIPP
ピクッ
ZUCK
Ah!
H...
Hey!
Hier stört uns niemand.
RASCHEL
ごそ
SLIPP
するり

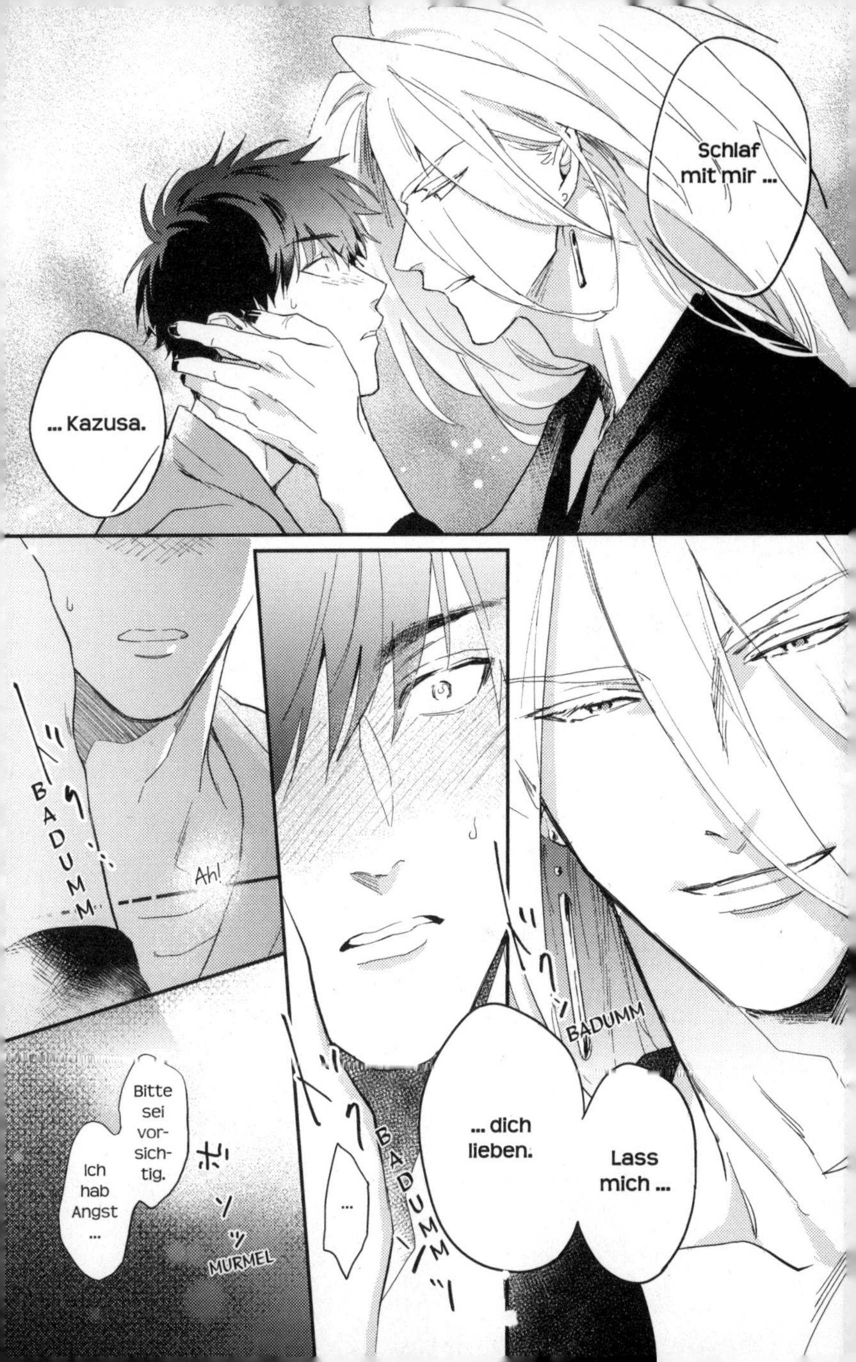
Schlaf mit mir ...
... Kazusa.
BADUMM
Lass mich ...
... dich lieben.
BADUMM
...
BADUMM
Ah!
Bitte sei vorsichtig.
Ich hab Angst ...
MURMEL

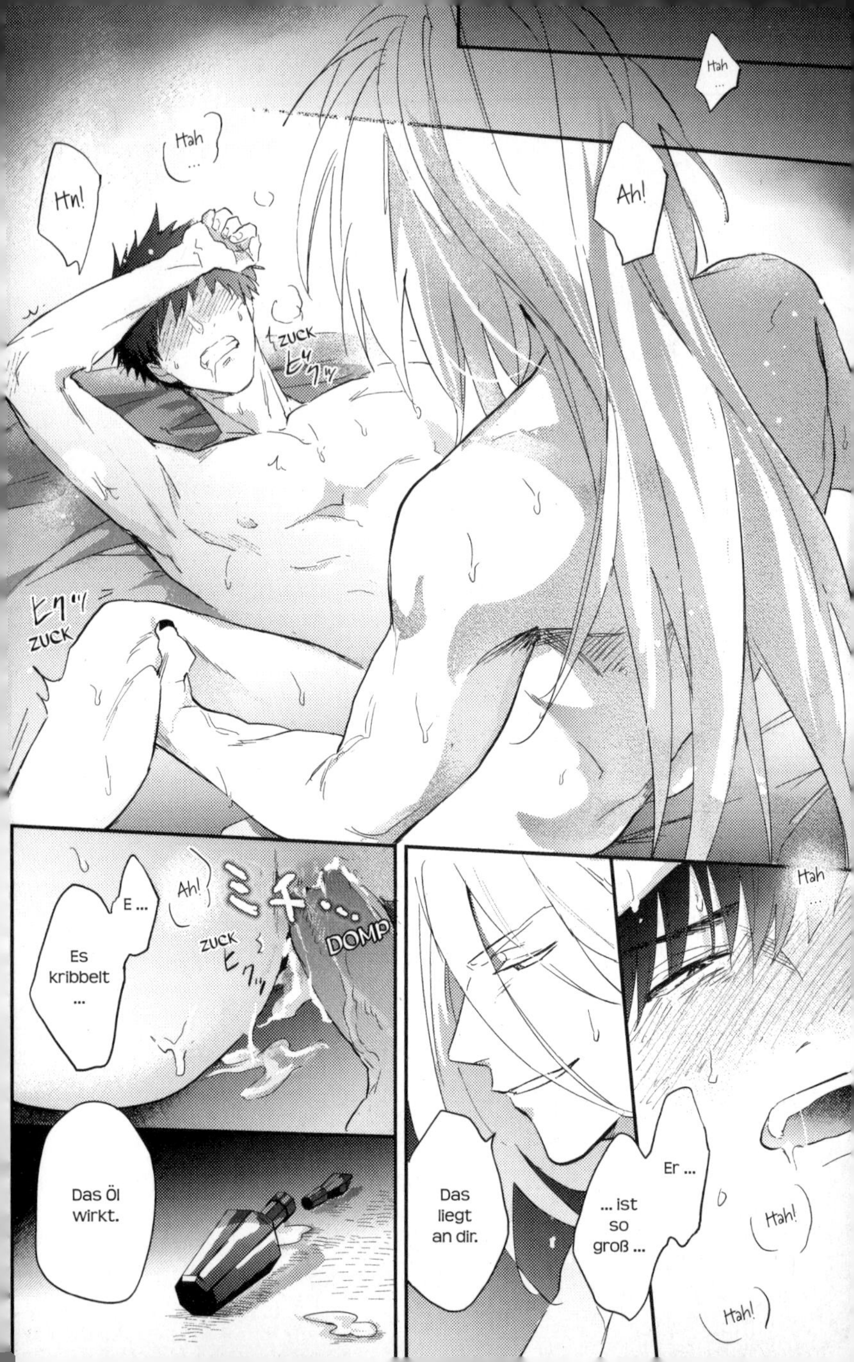
Hah ...
Ah!
Hah ...
Hn!
ZUCK
ビクッ
ZUCK
ビクッ
Hah ...
Er ...
... ist so groß ...
Hah!
Hah!
Das liegt an dir.
DOMP
ミチ...
Ah!
ZUCK
ビクッ
E ...
Es kribbelt ...
Das Öl wirkt.

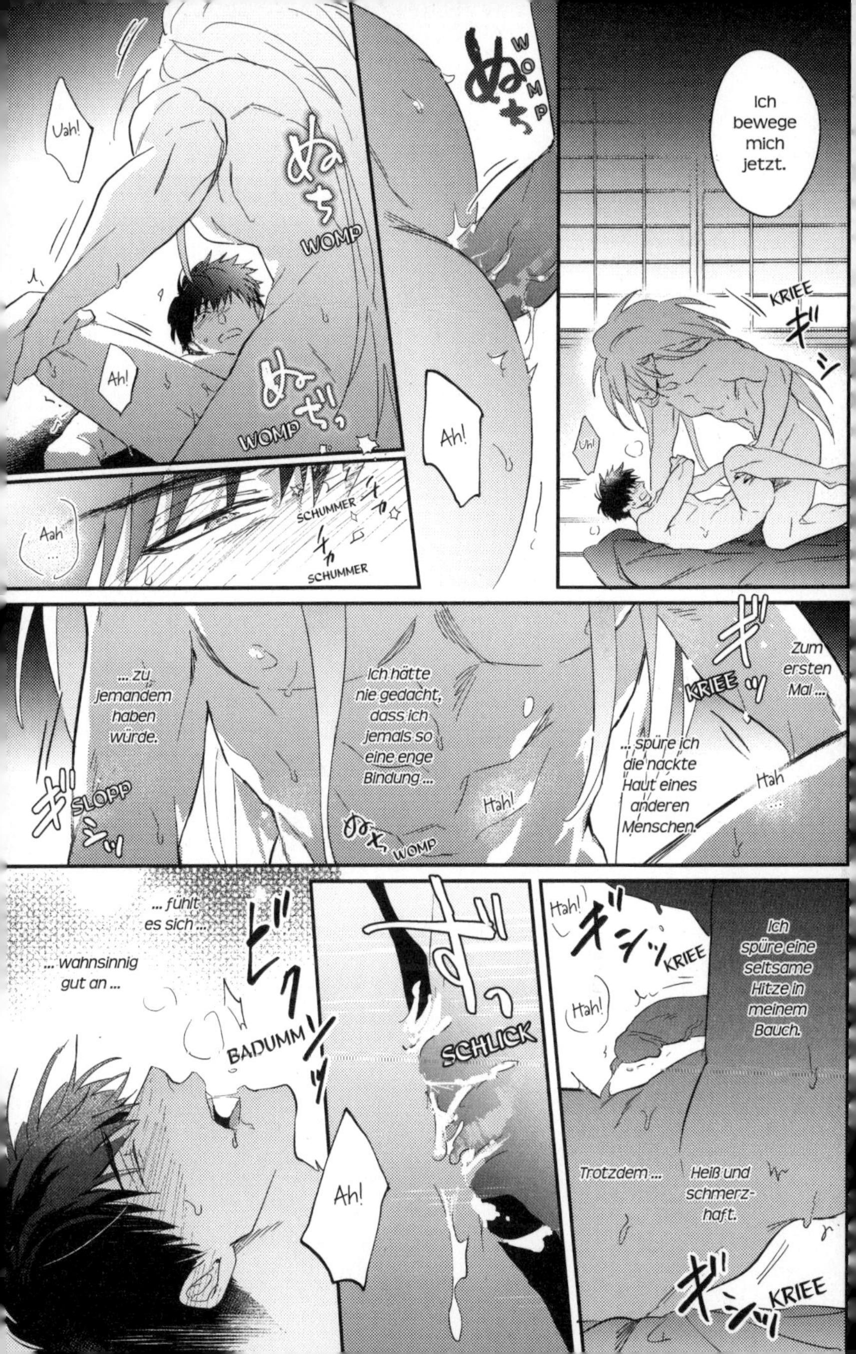
Ich bewege mich jetzt.
KRIEE
Uh!
WOMP
WOMP
Uah!
Ah!
WOMP
Ah!
Aah ...
SCHUMMER
SCHUMMER
Zum ersten Mal ...
KRIEE
... spüre ich die nackte Haut eines anderen Menschen.
Hah ...
Hah!
Ich hätte nie gedacht, dass ich jemals so eine enge Bindung ...
... zu jemandem haben würde.
SLOPP
WOMP
Ich spüre eine seltsame Hitze in meinem Bauch.
Hah!
KRIEE
Hah!
Heiß und schmerz-haft.
Trotzdem ...
KRIEE
SCHLICK
Ah!
BADUMM
... fühlt es sich ...
... wahnsinnig gut an ...

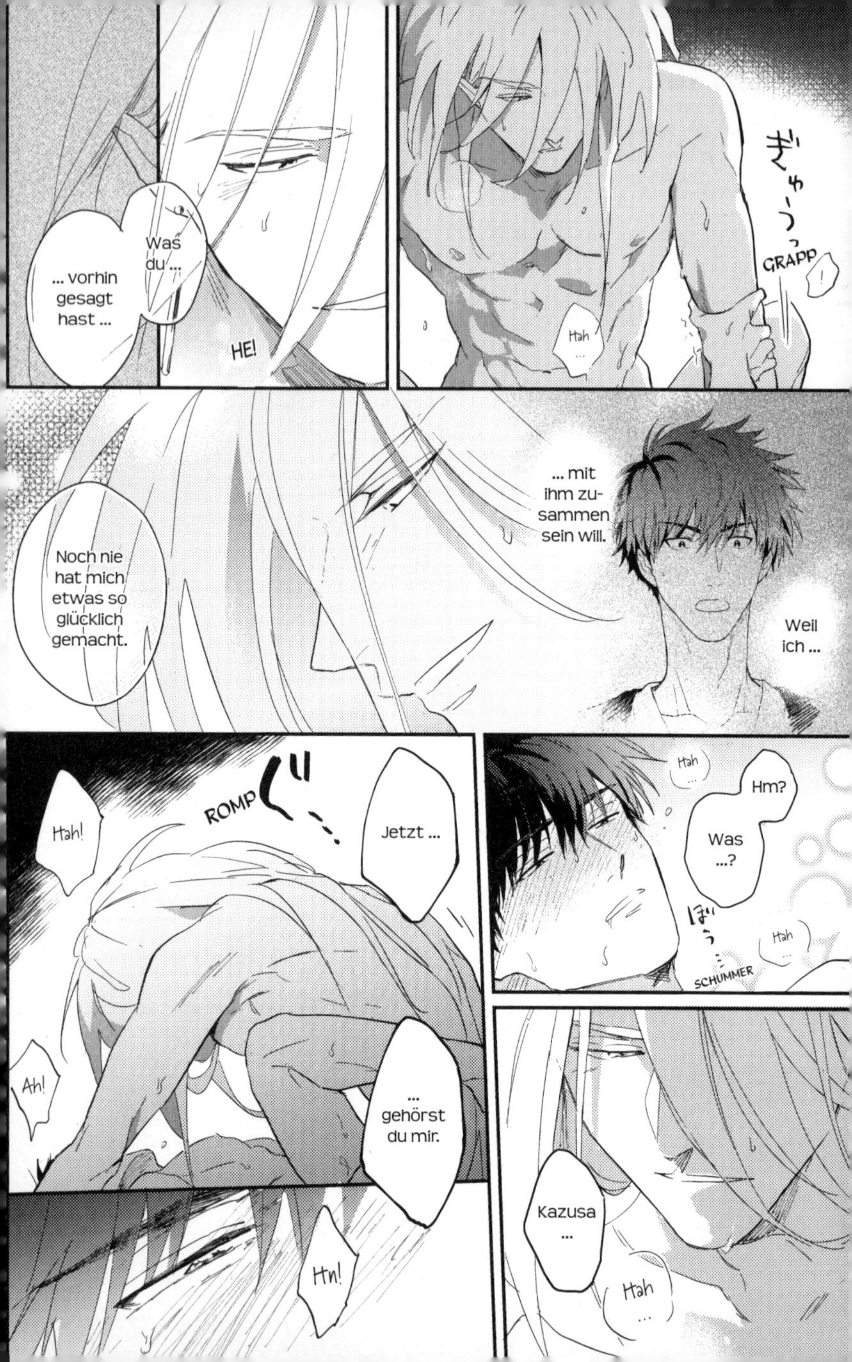
ぎゅうっ
GRAPP
Hah …
Was du …
… vorhin gesagt hast …
HE!
Weil ich …
… mit ihm zusammen sein will.
Noch nie hat mich etwas so glücklich gemacht.
Hah …
Hm?
Was …?
ぼうっ
SCHUMMER
Hah …
Jetzt …
ぐり
ROMP
Hah!
… gehörst du mir.
Ah!
Kazusa …
Hah …
Hn!

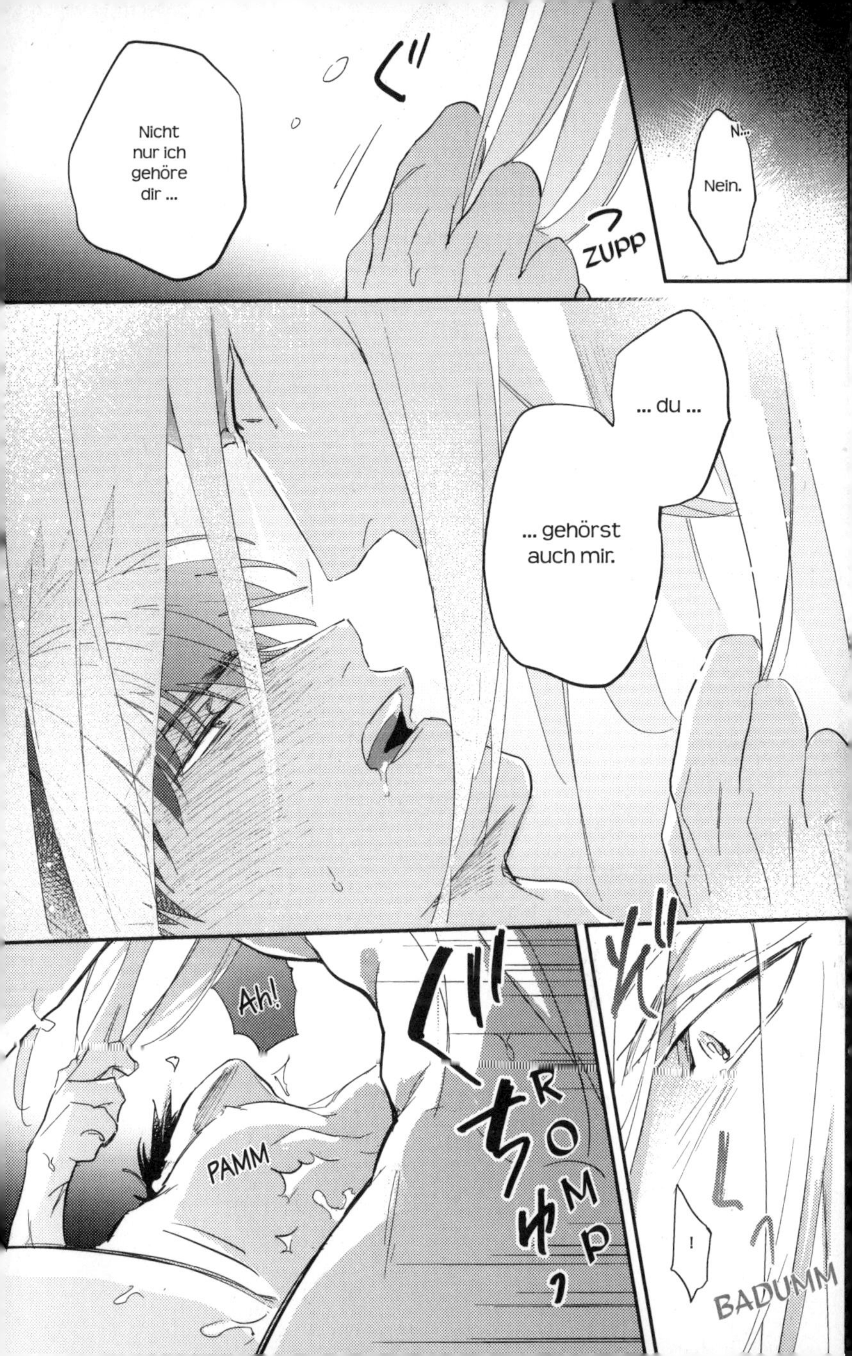
N...
Nein.
ZUPP
Nicht nur ich gehöre dir ...
... du ...
... gehörst auch mir.
BADUMM
!
ROMP
Ah!
PAMM

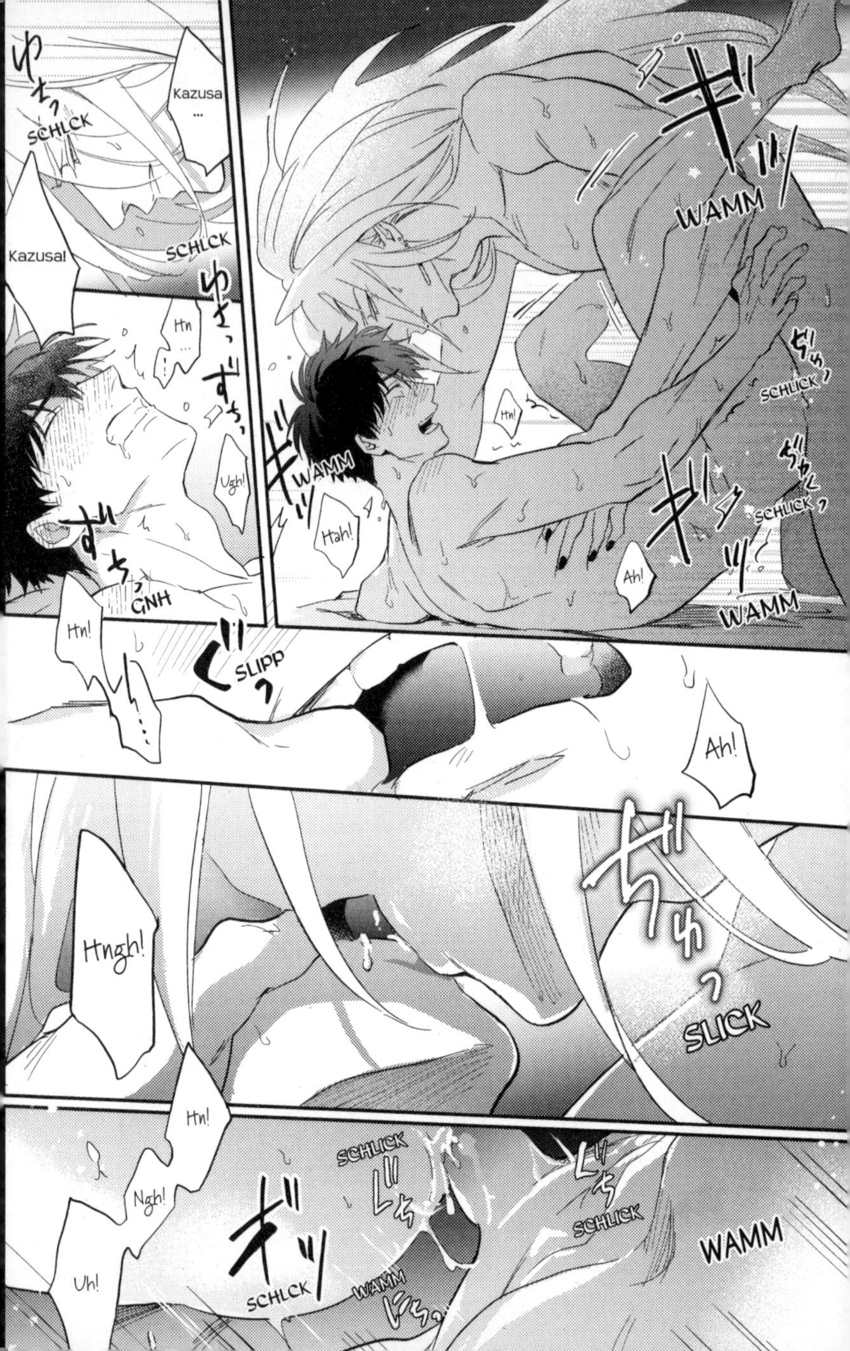

WAMM
Hn!
SCHLICK
SCHLICK
WAMM
WAMM
Hah!
Ah!
Kazusa
...
SCHLCK
Kazusa!
SCHLCK
Hn
...
Ugh!
GNH
Hn!
SLIPP
Ah!
SLICK
Hngh!
WAMM
SCHLICK
SCHLICK
Hn!
Ngh!
Uh!
SCHLCK
WAMM

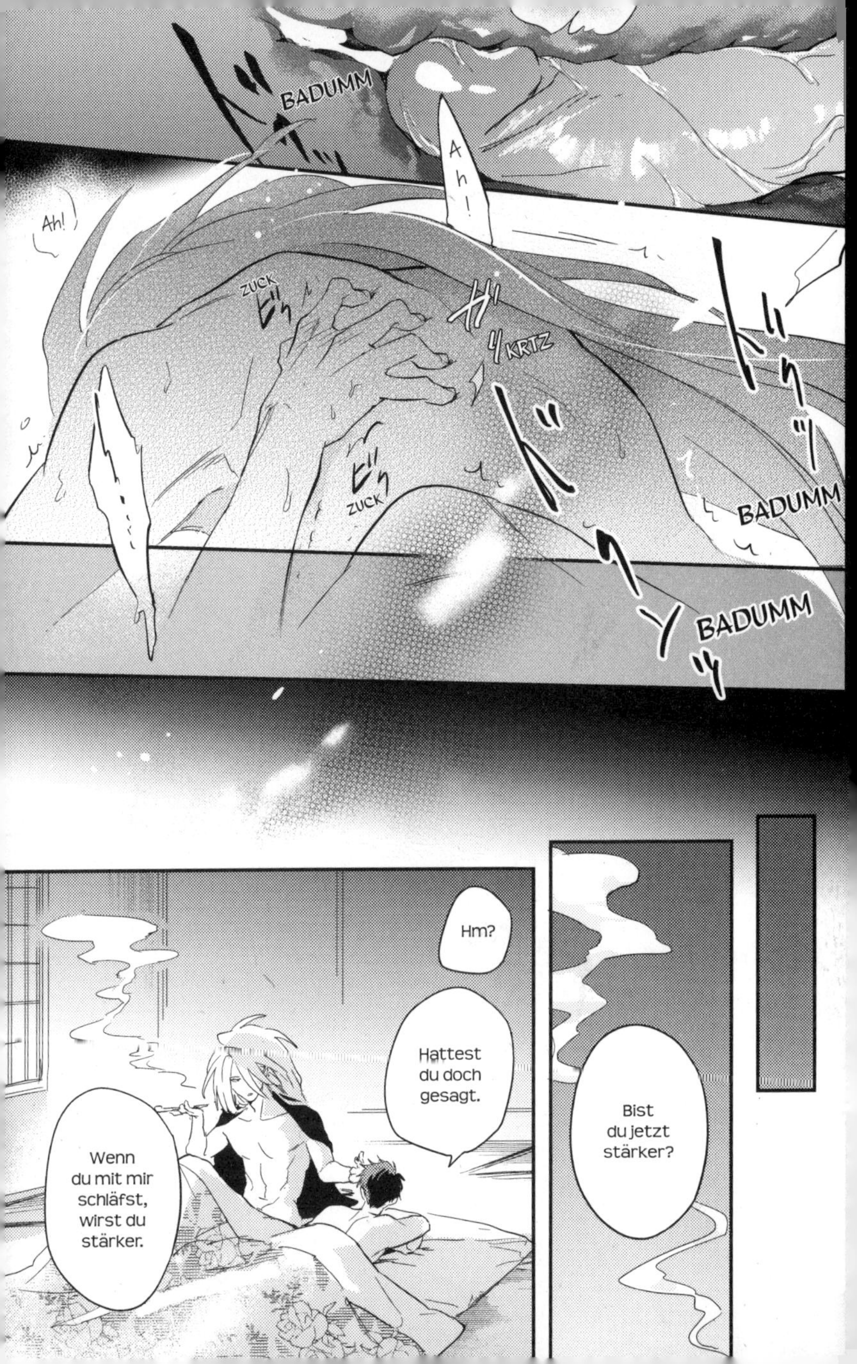
BADUMM
Ah!
Ah!
ZUCK
KRTZ
ZUCK
BADUMM
BADUMM
Bist du jetzt stärker?
Hm?
Hattest du doch gesagt.
Wenn du mit mir schläfst, wirst du stärker.

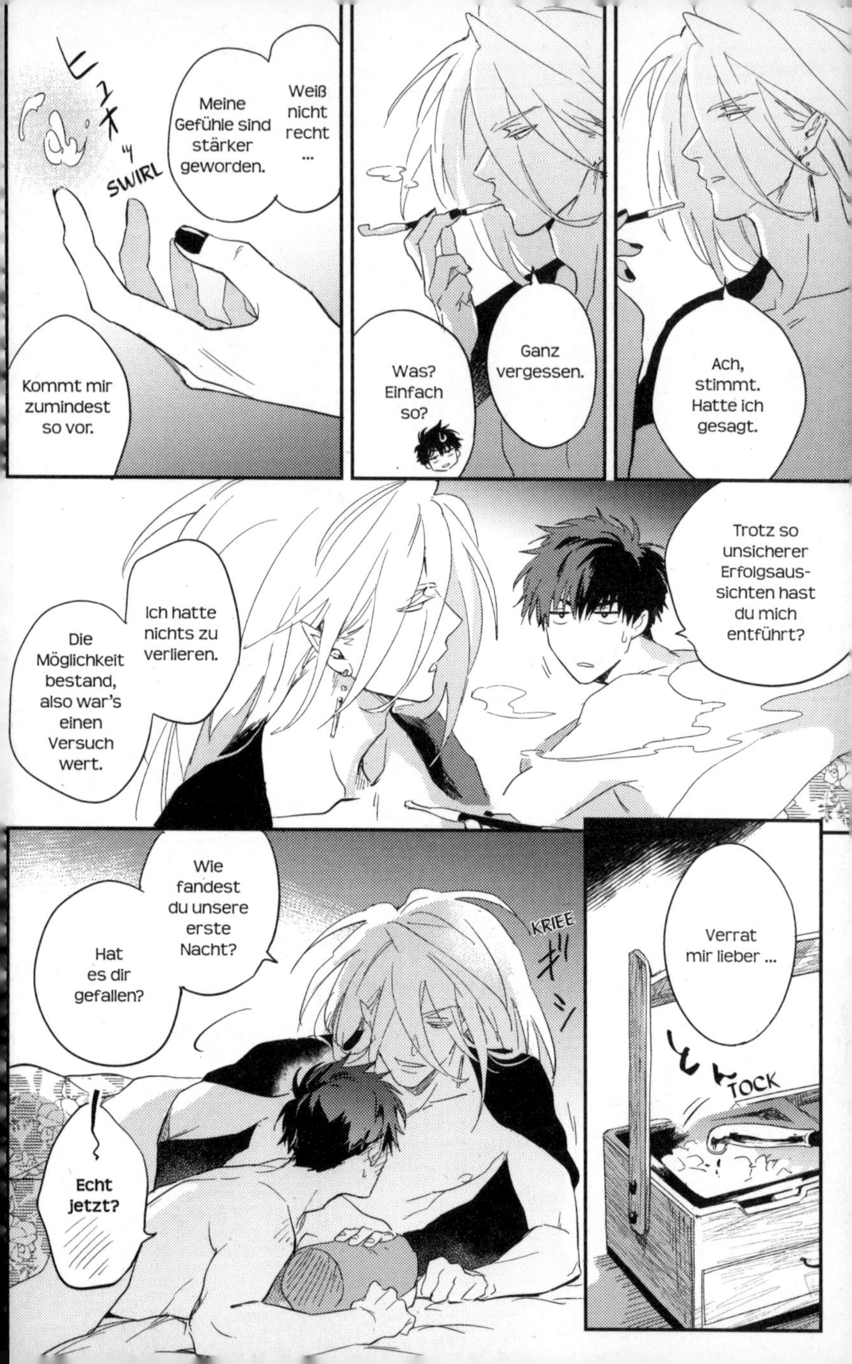
Ach, stimmt. Hatte ich gesagt.
Ganz vergessen.
Was? Einfach so?
Weiß nicht recht ...
Meine Gefühle sind stärker geworden.
SWIRL
Kommt mir zumindest so vor.
Trotz so unsicherer Erfolgsaussichten hast du mich entführt?
Ich hatte nichts zu verlieren.
Die Möglichkeit bestand, also war's einen Versuch wert.
Verrat mir lieber ...
TOCK
KRIEE
Wie fandest du unsere erste Nacht?
Hat es dir gefallen?
Echt jetzt?

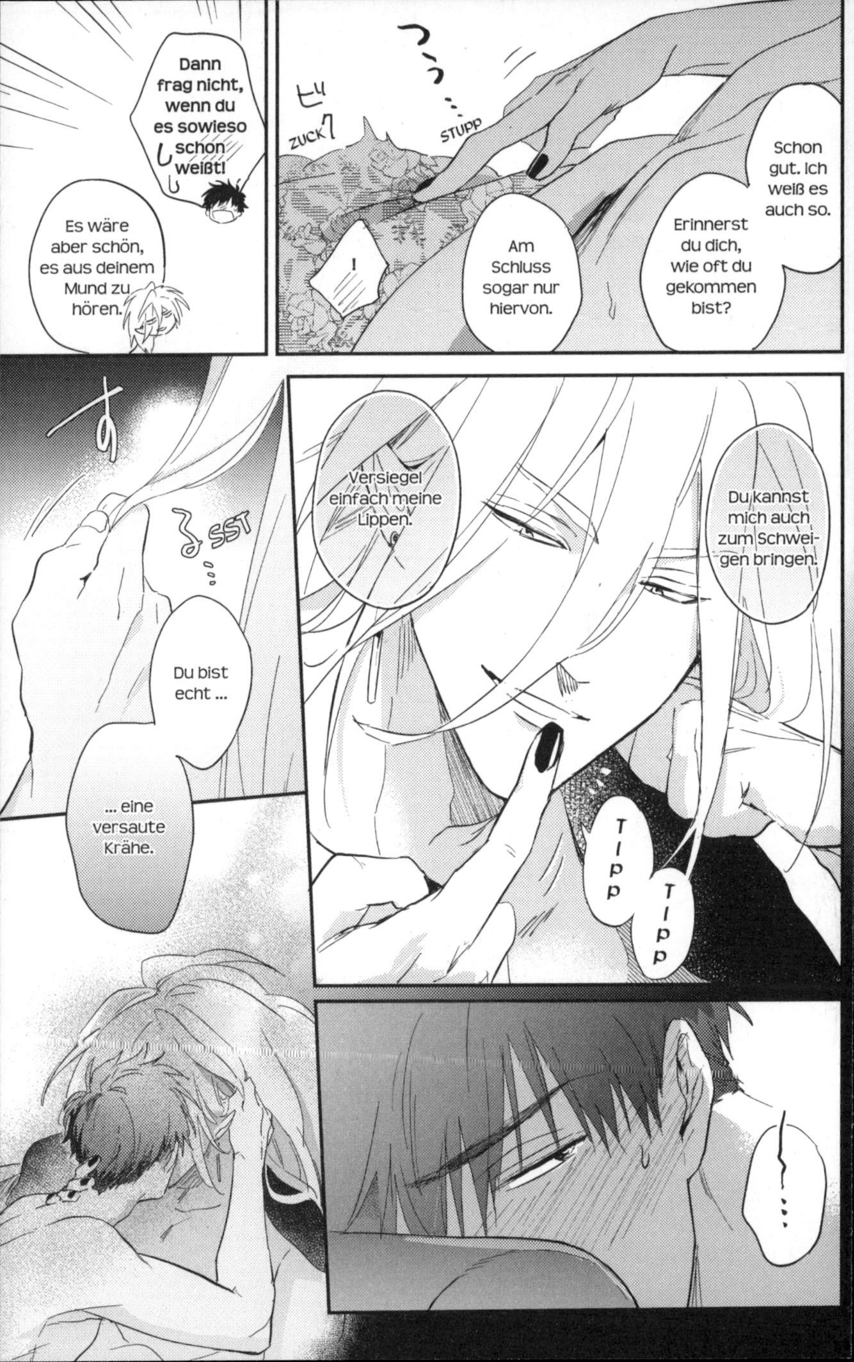
STUPP
Schon gut. Ich weiß es auch so.
Erinnerst du dich, wie oft du gekommen bist?
Am Schluss sogar nur hiervon.
ZUCK
!
Dann frag nicht, wenn du es sowieso schon weißt!
Es wäre aber schön, es aus deinem Mund zu hören.
Du kannst mich auch zum Schweigen bringen.
Versiegel einfach meine Lippen.
Tipp
Tipp
SST
Du bist echt ...
... eine versaute Krähe.
...

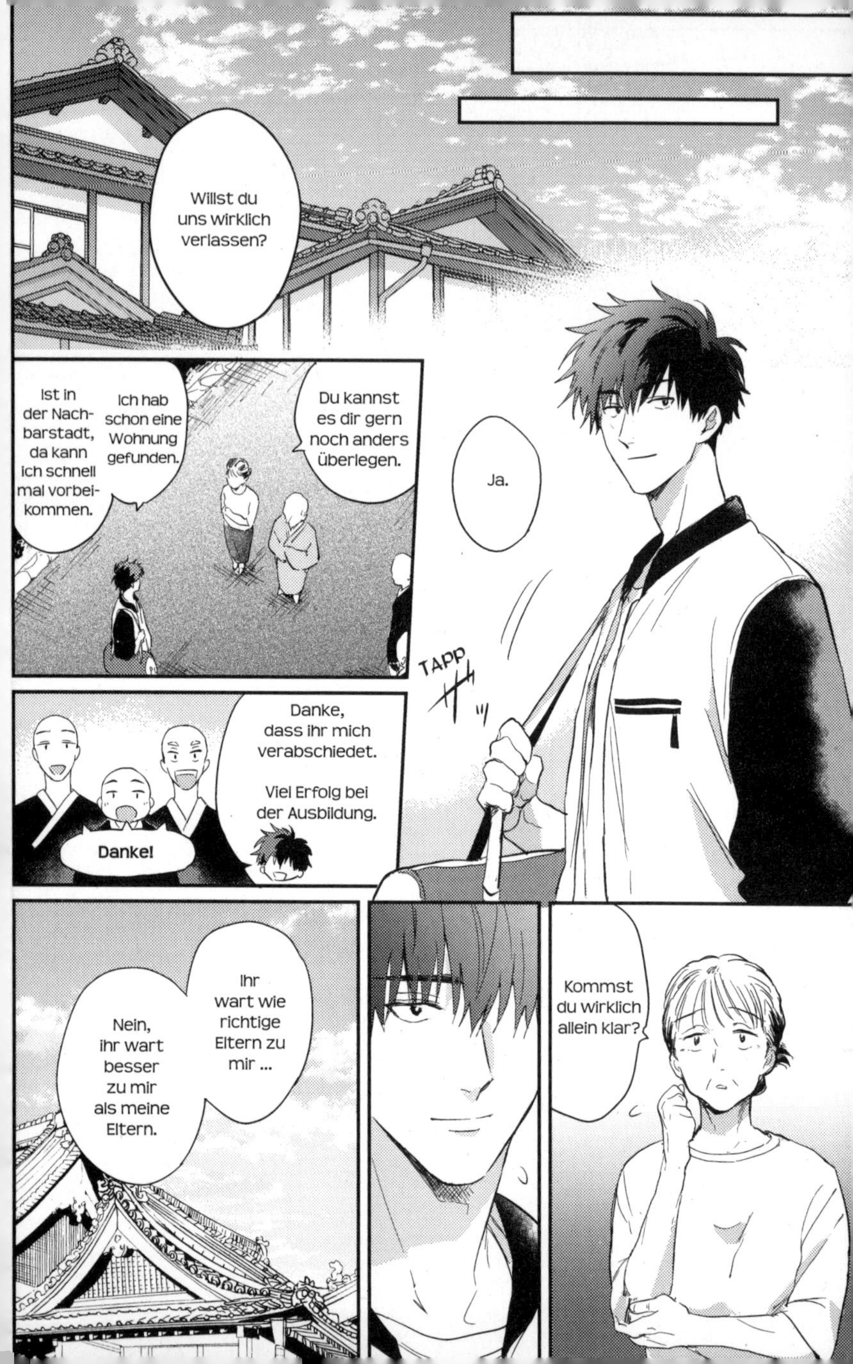
Willst du uns wirklich verlassen?
Ja.
Du kannst es dir gern noch anders überlegen.
Ich hab schon eine Wohnung gefunden.
Ist in der Nachbarstadt, da kann ich schnell mal vorbeikommen.
TAPP
Danke, dass ihr mich verabschiedet.
Viel Erfolg bei der Ausbildung.
Danke!
Kommst du wirklich allein klar?
Ihr wart wie richtige Eltern zu mir ...
Nein, ihr wart besser zu mir als meine Eltern.

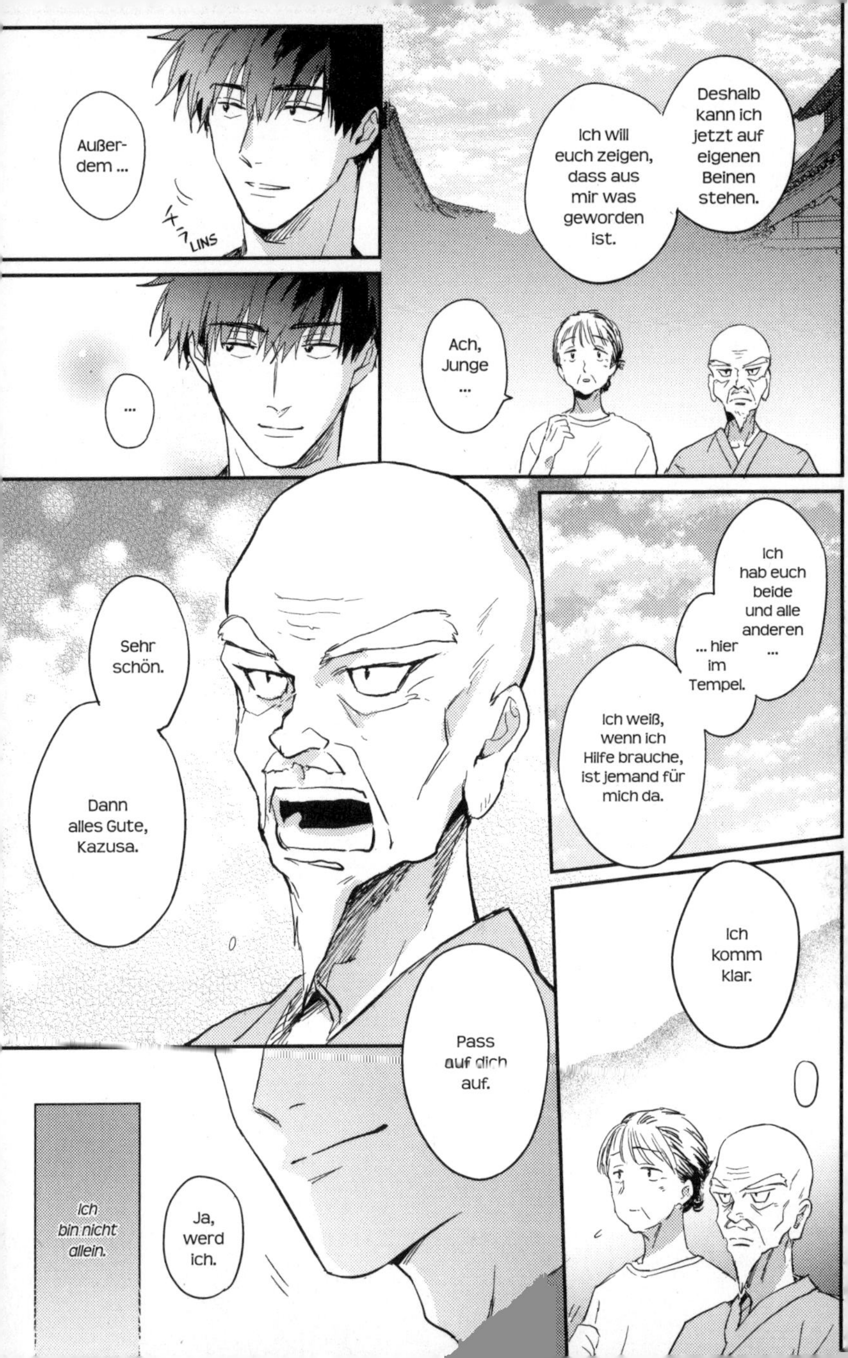
Deshalb kann ich jetzt auf eigenen Beinen stehen.
Ich will euch zeigen, dass aus mir was geworden ist.
Ach, Junge ...
Außerdem ...
LINS
...
Ich hab euch beide und alle anderen ...
... hier im Tempel.
Ich weiß, wenn ich Hilfe brauche, ist jemand für mich da.
Sehr schön.
Dann alles Gute, Kazusa.
Ich komm klar.
Pass auf dich auf.
Ja, werd ich.
Ich bin nicht allein.

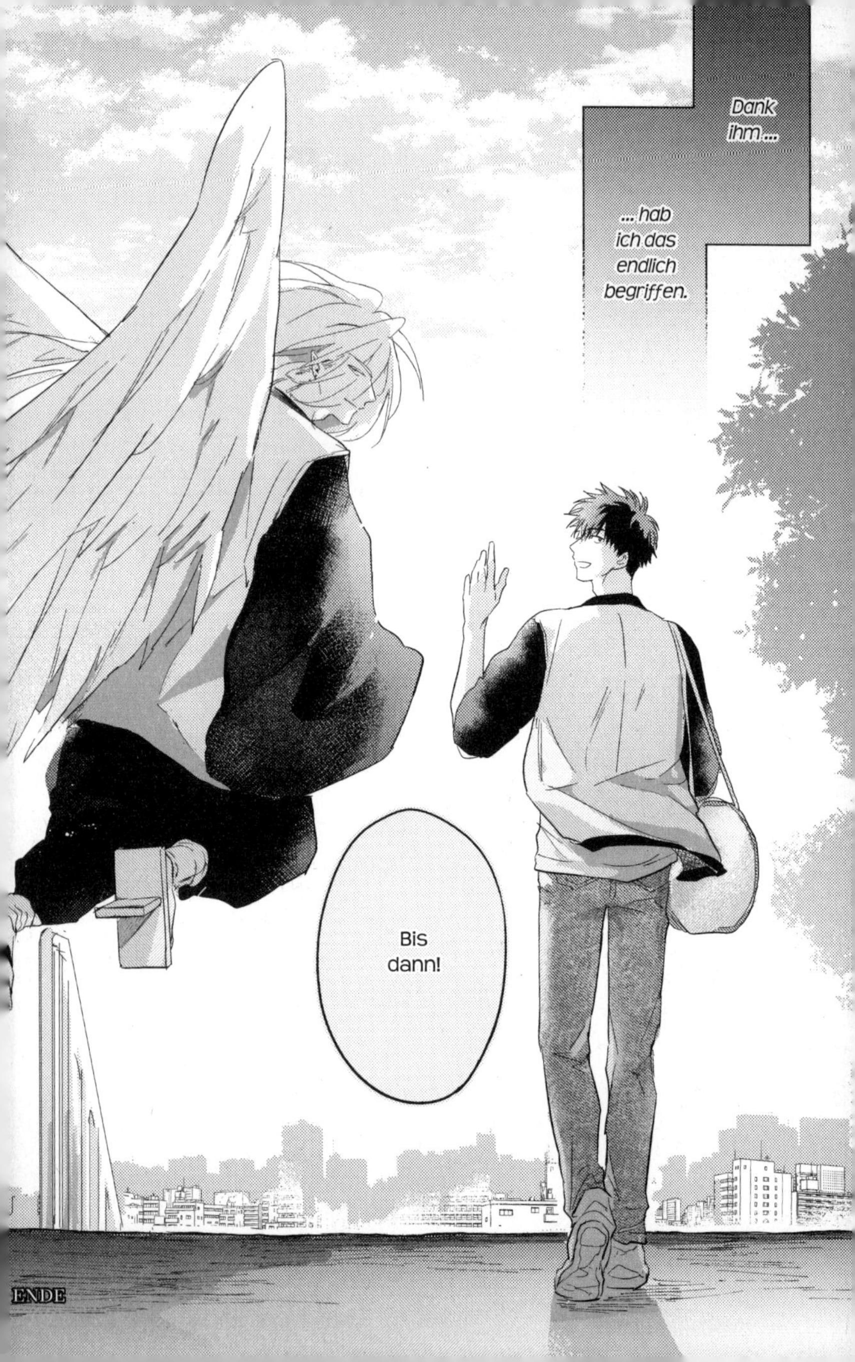
Dank ihm ...
... hab ich das endlich begriffen.
Bis dann!
ENDE

TENGU AND EXORCIST

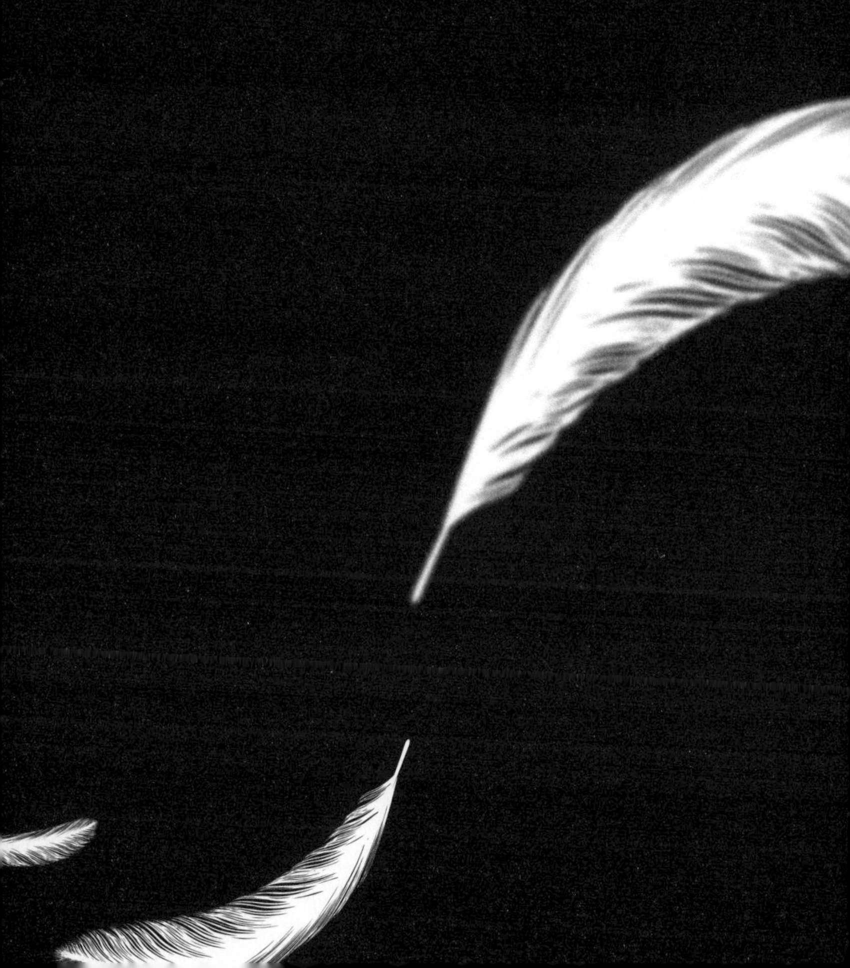

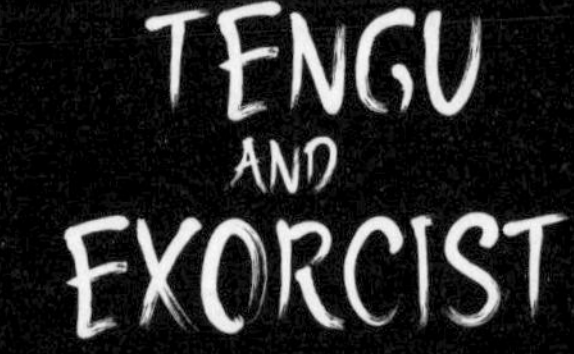
TENGU
AND
EXORCIST

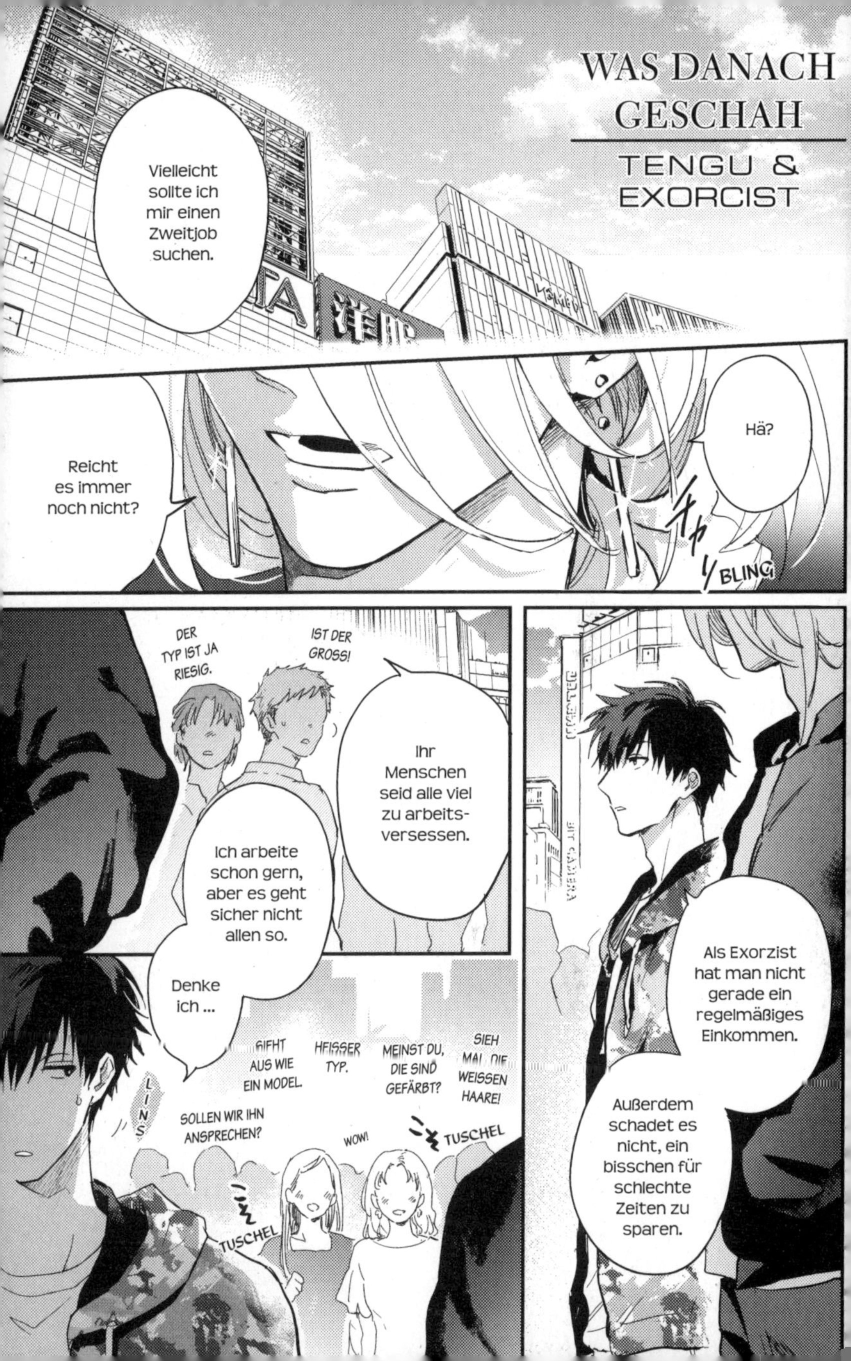

WAS DANACH GESCHAH

TENGU & EXORCIST

Vielleicht sollte ich mir einen Zweitjob suchen.

Hä?

BLING

Reicht es immer noch nicht?

Als Exorzist hat man nicht gerade ein regelmäßiges Einkommen.

Außerdem schadet es nicht, ein bisschen für schlechte Zeiten zu sparen.

IST DER GROSS!

DER TYP IST JA RIESIG.

Ihr Menschen seid alle viel zu arbeits-versessen.

Ich arbeite schon gern, aber es geht sicher nicht allen so.

Denke ich ...

SIEH MAL DIE WEISSEN HAARE!

MEINST DU, DIE SIND GEFÄRBT?

HEISSER TYP.

SIEHT AUS WIE EIN MODEL.

LINS

TUSCHEL

WOW!

SOLLEN WIR IHN ANSPRECHEN?

TUSCHEL

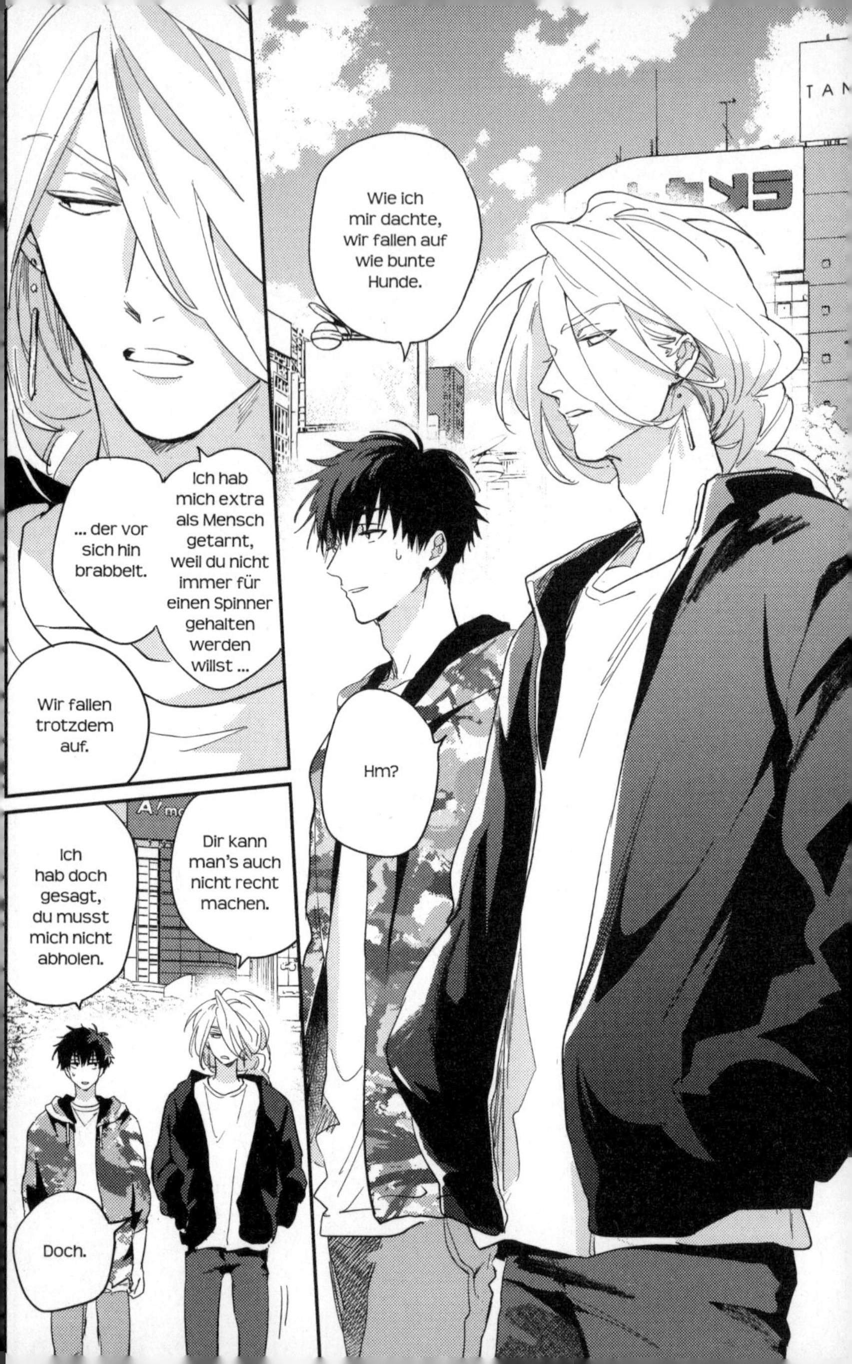
Wie ich mir dachte, wir fallen auf wie bunte Hunde.
Hm?
Ich hab mich extra als Mensch getarnt, weil du nicht immer für einen Spinner gehalten werden willst ...
... der vor sich hin brabbelt.
Wir fallen trotzdem auf.
Dir kann man's auch nicht recht machen.
Ich hab doch gesagt, du musst mich nicht abholen.
Doch.

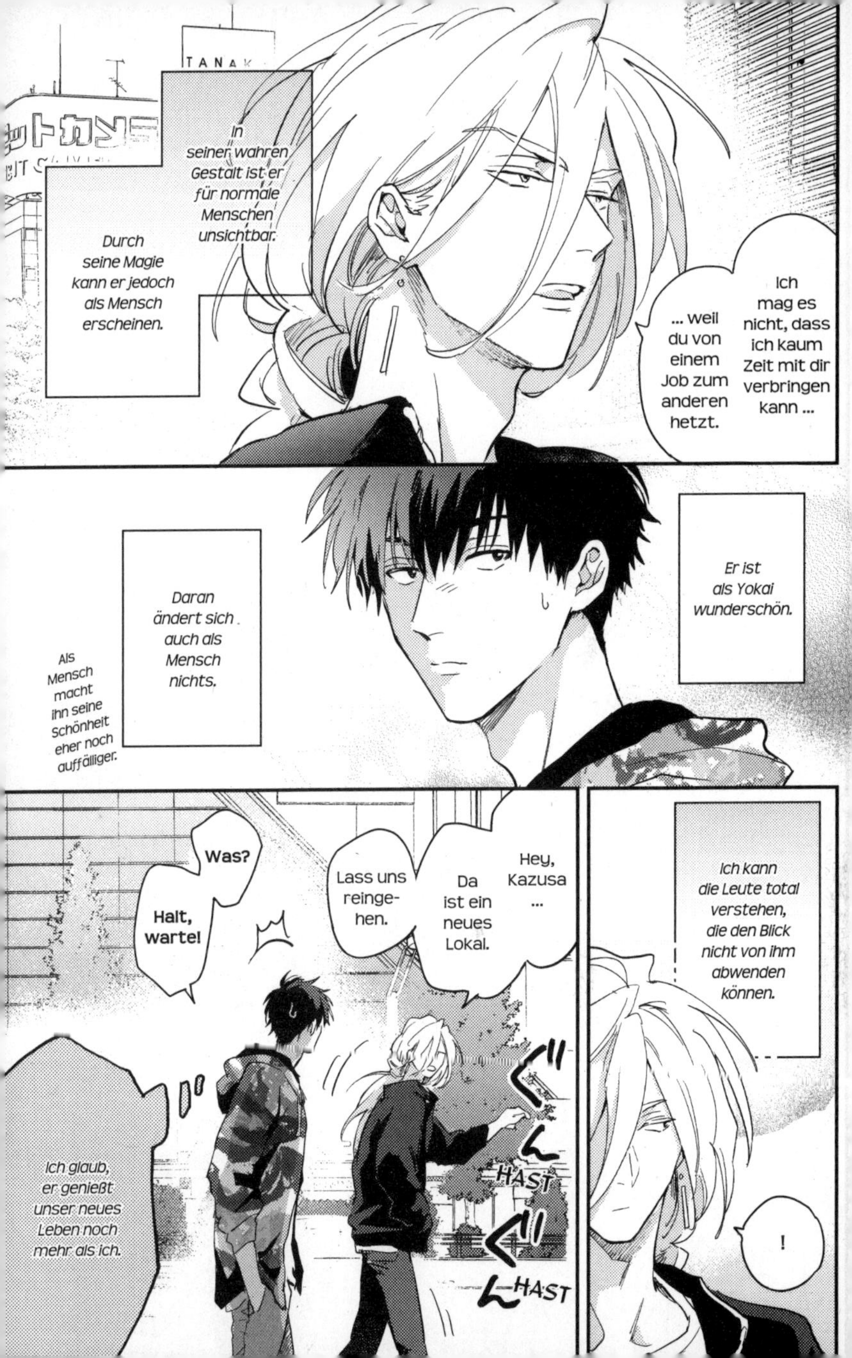
TANAK
In seiner wahren Gestalt ist er für normale Menschen unsichtbar.
Durch seine Magie kann er jedoch als Mensch erscheinen.
Ich mag es nicht, dass ich kaum Zeit mit dir verbringen kann ...
... weil du von einem Job zum anderen hetzt.
Er ist als Yokai wunderschön.
Daran ändert sich auch als Mensch nichts.
Als Mensch macht ihn seine Schönheit eher noch auffälliger.
Ich kann die Leute total verstehen, die den Blick nicht von ihm abwenden können.
Hey, Kazusa ...
Da ist ein neues Lokal.
Lass uns reingehen.
Was?
Halt, warte!
HAST
HAST
!
Ich glaub, er genießt unser neues Leben noch mehr als ich.

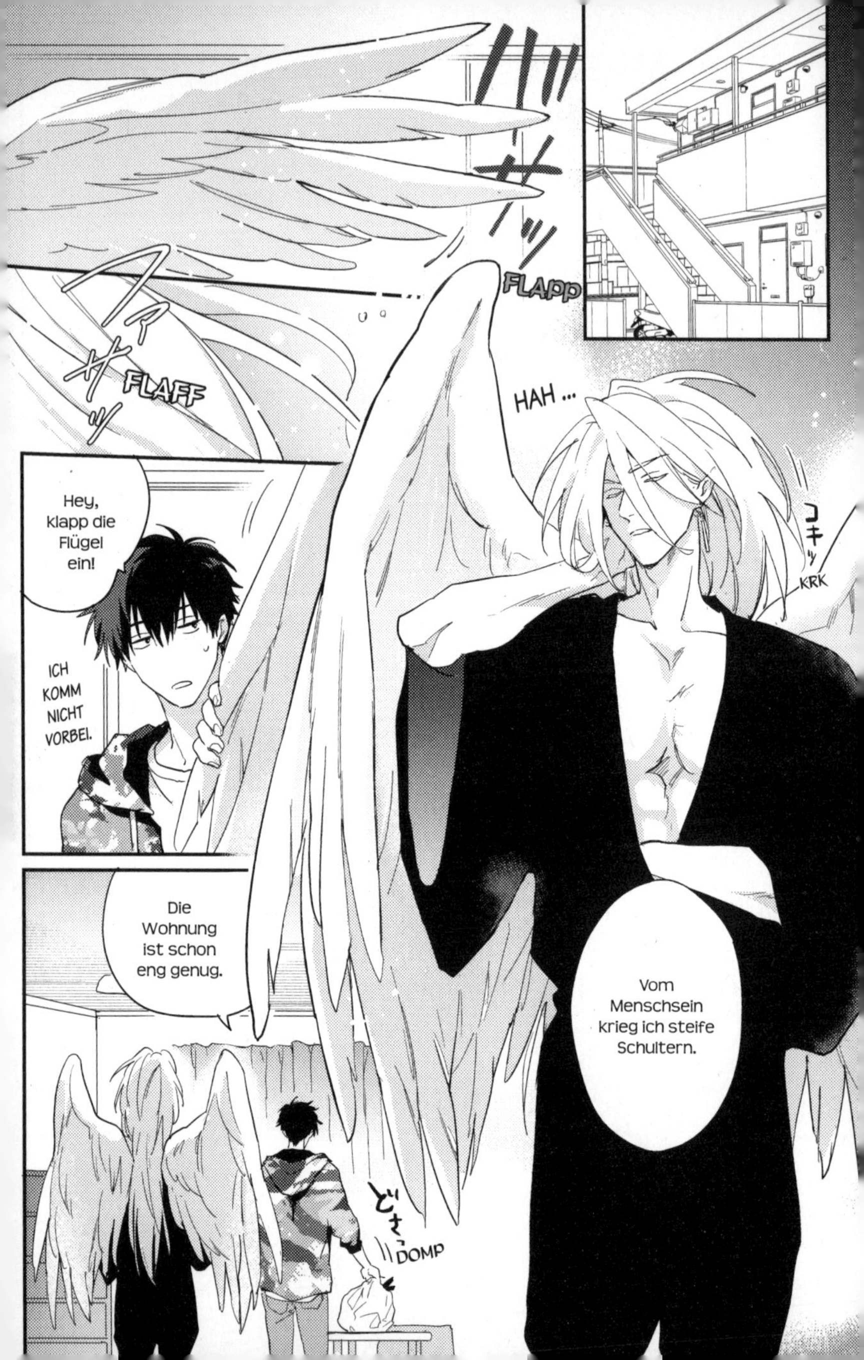

バサッ
FLAPP
ファサッ
FLAFF
HAH ...
コキッ
KRK
Vom Menschsein krieg ich steife Schultern.
Hey, klapp die Flügel ein!
ICH KOMM NICHT VORBEI.
Die Wohnung ist schon eng genug.
どさっ
DOMP

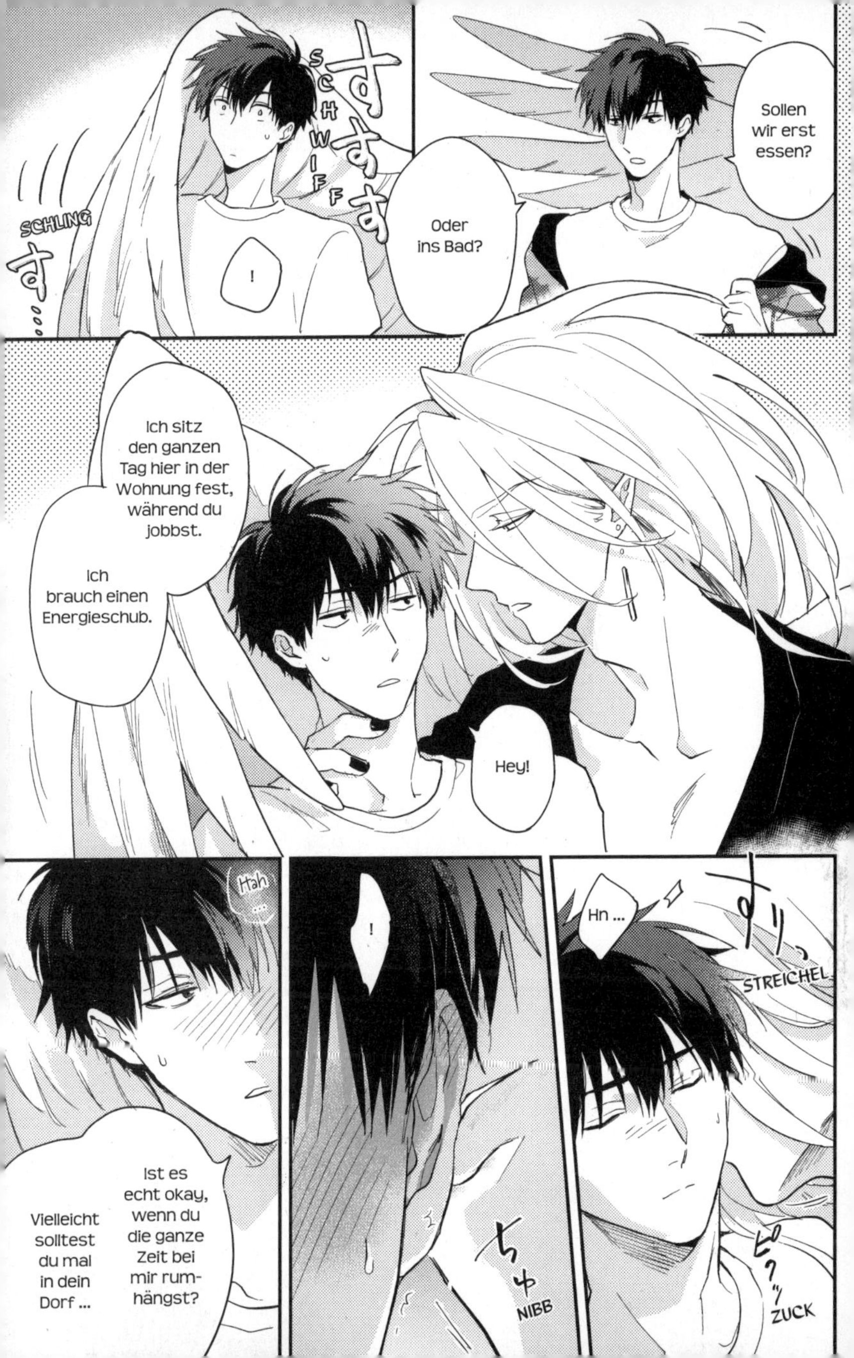
Sollen wir erst essen?
Oder ins Bad?
すすす
SCHWIFF
!
す…
SCHLING
Ich sitz den ganzen Tag hier in der Wohnung fest, während du jobbst.
Ich brauch einen Energieschub.
Hey!
すりっ
STREICHEL
Hn …
ピクッ
ZUCK
!
ちゅ
NIBB
Hah …
Ist es echt okay, wenn du die ganze Zeit bei mir rumhängst?
Vielleicht solltest du mal in dein Dorf …

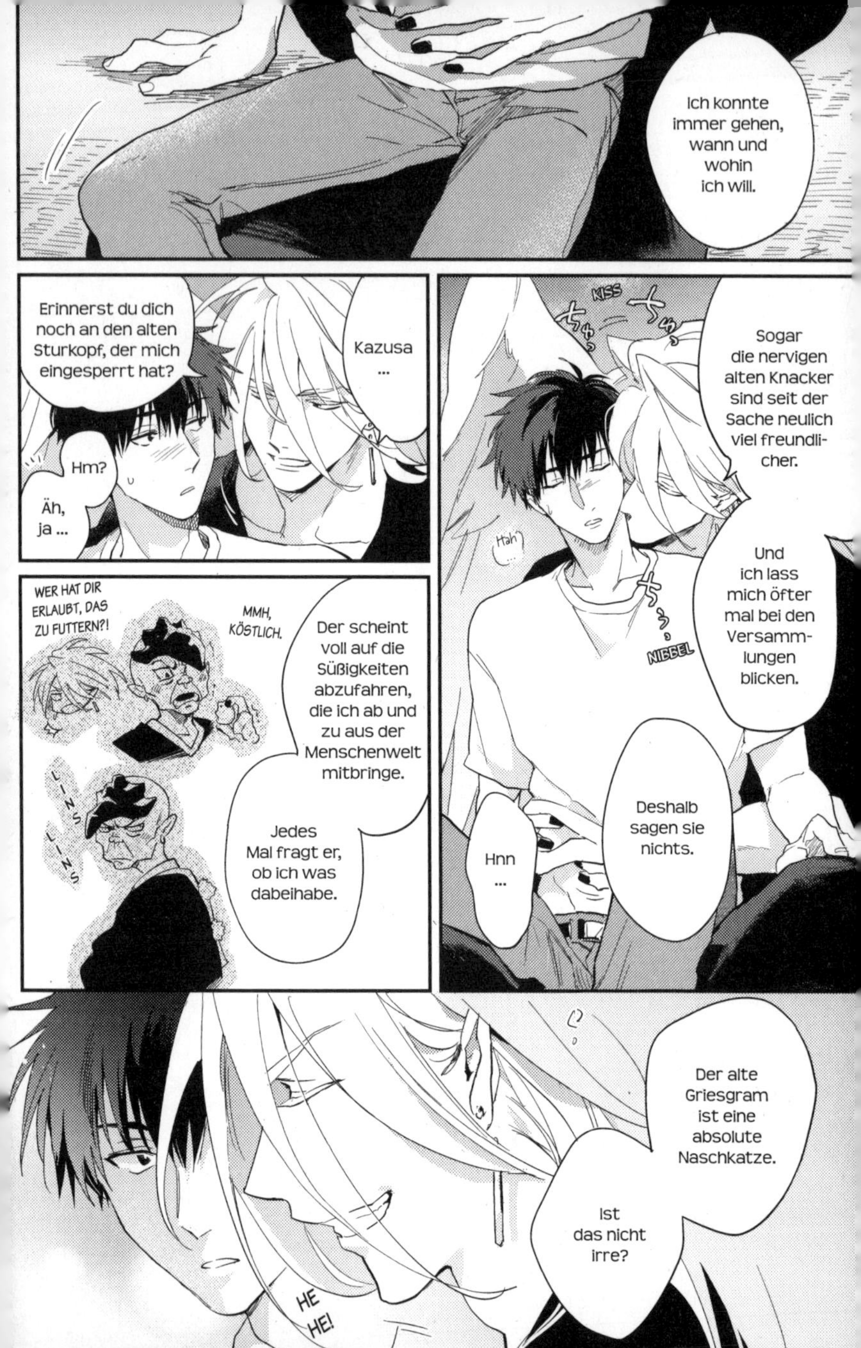
Ich konnte immer gehen, wann und wohin ich will.
KISS
Sogar die nervigen alten Knacker sind seit der Sache neulich viel freundlicher.
Hah ...
NIBBEL
Und ich lass mich öfter mal bei den Versammlungen blicken.
Deshalb sagen sie nichts.
Hnn ...
Kazusa ...
Erinnerst du dich noch an den alten Sturkopf, der mich eingesperrt hat?
Hm?
Äh, ja ...
Der scheint voll auf die Süßigkeiten abzufahren, die ich ab und zu aus der Menschenwelt mitbringe.
MMH, KÖSTLICH.
WER HAT DIR ERLAUBT, DAS ZU FUTTERN?!
Jedes Mal fragt er, ob ich was dabeihabe.
LINS LINS
Der alte Griesgram ist eine absolute Naschkatze.
Ist das nicht irre?
HE HE!

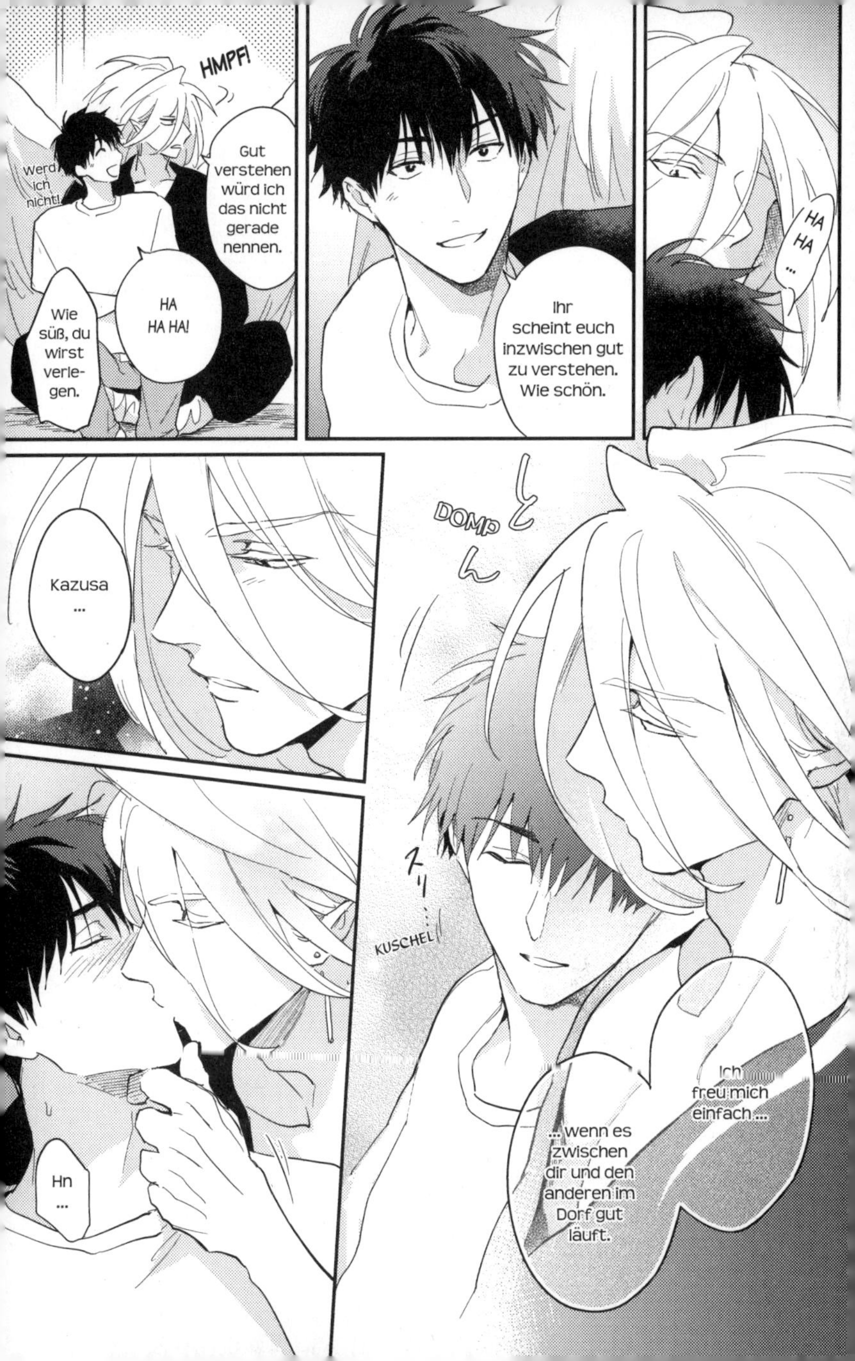
HMPF!
Gut verstehen würd ich das nicht gerade nennen.
Werd ich nicht!
HA HA HA!
Wie süß, du wirst verlegen.
HA HA ...
Ihr scheint euch inzwischen gut zu verstehen. Wie schön.
DOMP
Kazusa ...
KUSCHEL
Ich freu mich einfach ...
... wenn es zwischen dir und den anderen im Dorf gut läuft.
Hn ...

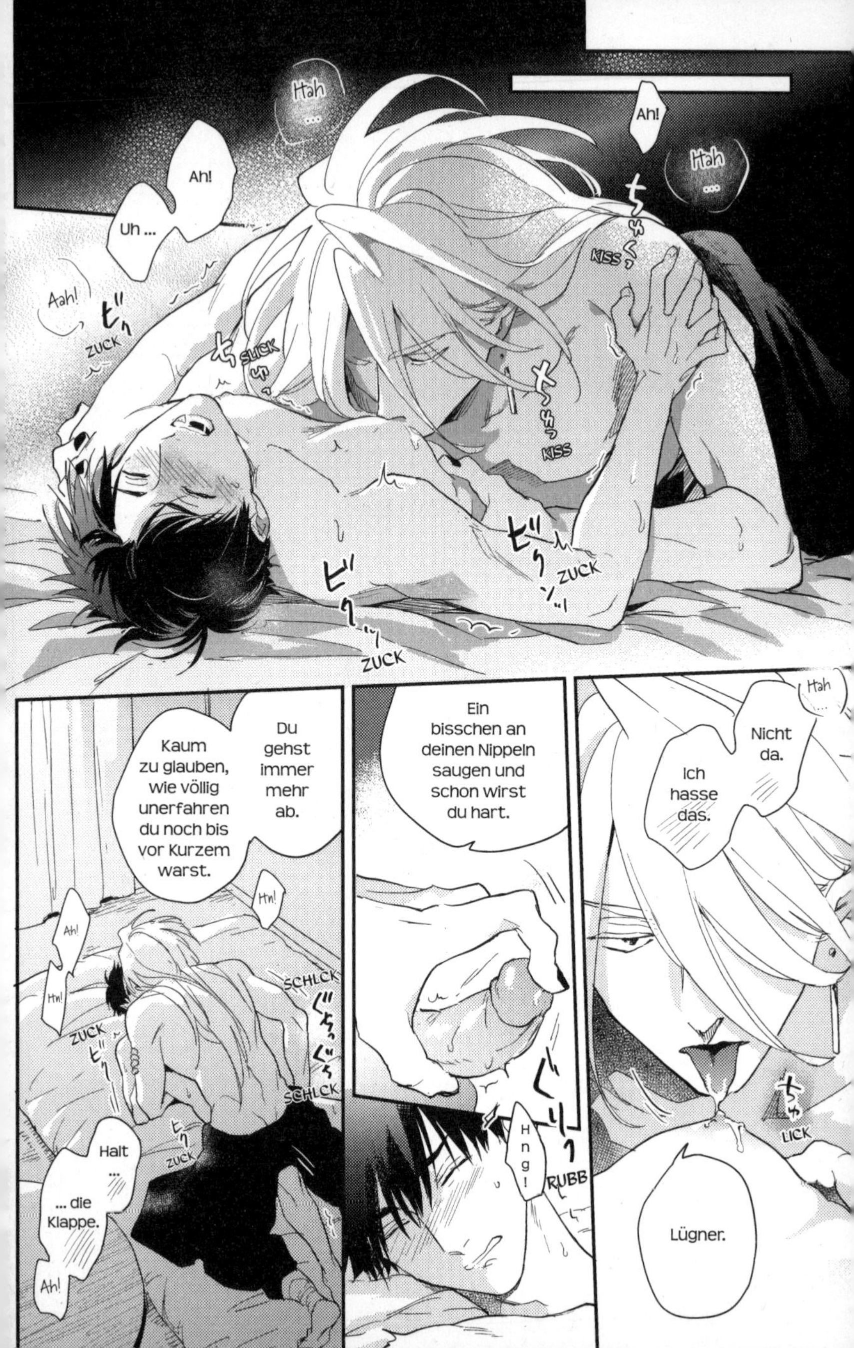
Ah!
Hah ...
Hah ...
KISS
Ah!
Uh ...
Aah!
ZUCK
SUCK
KISS
ZUCK
ZUCK
Hah ...
Nicht da.
Ich hasse das.
LICK
Lügner.
Ein bisschen an deinen Nippeln saugen und schon wirst du hart.
RUBB
Hng!
Du gehst immer mehr ab.
Kaum zu glauben, wie völlig unerfahren du noch bis vor Kurzem warst.
Hn!
Ah!
Hn!
SCHLCK
ZUCK
SCHLCK
Halt ...
... die Klappe.
ZUCK
Ah!

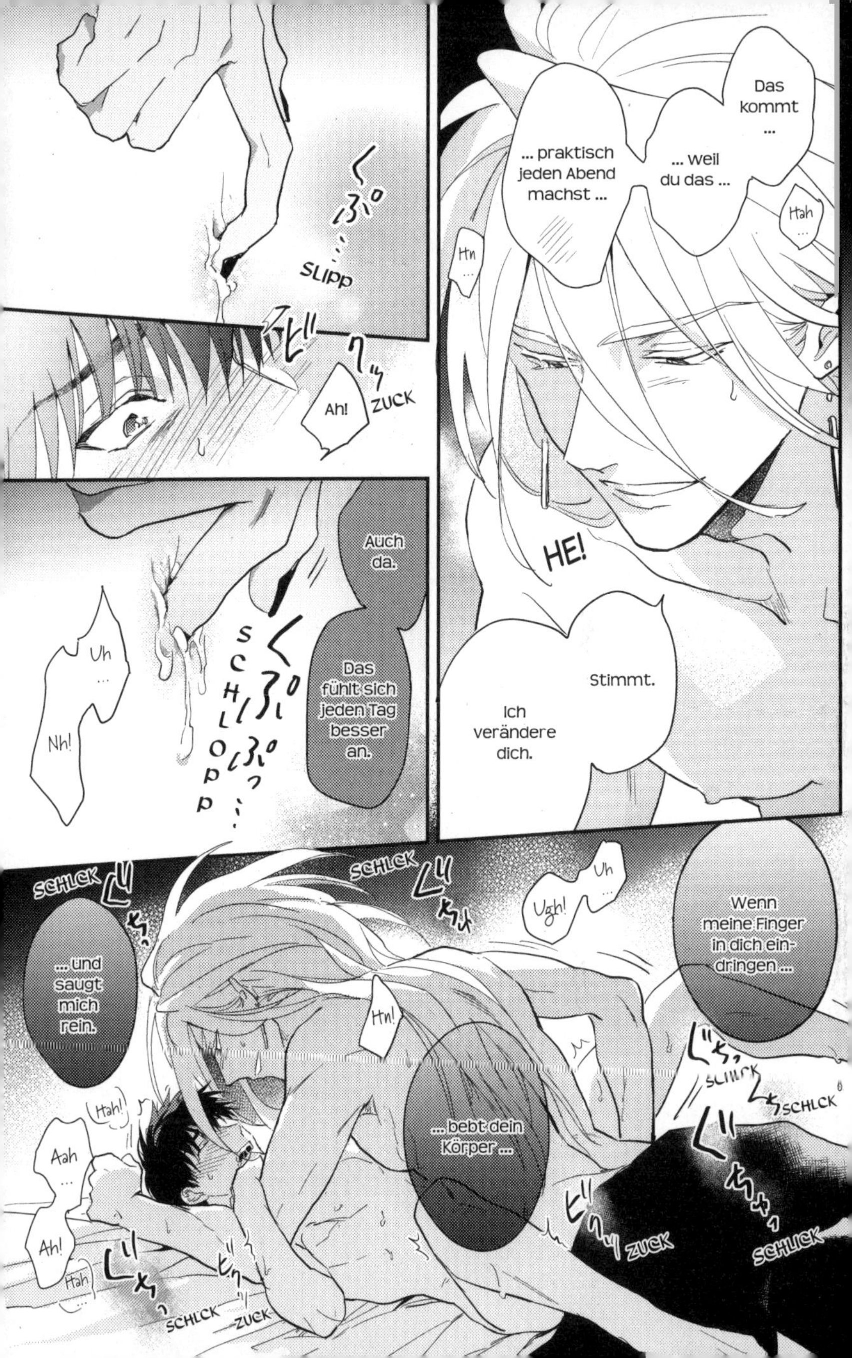
Das kommt ...
... weil du das ...
... praktisch jeden Abend machst ...
Hah ...
Hn ...
SLIPP
Ah!
ZUCK
HE!
Stimmt.
Ich verändere dich.
Auch da.
Das fühlt sich jeden Tag besser an.
SCHLOPP
Uh ...
Nh!
Wenn meine Finger in dich eindringen ...
Uh ...
Ugh!
SCHLCK
... bebt dein Körper ...
SCHLCK
SCHLCK
SCHLICK
ZUCK
Hn!
... und saugt mich rein.
SCHLCK
Hah!
Aah ...
Ah!
Hah ...
SCHLCK
ZUCK

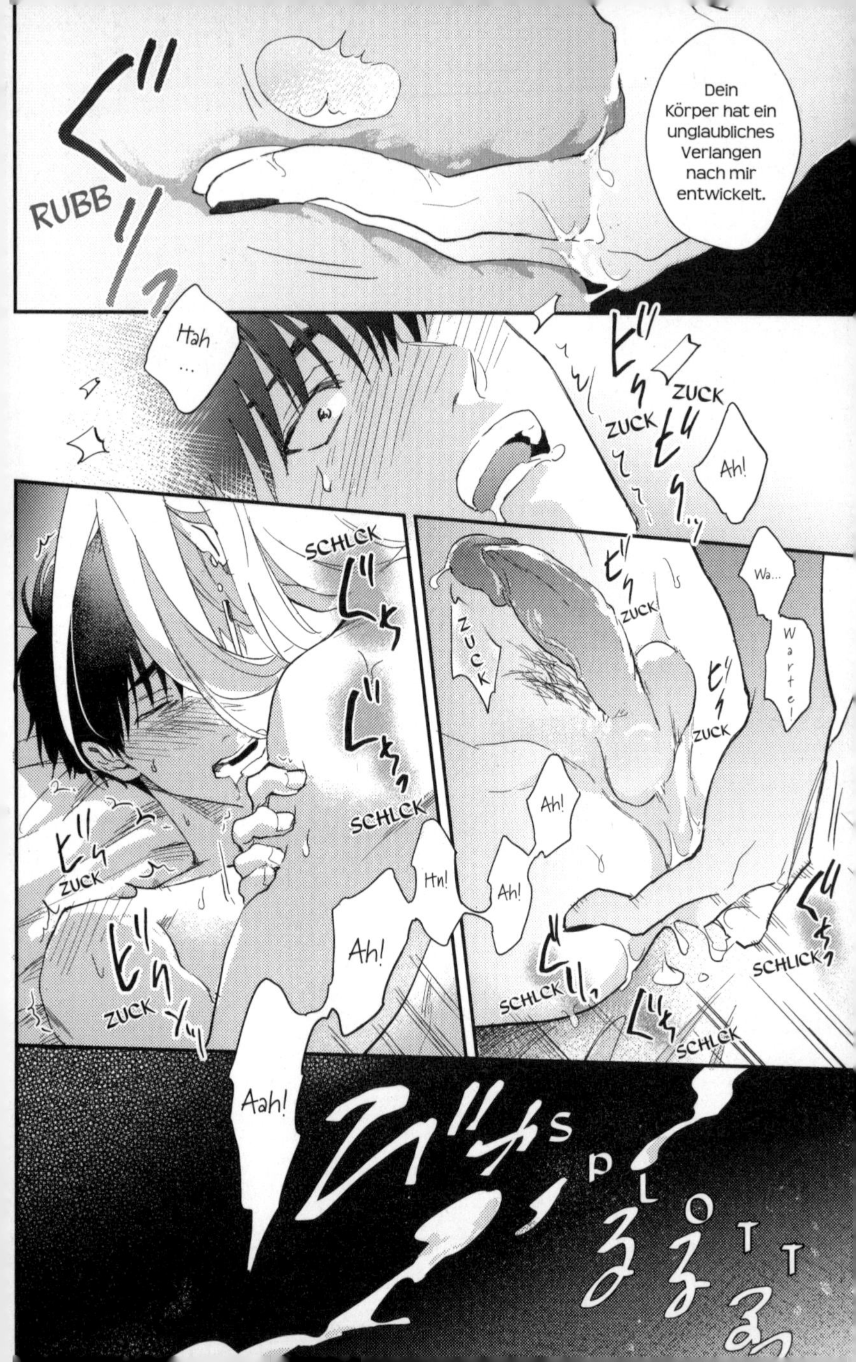

Dein Körper hat ein unglaubliches Verlangen nach mir entwickelt.
RUBB
Hah …
ZUCK
ZUCK
Ah!
SCHLCK
SCHLCK
ZUCK
ZUCK
ZUCK
ZUCK
Wa…
Warte!
ZUCK
Ah!
Hn!
Ah!
Ah!
SCHLICK
SCHLCK
SCHLCK
ZUCK
Aah!
SPLOTTT

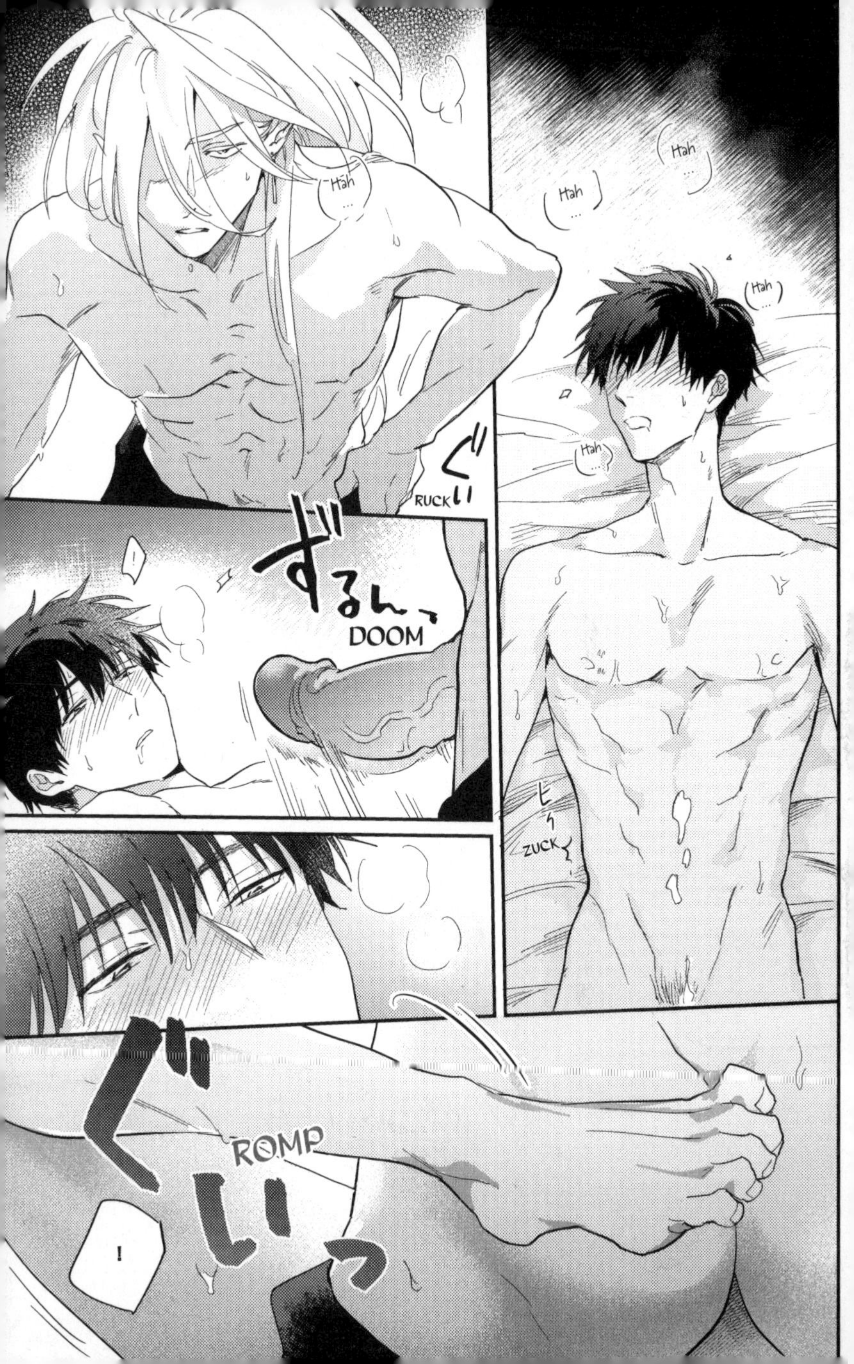

Hah …
Hah …
Hah …
Hah …
Hah …
ぐい
RUCK
!
ずるん
DOOM
ビク
ZUCK
ぐいっ
ROMP
!

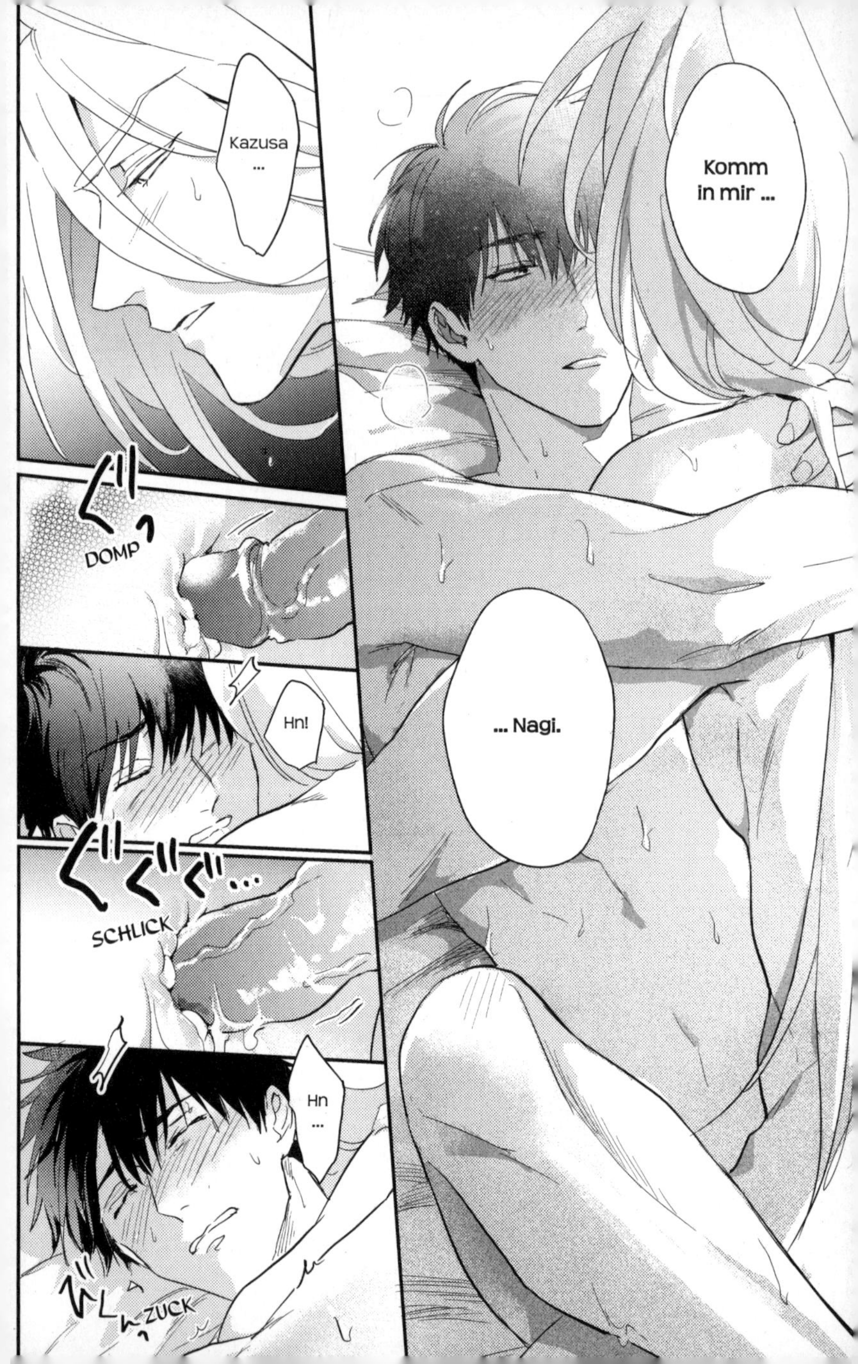
Komm in mir ...
... Nagi.
Kazusa ...
ぐっ
DOMP
Hn!
ぐぐぐ…
SCHLICK
Hn ...
びくん
ZUCK

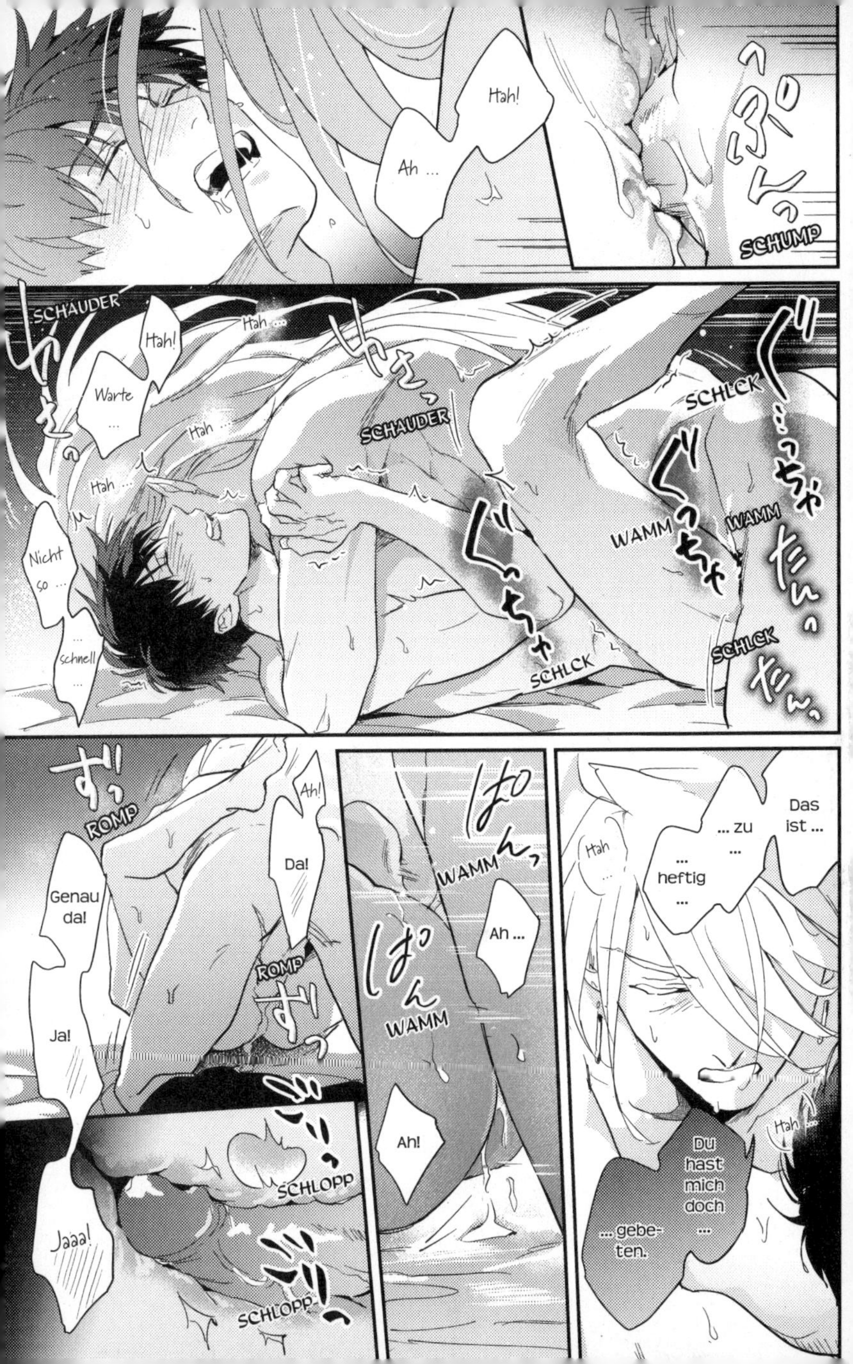
Hah!
Ah …
SCHUMP
SCHAUDER
Hah!
Hah …
Warte …
SCHAUDER
Hah …
Hah …
Nicht so …
… schnell …
SCHLCK
WAMM
WAMM
SCHLCK
SCHLCK
ROMP
Ah!
Da!
Genau da!
Ja!
ROMP
SCHLOPP
Jaaa!
SCHLOPP
WAMM
Ah …
WAMM
Ah!
Das ist …
… zu …
… heftig …
Hah …
Hah …
Du hast mich doch …
… gebeten.

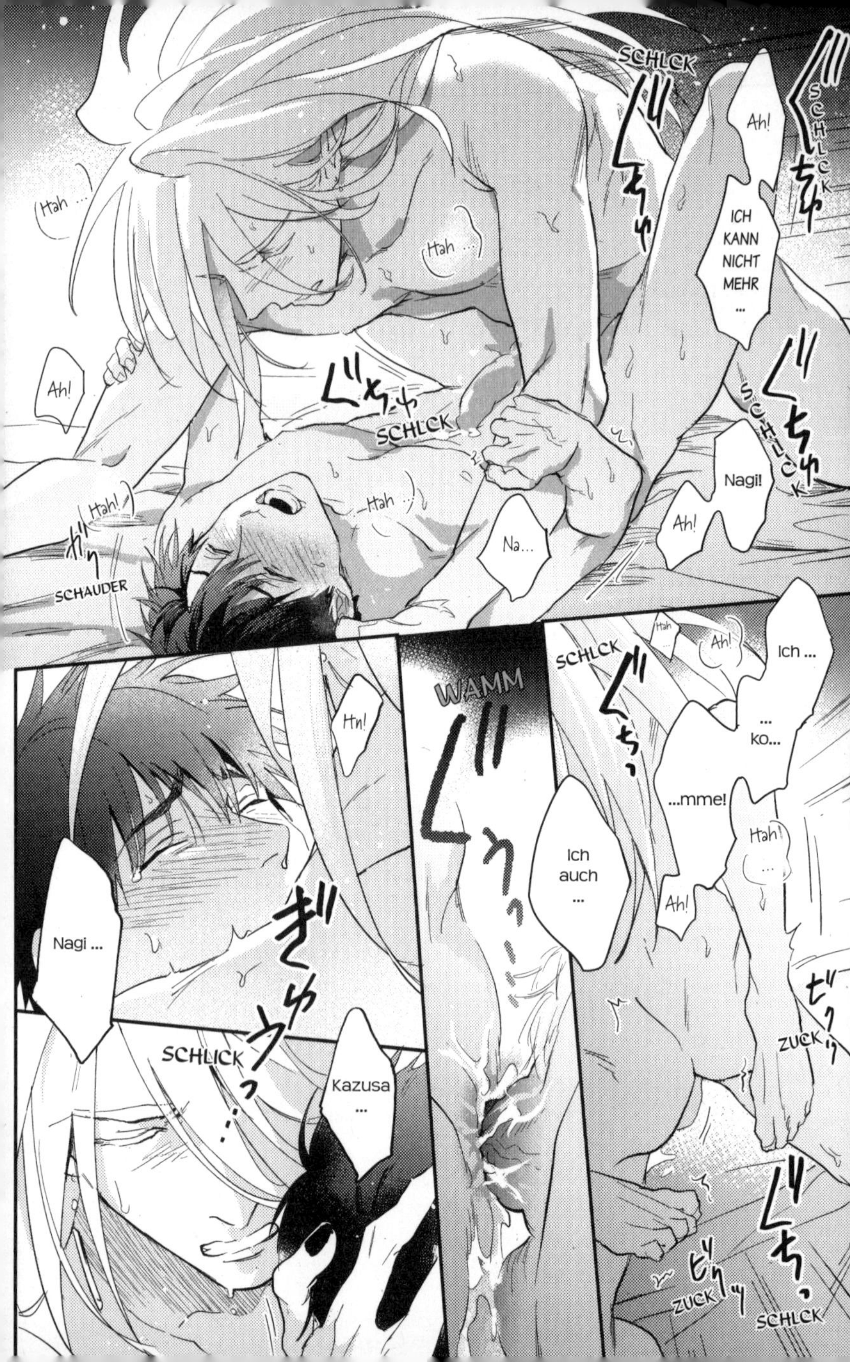
SCHLCK
Ah!
ICH KANN NICHT MEHR ...
SCHLCK
Hah ...
Hah ...
Ah!
SCHLCK
SCHLCK
Nagi!
Ah!
Na...
Hah!
Hah ...
SCHAUDER
Ich ...
... ko...
...mme!
Hah ...
Ah!
Hah ...
Ah!
SCHLCK
Ich auch ...
ZUCK
SCHLCK
ZUCK
WAMM
Hn!
Nagi ...
SCHLCK
Kazusa ...

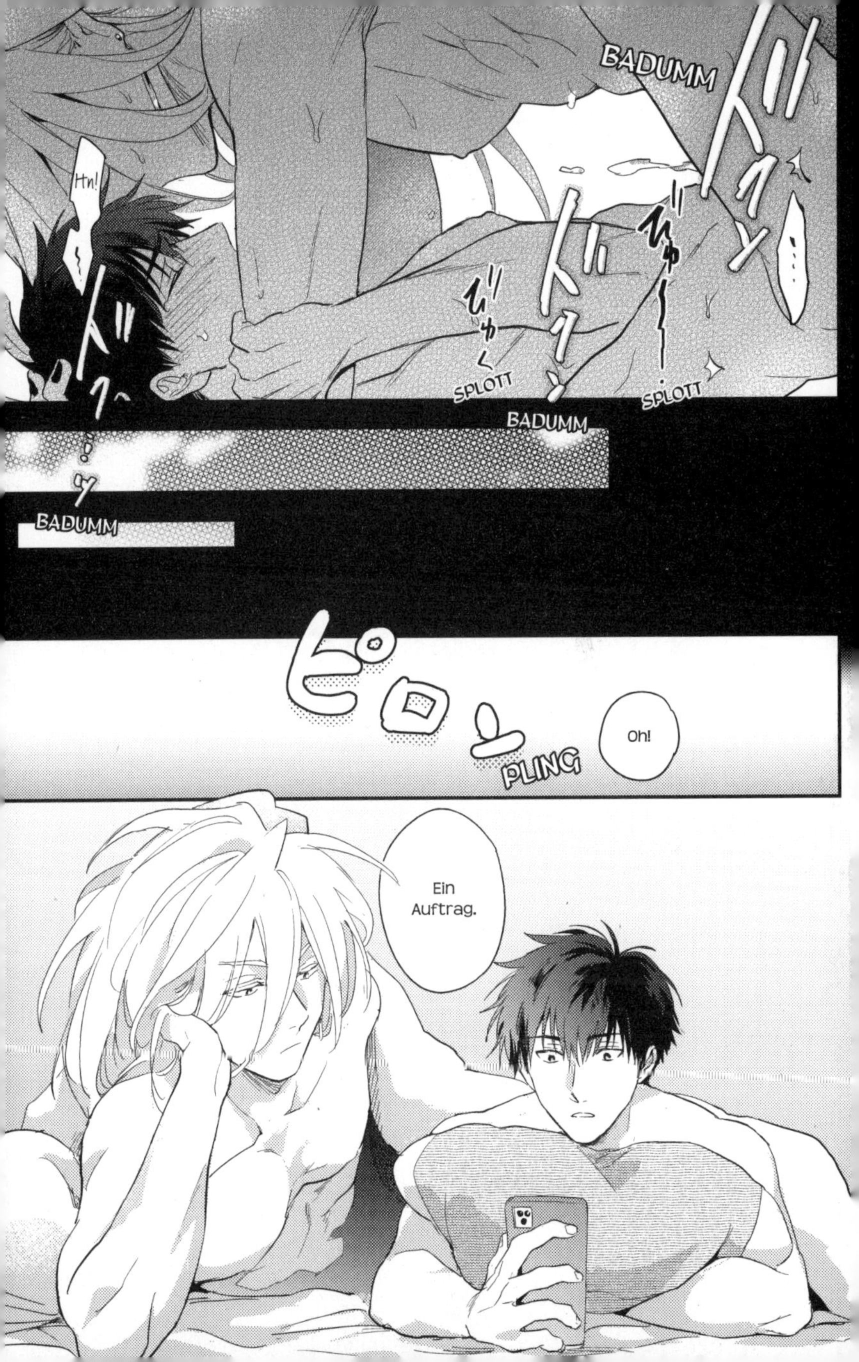
BADUMM
...
SPLOTT
SPLOTT
BADUMM
Hn!
BADUMM
PLING
Oh!
Ein Auftrag.

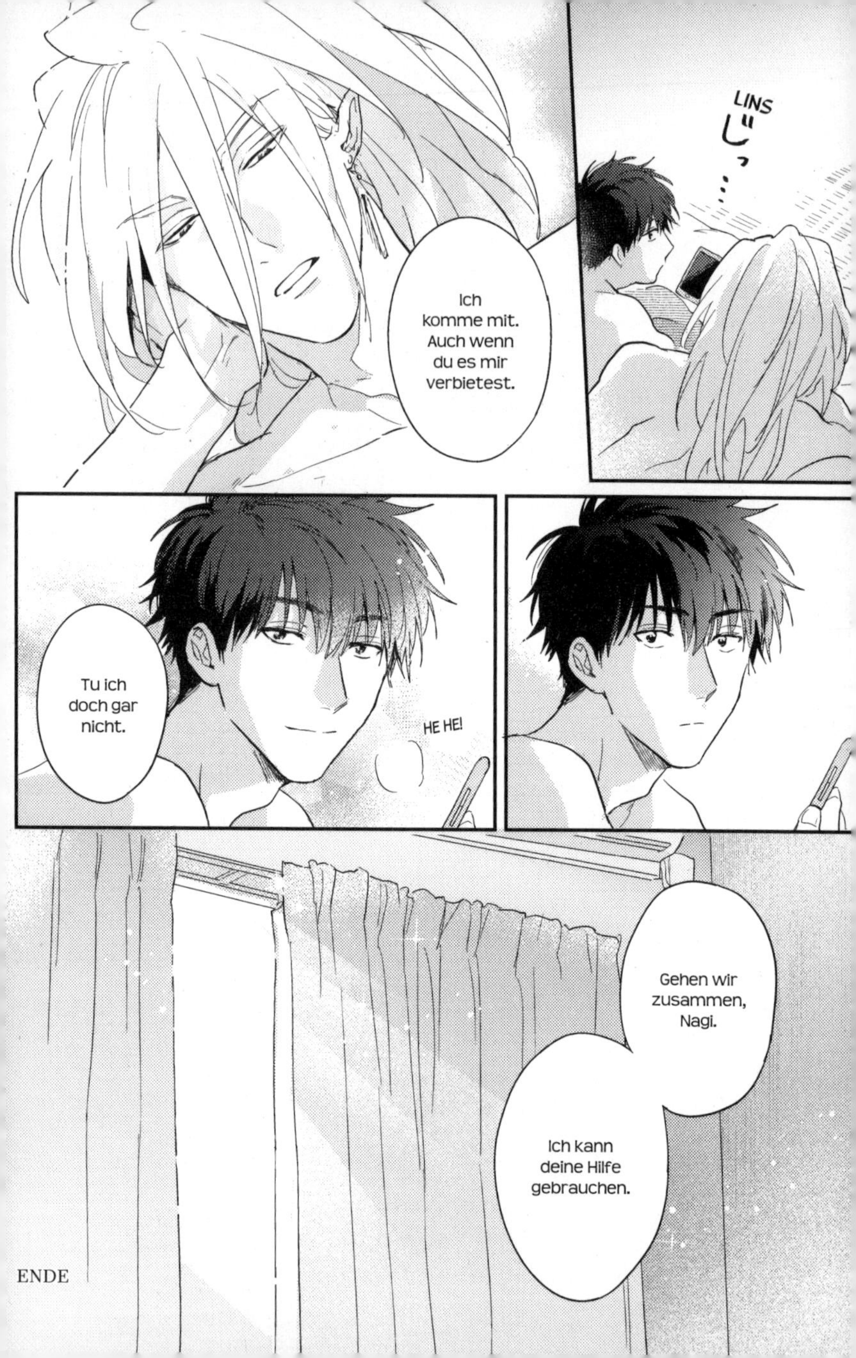
LINS
じっ…
Ich komme mit. Auch wenn du es mir verbietest.
Tu ich doch gar nicht.
HE HE!
Gehen wir zusammen, Nagi.
Ich kann deine Hilfe gebrauchen.

ENDE

www.egmont-manga.de
Unsere Bücher findest du im
Buch- und Fachhandel und auf

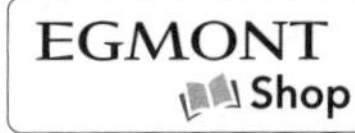

www.egmont-shop.de

„Tengu and Exorcist" von Washio TOBI
Aus dem Japanischen von Christine Steinle
Originaltitel: „Enishi Majiwaru Haguremono"

Originalausgabe:
ENISHI MAJIWARU HAGUREMONO

First published in Japan in 2022 by
SHINSHOKAN CO., Ltd. Tokyo
German version published by
EGMONT Verlagsgesellschaften mbH
under license from SHINSHOKAN CO., Ltd.

Deutschsprachige Ausgabe:

1. Auflage

Verantwortliche Redakteurin: Luisa Steinhäuser
Textbearbeitung: Katrin Aust
Korrektorat: Christopher Bünte
Covergestaltung: Claudia V. Villhauer
Koordination: Angelika Schönhuber
Printed in the EU
ISBN 978-3-7555-0293-7

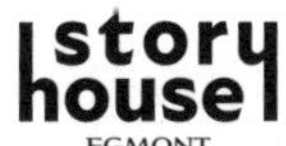

SUTOPPU!

Koko wa kono manga no owari dayo.
Hantaigawa kara yomihajimete ne!
Dewa omatase shimashita!
Tanoshii hitotoki wo dozo!

Egmont-Manga-Chiimu

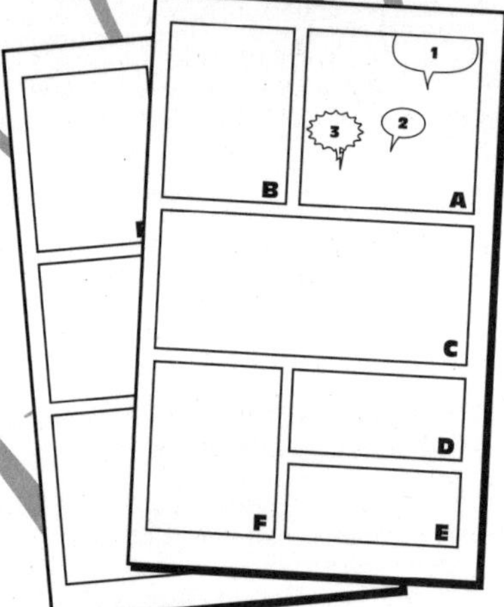

STOPP!

Das ist der Schluss des Mangas.
Fangt bitte am anderen Ende an!
Und nun genug der Vorrede,
viel Spaß beim Lesen!

Euer Egmont-Manga-Team